PERSPECTIVAS CONTRA-HEGEMÔNICAS SOBRE O PROCESSO DE MATERIALIZAÇÃO DA BASE NACIONAL COMUM CURRICULAR (BNCC)

Editora Appris Ltda.
1.ª Edição - Copyright© 2025 dos autores
Direitos de Edição Reservados à Editora Appris Ltda.

Nenhuma parte desta obra poderá ser utilizada indevidamente, sem estar de acordo com a Lei nº
9.610/98. Se incorreções forem encontradas, serão de exclusiva responsabilidade de seus organi-
zadores. Foi realizado o Depósito Legal na Fundação Biblioteca Nacional, de acordo com as Leis nos
10.994, de 14/12/2004, e 12.192, de 14/01/2010.

Catalogação na Fonte
Elaborado por: Dayanne Leal Souza
Bibliotecária CRB 9/2162

P467p 2025	Perspectivas contra-hegemônicas sobre o processo de materialização da Base Nacional Comum Curricular (BNCC) / Marcos Vinicius Francisco (org.). – 1. ed. – Curitiba: Appris, 2025. 351 p. ; 23 cm. – (Coleção Educação, Tecnologias e Transdisciplinaridades). Vários autores. Inclui referências. ISBN 978-65-250-7564-8 1. Base Nacional Comum Curricular. 2. Currículo. 3. Políticas educacionais. I. Francisco, Marcos Vinicius. II. Título. III. Série. CDD – 370.7

Livro de acordo com a normalização técnica da ABNT

Appris editorial

Editora e Livraria Appris Ltda.
Av. Manoel Ribas, 2265 – Mercês
Curitiba/PR – CEP: 80810-002
Tel. (41) 3156 - 4731
www.editoraappris.com.br

Printed in Brazil
Impresso no Brasil

Marcos Vinicius Francisco

(org.)

PERSPECTIVAS CONTRA-HEGEMÔNICAS SOBRE O PROCESSO DE MATERIALIZAÇÃO DA BASE NACIONAL COMUM CURRICULAR (BNCC)

Appris
editora

Curitiba, PR
2025

FICHA TÉCNICA

EDITORIAL
Augusto Coelho
Sara C. de Andrade Coelho

COMITÊ EDITORIAL

Ana El Achkar (Universo/RJ)
Andréa Barbosa Gouveia (UFPR)
Antonio Evangelista de Souza Netto (PUC-SP)
Belinda Cunha (UFPB)
Délton Winter de Carvalho (FMP)
Edson da Silva (UFVJM)
Eliete Correia dos Santos (UEPB)
Erineu Foerste (Ufes)
Fabiano Santos (UERJ-IESP)
Francinete Fernandes de Sousa (UEPB)
Francisco Carlos Duarte (PUCPR)
Francisco de Assis (Fiam-Faam-SP-Brasil)
Gláucia Figueiredo (UNIPAMPA/ UDELAR)
Jacques de Lima Ferreira (UNOESC)
Jean Carlos Gonçalves (UFPR)
José Wálter Nunes (UnB)
Junia de Vilhena (PUC-RIO)

Lucas Mesquita (UNILA)
Márcia Gonçalves (Unitau)
Maria Aparecida Barbosa (USP)
Maria Margarida de Andrade (Umack)
Marilda A. Behrens (PUCPR)
Marília Andrade Torales Campos (UFPR)
Marli C. de Andrade
Patrícia L. Torres (PUCPR)
Paula Costa Mosca Macedo (UNIFESP)
Ramon Blanco (UNILA)
Roberta Ecleide Kelly (NEPE)
Roque Ismael da Costa Güllich (UFFS)
Sergio Gomes (UFRJ)
Tiago Gagliano Pinto Alberto (PUCPR)
Toni Reis (UP)
Valdomiro de Oliveira (UFPR)

SUPERVISORA EDITORIAL	Renata C. Lopes
PRODUÇÃO EDITORIAL	Adrielli de Almeida
REVISÃO	José Bernardo
DIAGRAMAÇÃO	Andrezza Libel
CAPA	Carlos Pereira
REVISÃO DE PROVA	Ana Castro

COMITÊ CIENTÍFICO DA COLEÇÃO EDUCAÇÃO, TECNOLOGIAS E TRANSDISCIPLINARIDADE

DIREÇÃO CIENTÍFICA Dr.ª Marilda A. Behrens (PUCPR)   Dr.ª Patrícia L. Torres (PUCPR)

CONSULTORES

Dr.ª Ademilde Silveira Sartori (Udesc)

Dr. Ángel H. Facundo
(Univ. Externado de Colômbia)

Dr.ª Ariana Maria de Almeida Matos Cosme
(Universidade do Porto/Portugal)

Dr. Artieres Estevão Romeiro
(Universidade Técnica Particular de Loja-Equador)

Dr. Bento Duarte da Silva
(Universidade do Minho/Portugal)

Dr. Claudio Rama (Univ. de la Empresa-Uruguai)

Dr.ª Cristiane de Oliveira Busato Smith
(Arizona State University /EUA)

Dr.ª Dulce Márcia Cruz (Ufsc)

Dr.ª Edméa Santos (Uerj)

Dr.ª Eliane Schlemmer (Unisinos)

Dr.ª Ercilia Maria Angeli Teixeira de Paula (UEM)

Dr.ª Evelise Maria Labatut Portilho (PUCPR)

Dr.ª Evelyn de Almeida Orlando (PUCPR)

Dr. Francisco Antonio Pereira Fialho (Ufsc)

Dr.ª Fabiane Oliveira (PUCPR)

Dr.ª Iara Cordeiro de Melo Franco (PUC Minas)

Dr. João Augusto Mattar Neto (PUC-SP)

Dr. José Manuel Moran Costas
(Universidade Anhembi Morumbi)

Dr.ª Lúcia Amante (Univ. Aberta-Portugal)

Dr.ª Lucia Maria Martins Giraffa (PUCRS)

Dr. Marco Antonio da Silva (Uerj)

Dr.ª Maria Altina da Silva Ramos
(Universidade do Minho-Portugal)

Dr.ª Maria Joana Mader Joaquim (HC-UFPR)

Dr. Reginaldo Rodrigues da Costa (PUCPR)

Dr. Ricardo Antunes de Sá (UFPR)

Dr.ª Romilda Teodora Ens (PUCPR)

Dr. Rui Trindade (Univ. do Porto-Portugal)

Dr.ª Sonia Ana Charchut Leszczynski (UTFPR)

Dr.ª Vani Moreira Kenski (USP)

O correr da vida embrulha tudo. A vida é assim: esquenta e esfria, aperta e daí afrouxa, sossega e depois desinquieta. O que ela quer da gente é coragem.

(João Guimarães Rosa, em Grande sertão: veredas)

AGRADECIMENTOS

Ao Conselho Nacional de Desenvolvimento Científico e Tecnológico (CNPq), que, por meio da Chamada Universal CNPq/MCTI/FNDCT n.º 18/2021 – Faixa B – Grupos Consolidados, assegurou o financiamento desta obra.

PREFÁCIO

Receber o convite do querido amigo Marcos Vinicius Francisco para prefaciar este livro foi uma grande honra. Primeiramente, por se tratar de um livro que reúne textos de grandes pesquisadores, vinculados a diversas instituições de ensino, muitos deles parceiros de trabalho e de pesquisa ao longo da minha trajetória acadêmica, dedicada ao tema das políticas e da gestão educacional, e, em segundo lugar, pela oportunidade de realizar a leitura das análises mais recentes sobre a relação da BNCC com as políticas curriculares e formativas em realidades diversas. Ao finalizar a leitura, a importância dessas análises se confirmou. Os autores demonstraram, com clareza e rigor teórico-metodológico, que as intencionalidades presentes nos discursos que embasaram todo o processo de elaboração da base curricular nacional direcionada a todos os sistemas de ensino e escolas brasileiras materializaram-se nos diversos contextos estudados sob diferentes aspectos, induzindo tanto os processos de reprodução de práticas educativas alinhadas com os princípios norteadores das reformas neoliberais em curso quanto os processos de resistência que incentivam possíveis enfrentamentos em busca de um projeto educacional contra-hegemônico e emancipador.

Por se tratar de um documento com caráter normativo, portanto, extensivo a todo o território nacional, a BNCC impõe-se como principal referência no delineamento e execução das políticas educacionais no momento presente. Esse aspecto fundamental da lei possibilitou que as análises não se concentrassem apenas no estudo descritivo do conteúdo e suas orientações básicas, mas procurassem refletir sobre as possíveis implicações políticas, econômicas e sociais que a lei provoca, ao incidir diretamente sobre a formação escolar dos estudantes e as mudanças na organização do trabalho pedagógico sob responsabilidade dos gestores das escolas e dos sistemas. Assim sendo, as autoras e autores direcionaram suas análises aos diversos instrumentos utilizados pelos reformadores do currículo nacional que instituíram — entre evidentes arbitrariedades possibilitadas por um contexto de sucessivos ataques ao estado democrático de direito — um novo modelo de organização didático-pedagógica nas escolas públicas com implicações diretas na gestão das escolas e dos sistemas de ensino.

A gestão educacional atua de forma relevante no processo de implementação das políticas educacionais e, por consequência, na garantia do direito à educação. Conquanto as discussões em torno do papel da gestão escolar se pautem em diferentes perspectivas teóricas — que variam entre aquelas que se aproximam dos princípios da gestão empresarial e as que se definem por seu caráter mais democrático e participativo voltado à consolidação de uma nova cultura política —, de modo geral, essas abordagens têm um ponto em comum: consideram que a gestão é sempre um processo de mediação em busca da consolidação de metas e objetivos. No caso da BNCC, a importância da análise se justifica pela origem dos objetivos firmados no documento que expressam a articulação com o projeto educacional estabelecido por agências multilaterais em detrimento de um possível projeto de educação nacional que considere as reais demandas formativas necessárias ao enfrentamento das desigualdades econômicas e sociais que assolam os países latino-americanos. Conforme apontam diversos estudos publicados neste livro, com destaque ao capítulo escrito por Jani Alves da Silva Moreira, essa articulação expressa o esforço de implementar uma "agenda mundial de educação" capaz de garantir aos seres humanos as competências e habilidades necessárias para que eles se adaptem às grandes mudanças do capitalismo contemporâneo e estimulem o desenvolvimento econômico competitivo no campo do trabalho e das relações sociais.

Esses objetivos, extensivamente compartilhados, acentuam os processos de descentralização da gestão educacional iniciados na década de 1990 em busca da competitividade industrial impulsionada pela reestruturação dos processos produtivos nos chamados países em desenvolvimento. Nesse contexto, a gestão educacional passa a ser disputada por diferentes agentes dos setores públicos e privados, ao resultar no aumento expressivo dos espaços de participação de empresários e representantes do mercado educacional na formulação das políticas públicas educacionais e no financiamento dessas políticas por meio de convênios com a iniciativa privada e da compra e venda de serviços.

Sob a contestável perspectiva de que os empresários são os grandes promotores da indispensável modernização da gestão pública, instauram-se instrumentos cada vez mais sofisticados de controle sobre o trabalho de docentes e gestores escolares, por meio de processos sistemáticos de avaliação, que os responsabilizam pelos resultados de aprendizagem dos discentes e, consequentemente, convertem-nos em principais implementadores do currículo em questão. Este cenário, detalhadamente apresentado e analisado nesta obra, convoca-nos a desenvolver um olhar mais crítico e, ao mesmo tempo, propositivo sobre as políticas curriculares brasileiras, atualmente, consubstanciada na BNCC.

Considero que as reflexões apresentadas nos capítulos que compõem este livro são referências fundamentais aos estudos voltados aos diversos temas da área, sobretudo, aos estudos que se dedicam às análises das políticas educacionais brasileiras. Sob diversas perspectivas teóricas, os autores ampliam a nossa compreensão sobre os mais diversos aspectos implicados desde a elaboração da BNCC até o momento mais atual em que ela se encontra em processo de execução.

Na primeira parte do livro, são apresentados os capítulos produzidos pelos pesquisadores/as vinculados à proposta de pesquisa que deu origem a esta obra. A pesquisa foi dividida em diferentes módulos, que contemplaram os seguintes temas: as Reformas Educacionais no contexto brasileiro, ao longo do século XXI; a gestão democrática X gestão gerencial: as intencionalidades curriculares em disputa; o processo histórico de construção e aprovação da BNCC e as suas interfaces com os currículos estaduais e municipais, na lógica da padronização e controle do trabalho educativo; os fundamentos centrais presentes na BNCC; a BNCC nos diferentes níveis da educação básica; e o processo de formação de professores e as avaliações em larga escala pautadas na BNCC.

Na segunda parte do livro, são apresentados capítulos produzidos por gestores escolares e bolsistas ligados à proposta que retrataram as implicações da BNCC nos diferentes campos de atuação profissional, possibilitando-nos um olhar mais abrangente do objeto de estudo ao contemplar o campo teórico-prático numa relação dialética. Ou seja, ampliaram o conhecimento dos leitores a partir da análise crítica da realidade vivenciada, sem negar as potencialidades transformadoras que permeiam toda atividade humana.

Por ser uma obra completa, que inclui os estudos mais recentes sobre a temática, o presente livro revela grande valor acadêmico e serve de referência a todos os que se dedicam a estudos e pesquisas críticas comprometidas com a melhoria da qualidade do ensino público em todas as etapas e modalidades. Sendo assim, desejo a todos uma boa leitura!

Rio Claro-SP, 27 de setembro de 2024.

Prof.ª Dr.ª Maria Eliza Nogueira Oliveira

Professora assistente do Departamento de Educação do Instituto de Biociências da Universidade Estadual Paulista Júlio de Mesquita Filho (Unesp), campus de Rio Claro. Graduada em Pedagogia (Unesp/Marília), mestra e doutora em Educação pelo Programa de Pós-Graduação em Educação da Unesp/Marília. É membro do Grupo de Estudo e Pesquisas em Políticas Educacionais (GREPPE/Rio Claro) e do Laboratório de Observação e Estudos Descritivos (LOED).

SUMÁRIO

INTRODUÇÃO..17

PRIMEIRA PARTE

POLÍTICA CURRICULAR PARA A EDUCAÇÃO BÁSICA E AS IMPLICAÇÕES DA BNCC NAS ATUAIS REFORMAS EDUCACIONAIS....................... 25
Jani Alves da Silva Moreira

O PROCESSO HISTÓRICO DE CONSTRUÇÃO E APROVAÇÃO DA BNCC: INFERÊNCIAS NECESSÁRIAS À RESISTÊNCIA COLETIVA................ 45
Marcos Vinicius Francisco
Maria Eunice França Volsi

DIRETRIZES CURRICULARES NACIONAIS DA EDUCAÇÃO (DCN) E BNCC: EXPRESSÕES DA FORMAÇÃO NEOLIBERAL................................ 61
Ethyenne Goulart Oliveira
Cristiano Amaral Garboggini Di Giorgi
Elsa Midori Shimazaki

ESTANDARIZACIÓN Y CONTROL DEL TRABAJO EDUCATIVO: LA BNCC EN BRASIL Y EL PROCESO DE TRANSFORMACIÓN DE LA ESCUELA MEXICANA FRENTE AL MODELO NEOLIBERAL.......................... 81
Marcos Vinicius Francisco
Guadalupe Poujol Galván

AS LAVADORAS DE PALAVRAS E UMA [DES]EDUCAÇÃO INFANTIL...... 97
Mônica de Oliveira Costa
Caroline Barroncas de Oliveira

BNCC E ASPECTOS DA ALFABETIZAÇÃO: ALGUMAS CONSIDERAÇÕES .. 107
Viviane Gislaine Caetano
Mariana de Cássia Assumpção
Elsa Midori Shimazaki

A BNCC NOS ANOS FINAIS DO ENSINO FUNDAMENTAL E O
DESENVOLVIMENTO OMNILATERAL NA ADOLESCÊNCIA 117
Ricardo Eleutério dos Anjos
Monica Fürkotter
Carmen Lúcia Dias

PROCESSO HISTÓRICO-POLÍTICO DA REFORMA DO ENSINO MÉDIO:
PROPOSTA EDUCACIONAL PARA UM MODELO DE SOCIEDADE
NEOLIBERAL 133
Fábio Perboni
João Paulo Pereira Coelho

O PROCESSO DE FORMAÇÃO DE PROFESSORES E AS AVALIAÇÕES EM
LARGA ESCALA: A BNCC EM QUESTÃO.................................. 145
Regilson Maciel Borges
Andréa Karla Ferreira Nunes

SEGUNDA
PARTE

O SUJEITO EMPREENDEDOR RESILIENTE – O DISCURSO
ULTRACONSERVADOR DA BNCC E AS PRÁTICAS PEDAGÓGICAS
ESCOLARES 161
Dennys Gomes Ferreira

A BASE NACIONAL COMUM CURRICULAR E AS INTERLOCUÇÕES
EPISTEMOLÓGICAS DO NOVO ENSINO MÉDIO NO ESTADO DO PARÁ ..173
Francisco Miguel da Silva de Oliveira

BNCC E EDUCAÇÃO INFANTIL: DESAFIOS INSTAURADOS A PARTIR DE
SUA APROVAÇÃO NO CONTEXTO DE UM MUNICÍPIO PARANAENSE ... 183
Ester Aparecida Pereira Fuzari

GESTORES ESCOLARES E A FORMAÇÃO CIDADÃ COM BASE NA BNCC:
DOCUMENTO ORIENTADOR DO PPP 191
Joelma do Socorro de Oliveira Souza

A BNCC E SUAS IMPLICAÇÕES PARA VOOS DE AMPLITUDE NA
EDUCAÇÃO INFANTIL... 201
Valéria Aparecida Bressianini

A BASE NACIONAL COMUM CURRICULAR E O PROJETO DE VIDA: UM OLHAR SOBRE O DESENVOLVIMENTO INTEGRAL 211

Josete Guariento Carvelli

OS DESAFIOS DA BASE NACIONAL COMUM CURRICULAR 223

Maria Aparecida dos Reis

BNCC E ALFABETIZAÇÃO PRECOCE: MALEFÍCIOS PARA O DESENVOLVIMENTO DAS CRIANÇAS EM FACE DAS MÉTRICAS NA EDUCAÇÃO INFANTIL 233

Vanessa Ferreira Bueno

GESTÃO DEMOCRÁTICA E A BNCC: REFLEXÕES ACERCA DA PLURALIDADE EM DOURADOS, MATO GROSSO DO SUL 239

Nilson Francisco da Silva

BNCC: TRANSFORMAÇÕES PROFISSIONAIS E DESAFIOS EDUCACIONAIS 247

Marinete Aparecida Junqueira Guimarães Ribeiro

BASE NACIONAL COMUM CURRICULAR: EXPERIÊNCIA NO CONTEXTO DO RIO GRANDE DO SUL.. 255

Sandra Beatriz Martins da Silva

UM OLHAR PARA A BASE NACIONAL COMUM CURRICULAR E OS DESA-FIOS VIVENCIADOS NA GESTÃO ESCOLAR 261

Zenaide Gomes da Silva

IMPACTOS DA BNCC EM ESCOLAS INDÍGENAS NO MATO GROSSO DO SUL 267

Vanessa Maciel Reginaldo

CURRÍCULO PAULISTA: IMPLICAÇÕES À ATUAÇÃO DOCENTE NA ESCOLA DO CAMPO EM MIRANTE DO PARANAPANEMA......................... 273

Mariana Padovan Farah Soares

A INFLUÊNCIA DA BNCC NA FORMAÇÃO DO ENSINO MÉDIO EM FACE DAS DEMANDAS DO PROGRAMA INTEGRAL: O MERCADO DE TRABALHO E A LOGÍSTICA BURGUESA... 281

Cibele Cristina de Oliveira Jacometo

BASE NACIONAL COMUM CURRICULAR: UMA ANÁLISE PROCESSUAL A PARTIR DAS EXPERIÊNCIAS EM PARAÍSO DO NORTE-PR 289

Tânia Regina Mariano Vessoni

CONTEXTO, MOTIVAÇÃO E EVOLUÇÃO NA COMPREENSÃO DA BNCC .. 295

Letícia Campos Gonçalves Baier

A BASE NACIONAL COMUM CURRICULAR E O ENSINO DE HISTÓRIA NO ENSINO MÉDIO: REFLEXÕES E DESAFIOS 301

Juliana Nunes da Silva

A BASE NACIONAL COMUM CURRICULAR COMO MECANISMO DE MATERIALIZAÇÃO DAS DESIGUALDADES EDUCACIONAIS 309

Matheus Henrique da Silva
Gabriela da Silva Viana
Ana Paula Herrera de Souza

A BNCC NO CONTEXTO DO ESTADO DO PARANÁ: EM FOCO OS PROCESSOS DE CONTROLE E DE RESPONSABILIZAÇÃO 321

Everton Koloche Mendes Barbosa
Sandra Gunkel Scheeren

A BASE NACIONAL COMUM CURRICULAR E O LIVRO REGISTRO DE CLASSE ON-LINE: INTERPRETAÇÕES CRÍTICAS SOBRE A ATUAÇÃO DOCENTE 331

Poliana Hreczynski Ribeiro
Luana Graziela da Cunha Campos
Etienne Henrique Brasão Martins

SOBRE OS AUTORES 341

INTRODUÇÃO

Este livro, financiado pela Chamada Universal CNPq/MCTI/FNDCT n.º 18/2021 – Faixa B – Grupos Consolidados, é fruto de uma das etapas da macropesquisa intitulada "A BNCC e as políticas educacionais em diferentes estados brasileiros: materialização nos currículos e intervenção formativa de gestores/as escolares". Por ocasião, parte dos/as 25 pesquisadores/as doutores/as do Brasil e do México, vinculados/as a diferentes grupos de pesquisa e redes internacionais, a exemplo da Red Latinoamericana de Estudios sobre Educación Escolar, Violencia y Desigualdad Social (Resvides), ofertaram, contra-hegemonicamente, uma intervenção didático-formativa para gestores/as escolares dos estados de Rio Grande do Sul e Paraná; São Paulo e Minas Gerais; Mato Grosso do Sul e Goiás; Amazonas e Pará; Bahia e Sergipe.

A intervenção didático-formativa contemplou temáticas que abarcaram uma análise crítica da Base Nacional Comum Curricular (educação infantil, ensino fundamental e ensino médio), a partir da sua construção histórica, fundamentos e intencionalidades para além da aparência fenomênica, ao compreendê-la como uma política curricular alinhada ao ideário neoliberal. Destarte, os/as pesquisadores/as responsáveis pelos módulos produziram capítulos que sintetizam as discussões efetuadas e que compõem a primeira parte do livro.

No primeiro capítulo, Jani Alves da Silva Moreira (UEM) analisa as implicações do contexto de produção e de implementação da BNCC para a reforma curricular da educação básica brasileira. O recorte temporal é o período pós-2015, ocasião em que se intensificam as negociações e disputas para a aprovação da versão final do documento.

Na sequência, Marcos Vinicius Francisco (UEM) e Maria Eunice França Volsi (UEM) discutem aspectos que permearam o processo de elaboração, aprovação e materialização da versão final da BNCC, a fim de compreender o processo histórico de construção da política curricular em tela.

Ethyenne Goulart Oliveira (Unoeste), Cristiano Amaral Garboggini Di Giorgi (Unoeste) e Elsa Midori Shimazaki (UEM/Unoeste), no terceiro capítulo, evidenciam de que forma as Diretrizes Curriculares Nacionais

(Brasil, 2018) regulamentam e veiculam pressupostos/conceitos de caráter alienante na educação brasileira, fruto das alterações e reformulações propostas a partir da estrutura da BNCC.

No capítulo produzido por Marcos Vinicius Francisco (UEM) e Guadalupe Poujól Galván (UPN/Morelos – México), a BNCC é problematizada como expressão da padronização curricular e do controle do trabalho educativo. Além disso, são estabelecidos alguns contrapontos diante do processo de transformação da escola mexicana em face do modelo neoliberal.

A fim de compreender as implicações da BNCC na educação infantil e algumas de suas especificidades, Mônica de Oliveira Costa (UEA) e Caroline Barroncas de Oliveira (UEA) conferiram visibilidades e dizibilidades diante da possibilidade de escovar palavras tão naturalizadas no cotidiano das escolas e pensar em outras docências na infância.

As análises sobre a política curricular no ensino fundamental I ficaram a cargo de Viviane Gislaine Caetano (UFPA), Mariana de Cássia Assumpção (UFG) e Elsa Midori Shimazaki (UEM/Unoeste), ocasião em que defenderam que a alfabetização não seja vista apenas como um movimento de decodificação de letras e sons, ou seja, das técnicas de leitura e escrita, mas de inserção dos/as alunos/as no mundo do conhecimento científico, literário e cultural.

O capítulo elaborado por Ricardo Eleutério dos Anjos (UFCAT), Monica Fürkotter (Unoeste) e Carmen Lúcia Dias (Unoeste) propõe a superação da visão naturalizante de adolescência e do esvaziamento curricular, presentes na BNCC, sobretudo se houver a intenção de que a educação escolar favoreça o desenvolvimento integral dos indivíduos.

Posteriormente, Fábio Perboni (UFGD) e João Paulo Pereira Coelho (Uems) discorrem sobre a Lei n.º 13.415/2017 (Reforma do ensino médio) e revelam que a referida corrobora a formação de jovens (futuros/as trabalhador/es) adaptáveis às novas demandas do setor produtivo.

Ao findar a primeira parte do livro, Regilson Maciel Borges (Ufla) e Andréa Karla Ferreira Nunes (Unit) desnudaram as implicações da Base para a reformulação das políticas de avaliação em larga escala, especificamente, a partir das matrizes de referência, bem como os seus desdobramentos nos fazeres no contexto escolar.

A segunda parte do livro contempla os capítulos produzidos por participantes da intervenção didático-formativa, ou seja, profissionais que atuam ou atuaram na gestão escolar de escolas de diferentes estados do país e que se sentiram encorajados/as em denunciar as implicações da BNCC no contexto de atuação, após o processo de apropriação dos conceitos e discussões abordadas em cada um dos módulos propostos. Incluiu também as reflexões de pós-graduandos/as que têm suas dissertações e teses vinculadas à macropesquisa e que se encontram inseridos/as profissionalmente na educação básica.

Dennys Gomes Ferreira (Secretaria Municipal de Educação de Manaus-AM), em seu capítulo, alerta que a BNCC supõe a formação de sujeitos empreendedores e resilientes e não admite diferentes formas de aprender, a não ser aquela baseada na pedagogia das competências.

O ribeirinho, Francisco Miguel da Silva de Oliveira (Secretaria Municipal de Educação de São Sebastião da Boa Vista, Marajó-PA) denuncia que o novo ensino médio do Pará não atende as expectativas que envolvem a diversidade cultural, social e econômica que ressoam no universo do estado, ou seja, enaltece uma educação escolar de viés privatista em consonância com a tendência neoliberal.

No terceiro capítulo, Ester Aparecida Pereira Fuzari (Secretaria Municipal de Educação de Paiçandu-PR) trouxe à tona reflexões diante da nova proposta pedagógica de um município do estado do Paraná, essa que, por vez, é desconexa da realidade, além de ter reduzido os objetivos e os conteúdos a serem trabalhados na educação infantil.

A paraense Joelma do Socorro de Oliveira Souza, em seu texto, defende que, para além da padronização proposta pela BNCC, os/as gestores/as deverão propor a revisão e/ou reestruturação do PPP das escolas, com base também nas competências e necessidades acionadas em seu fazer diário.

Ainda no contexto paranaense, Valéria Aparecida Bressianini (Secretaria Municipal de Educação e Cultura de Ivatuba-PR) chama atenção para o fato de que as formações docentes desvinculadas da realidade e das necessidades específicas dos infantes vêm sendo ofertadas pela iniciativa privada, e colocam em risco o real propósito da educação infantil, qual seja, garantir vivências ricas e experiências diferenciadas.

O capítulo produzido por Josete Guariento Carvelli (Secretaria Estadual de Educação de São Paulo, Diretoria de Ensino de Santo Anastácio-SP) revela lacunas no Projeto de Vida que, ao focar numa perspectiva individualista, pouco dialoga sobre a inserção dos indivíduos na coletividade social.

Maria Aparecida dos Reis descreve sua experiência, em 2018, na elaboração do "Documento de Referência Curricular do Estado de Mato Grosso" (DRC-MT). Apesar de o DRC-MT ter sido construído de forma coletiva, a participação dos professores que estavam em sala de aula não foi expressiva.

No oitavo capítulo, da segunda parte do livro, Vanessa Ferreira Bueno (Rede Municipal de Educação de Maringá-PR) apresenta reflexões sobre a redução do ciclo de alfabetização a partir da BNCC e seus impactos para a educação infantil em uma cidade do interior do Paraná em face das métricas utilizadas para acompanhar esse processo.

Adiante, Nilson Francisco da Silva (Rede Municipal de Ensino de Dourados-MS) sintetiza algumas implicações da BNCC no que tange à gestão democrática na unidade escolar em que atua como diretor.

Com relação ao contexto mineiro, Marinete Aparecida Junqueira Guimarães Ribeiro (Rede Municipal de Ensino de Lavras-MG) problematizou que os docentes, diante da Base, encontram-se destituídos do ato de planejar suas aulas. Os materiais apostilados, ao serem assumidos de forma unilateral, não refletem a realidade do município, tornando-se desconexos em face das necessidades dos/as alunos/as.

O texto elaborado por Sandra Beatriz Martins da Silva (Secretaria de Educação e Cultura de Rosário do Sul-RS) foca no esvaziamento curricular e no declínio do nível de ensino ofertado para as classes populares, sobretudo quando se leva em consideração os desdobramentos advindos da BNCC.

A partir de sua atuação no Pontal do Paranapanema, Zenaide Gomes da Silva (Secretaria Estadual de Educação de São Paulo, Euclides da Cunha Paulista-SP) sinaliza que o esvaziamento curricular presente no Currículo Paulista tem corroborado com a retirada de autonomia dos/as docentes, em especial quando se consideram as aulas prontas que são disponibilizadas e slides que deverão guiar o trabalho educativo.

O texto, da autoria de Vanessa Maciel Reginaldo (Rede Municipal de Educação de Dourados-MS), evidencia que o currículo municipal analisado tem negado a identidade das escolas indígenas. Diante de tais constatações, há uma luta constante para reafirmar o ensino bilíngue e diferenciado, bem como a autonomia das comunidades indígenas.

A implementação de um currículo único para as mais de cinco mil escolas públicas do estado de São Paulo ocorreu de forma vertical e hierárquica. Nesse sentido, ganham ênfase, no capítulo de Mariana Padovan Farah Soares, as ações de resistência com vistas ao fortalecimento identitário dos sujeitos que compõem a escola do campo.

Posteriormente, Cibele Cristina de Oliveira Jacometo (Secretaria Estadual de Educação de São Paulo, Presidente Epitácio-SP) elucida as influências da BNCC na formação dos jovens, a partir de uma visão mercadológica de educação associada ao Ensino Integral.

O décimo sexto capítulo, na segunda parte deste livro, de Tânia Regina Mariano Vessoni (Secretaria Municipal de Educação de Paraíso do Norte-PR), expõe que muitas cobranças são efetuadas, no que tange ao desempenho obtido pelos/as estudantes nas avaliações em larga escala, a fim de que o município analisado progrida em termos do Índice de Desenvolvimento da Educação Básica (Ideb).

Letícia Campos Gonçalves Baier (Rede Municipal de Educação de Mandaguari-PR), na sequência, expõe as suas reflexões e denuncia que a BNCC, ao transcender a esfera normativa, tornou-se uma filosofia educacional incorporada no cotidiano das salas de aula. Assim, reconfigurou a formação de professores da educação infantil.

A produção textual escrita por Juliana Nunes da Silva (Secretaria de Estado de Educação do Mato Grosso do Sul, Caracol-MS) explicita que a BNCC, enquanto um marco regulatório, tem sido alvo de críticas por sua rigidez e falta de flexibilidade, especialmente no que tange ao ensino de História.

O coletivo constituído por Matheus Henrique da Silva, Gabriela da Silva Viana (Secretaria Municipal de Educação de Maringá-PR) e Ana Paula Herrera de Souza estabeleceu algumas relações entre a BNCC e seus impasses para um processo de formação democrática, com foco nas temáticas da educação de jovens, adultos e idosos (EJA), das relações étnico-raciais e da Educação Física Escolar.

No penúltimo texto do livro, construído por Everton Koloche Mendes Barbosa (Secretaria Estadual de Educação do Paraná, Campo Mourão-PR) e Sandra Gunkel Scheeren (Secretaria Municipal de Educação de Londrina-PR), há ênfase em duas dimensões, a saber: as articulações da BNCC no contexto da política curricular paranaense, e o controle e a responsabilização de professores/as em escolas do campo.

O último capítulo, produzido por Poliana Hreczynski Ribeiro (Secretaria Municipal de Educação de Maringá-PR), Luana Graziela da Cunha Campos (Secretaria Municipal de Educação de Cianorte-PR) e Etienne Henrique Brasão Martins (Secretaria Estadual de Educação do Paraná, Mandaguaçu-PR), revela a lógica da plataformização e os seus impactos na atuação docente, por meio do Livro Registro de Classe On-line.

Após essa breve apresentação, convidamos você leitor/a a se apropriar das discussões empreendidas nesta obra, a qual tem como eixo aglutinador das discussões efetuadas, a compreensão crítica da realidade, das políticas educacionais e curriculares, a exemplo da BNCC, em um processo permanente de luta pela transformação social.

Marcos Vinicius Francisco

PRIMEIRA PARTE

POLÍTICA CURRICULAR PARA A EDUCAÇÃO BÁSICA E AS IMPLICAÇÕES DA BNCC NAS ATUAIS REFORMAS EDUCACIONAIS

Jani Alves da Silva Moreira

Introdução

O presente texto tem como objetivo analisar o processo histórico de construção e aprovação da Base Nacional Comum Curricular (BNCC), a fim de conjecturarmos as implicações do contexto de produção e implementação da BNCC para a reforma curricular da educação básica brasileira.

Trata-se do resultado de investigações desenvolvidas no Grupo de Estudos e Pesquisas em Políticas Educacionais, Gestão e Financiamento da Educação (Gepefi), que, ao longo do período de 26/11/2020 a 25/11/2024, desenvolveu a pesquisa institucional intitulada "Políticas educacionais e a plataformização na educação básica" (Processo n.º 4652/2020-PRO. UEM), na qual um dos seus objetivos específicos é investigar o processo de formulação das políticas educacionais, no que se refere ao financiamento e gestão da educação básica e suas conexões com a profissionalização docente, o currículo e a avaliação, a fim de compreender a presença de uma categorização política, a partir da influência dos mecanismos de redes de política, regulação nacional e transnacional, no contexto da plataformização educacional (2020-2023).

Diante disso, expomos nesse capítulo os resultados específicos quanto à análise desses mecanismos para a reforma curricular, sobretudo as implicações pós-aprovação da BNCC no país, no qual temos como marco temporal pós-2015, período em que se intensificam no cenário nacional, as negociações e disputas para a aprovação da BNCC, esta aprovada em 2018. A questão-problema que anunciamos na investigação é: Quais são as categorias políticas presentes na reforma curricular pós-2015 e suas implicações para a educação básica? A investigação contribuiu para o desenvolvimento formativo de profissionais da educação ocorrida no segundo semestre de 2023 no âmbito do projeto de pesquisa intitulado "A BNCC e as políticas educacionais em diferentes estados brasileiros: materialização nos currículos e intervenção formativa de gestores/as escolares"[1].

Para dar conta do proposto, os pressupostos metodológicos das análises aqui apresentadas, partem da conceituação de Homem, Educação, Política e Estado, assentadas no referencial epistemológico do Materialismo Histórico, pois consideramos essencial que a educação e suas políticas curriculares sejam interpretadas como produto das relações de produção, conforme expomos:

> [...] A Educação pensada em tempos distintos é produto dos próprios pensamentos dos homens em sociedade. Por Educação cabe aqui considerá-la como o processo de produção e assimilação do *conhecimento produzido pelos homens em determinados contextos históricos e culturais*, materializada como uma instituição social em unidades escolares (Moreira, 2018a, p. 200, grifo nosso).

Nesse sentido, se faz necessário apreender o contexto político e econômico no qual se assentam as reformas educacionais delineadas no âmbito da definição curricular da educação básica, bem como, considerar os elementos constituintes e constituidores da realidade histórica concreta, que produz os homens e a sua vida material, as suas relações sociais e, evidentemente, a forma como definem e organizam as ideias, definidas em nossa análise como sendo as políticas educacionais. Portanto, ao conceituarmos a Política educacional enquanto um *corpo de ideias disputadas por interesses antagônicos e privatistas*, esta é mais do que apenas um produto, é um resultado que se constrói no processo de embates e disputas de poder, tal qual definimos:

> [...] Política enquanto sinônimo de disputa de poder. As políticas não são apenas as ações que emanam do Estado, mas devem ser entendidas como um processo político que envolve negociações na arena de luta das classes antagônicas, exigindo contestação e disputa entre grupos com interesses adversos (Moreira, 2018a, p. 201).

Não obstante, a Política Educacional não é determinada somente por mudanças do papel do Estado, mas é parte constitutiva dessa transformação. No conjunto de forças antagônicas que disputam o poder de delinear

---

[1] Projeto de pesquisa contemplado com financiamento pela Chamada Universal CNPq/MCTI/FNDCT n.º 18/2021 – Faixa B – Grupos Consolidados, coordenado pelo Dr. Marcos Vinicius Francisco, da Universidade Estadual de Maringá.

e incorporar na Política Educacional os seus interesses, tem-se também outros mecanismos em disputa, como a multirregulação, decorrente da relação Estado e mercado. Barroso (2018), ao identificar os sentidos e a polissemia do conceito de multirregulação das políticas educativas, destaca que os diferentes modos de multirregulação da política educativa se dão no nível transnacional, nacional e local. Para o autor:

> [...] quando analisamos retrospectivamente a política educativa levada a cabo no território nacional não basta ter em conta as normas oriundas do ministério (nível nacional), mas igualmente o modo como elas incorporam abordagens de instâncias (países, agências ou investigadores) internacionais (nível transnacional), ou estão sujeitas a derivas locais, resultantes do poder formal ou informal dos municípios (nível municipal) e das escolas (nível escola) (Barroso, 2018, p. 1082).

Como mecanismos de multirregulação das políticas educacionais estão as formas de atuação dos Organismos Internacionais, que exercem influências no processo de formulação da agenda mundial de educação, mediante legitimações, consensos e mandatos. A atuação dos organismos internacionais desempenha um papel decisivo que normaliza as políticas educativas nos países membros, sobretudo os países periféricos, ao fixar não apenas as políticas prioritárias, mas também "[...] as formas como os problemas se colocam e equacionam, e que constituem uma forma de fixação de um mandato, mais ou menos explícito conforme a centralidade dos países" (Teodoro, 2008, p. 23).

Moreira (2012, 2014, 2015, 2018b, 2021, 2024), ao compreender sobre as influências dos Organismos Internacionais no processo de delineamento e implementação da política educacional nacional, demonstra que a partir da década de 1990 amplificou-se a relação dos países latino-americanos com as agências internacionais especializadas da Organização das Nações Unidas (ONU), dentre elas, destacamos as que tiveram uma atuação direta na política educacional mundial, sendo o Banco Mundial, Organização das Nações Unidas para a Educação, a Ciência e a Cultura (Unesco), Fundo das Nações Unidas para a Infância é uma agência das Nações Unidas (Unicef) e a Comissão Econômica para a América Latina e o Caribe ou Comissão Econômica para a América Latina e Caribe (Cepal).

Partimos da premissa de que as políticas educacionais se constituem em representações históricas com significações que expressam aspectos ideológicos do contexto mundializado do capital, provenientes da relação com os Organismos Internacionais e os blocos econômicos nos quais os países se inserem. Por conseguinte, as orientações políticas para a educação, contidas nos documentos produzidos por esses organismos, decorrentes de eventos internacionais, assessorias e consultorias, orientações técnicas e financiamentos, representam prescrições que expressam as alianças econômicas traçadas pelos interesses e relações internacionais do capital e do neoliberalismo, denominada de mecanismos de *cooperação internacional* (Vieira, 2001).

Nesse conjunto de relações multirreguladas foi a partir da década de 1990 que denominamos a atuação das agências internacionais especializadas na educação, como sendo as *vozes dos arautos da reforma educacional* (Shiroma; Moraes; Evangelista, 2011), onde a educação tornou-se uma pauta da agenda política mundial, mediante a realização e deliberações em Conferências Mundiais da Educação e aprovações de Atos Internacionais[2] que passaram a delinear a política e suas metas a serem alcançadas pelos países-membros da ONU. Dentre o conjunto de políticas educativas postas como metas a serem alcançadas no milênio, destacou-se as declarações provenientes da Conferência Mundial sobre Educação para Todos (EPT), em Jomtien (UNICEF, 1990); do Fórum Mundial de Educação em Dakar (2000); do Fórum Mundial de Educação em Incheon (2015). Tem-se nesse conjunto de eventos e, consequentemente, nos seus Atos Internacionais, o período de quatro décadas de uma agenda política para a educação, que se amplifica estando centrada em medidas econômicas, no qual nossas pesquisas[3] desenvolvidas destacam e comprovam que a base teórica se assenta nos pressupostos do gerencialismo — Teoria da Nova Gestão Pública (NGP) e Pós-NGP —, representando medidas avaliativas e meritocráticas, com a defesa de um currículo escolar ancorado na pedagogia das competências[4].

---

[2] A Convenção de Viena do Direito dos Tratados, de 1969, denomina que Ato Internacional, é "um acordo internacional concluído por escrito entre Estados e regido pelo Direito Internacional, quer conste de um instrumento único, quer de dois ou mais instrumentos conexos, qualquer que seja sua denominação específica" (Art. 2, a). Desse modo. atos internacionais no Brasil são os tratados, acordos, memorandos de entendimento, ajustes complementares, convenções ou protocolos que visam dar subsídios para normas e regulamentos (Ministério das Relações Exteriores, 2024, on-line).

[3] Referimo-nos às pesquisas institucionais desenvolvidas no Grupo de estudos em políticas educacionais, gestão e financiamento da educação (Gepefi), coordenadas pela Dr.ª Jani Alves da Silva Moreira, intituladas "Políticas de mercantilização e financeirização da educação básica no Brasil" (26/07/2018 a 25/07/2021) (Moreira, 2021); "Políticas educacionais e a plataformização na educação básica" (26/11/2020 a 25/11/2024) (Moreira, 2024); "Política para o financiamento e a gestão da educação básica: a lógica do fazer mais com menos recurso" (2000-2015) (Vigência: de 13/09/2014 a 12/09/2018) (Moreira, 2018) e "Gestão e o financiamento da educação brasileira pós-1990: a influência do Instituto Internacional de Planejamento da Educação" (IIEP) (30/04/2010 a 04/06/2014) (Moreira, 2014).

[4] Para uma compreensão mais apurada sobre a Pedagogia das competências, indicamos os estudos e obras de Marise Nogueira Ramos (2001a; 2001b; 2001c; e 2001d) e Newton Duarte (2000).

Desde o *Consenso de Washington* (1989) a América Latina e o Caribe adotaram na economia, em grande parte de seus países, a redução do papel do Estado; mediante o incentivo do livre mercado; a privatização de empresas estatais; desregulamentação da economia; a redução da influência dos sindicatos com a aprovação de leis para coibir a militância sindical. Esse cenário ancorado no neoliberalismo adotou para a educação medidas políticas de ajustes estruturais tendo a NGP como a 1ª geração neoliberal. Com a renovação do decálogo do Consenso de Washington aprovado no Consenso de Barcelona, em 2004 e 2008 (Puello-Socarrás, 2008) vivenciamos intensificações nas medidas neoliberais, no qual demarcamos como sendo um *Novo-neoliberalismo ou Ultraneoliberalismo*, pós-crise mundial de 2008, onde há a intensificação da atuação dos mecanismos de redes na construção de políticas educacionais e atuação conjunta entre Estado, governos, mercado e terceiro setor da economia. Trata-se de uma 2ª geração neoliberal, assentada nos pressupostos teóricos da Pós-Nova Gestão Pública (PNGP).

Esse período demarcou um processo de reorganização dos modelos de administração pública estatal, da teoria da administração pública *New Public Management e Governance* (NGP) à pós-NGP, denominada de *New Public Service*, em uma fase em que também temos a marca de reconfigurações no neoliberalismo, sendo demarcado pelo já explicitado um "novo neoliberalismo" (Puello-Socarrás, 2021; Dardot; Laval, 2016, 2019). Na pós-NGP o cliente do Estado passa a ser considerado um cidadão parceiro, as ações do Estado são marcadas pela configuração em redes, não apenas pela lógica de mercado. A administração pública contemporânea direcionada pela pós-NGP, conservou alguns componentes originais do gerencialismo estatal, como a eficiência, a gestão por desempenho e o foco nos resultados/impactos, todavia, incorporou a combinação de outros princípios e diretrizes na construção de arranjos que se denomina de Governança Corporativa, apregoados como medidas inovadoras, tais como:

> a) colaboração e parcerias: processos colaborativos de variadas formas; b) redes: atuação em redes na provisão de serviços públicos; c) visão integrada e holística: serviços públicos integrados e perspectiva da administração como um todo — coesa e coerente; d) coordenação e controle: fortalecimento das capacidades de coordenação e monitoramento das políticas estratégicas, especialmente pelo núcleo de governo; e) *accountability*: processos de ampliação da prestação de contas e capacidade de respostas da adminis-

tração pública à sociedade; f) participação e engajamento: ampliação de canais de participação social no *policy-making* e fomento ao envolvimento da sociedade; g) *e-government*: incorporação frequente do uso de tecnologias da informação para aumentar a transparência do setor público, bem como acesso e envolvimento do cidadão; h) liderança: importância do papel do líder (político, administrativo ou cidadão) na gestão pública, sobretudo em processos empreendedores; i) fortalecimento da burocracia pública: profissionalização e valorização do quadro funcional do Estado com vistas a torná-lo mais eficiente, interdisciplinar e responsivo à sociedade (Cavalcante, 2018, p. 20).

As implicações da mudança do papel do Estado para as reformas educacionais em andamento no período analisado também estiveram calcadas nos auspícios da pós-NGP, em que se amplificou a atuação das redes de políticas, reorganização do processo que hoje se denomina da plataformização da educação, mercadorização da educação e o crescimento da disputa pelo setor privado dos fundos públicos destinados à educação pública com a continuidade de outras diretrizes políticas em andamento no país desde a década de 1990, tais como: avaliação em larga escala, reforma curricular da educação básica e do ensino superior e o conjunto de parcerias (terceirizações, conveniamentos, atuação das organizações sociais e privatizações) com a sociedade civil.

Importante também demarcar a incorporação dos referenciais teóricos ressignificados da Teoria do Capital Humano e Teoria do Capital Social[5] nas políticas educacionais para o currículo escolar na atualidade, que tiveram a sustentação na competitividade, no qual a educação recebe a missão de ser a responsável pela formação do homem competitivo; para a construção de uma sociedade guiada pelo desenvolvimento sustentável da economia, resultando na defesa de uma sociedade inclusiva.

---

[5] Moreira e Puziol (2008) afirmam que a compreensão da influência da Teoria do Capital Humano, tendo como principal representante Theodore William Schultz, e da Teoria do Capital Social, representada por David Robert Putnam (1941), é retomada e ressignificada no século XXI, dando formato e *corpus* teórico às políticas educacionais. O Estado, em parceria com os órgãos internacionais e com a adoção da teoria do Capital Humano e do Capital Social, reflete a complexidade da lógica neoliberal, na qual há uma redução do ser humano a um estoque de capital destinado a autenticar a lógica mercantil capitalista, no intuito de ajudar a consolidar a sua inerente exploração humana. Constitui-se em apologia de concepção burguesa da sociedade e das relações estabelecidas pelo homem, primando pela economia da educação que qualifica mão de obra e fornece lucro. Legitima as desigualdades sociais e fita os recursos públicos com caráter exclusivo de elevação da lucratividade do capital. As políticas educacionais, portanto, respondem em sua totalidade aos anseios do sistema produtivo, a economia da educação adquire caráter operacional com finalidades estritamente quantitativas, tornando-se políticas fragmentadas, emergenciais e setoriais.

Nesse viés, o conceito de Educação Integral; Educação Inclusiva e Competências tornaram-se categorias e metas recorrentes nos marcos legais e políticos dos países, a serem alcançadas a partir da Agenda de Educação E20230, prescritas na *Declaração de Incheon: Educação 2030 – Rumo a uma Educação de Qualidade Inclusiva e Equitativa e à Educação ao Longo da Vida para Todos* (Unesco, 2016a), sendo políticas de continuidade do legado de Jomtien e Dakar (Unicef, 1990, 2001).

Plataformização, crise da aprendizagem e a reforma curricular como solução

A investigação constatou que as políticas curriculares tiveram como cerne três pilares que representaram a intertextualidade[6] e a narrativa presente para fortalecer, convencer e fazer vigorar as mudanças que o setor econômico almeja para o currículo da educação básica brasileira. Denominamos como 1º pilar a *plataformização*, 2º pilar a *crise de aprendizagem*, e 3º pilar a *reforma curricular como solução*.

Como plataformização ou uberização do trabalho sendo o 1º pilar a destacar aqui, compreendemos enquanto fenômeno de um processo abrangente da reestruturação do capital em escala global que leva a uma propensão à informatização do trabalho, o que amplia níveis de precarização o cenário da informalidade (Antunes, 2023). O crescimento e acentuação de acessos às plataformas digitais refletiram-se no crescimento do número de trabalhadores na informalidade, deixando os trabalhadores desprotegidos de quaisquer direitos trabalhistas. Na educação, a crescente utilização das plataformas digitais tornou campo de disputa dos fundos públicos para negócios educacionais, especialmente pela extração de dados, que concebe lucro aos detentores da hegemonia.

Juntamente ao desenvolvimento tecnológico decorrido da fase da Indústria 4.0, também denominada de capitalismo-informacional-digital-financeiro (Antunes 2023), os processos produtivos de automação se caracterizam por uma nova configuração de produtividade e do trabalhador, mediante a implantação de robôs automatizados, manufatura

---

[6] Sobre a intertextualidade presente em documentos internacionais e oficiais, analisamos no livro *Políticas públicas para a educação infantil no Brasil (1990-2001)* (Moreira; Lara, 2012) que os textos considerados documentos de política educacional participam do processo de produção de outros textos, é uma cadeia contínua da não consumação dos discursos. Na intertextualidade dos discursos proferidos pela ideologia neoliberal, por conseguinte, nas orientações políticas, é perceptível a polifonia demandada por teorias de cunho econômico e neoliberal.

aditiva, simulação, integração vertical e horizontal dos sistemas, internet das coisas, *big data*, computação em nuvem, segurança cibernética e realidade aumentada e inteligência artificial.

Nas análises de Antunes (2017), sob a vigência do taylorismo--fordismo, a política curricular primava por uma especialização; sob a vigência da produção toyotista, na era da produção flexível e automação industrial, o ensino recebe contornos de uma (des)especialização multifuncional. Nesse campo de disputas, a adaptação dos currículos se dá em virtude de um contexto produtivo que exige trabalhadores/as mais flexíveis, polivalentes, ao operarem equipamentos cada vez mais avançados, com ênfase na automação e nas tecnologias digitais e de informação.

De forma sintetizada, apresentamos no quadro a seguir as mudanças exigidas no ensino para a formação do trabalhador conforme os modelos produtivos e suas características de produção:

Quadro 1 – Modelos produtivos e caracterização da produção e do trabalhador

Modelo de produção	Período	Características da produção	Formação do Trabalhador
Modelo Fordista	1ª e 2ª Revolução Industrial (início século XX)	Mecanização, introdução da máquina a vapor e do carvão. Na segunda revolução há produção em massa, linha de montagem, com base em petróleo e eletricidade.	"Tarefas" rotinizadoras; qualificação com base em uma especialização limitadora, tanto do conhecimento teórico quanto das atividades práticas de trabalho. Divisão teoria e prática. Ênfase em escolas técnicas e profissionalizantes. Predomínio da pedagogia nova e reformas incessantes da educação.

Modelo de produção	Período	Características da produção	Formação do Trabalhador
Modelo Toyotista	Modelo de produção flexível — 3ª Revolução Industrial, Final da década de 1970.	Produção automatizada utilizando computadores, eletrônicos e TI.	Aprendizagem flexível; trabalhadores devem acompanhar a dinamicidade da produção; Ênfase na formação no trabalho, curso de curta duração. "[...] desenvolver conhecimento por simbolização, acesso a recursos de informática e o domínio, ao menos básico, de línguas estrangeiras, passaram a ser exigências à medida que o uso de equipamentos de alta precisão técnica foi cada vez mais difundido" (Antunes, 2017, p. 8).
Automação Industrial, na Produção Digital	Modelo da Indústria 4.0 — 4ª Revolução Industrial, na Primeira década do século XXI *2011 na Feira de Tecnologia Industrial de Hannover	Fase de transição mediante produção inteligente, incorporada com a internet das coisas, Big Data e Inteligência Artificial	"Ágil", "flexível" e "enxuta", como são as empresas flexíveis; formação agilizada e com o menor custo possível; recuo da teoria e ênfase no processo: no fazer, metodologias e a prática; educação pragmática e utilitarista. Predomínio da pedagogia tecnicista e neotecnicista. Pedagogia das Competências ou neoprodutivismo e suas variantes (neo-escolanovismo, neoprodutivismo e neotecnicismo).

Fonte: Antunes (2017) e Saviani (2008)

Destacamos que na fase em que a BNCC foi proposta perpetuou-se no ensino e nos documentos curriculares[7], tanto na educação básica quanto no ensino superior, um recuo da teoria, com ênfase no processo, no fazer, nas metodologias de ensino e na prática. Expandiu-se as estruturas de ensino não presencial, aumentando a oferta de cursos a distância — a chamada educação

---

[7] Nomeamos de documentos curriculares os textos e normativas que estabelecem e orientam as formas de compor as matrizes curriculares de instituições educacionais dos níveis escolares. Nesse conjunto se inserem os pareceres, resoluções, diretrizes, propostas curriculares de escolas e cursos, projetos curriculares, matrizes curriculares e referenciais curriculares.

acelerada — e sob métodos "tutoriais", atingindo não apenas a formação técnica de caráter esporádico e profissionalizante, mas cursos de graduação, inclusive as licenciaturas e a pós-graduação nas mais diversas áreas.

Trata-se de uma nova fase da educação que se quer pragmática, utilitarista e desenhada, como preconiza Antunes (2017) segundo a lógica da razão instrumental. Essa é a moldura que as chamadas "reformas da educação" trazem embutidas, a de uma educação flexibilizada para atender as exigências e os imperativos empresariais, com o foco no Empreendedorismo, na Educação Integral e nas dimensões socioemocional e de projeto de vida.

Com relação ao 2º pilar das políticas curriculares, outro aspecto se refere ao contexto denominado de processo de multirrelação transnacional dos organismos internacionais, no período da chamada Era da Crise de Aprendizagem. O documento *Relatório sobre o Desenvolvimento Mundial 2018: Aprendizagem para Realizar a Promessa da Educação*, produzido pelo Banco Mundial (2018, p. 1), preconizou que uma "[...] escolaridade sem aprendizagem não é apenas uma oportunidade desperdiçada, mas também uma grande injustiça". Nesse sentido, defende o banco que se o aluno não aprende na escola, há culpados por esse resultado e fracasso. De acordo com o BM, as dimensões da crise de aprendizagem no Brasil têm como causas a desnutrição na primeira infância e aos ambientes adversos associados à pobreza. Também concluiu que há uma responsabilização pela crise de aprendizagem aos professores, pois afirma o documento que: "Frequentemente, os professores carecem das habilidades ou da motivação para ensinar com efetividade. Os professores constituem o fator principal que afeta a aprendizagem nas escolas" (Banco Mundial, 2018, p. 2). Outro aspecto é a ausência de recursos que não chegam ou não afetam a aprendizagem e atribuem à gestão escolar ineficiente.

O cenário crítico quanto à crise da aprendizagem decorrentes dos resultados da avaliação externa levaram à busca de soluções mediante a atuação do setor privado na educação pública. O Plano Nacional de Educação (PNE), do período 2001-2010, Lei n.º 10.172/2001 diagnosticava que:

> A melhoria da qualidade do ensino, indispensável para assegurar à população brasileira o acesso pleno à cidadania e a inserção nas atividades produtivas que permita a elevação constante do nível de vida, constitui um compromisso da Nação. Este compromisso, entretanto, não poderá ser cumprido sem a *valorização do magistério, uma vez que os docentes exercem um papel decisivo no processo educacional* (Brasil, 2001, p. 149, grifo nosso).

No atual PNE, Lei n.º 13.005/2014, do período 2014 a 2024, a Meta Qualidade (Meta 07) aparece juntamente com a 36ª estratégia focalizada em: Avaliação, Formação de Professores, Autoavaliação das escolas, Plano de Ação articuladas e refere a:

> 7.4) induzir processo contínuo de *autoavaliação* das escolas de educação básica, por meio da constituição de instrumentos de avaliação que orientem as dimensões a serem fortalecidas, destacando-se a elaboração de *planejamento estratégico*, a melhoria contínua da qualidade educacional, a *formação continuada dos (as) profissionais da educação e o aprimoramento da gestão democrática*; [...] (Brasil, 2014 on-line, grifo nosso).

Portanto, documentos oficiais e legais aprovaram políticas que intensificaram a relação público-privado sob a lógica da busca pela qualidade educacional, melhoria dos resultados de aprendizagem, aprimoramento da formação de professores, em suas dimensões de privatização, diagnosticadas por Adrião (2022), como a privatização da oferta educacional, da gestão da educação pública e do currículo escolar. Dentre essas dimensões, cabe nos aprofundarmos na próxima subseção a privatização do currículo escolar.

Reforma Curricular e a BNCC: movimento de redes de políticas e a influência na privatização do currículo da educação básica

A reforma curricular pós-2015 no Brasil teve seu alicerce na avaliação e na melhoria dos resultados educacionais. Compõe o conjunto da reforma curricular alguns documentos oficiais que foram produzidos no período, dentre eles, destacamos os apresentados no Quadro 2.

Quadro 2 – Documentos normativos oficiais de currículo

Documentos normativos	Ano de publicação
Resolução CNE/CP n.º 2, de 1º de julho de 2015. Define as Diretrizes Curriculares Nacionais para a formação inicial em nível superior (cursos de licenciatura, cursos de formação pedagógica para graduados e cursos de segunda licenciatura) e para a formação continuada.	2015
Decreto n.º 8.752, de 9 de maio de 2016. Dispõe sobre a Política Nacional de Formação dos Profissionais da Educação Básica.	2016

Documentos normativos	Ano de publicação
Base Nacional Comum Curricular	2018
Resolução CNE/CP n.º 2, de 20 de dezembro de 2019. Define as Diretrizes Curriculares Nacionais para a Formação Inicial de Professores para a Educação Básica e institui a Base Nacional Comum para a Formação Inicial de Professores da Educação Básica (BNC-Formação).	2019
Resolução CNE/CP n.º 1, de 27 de outubro de 2020. Dispõe sobre as Diretrizes Curriculares Nacionais para a Formação Continuada de Professores da Educação Básica e institui a Base Nacional Comum para a Formação Continuada de Professores da Educação Básica (BNC-Formação Continuada).	2020

Fonte: elaborado pela autora (2024)

Os referenciais internacionais para a formação docente, produzidos especialmente pela OCDE e o Banco Mundial, consistiram em recomendações de que os professores devem "saber e ser capazes de fazer" pautado em competências. Dentre as dimensões para a formação de professores, definidas em especial na BNC-F, Resolução CNE/CP n.º 2, de 20 de dezembro de 2019, destacamos que a diretriz exigiu as seguintes competências gerais: 1) conhecimento sobre como os alunos aprendem em diferentes contextos educacionais e socioculturais; 2) saberes específicos das áreas do conhecimento e dos objetivos de aprendizagem, o que comumente está relacionado ao currículo vigente; 3) conhecimento pedagógico sobre a relação entre docente e aluno e o processo de ensino e aprendizagem que, colocados em prática, favorecem o desenvolvimento integrado de três dimensões, denominadas pelo documento como sendo: a) conhecimento profissional, b) prática profissional (pedagógica e a institucional); e c) engajamento profissional.

Tais competências foram temas recorrentes alusivos à busca dos bons resultados de aprendizagens, com o foco na formação de professores e na produção e venda de materiais didáticos e pedagógicos por empresas educacionais, que são contratadas pelas escolas e sistemas de ensino, significando uma "[...] transposição dos serviços sociais para o campo de interesses do capital", no qual houve uma crescente "[...] transformação do setor público em local de oportunidades de lucros" na área da educação

(Adrião, 2022, p. 46). Nessa configuração, o processo de privatização e/ou negócios na educação pública se alavancou com a reforma curricular, sendo sua tipologia encontrada nas seguintes dimensões:

Quadro 3 – Dimensões da privatização da educação

Dimensão da oferta educacional	Dimensão da gestão da educação pública	Dimensão do currículo
Financiamento público a organizações privadas (bolsas de estudos; convênios; contratos entre governos e organizações privadas); incentivos fiscais. **Incentivos à escolha parental:** *Charter school; voucher;* Educação domiciliar. **Oferta por provedor privado:** Escolas de baixo custo; escolas privadas comerciais; tutoriais; aulas particulares.	**Privatização da Gestão Escolar:** Transferência da gestão escolar para organizações com fins de lucro; transferência da gestão escolar para organizações sem fins de lucro; transferência da gestão escolar para cooperativas e organizações da sociedade civil. **Privatização da Gestão Educacional Pública:** Transferência/delegação da gestão do sistema educacional para Corporações; transferência/delegação para organização sem fins de lucro; Instalação de PPP.	Compra ou adoção de desenhos curriculares elaborados pelo setor privado. Compra ou adoção pelos sistemas públicos de tecnologias educacionais elaborados pelo setor privado. Aquisição de Sistemas Privados de Ensino (SPE) para escolas públicas.

Fonte: Adrião (2018, 2022)

A partir das competências recomendadas pela BNCC na educação básica encontramos a denominada competência socioemocional. Com base em modelos científicos da neurociência e cognitivismo, organizações sociais e empresas diversas desenvolveram materiais didáticos, pedagógicos, propostas e formações que visam ensinar os alunos a alcançar a referida competência. No contexto brasileiro, as cinco macrocompetências definidas pela BNCC foram desdobradas em 17 competências socioemocionais identificadas como importantes de serem consideradas e desenvolvidas nas escolas do país, especialmente pelo Instituto Ayrton Senna, sendo elas: determinação; foco; organização; persistência; responsabilidade; empatia; respeito; confiança; tolerância ao estresse; autoconfiança; tolerância à frustração; iniciativa social; assertividade; entusiasmo; curiosidade para aprender; imaginação criativa e interesse artístico (Instituto Ayrton Senna, 2021).

Com essa reforma curricular em andamento, focada no empreendedorismo e em conteúdos socioemocionais, gerou-se mudanças quanto ao papel do professor, causando consequências que já se anunciavam. Tais mudanças foram expostas na coletânea *Dez faces da tragédia docente* e se amplificam nesse atual cenário educacional, nominando-as como a caracterização da atual identidade docente, que tragicamente se expressa em: um professor reconvertido, desqualificado, constantemente avaliado, um professor aprendiz, multifuncional, responsabilizado, massificado da EaD, um professor instrumento, violentado, de quem constantemente se exige que seja pensante e reflexivo.

Diante do exposto, há contradições e implicações flagelantes para a educação básica e para o futuro da profissão docente, no qual o currículo da educação básica atual em nosso país pode estar sendo a ponte para alavancar as mazelas e não sanar de fato os reais problemas que persistem na educação básica.

Conclusão

A partir da questão problema anunciada — "Quais são as categorias políticas presentes na reforma curricular pós-2015 e suas implicações para a educação básica?" —, tem-se expresso que a BNCC, ancorada na diretriz de uma educação inclusiva, equitativa e de qualidade social referenciada — Objetivo de Desenvolvimento 4 da Agenda E2030 (Unesco, 2016b), tem sido questionada por diversos pesquisadores e segmentos educacionais. Apresentamos algumas consequências com base no estudo produzido pela Confederação Nacional de Trabalhadores em Educação (CNTE, 2018).

Dentre as implicações da reforma curricular pautada na BNCC, o estudo exibiu que: a) poderá haver uma segregação educacional que se pretende instalar no país para desafogar a demanda no ensino superior público e atender os meios de produção capitalista com larga oferta de mão de obra barata (CNTE, 2018, p. 7); b) aprofundamento da adesão dos sistemas escolares ao uso intensivo de materiais didáticos uniformizados (livros didáticos, apostilas, vídeos, softwares) — interesse de grandes aglomerados mercantis; c) uma tendência a retirar o docente do protagonismo em pensar e refletir sobre o saber a ser compartilhado, já que, pelo uso desse tipo de material uniformizado e de plataformas, haverá um caminho único a percorrer, e isso tornará sua interação com a classe mais impessoal, o que pode acarretar na desconstrução do papel histórico do ser docente; d) risco de a profissão docente se assemelhar mais à de um monitor, tutor, do que às características do ser professor; e) o reducionismo de conteúdo resultará na institucionalização definitiva de exames nacionais objetivos que privilegiam a resposta ao item e não ao raciocínio **que embasou essa resposta, ou seja, considerará apenas o produto e não o processo; f) tendência a desenvolver uma perspectiva que reduz o ensino** apenas ao treino, frente a situações padronizáveis, minimizando a possibilidade de uma aprendizagem significativa; g) crescentes perdas com relação ao legado multiétnico e da diversidade cultural que a sociedade brasileira vinha construindo, apagamento cultural de legados importantes mediante adesão acrítica a culturas neoconservadoras e hegemônicas, o que implicará menos conteúdos para a formação humanística e cidadã; h) amplificação da privatização pautada no currículo flexível, admitindo-se, nesse caso, a contratação de professores por "notório saber", voluntários, estagiários, escancara as portas para o enxugamento do magistério nas redes públicas, podendo, à luz da reforma trabalhista, o Poder Público priorizar ainda mais contratos precarizados e/ou terceirizados, o trabalho intermitente docente.

Referendamos que se faz necessário um rompimento desses problemas anunciados. Por conseguinte, é urgente que as comunidades acadêmica e escolar firmem e desenvolvam o compromisso com a formação da consciência crítica, persistindo no potencial de resistência ativa da classe. Se faz necessário a expansão de cursos para formação de professores ministrados e produzidos por pesquisadores das Universidades Públicas brasileiras, que de longa data estão a produzir novos conhecimentos sobre a questão curricular. Avaliamos a possibilidade de uma intervenção pedagógica transformadora, com trocas e compartilhamento de trabalhos educativos entre os professores.

Para isso se faz urgente retomar programas de formação continuada de professores da educação básica, que foram experiências exitosas no Brasil. A manutenção e o fortalecimento das bases democráticas na escola por meio do efetivo desenvolvimento de uma gestão escolar democrática. Defendemos ainda a formação sólida e presencial em programas de pós-graduação, que integrem com a graduação, porquanto concordamos com Freire (1996, p. 13) que o ensinar exige rigorosidade metódica: "A rigorosidade metódica não tem nada a ver com o discurso de transferir conhecimento. O ato de ensinar não se esgota no oferecimento superficial do conteúdo, mas ele só se realiza quando cria as condições para a aprendizagem crítica".

Referências

ADRIÃO, Theresa. Dimensões e formas da privatização da educação no Brasil: caracterização a partir de mapeamento de produções nacionais e internacionais. *Currículo Sem Fronteiras*, Rio de Janeiro, v. 18, n. 1, p. 8-28, jan./abr. 2018.

ADRIÃO, Theresa. *Dimensões da privatização da educação básica no Brasil*: um diálogo com a produção acadêmica a partir de 1990. [meio eletrônico]. Brasília: Anpae, 2022.

ANTUNES, Ricardo. Da educação utilitária fordista à da multifuncionalidade liofilizada. Trabalho Encomendado GT11 – Política de Educação Superior. *38ª Reunião Nacional da Anped*. São Luis do Maranhão: UFMA, 2017.

ANTUNES, Ricardo. Trabalho e (des)valor no capitalismo da plataforma: três teses sobre a nova era da desantropomorfização do trabalho. *In*: ANTUNES, Ricardo. *Icebergs à deriva*: o trabalho nas plataformas digitais. São Paulo: Boitempo, 2023, p. 13-39.

BANCO MUNDIAL. *Relatório sobre o desenvolvimento mundial 2018*: aprendizagem para realizar a promessa da educação. [Documento síntese]. 2018. Disponível em: https://openknowledge.worldbank.org/server/api/core/bitstreams/3e5ba3e-d-23f0-587c-adba-53c66776da6d/content. Acesso em: 1 fev. 2024.

BARROSO, João. A transversalidade das regulações em educação: modelo de análise para o estudo das políticas educativas em Portugal. *Educação & Sociedade*, Campinas, v. 39, n. 145, p. 1075-1097, out./dez., 2018. Disponível em: https://doi.org/10.1590/ES0101-73302018214219 Acesso em: 10 jan. 2024.

BRASIL. Ministério da Educação. Resolução CNE/CP N.º 2, de 22 de dezembro de 2017. Institui e orienta a implantação da Base Nacional Comum Curricular, a ser respeitada obrigatoriamente ao longo das etapas e respectivas modalidades no âmbito da educação básica. *Diário Oficial da União*, Brasília, DF, 22 de dezembro de 2017, Seção 1, p. 41 a 44, 2017.

BRASIL. *Resolução CNE/CP n. 4, de 17 de dezembro de 2018*. Institui a Base Nacional Comum Curricular na Etapa do ensino médio (BNCC-EM), como etapa final da educação básica, nos termos do artigo 35 da LDB, completando o conjunto constituído pela BNCC da educação infantil e do ensino fundamental, com base na Resolução CNE/CP n.º 2/2017, fundamentada no Parecer CNE/CP n.º 15/2017. 2018b. Disponível em: https://normativasconselhos.mec.gov.br/normativa/view/CNE_RES_CNECPN42018.pdf?query=BNCC%20EI/EF Acesso em: 13 fev. 2024.

CAVALCANTE, Pedro. Convergências entre a Governança e o Pós-Nova Gestão Pública. *Boletim de Análise Político-Institucional*: governança Pública, Brasília, DF: IPEA, n. 19, p. 17-23, 2018.

CNTE. Reforma do ensino médio e BNCC. *Cadernos de Educação*, ano XXII, n. 30, p. 1-120, jan./jun. 2018.

DARDOT, Pierri; LAVAL, Christian. *A nova razão do mundo*: ensaio sobre a sociedade neoliberal. São Paulo: Boitempo, 2016.

DARDOT, Pierri; LAVAL, Christian. *A nova fase do neoliberalismo*. 2019. Disponível em: https://outraspalavras.net/outrasmidias/dardot-e-laval-a-nova-fase-do-neoliberalismo/ 2024. Acesso em: 1 fev. 2024.

FREIRE, Paulo. *Pedagogia da autonomia*: saberes necessários à prática educativa. São Paulo: Paz e Terra, 1996.

INSTITUTO AIRTON SENA. *Competências socioemocionais*: a importância do desenvolvimento e monitoramento para a educação integral [livro eletrônico]. São Paulo: Instituto Ayrton Senna, 2021. Disponível em: https://institutoayrtonsenna.org.br/app/uploads/2023/08/ebook_Competencias_socioemocionais_sao_para_a_vida.pdf. Acesso em: 29 jan. 2025.

DECLARAÇÃO Mundial sobre Educação Para Todos (Conferência de Jomtien). Tailândia: Unesco, 1990. Disponível em: www.unesco.org.br/publicação/doc- internacionais. Acesso em: 10 maio 2004.

FUNDO DAS NAÇÕES UNIDAS PARA A INFÂNCIA (UNICEF). *Declaração mundial sobre educação para todos*: satisfação das necessidades básicas de aprendizagem. Jomtien: Unesco, 1990. Disponível em: https://www.unicef.org/brazil/declaracao-mundial-sobre-educacao-para-todos-conferencia-de-jomtien-1990. Acesso em: 30 jan. 2025.

MINISTÉRIO DAS RELAÇÕES EXTERIORES, 2024. *Atos Internacionais*. Disponível em: https://www.gov.br/mre/pt-br/assuntos/atos-internacionais. Acesso: 1 fev. 2024.

MOREIRA, Jani Alves da Silva; LARA, Ângela Mara de Barros. *Políticas públicas para a educação infantil no Brasil (1990-2001)*. Maringá: EDUEM, 2012.

MOREIRA, Jani Alves da Silva. *Gestão e o financiamento da educação brasileira pós-1990*: a influência do Instituto Internacional de Planejamento da Educação (IIEP). Relatório Final: SISAV-UEM, 2014.

MOREIRA, Jani Alves da Silva. *Políticas de financiamento e gestão da educação básica (1990-2010)*: os casos Brasil e Portugal. Maringá: EDUEM, 2015.

MOREIRA, Jani Alves da Silva. Reformas educacionais e políticas curriculares para a educação básica: prenúncios e evidências para uma resistência ativa. *Germinal*: marxismo e educação em debate, Salvador, v. 10, n. 2, p. 199-213, 2018a. Disponível em: https://doi.org/10.9771/gmed.v10i2.27355 Acesso em: 1 fev. 2024.

MOREIRA, Jani Alves da Silva. *Política para o financiamento e a gestão da educação básica*: a lógica do fazer mais com menos recurso (2000-2015). Relatório Final: SISAV-UEM, 2018b.

MOREIRA, Jani Alves da Silva. *Políticas de mercantilização e financeirização da educação básica no Brasil*. Relatório Final: SISAV-UEM, 2021.

MOREIRA, Jani Alves da Silva. *Políticas educacionais e a plataformização na educação básica*. Relatório Final: SISAV-UEM, 2024.

MOREIRA, Jani Alves da Silva; PUZIOL, Jeinni Kelly Pereira. A influência da teoria do capital humano e da teoria do capital social nas políticas educacionais brasileiras da atualidade. *In*: SEMINÁRIO ESTUDOS DO TRABALHO, 6., 2008, Marília. *Anais [...]*. Marília: Unesp, 2008.

PUELLO-SOCARRÁS, José Francisco. *Nueva gramática del neo-liberalismo*: itinerarios teóricos, trayectorias intelectuales claves. Bogotá: Universidad Nacional de Colombia. Facultad de Derecho, Ciencias Políticas y Sociales, 2008.

PUELLO-SOCARRÁS, José Francisco. Novo neoliberalismo: arquitetônica estatal no capitalismo do século XXI. *Revista Eletrônica de Administração*, Porto Alegre,

v. 386 27, n. 1, p. 35-65, jan./abr. 2021. Disponível em: https://seer.ufrgs.br/read/article/view/111147. Acesso em: 1 fev. 2024.

SAVIANI, Dermeval. *História das ideias pedagógicas no Brasil*. Campinas: Autores Associados, 2008.

SHIROMA, Eneida Oto.; MORAES, Maria Célia Marcondes; EVANGELISTA, Olinda. *Política educacional*. 4. ed. Rio de Janeiro: Lamparina, 2011.

TEODORO, Antonio. Novos modos de regulação transnacional de políticas educativas. Evidências e possibilidades. *In:* TEODORO, Antonio. *Tempos e andamentos nas políticas de educação*: estudos iberoamericanos. Brasília: Líber livro, 2008. p. 19-38.

UNESCO. Fórum Mundial sobre a Educação. *Marco de ação Dakar - 2000*. Paris: Unesco, 2001.

UNESCO. *Educação 2030* – Declaração de Incheon. Incheon, Coreia do Sul, 21 de maio de 2015. Brasília: Unesco Brasil, 2016a.

UNESCO. *Educação 2030* – Marco de Ação. Paris, 4 de novembro de 2015. Brasília, DF: Unesco Brasil, 2016b.

VIEIRA, Sofia Lerche. Políticas internacionais e educação: cooperação ou intervenção? *In:* DOURADO, Luiz Fernandes; PARO, Vitor Henrique (org.). *Políticas Públicas e educação básica*. São Paulo: Xamã, 2001. p. 59-89.

O PROCESSO HISTÓRICO DE CONSTRUÇÃO E APROVAÇÃO DA BNCC: INFERÊNCIAS NECESSÁRIAS À RESISTÊNCIA COLETIVA

Marcos Vinicius Francisco
Maria Eunice França Volsi

Introdução

O presente capítulo tem como objetivo apresentar e discutir aspectos que permearam o processo de elaboração, aprovação e materialização da versão final da BNCC, a fim de compreender o processo histórico de construção dessa política curricular no Brasil.

De acordo com o discurso governamental, a versão final[8] da Base Nacional Comum Curricular (BNCC) é definida como "[...] um documento de caráter normativo que define o conjunto orgânico e progressivo de aprendizagens essenciais que todos os alunos devem desenvolver ao longo das etapas e modalidades da Educação Básica", de modo que sejam "[...] assegurados seus direitos de aprendizagem e desenvolvimento, em conformidade com o que preceitua o Plano Nacional de Educação (PNE)", aprovado para o decênio 2014-2024 (Brasil, 2018b, p. 7).

A defesa por uma Base Comum Nacional, conceito construído e difundido pelo movimento dos educadores brasileiros (Aguiar; Dourado, 2018) se deu a partir do que estava anunciado no Art. 210 da Constituição Federal, ao definir que "[...] serão fixados conteúdos mínimos para o ensino fundamental, de maneira a assegurar formação básica comum e respeito aos valores culturais e artísticos, nacionais e regionais" (Brasil, 1988, p. 124); e na Lei de Diretrizes e Bases da Educação Nacional (LDBEN), por meio do Art. 9, inciso IV, o qual "[...] estabelece que a União, em colaboração com estados, municípios e distrito federal, deveria elaborar diretrizes para cada etapa da educação básica de '[...] modo a assegurar formação básica comum'" (Brasil, 1996, p. 5), e ainda, em seu artigo 26, que estabelecia que "[...] os currículos do ensino fundamental e médio devem ter uma

---

[8] A BNCC foi aprovada para a educação infantil e o ensino fundamental por meio da Resolução CNE/CP n.º 2, de 22 de dezembro de 2017 (Brasil, 2017), contudo, foi apenas por meio da Resolução CNE/CP n.º 4, de 17 de dezembro de 2018, que a etapa do ensino médio foi contemplada (Brasil, 2018a).

base nacional comum, a ser complementada, em cada sistema de ensino e estabelecimento escolar, por uma parte diversificada"[9] (Brasil, 1996, p. 11). Tal perspectiva, conforme Aguiar e Dourado (2018), deu lugar à atual BNCC, especialmente, após o processo de *impeachment* da presidenta Dilma Rousseff (Partido dos Trabalhadores – PT).

Tal dimensão foi reforçada na alteração concedida à LDBEN, a partir da promulgação da Lei n.º 12.796, de 4 de abril de 2013, especialmente no referido Art. 26, o qual frisa que "[...] os currículos da educação infantil, do ensino fundamental e do ensino médio devem ter base nacional comum, a ser complementada, em cada sistema de ensino e em cada estabelecimento escolar, por uma parte diversificada [...]" (Brasil, 2013, p. 1-2).

Em face do exposto, este capítulo encontra-se estruturado a partir do seguinte questionamento: Quais aspectos permearam o processo de elaboração, aprovação e materialização da versão final da BNCC?

O texto foi organizado com base em dois eixos de análise. No primeiro, retoma-se os caminhos percorridos até a aprovação dos documentos aqui analisados, quais sejam as versões preliminares e final da BNCC, historicizando-os a partir das disputas, correlações de forças e das instituições que tiveram protagonismo na elaboração dos referidos documentos. Na segunda parte, argumenta-se acerca da função da BNCC, ao atender aos interesses do capital e do empresariado em uma perspectiva neoliberal.

Aspectos históricos e disputas diante do processo de construção da BNCC

O processo de construção da BNCC não pode ser analisado à parte da agenda globalmente estruturada para a educação (AGEE), sobretudo quando se consideram os seus impactos para as políticas educacionais (Dale, 2004). No caso das políticas curriculares, estas são debatidas e promulgadas a partir de direcionamentos e recomendações aos países em desenvolvimento, tais como o Brasil e demais países da América Latina e Caribe (Francisco; Gonçalves; Paias, 2023).

Na busca pelas determinações que influenciaram a construção da BNCC, é oportuno resgatar, de acordo com Caetano (2020, p. 66), o surgimento do Movimento pela Base Nacional Comum (MBNC), em 2013, o qual foi "[...] apresentado como um grupo não governamental de profissionais

---

[9] Redação original da Lei n.º 9.394/96, aprovada em 20 de dezembro de 1996, alterada pela Lei n.º 12.796, de 4 de abril de 2013.

e pesquisadores da educação que atuou, segundo o próprio Movimento, para facilitar a construção de uma base de qualidade". A emergência do movimento se deu durante um seminário internacional, realizado em abril de 2013. Por ocasião, estiveram reunidas:

> [...] algumas instituições brasileiras do setor educacional organizado pelo Conselho Nacional de Secretários Estaduais de Educação (Consed) e Fundação Lemann. Participaram a União Nacional dos Dirigentes Municipais de Educação (Undime), o Conselho Nacional de Educação (CNE), o Conselho Estadual de Educação de São Paulo (CEE-SP), a Comissão de Educação da Câmara dos Deputados e o Movimento Todos pela Educação[10] (Caetano, 2020, p. 66).

Em 2014, o CNE iniciou o processo interno de discussão sobre a BNCC, ocasião em que constituiu uma Comissão Bicameral, criada pela Portaria CNE/CP n.º 11/2014, como objetivo central de acompanhar e contribuir com o MEC "[...] na elaboração de documento acerca dos direitos e objetivos de aprendizagem e desenvolvimento, tendo em vista, principalmente, as estratégias 2.1 e 2.2 da Meta 2 e as estratégias 3.2 e 3.3 da Meta 3" previstas no PNE 2014-2024 (Aguiar, 2018, p. 9).

> Essa Comissão Bicameral da Base Nacional Comum era presidida pela Conselheira Márcia Angela da Silva Aguiar (CES/CNE), eleita pelos demais componentes do grupo, tinha como Relator o Conselheiro José Fernandes de Lima (CEB/CNE), também eleito, e ainda contava com os seguintes Conselheiros: Antonio Carlos Caruso Ronca (CEB/CNE), Antonio Cesar Russi Callegari (CEB/CNE), Erasto Fortes Mendonça (CES/CNE), Luiz Fernandes Dourado (CES/CNE), Luiz Roberto Alves (CEB/CNE), Malvina Tania Tuttman (CEB/CNE), Raimundo Moacir Mendes Feitosa (CEB/CNE), Sérgio Roberto Kieling Franco (CES/CNE) e Yugo Okida (CES/CNE). Com a saída do Conselheiro José Fernandes de Lima do CNE, a Conselheira Malvina Tuttman foi escolhida, por unanimidade, como relatora da Comissão (Aguiar, 2018, p. 9).

---

[10] Em 2006 o Movimento Todos Pela Educação lançou oficialmente o projeto Compromisso Todos Pela Educação, elaborado a fim de impulsionar as ações da organização não governamental. O projeto foi apresentado no Congresso ações de responsabilidade social em educação: melhores práticas na América Latina, realizado no Museu do Ipiranga, na capital de São Paulo. O movimento defende "[...] a lógica da gestão empresarial, calcada em metas e resultados mensuráveis, seja aplicada nos sistemas públicos de ensino, com base nas parcerias estabelecidas entre entes federados, nas três esferas de governo, setores privados nacionais e terceiro setor" (Pinheiro, 2018, p. 13).

A elaboração da BNCC, ao abarcar a educação básica, em suas três versões, explicita os interesses de grupos ligados ao empresariado nacional e internacional, que visam dar direção às políticas educacionais, a exemplo da Fundação Lemann[11]. Ou seja, se a educação na perspectiva mercadológica, por um lado, promove "[...] o esvaziamento da educação como processo de construção coletiva e a forte influência de grupos privados atuando na direção e no conteúdo da proposta educacional" (Caetano, 2020, p. 65), por outro lado, esboça à negação de apropriação dos conteúdos científicos, filosóficos e artísticos produzidos historicamente pelo gênero humano para os filhos da classe trabalhadora.

É preciso lembrar que discussões sólidas e bem estruturadas sobre o currículo já estavam em discussão por grupos de pesquisadores junto ao Ministério da Educação (MEC). Destaca-se, nesse sentido, o documento intitulado "Indagações sobre o currículo"[12], de 2007, publicado pelo Departamento de Políticas de Educação Infantil e Ensino Fundamental – DPE, vinculado à Secretaria de Educação Básica (SEB), do MEC, que tinha como objetivo "[...] deflagrar, em âmbito nacional, um processo de debate, nas escolas e nos sistemas de ensino, sobre a concepção de currículo e seu processo de elaboração" (Brasil, 2007, p. 5).

Destaca-se, também, o Programa Currículo em Movimento instituído no ano de 2008 e desenvolvido junto aos estados, Distrito Federal e municípios nos anos de 2009 e 2010, que teve como objetivo "[...] melhorar a qualidade da educação básica por meio do desenvolvimento do currículo da educação infantil, do ensino fundamental e ensino médio" (Brasil, 2024, on-line). Entre seus objetivos específicos encontram-se:

> Elaborar documento orientador para a organização curricular e referências de conteúdo para assegurar a formação básica comum da educação básica no Brasil (Base nacional comum/Base curricular comum);

---

[11] De acordo com Caetano (2020, p. 75), "[...] a Fundação Lemann é vinculada ao empresário Jorge Paulo Lemann, fundador da GP Investimentos e um dos sócios da 3G Capital, proprietária da ABInbev, maior empresa de cerveja do mundo, da Kraft Heinz, das Lojas Americanas, entre outros negócios. Estão nesse grupo ainda a Fundação Roberto Marinho, do Grupo Globo, maior grupo de mídia do Brasil e da América Latina; Instituto Unibanco, presidido por Pedro Moreira Salles, do Itaú Unibanco, caracterizado como maior conglomerado financeiro da América Latina; Instituto Natura, cujo financiamento majoritário advém do Grupo Natura, que, recentemente, adquiriu a empresa da L'Oreal, líder global de cosméticos; Instituto Inspirare, mantido integralmente com recursos da família Gradin, que detém 20% da Empresa Odebretch".

[12] Coordenadores do grupo de trabalho responsável pela elaboração do documento: Antônio Flávio Moreira; Miguel Gonzáles Arroyo; Jeanete Beauchamp; Sandra Denise Pagel e Aricélia Ribeiro do Nascimento.

> Promover o debate nacional sobre o currículo da educação básica através de espaços para a socialização de estudos, experiências e práticas curriculares que possam promover o fortalecimento da identidade nacional (Brasil, 2024, on-line).

Nota-se, portanto, que havia o desenvolvimento de formulações de políticas curriculares a nível nacional para pensar a reestruturação das diretrizes curriculares da educação infantil, do ensino fundamental e do ensino médio. Como asseveram Silva e Jakimiu (2016, p. 18), "[...] o Programa Currículo em Movimento foi criado para tentar dar contornos a uma base curricular nacional" e resultou em um conjunto de produções sobre a as três etapas da educação básica.

Mesmo que esse recorte histórico seja breve, é preciso lembrar essa trajetória em torno da construção das políticas curriculares no Brasil, conduzida pelo MEC, em parceria com as universidades públicas, estados e municípios.

Quanto ao processo de elaboração da (BNCC), a primeira versão, produzida entre setembro de 2015 e março de 2016, foi alvo de discussões promovidas por entidades e pesquisadores de diferentes universidades públicas e privadas (Aguiar, 2018; Francisco; Gonçalves; Paias, 2023). Mesmo diante das críticas recebidas, Neira e Souza Júnior (2016) destacam que esse processo foi legítimo, tendo em vista que mais de uma centena de pessoas indicadas pelo Conselho Nacional dos Secretários de Educação (Consed) e União dos Dirigentes Municipais de Educação (Undime), além de pesquisadores de 35 universidades atuaram nessa empreitada. Complementa Aguiar (2018, p. 11), "[...] segundo dados do MEC, houve mais de 12 milhões de contribuições ao texto, com a participação de cerca de 300 mil pessoas e instituições", sendo que tais contribuições foram organizadas e "[...] sistematizadas por profissionais da Universidade de Brasília (UnB) e da Pontifícia Universidade Católica do Rio de Janeiro (PUC-RJ), e subsidiaram o MEC na elaboração da 'segunda versão'".

Todavia, a partir das análises de Aguiar e Dourado (2018) e Caetano (2020), ficou explícito que parcela expressiva das contribuições foram individualizadas, sem haver um movimento coletivo de discussões.

A segunda versão da BNCC, lançada em abril de 2016, ocorreu em meio ao processo de *impeachment* da ex-presidenta Dilma Rousseff (PT), anunciado na Introdução deste capítulo. Ostermann e Rezende (2021) ponderam que, no governo interino de Michel Temer (Movimento Democrático Brasileiro – MDB), Mendonça Filho (Democratas – DEM) assumiu o MEC, ocasião em que cargos estratégicos foram ocupados pelos quadros ligados ao Partido da Social Democracia Brasileira PSDB e DEM (coligação liberal-conservadora), a exemplo de Maria Helena Guimarães de Castro, que assumiu a secretaria executiva, escancarando-se o cenário desenhado para as reformas empresariais e privatistas da educação.

Aguiar (2018) cita como exemplo desse movimento a nova composição do CNE; a recomposição da Comissão Bicameral, a partir das Portarias CNE/CP n.º 15/2016, Portaria CNE/CP n.º 9/2017 e Portaria CNE/CP n.º 11/2017. Destarte, a composição da Comissão Bicameral, por ocasião da aprovação da BNCC, era composta por todos os membros do CNE.

É importante resgatar que, sob a coordenação da Undime e do Consed, foram organizados seminários por todo o país, entre junho e agosto de 2016, os quais contaram com a participação de aproximadamente nove mil educadores, valendo-se da mesma premissa de participação da primeira versão (Aguiar, 2018; Caetano, 2020).

> A metodologia de análise do documento foi efetivada por meio de discussões em salas específicas, por áreas de estudo/componentes curriculares, e coordenada por moderadores que, em sua maioria, apresentavam slides com objetivos e conteúdos e os participantes optavam por uma das seguintes alternativas: concordo, discordo totalmente ou discordo parcialmente e indicavam propostas de alteração, se fosse o caso.
> O Consed e a Undime elaboraram um relatório com as contribuições advindas dos seminários e o encaminharam para o Comitê Gestor do MEC. Importante observar que o Comitê Gestor foi o responsável pelas definições e diretrizes que orientaram a revisão da "segunda versão" e que deu origem à "terceira versão", encaminhada ao CNE, em abril de 2017, focalizando a Educação Infantil e o Ensino Fundamental, sem a devida argumentação sobre o não atendimento legal ao excluir, dessa versão, o Ensino Médio (Aguiar, 2018, p. 11).

Uma dimensão a ser complementada, a partir de Caetano (2020, p. 74), refere-se ao papel desempenhado pelo Movimento pela Base e pela Fundação Lemann, essa última que "[...] financiou e forneceu aos funcionários do governo informações relevantes através de seminários, traduzindo documentos internacionais para o português", além de financiar relatórios de pesquisa e convidar especialistas estrangeiros para abordar suas experiências e redigir sobre os padrões nacionais de aprendizagem. Ou seja, a fundação, além de fornecer insumos informativos, também definiu os pontos e os fundamentos básicos para todo o processo de escrita das versões da BNCC.

Retoma-se, a partir de Aguiar (2018), que o Consed e a Undime produziram um relatório com as contribuições advindas dos seminários organizados, o qual foi encaminhado para o Comitê Gestor do MEC.

> Importante observar que o Comitê Gestor foi o responsável pelas definições e diretrizes que orientaram a revisão da "segunda versão" e que deu origem à "terceira versão", encaminhada ao CNE, em abril de 2017, focalizando a Educação Infantil e o Ensino Fundamental, sem a devida argumentação sobre o não atendimento legal ao excluir, dessa versão, o Ensino Médio (Aguiar, 2018, p. 11).

Assim, em 22 de dezembro de 2017 foi publicada a Resolução CNE/CP n.º 2, que institui e orienta a implantação da Base Nacional Comum Curricular, a ser respeitada obrigatoriamente ao longo das etapas e respectivas modalidades no âmbito da educação básica. Como destacado, apenas a educação infantil e o ensino fundamental foram contemplados nesse momento. O ensino médio foi objeto de discussões complementares, pois, em fevereiro, dois meses antes do encaminhamento da terceira versão da BNCC ao CNE, foi aprovada a Lei n.º 13.415, de 16 de fevereiro de 2017, a qual reformou o ensino médio.

A partir da aprovação da referida lei houve a atualização das Diretrizes Curriculares Nacionais para o ensino médio, por meio da Resolução CNE/CEB n.º 4, de 17 de dezembro de 2018. E com base nesses instrumentos legais e normativos, a BNCC do ensino médio foi finalizada e consubstanciada na Resolução CNE/CP n.º 4, de 17 de dezembro de 2018, que instituiu a Base Nacional Comum Curricular na etapa do ensino médio (BNCC-EM), como etapa final da educação básica, nos termos do Artigo 35 da LDB, ao completar o conjunto constituído pela BNCC da educação infantil e do ensino fundamental.

Diante desse cenário, conforme Marsiglia *et al.* (2017, p. 115), "[...] readequaram o documento aos interesses dos representantes da classe empresarial presentes na ONG 'Movimento pela Base Nacional Comum'", do qual, a própria Secretária Executiva do MEC, Maria Helena Guimarães de Castro, era membro.

A BNCC foi aprovada por um CNE alinhado aos interesses do empresariado, sem profundas discussões, no governo Temer (MDB), com apenas três votos contrários, ou seja, os das conselheiras Márcia Angela da Silva Aguiar, Malvina Tutmann e Aurina Oliveira Santana. O que se presenciou foi uma verdadeira afronta desse órgão colegiado que, infelizmente, obliterou o seu papel de órgão de Estado. Em síntese, nessa versão, muitos limites foram identificados "[...] nas audiências públicas regionais, efetivadas [...]. A análise detida dessas contribuições não se efetivou e a tramitação célere da matéria na Comissão Bicameral, [...] comprometeu o processo de discussão e deliberação" da matéria (Aguiar, 2018, p. 16).

Caetano (2020, p. 75), para além da aparência, resgata que a terceira versão da BNCC foi revisada por algumas instituições internacionais, a exemplo da "The Curriculum Foundation, instituição inglesa; Accara, instituição australiana; e PhillDaro e Susan Pimentel que atuaram no Comonn Core americano; além de Sheila Byrd Carmichael" (Caetano, 2020, p. 75).

Com relação à versão final, Neira (2017) efetuou uma análise crítica sobre as mudanças implementadas, comparando-as ao texto da segunda versão. Cita-se a "[...] incompatibilidade entre o que anuncia e o que efetivamente propõe", o texto final caracteriza-se por um "[...] esvaziamento do potencial crítico e democratizante para dar lugar a uma formação instrumental alinhada aos ditames do mercado" (Neira, 2017, p. 2977).

Prevaleceram os interesses dos conglomerados empresariais e de organismos internacionais, alinhados à AGEE. Diametralmente, pesquisadores da área de Educação ligados às entidades nacionais como a Associação Nacional de Pós-Graduação e Pesquisa em Educação (ANPEd) e diversos movimentos sociais têm denunciado esse nefasto processo, sobretudo porque o documento atende aos interesses do capital e do empresariado em uma perspectiva neoliberal, dimensão a ser explorada na próxima subseção.

A BNCC como expressão dos interesses do capital e do empresariado para a educação básica

A BNCC, ao ser compreendida como um documento normativo que influencia a estrutura curricular da educação básica nacional, apresenta-se como expressão dos interesses do capital e do empresariado, ao direcionar o trabalho educativo da educação escolar. O documento tem fundamentado a concepção, formulação, implementação, avaliação e revisão dos currículos e, consequentemente, das propostas pedagógicas das instituições escolares.

Cita-se como exemplo o currículo do ensino médio, do estado do Paraná, o qual, ao reproduzir de forma fiel o que está contido na BNCC, tem direcionado a práxis pedagógica dos professores, por meio do esvaziamento de conteúdos clássicos da matriz curricular, além da imposição de aulas prontas e slides padronizados que obliteram a liberdade do ato educativo intencional. Complementa-se que, para o empresariado, a definição de padrões comuns é importante na formação de uma mão de obra com os requisitos básicos para o trabalho (Barbosa; Francisco, 2024).

Em face desse processo, Francisco, Gonçalves e Paias (2023) salientam que a formação inicial e continuada de professores sofreu um novo direcionamento, a partir da aprovação da BNCC, expresso no documento Proposta para Base Nacional Comum da Formação de Professores da Educação Básica (Brasil, 2018c). Essa proposta foi encaminhada para possível aprovação do CNE. Todavia, por meio da Portaria CNE/CP n.º 10, de 08 de abril de 2019, foi solicitada a sua reformulação, como também a constituição de uma comissão bicameral, composta pelo presidente e colaboradores do CNE, a fim de assegurar reuniões com os agentes da educação nacional (Brasil, 2019a).

> Ou seja, a aprovação das Diretrizes Curriculares Nacionais para a Formação Inicial de Professores para a Educação Básica e que institui a Base Nacional Comum para a Formação Inicial de Professores da Educação Básica (BNC-Formação), foi aprovada apenas em 20 de dezembro de 2019, por meio da Resolução do Conselho Nacional de Educação n. 02/2019 (BRASIL, 2019b). Nesse bojo, também foi aprovada a Resolução CNE/CP n. 1 de 27 de outubro de 2020, a qual contemplou a formação continuada a partir da BNCC (Francisco; Gonçalves; Paias, 2023, p. 132-133).

Esse rápido percurso permite identificar o tipo de professores que se almeja para a educação escolar brasileira, ou seja, profissionais pragmáticos e adaptados à lógica de execução do trabalho educativo, destituídos do ato de planejar, este que ficará a cargo de agentes externos. Ostermann e Rezende (2021) complementam que, a perspectiva em tela, está totalmente atrelada ao projeto neoliberal de educação ao estabelecer correlação direta entre as competências e habilidades requeridas para os professores às exigidas para os estudantes da educação básica, em especial, nas avaliações externas.

Acrescenta Neira (2017) que a amputação dos antigos objetivos de aprendizagem e desenvolvimento (OAD) e a substituição dos conceitos de "direitos de aprendizagem e desenvolvimento" para o de desenvolvimento de "competências e habilidades". Tal proposição enfatiza as características das políticas internacionais, ou seja, propõe trabalhadores competentes o suficiente para atender às diversas demandas de um mercado em constante transição. Sobre os direitos e objetivos de aprendizagem presentes no Plano Nacional de Educação, tanto a Res. CNE/CP n.º 2/2017 (BNCC--EI/EF) quanto a Res. CNE/CP n.º 4/2028 (BNCC-EM) afirmam que são equivalentes as competências e habilidades constantes na BNCC:

> Art. 3º [...] Parágrafo Único: Para os efeitos desta Resolução, com fundamento no caput do art. 35-A e no §1º do art. 36 da LDB, a *expressão "competências e habilidades"* deve ser considerada como *equivalente à expressão "direitos e objetivos de aprendizagem"* presente na Lei do Plano Nacional de Educação (PNE) (Brasil, 2017, p. 3, grifo nosso).

> Art. 3º [...] Parágrafo único. Para os efeitos desta Resolução, com fundamento no caput do art. 35-A e no § 1º do art. 36 da LDB, a *expressão "competências e habilidades"* deve ser considerada como *equivalente à expressão "direitos e objetivos de aprendizagem"* presente na Lei do Plano Nacional de Educação (PNE) (Brasil, 2018, p. 4, grifo nosso).

Soma-se a essas resoluções, a referida resolução CNE/CEB n.º 3/2018, que também apresenta a mesma equivalência entre os termos.

> Art. 6º Para fins de obtenção de maior clareza de exposição, ficam definidos os seguintes termos utilizados na presente Resolução:
> [...] VI – competências: mobilização de conhecimentos, habilidades, atitudes e valores, para resolver demandas complexas da vida cotidiana, do pleno exercício da cidadania e do mundo do trabalho. Para os efeitos desta Resolução, com fundamento no caput do art. 35-A e no § 1º do art. 36 da LDB, a *expressão "competências e habilidades" deve ser considerada como equivalente à expressão "direitos e objetivos de aprendizagem"* presente na Lei do Plano Nacional de Educação (PNE) (Brasil, 2018, p. 2-3, grifo nosso).

Observa-se, portanto, a retomada da noção de competências e habilidades que fundamentaram os Parâmetros Curriculares Nacionais (PCNs) nos anos de 1990 e, consequentemente, as políticas curriculares da educação brasileira. Macedo (2019, p. 46) assevera que "[...] até a segunda versão, o conceito de competência não tinha sido usado, sendo a Base estruturada em torno da noção de direitos de aprendizagem". A autora explica ainda que, mesmo que o estudo comparativo tente minimizar a mudança radical de direitos a competências, "[...] afirmando que ambos os conceitos 'guarda[m] (...) grande proximidade', trata-se de uma mudança importante na luta política pela hegemonização de uma ideia de currículo nacional" (Macedo, 2019, p. 47). Esclarece, ainda, que a opção por um currículo guiado por direitos de aprendizagem "[...] foi uma demanda de movimentos acadêmicos e sociais com vistas a distanciar a proposta da linguagem da testagem". Ao trazer de volta as competências, vincula-se a política curricular brasileira a "[...] um movimento internacional que, sob a governança da OCDE, vem pondo em prática avaliações internacionais comparativas" (Macedo, 2019, p. 47).

Por essa ótica, segundo Freitas (2018) os reformadores empresariais são considerados os protagonistas do debate educacional contemporâneo, materializado na BNCC. Inclusive, desdobramentos como o gerencialismo e a cultura da performatividade vêm ganhando ênfase, sobretudo a partir do estabelecimento de competências requeridas pelo mercado, como salientado por Neira (2017), bem como pela transferência de fundos públicos para o setor privado e aparelhos privados de hegemonia (Francisco; Gonçalves; Paias, 2023; Santos; Francisco; Souza, 2023).

Assim, tem se intensificado a mercadorização da educação, por meio da produção e venda de materiais didáticos, oferta de cursos para a formação docente e de gestores e a intensificação das plataformas digitais com vistas ao controle do trabalho educativo.

Esses desdobramentos têm promovido um "[...] alinhamento ao ideário das competências" exigidas pelo mercado, por meio de "[...] importantes mudanças conceituais e organizacionais, tais como aquelas derivadas da ascensão das aprendizagens essenciais, da flexibilização curricular, do aprender a aprender etc." (Titton, 2022, p. 3). Perde-se as possibilidades de problematizar a prática social, a partir das suas múltiplas determinações, dos determinantes sociais e culturais e dos interesses de classe.

Conclusão

A síntese de algumas das múltiplas determinações, presentes no processo de homologação da BNCC, explicita que o seu processo de construção foi marcado por interesses antagônicos. De um lado, encontram-se os pesquisadores e estudiosos da área de Educação e de organizações coletivas, tais como ANPEd e Anpae, que defendiam a construção de uma Base Comum Nacional; de outro, organizações não governamentais (Movimento pela Base e Todos Pela Educação), organizações coletivas (Undime e Consed) e representantes do empresariado, a exemplo da Fundação Lemann, que defendiam uma perspectiva mais alinhada ao mercado. Infelizmente, prevaleceram os interesses do último grupo.

Ao ser compreendida como um documento normativo que interfere na estrutura curricular da educação básica nacional, a BNCC tem direcionado o trabalho educativo nas escolas do país. Cita-se como reflexo a padronização presente na educação escolar, esta que é defendida pelo empresariado, como um dos ingredientes necessários à formação de uma mão de obra para o trabalho.

Outra constatação refere-se aos impactos da BNCC na formação inicial e continuada de professores, sobretudo quando se consideram os fundamentos presentes na Resolução CNE/CP n.º 2, de 20 de dezembro de 2019, que define as Diretrizes Curriculares Nacionais para a Formação Inicial de Professores para a Educação Básica e que estabeleceu a Base Nacional Comum para a Formação Inicial de Professores da Educação Básica (BNC-Formação); além da Resolução CNE/CP n.º 2, de 27 de outubro de 2020, que dispõe sobre as Diretrizes Curriculares Nacionais para a Formação Continuada de Professores da Educação Básica e que instituiu a Base Nacional Comum para a Formação Continuada de Professores da Educação Básica (BNC – Formação Continuada). A formação de professores foi esvaziada, expresso em competências restritas que se limitam ao saber instrumental e a uma intervenção mecanicista, alinhada ao ideário neoliberal.

Finaliza-se ao enfatizar que os gestores, os professores, estudantes e comunidades escolares não poderão ficar imóveis, posto que a BNCC precisa ser compreendida e superada por incorporação. Como esse não é um processo que ocorrerá num passe de mágica, salienta-se o papel das universidades, das entidades de classe da área de Educação e movimentos sociais, na difusão de conhecimentos produzidos a partir de pesquisas que revelam as reais intencionalidades contidas na BNCC, a fim de que ocorra uma resistência ativa e efetiva.

Referências

AGUIAR, Márcia Angela da Silva Aguiar. Relato da resistência à instituição da BNCC pelo Conselho Nacional de Educação mediante pedido de vista e declarações de votos. In: AGUIAR, Márcia Angela da Silva Aguiar; DOURADO, Luiz Fernandes. *A BNCC na contramão do PNE 2014-2024*: avaliação e perspectivas. Recife: Anpae, 2018. p. 8-22.

AGUIAR, Márcia Angela da Silva Aguiar; DOURADO, Luiz Fernandes. *A BNCC na contramão do PNE 2014-2024*: avaliação e perspectivas. Recife: Anpae, 2018.

BARBOSA, Everton Koloche Mendes; FRANCISCO, Marcos Vinicius. O novo ensino médio no estado do Paraná: uma análise histórico-dialética acerca da reformulação curricular. *Ponto de Vista*, Viçosa, v. 13, n. 2, p. 1-20, 2024. Disponível em: https://periodicos.ufv.br/RPV/article/view/16889. Acesso em: 7 jun. 2024.

BRASIL. *Constituição da República Federativa do Brasil*. Brasília, DF: Senado Federal: Centro Gráfico, 1988. Disponível em https://www.planalto.gov.br/ccivil_03/Constituicao/Constituicao.htm. Acesso em: 13 fev. 2024.

BRASIL. Lei n.º 9.394, de 20 de dezembro de 1996. Estabelece as diretrizes e bases da educação nacional. *Diário Oficial da União*, Brasília, DF, 23 dez. 1996. Disponível em: http://www.planalto.gov.br/ccivil_03/Leis/L9394.htm. Acesso em: 13 fev. 2024.

BRASIL. Ministério da Educação. Secretaria da Educação Básica. *Indagações sobre o currículo*. Brasília, DF, 2007. Disponível em: http://portal.mec.gov.br/seb/arquivos/pdf/Ensfund/indag2.pdf. Acesso em: 24 fev. 2024

BRASIL. Lei n.º 12.796, de 4 de abril de 2013. Altera a Lei n.º 9.394, de 20 de dezembro de 1996, que estabelece as diretrizes e bases da educação nacional, para dispor sobre a formação dos profissionais da educação e dar outras providências. *Diário Oficial da União*, Brasília, DF, 05 abr. 2013. Disponível em: https://www.planalto.gov.br/ccivil_03/_Ato2011-2014/2013/Lei/L12796.htm. Acesso em: 13 fev. 2024.

BRASIL. Lei n.º 13.005, de 25 de junho de 2014. Aprova o Plano Nacional de Educação (PNE) e dá outras providências. *Diário Oficial da União*, Brasília, DF, 26 jun.

2014. Seção 1, p. 1. Disponível em: https://www.planalto.gov.br/ccivil_03/_ato2011-2014/2014/lei/l13005.htm. Acesso em: 17 fev. 2024.

BRASIL. Ministério da Educação. Resolução CNE/CP n.º 2, de 22 de dezembro de 2017. Institui e orienta a implantação da Base Nacional Comum Curricular, a ser respeitada obrigatoriamente ao longo das etapas e respectivas modalidades no âmbito da Educação Básica. *Diário Oficial da União*, Brasília, DF, 22 dez. 2017, Seção 1, p. 41-44, 2017.

BRASIL. Ministério da Educação. *Base Nacional Comum Curricular* – BNCC 2ª versão. Brasília, DF, 2018a. Disponível em: http://basenacionalcomum.mec.gov.br/images/BNCC_EI_EF_110518_versaofinal_site.pdf Acesso em: 15 mar. 2022.

BRASIL. *Resolução CNE/CP n.º 4, de 17 de dezembro de 2018*. Institui a Base Nacional Comum Curricular na etapa do ensino médio (BNCC-EM), como etapa final da educação básica, nos termos do artigo 35 da LDB, completando o conjunto constituído pela BNCC da educação infantil e do ensino fundamental, com base na Resolução CNE/CP n.º 2/2017, fundamentada no Parecer CNE/CP n.º 15/2017. 2018b. Disponível em: https://normativasconselhos.mec.gov.br/normativa/view/CNE_RES_CNECPN42018.pdf?query=BNCC%20EI/EF. Acesso em: 13 fev. 2024.

BRASIL. Ministério da Educação. *Proposta para Base Nacional Comum da Formação de Professores da Educação Básica*. Brasília, DF, 2018c.

BRASIL. Conselho Nacional de Educação. *Portaria CNE/CP n.º 10*, 8 de abril de 2019. Comissão Bicameral de formação inicial e continuada de professores. 2019a. Disponível em: https://contrapoder.net/colunas/diretrizes-para-formacao-docente-e-aprovada-na-calada-do-dia-mais-mercado/. Acesso em: 15 fev. 2022.

BRASIL. Conselho Nacional de Educação. *Resolução CNE/CP n.º 2, de 20 de dezembro de 2019*. Define as Diretrizes Curriculares Nacionais para a Formação Inicial de Professores para a Educação Básica e institui a Base Nacional Comum para a Formação Inicial de Professores da Educação Básica (BNC-Formação). 2019b. Disponível em: https://normativasconselhos.mec.gov.br/normativa/view/CNE_RES_CNECPN22019.pdf Acesso em: 25 jun. 2022.

BRASIL. *Conselho Nacional de Educação. Resolução CNE/CP n.º 2, de 27 de outubro de 2020*. Dispõe sobre as Diretrizes Curriculares Nacionais para a Formação Continuada de Professores da Educação Básica e institui a Base Nacional Comum para a Formação Continuada de Professores da Educação Básica (BNC-Formação Continuada). Disponível em: http://portal.mec.gov.br/index.php?option=com_

docman&view=download&alias=164841-rcp001-20&category_slug=outubro-
-2020-pdf&Itemid=30192 Acesso em: 25 jun. 2022.

BRASIL. MEC. Ministério da Educação. Portal MEC [on-line]. *Programa Currículo em Movimento*. Disponível em: http://portal.mec.gov.br/programa-curriculo-
-em-movimento-sp-1312968422. Acesso em: 28 fev. 2024.

CAETANO, Maria Raquel. Agora o Brasil tem uma Base! A BNCC e as influências do setor empresarial. Que Base? *Educação em Revista*, Marília, v. 21, n. 2, p. 65-82, 2020. Disponível em: https://revistas.marilia.unesp.br/index.php/educacaoemre-
vista/article/view/9993. Acesso em: 2 maio 2023.

DALE, Roger. Globalização e Educação: demonstrando a existência de uma "Cul-
tura Educacional Mundial Comum" ou localizando uma agenda globalmente estruturada para a educação? *Educação & Sociedade*, Campinas, v. 25, n. 87, p. 423-460, maio/ago. 2004. Disponível em: www.scielo.br/pdf/es/v25n87/21464.
pdf. Acesso em: 11 maio 2022.

FRANCISCO, Marcos Vinicius; GONÇALVES, Leonardo Dorneles; PAIAS, Kátia Rodrigues Montalvão. Da BNCC à BNC-Formação: ponderações a partir do materialismo histórico-dialético. *In:* MOREIRA, Jani Alves da Silva; VOLSI, Maria Eunice França; SOUZA, Thaís Godoi de. *Políticas educacionais, gestão e financiamento da educação*. Curitiba: Editora CRV, 2023. p. 129-145.

FREITAS, Luiz Carlos de. *A reforma empresarial da educação*: nova direita, velhas ideias. São Paulo: Expressão Popular, 2018.

MACEDO, Elizabeth Fernandes. Fazendo a Base virar realidade: competências e o germe da comparação. *Revista Retratos da Escola*, Brasília, v. 13, n. 25, p. 39-58, jan./maio 2019. Disponível em: https://retratosdaescola.emnuvens.com.br/rde/
article/view/967. Acesso em: 9 mar. 2024.

MARSIGLIA, Ana Carolina Galvão; PINA, Leonardo Docena; MACHADO, Vinícius de Oliveira; LIMA, Marcelo. A Base Nacional Comum Curricular: um novo epi-
sódio de esvaziamento da escola no Brasil. *Germinal*: marxismo e educação em debate, Salvador, v. 9, n. 1, p. 107-121, abr. 2017. Disponível em: https://periodicos.
ufba.br/index.php/revistagerminal/article/view/21835 Acesso em: 25 jun. 2022.

NEIRA, Marcos Garcia; SOUZA JÚNIOR, Marcílio. A Educação Física na BNCC: procedimentos, concepções e efeitos. *Motrivivência*, Florianópolis, v. 28, n. 48, p. 188-206, set. 2016.

NEIRA, Marcos Garcia. Terceira versão da BNCC: Retrocesso político e pedagógico. *In:* CONBRACE, 20., 2017. *Anais* [...]. Goiânia: UFG, 2017, p. 2974-2978.

OSTERMANN, Fernanda; REZENDE, Flávia. BNCC, Reforma do Ensino Médio e BNC-Formação: um pacote privatista, utilitarista minimalista que precisa ser revogado (Editorial). *Caderno Brasileiro de Ensino de Física*, Florianópolis, v. 38, n. 3, p. 1381-1387, dez. 2021. Disponível em: https://www.lume.ufrgs.br/bitstream/handle/10183/236760/001137187.pdf?sequence=1 Acesso em: 25 jun. 2022.

PINHEIRO, Dalessandro de Oliveira. *O Movimento "Todos pela Educação"*: o público, o privado e a disputa de projetos educacionais no Brasil. 2018. 314f. Tese (Doutorado em Educação), Universidade Federal do Paraná, Curitiba, 2018.

SANTOS, Dayane Larissa Carvalho dos; FRANCISCO, Marcos Vinicius; SOUZA, Thaís Godoi de. Implicações do novo pacto social nas questões de gênero e sexualidade nas aulas de Educação Física: análises a partir da Base Nacional Comum Curricular e do discurso de representantes políticas. *Educação*, Santa Maria, v. 48, p. e50/1-24, 2023. Disponível em: https://periodicos.ufsm.br/reveducacao/article/view/65862 Acesso em: 14 fev. 2024.

SILVA, Monica Ribeiro da; JAKIMIU, Vanessa Campos de Lara. O ensino médio como um campo de disputas: as políticas, seus formuladores e proposições após a LDB de 1996. *In:* SILVA, Monica Ribeiro da. *O ensino médio*: suas políticas, suas práticas – estudos a partir do Programa Ensino Médio Inovador. Curitiba: UFPR, 2016. p. 9-30.

TITTON, Mauro. BNCC E BNC-formação: consequências na formação de professores para as escolas do campo. *Roteiro*, Joaçaba, v. 47, p. 1-28. jan./dez. 2022. Disponível em: https://portalperiodicos.unoesc.edu.br/roteiro/article/view/29548. Acesso em: 25 jun. 2022.

DIRETRIZES CURRICULARES NACIONAIS DA EDUCAÇÃO (DCN) E BNCC: EXPRESSÕES DA FORMAÇÃO NEOLIBERAL

Ethyenne Goulart Oliveira
Cristiano Amaral Garboggini Di Giorgi
Elsa Midori Shimazaki

Introdução

As constantes transformações nas formas de produção desenvolvidas no modelo capitalista revolucionam as técnicas de produção resultantes da incorporação dos conhecimentos como força produtiva. Nesse processo, a ciência é convertida em potência material introduzida no/pelo trabalho socialmente produtivo por meio da eclosão das indústrias. A partir do século XV, o processo de industrialização inverte as relações e os modos de produção, subordinando o campo à cidade e a agricultura à indústria (Saviani, 2003).

Nesse contexto de mudanças, a emergência da necessária introdução de novos códigos de comunicação não espontâneos, passa-se a exigir a generalização dos códigos escritos e, como consequência, a alfabetização, bem como a universalização da escola, agora concernente ao trabalho intelectual e à cultura letrada integrada à nova forma de organização capitalista. A proposta de universalização da escola é, portanto, base estruturante para a elaboração dos currículos escolares (Saviani, 2003).

Evidenciados os primeiros sinais de intencionalidade para elaboração curricular nacional na Constituição Federal de 1988, é somente em 1996 com a Lei de Diretrizes e Bases da Educação Nacional, especificamente no Art. 26 (Brasil, 2005), que surge a expressão "Base Nacional Comum Curricular". De acordo com a LDB (Brasil, 2005),

> Os currículos do ensino fundamental e médio devem ter uma base nacional comum, a ser complementada, em cada sistema de ensino e estabelecimento escolar, por uma parte diversificada, exigida pelas características regionais e locais da sociedade, da cultura, da economia e da clientela (Brasil, 2005, p. 16).

Ao ter como base a concepção de que o homem transforma a natureza de acordo com suas necessidades e estabelece formas de relações com os outros homens, entende-se que, na sociedade moderna, a ciência passa a referir-se ao conjunto social sendo, portanto, seu domínio, igualmente lhe atribuído. Tal fator, tido como a razão pela qual se pressupõe, para a composição curricular, assim como a incorporação dos instrumentos de expressão desses conhecimentos, respectivamente presentes na Língua Portuguesa e na Matemática, mantêm intrínseca a relação com as *ciências naturais*, que implicam no conhecimento da natureza e, progressivamente, das leis que a regem e das *ciências sociais*, uma vez que, ao produzir sua própria existência, o homem cria normas de convivência, o que faz surgir a necessidade de conhecer as formas pelas quais a sociedade se constitui (Saviani, 2003).

Com as subsequentes reformas do Estado e a reestruturação do sistema produtivo a partir da década de 1990, a educação escolar sofreu fortes influências. Crivada pela busca por ajustes às demandas mercadológicas em todos os seus níveis e aspectos, expressivas dos interesses hegemônicos, esta tem seus fins intencionados como instrumento mantenedor do cenário socioeconômico instalado nesse contexto histórico. Com o discurso de sintonizar o objeto, os objetivos e os fins da educação escolar com as mudanças tecnológicas, culturais e socioeconômicas, o que se deu foi um processo intensivo de formatação da escola conforme os modelos impostos pela lógica capitalista no fim do século XX e início do século XXI (Malanchen; Santos, 2020).

Elaboradas segundo os ideais neoliberais, os Organismos Internacionais (OI), a exemplo do Banco Mundial e da Organização das Nações Unidas para a Educação, a Ciência e a Cultura (Unesco), são representativos da classe do empresariado e de intelectuais que prescrevem os princípios de competitividade, concorrência, eficiência, eficácia, qualidade e produtividade como norteadores centrais das reformas educacionais (Malanchen; Santos, 2020).

Nesse sentido, a busca pela erradicação do analfabetismo e a universalização do ensino têm seus efeitos dados em sua forma inversa na medida em que, como proposta, enfatiza-se o dever de a educação escolar acompanhar a lógica produtivista, uma das finalidades preconizadas para o ensino médio, presentes no Art. 35º, inciso II, da LDB (Brasil, 2005)[13],

---

[13] Que estabelece "II – a preparação básica para o trabalho e a cidadania do educando, para continuar aprendendo, de modo a ser capaz de se adaptar com flexibilidade a novas condições de ocupação ou aperfeiçoamento posteriores" (Brasil, 2005, Art. 35º, p. 18).

o que atribui às políticas educacionais o caráter de meio expressivo dos embates no âmbito do Estado e de seus desdobramentos (Malanchen; Santos, 2020).

O caminho oposto à socialização dos bens materiais e ideais, expressos pela ideologia dominante, interdita as possibilidades de criação de uma nova forma de organização social que tenha como fins libertar a humanidade do aprisionamento à lógica do capital. Dessa maneira, considerada como a forma de sociedade mais evoluída alcançada pela humanidade, as concepções hegemônicas, sejam as concernentes ao liberalismo dito progressista, sejam as vertentes reacionárias, encontram-se restritas à visão capitalista (Duarte, 2016).

De acordo com Malanchen e Santos (2020, p. 3) é nesse cenário de mudanças econômicas e de reordenamento das formas de relação entre os homens e destes com o trabalho alienado, que a educação "[...] continua a ser entendida como importante ferramenta para o desenvolvimento, sendo destacado o papel da escolarização básica e, como consequência, a elaboração de currículos para este nível".

Os Art. 22º e 23º da LDB (Brasil, 2005, p. 14), incorporados, por sua vez, pelas DCNs (Brasil, 2010; 2018a) preconizam que "A educação básica tem por finalidade desenvolver o educando, assegurar-lhe a formação comum indispensável para o exercício da cidadania e fornecer-lhe meios para progredir no trabalho e em estudos posteriores", podendo estar organizada por séries, períodos, ciclos, com alternância regular de períodos de estudos com base na idade, competências, sempre que o interesse de aprendizagem, isto é, do aluno, assim o recomendar.

É na década de transição entre os séculos XX e XXI que as reformas educacionais apontam como alvo o currículo escolar, marcado pela elaboração dos Parâmetros Curriculares Nacionais para o ensino fundamental (PCN) (Brasil, 1997; 1998), cujo foco recai na compreensão do objetivo da educação escolar como sendo a aprendizagem de conhecimentos úteis validados pragmaticamente, seja nas relações cotidianas, seja na prática profissional (Malanchen; Santos, 2020). Com a finalidade de sistematização dos princípios e diretrizes gerais para a educação básica definidos pela Constituição Federal de 1988 (Brasil, 1988), pela Lei de Diretrizes e Bases da Educação Nacional de 1996 (Brasil, 2005) e pelos demais dispositivos legais, as Diretrizes Curriculares Nacionais Gerais para a Educação Básica (DCN) (Brasil, 2010, Art. 2º) reiteram seu papel de indicador das opções políticas, socioculturais, educacionais, bem como a função da educação em sua relação com o projeto de nação que se tem como anseio construir, de maneira a assegurar a formação básica comum nacional, estimular a reflexão crítica na elaboração de propostas que devem subsidiar a formulação, execução e avaliação do projeto político-pedagógico da escola e orientar os cursos de formação inicial e continuada de docentes e demais profissionais da educação básica.

Ao se consolidar sob a égide dos princípios democráticos de igualdade, liberdade, pluralidade, diversidade, respeito, justiça social, solidariedade e sustentabilidade, considerados conquistas da classe trabalhadora a serem valorizados, evidencia-se um movimento oposto à efetivação destes que, ao serem incorporados pelos documentos oficiais da educação brasileira em suas diversas manifestações, passam a representar os interesses neoliberais que remontam uma perspectiva pseudodemocrática resultante da mobilização de forças característica de uma sociedade organizada ideologicamente pelo capitalismo[14].

Desse modo, constituindo-se, pois, como atribuição federal exercida pelo Conselho Nacional de Educação (CNE), as Diretrizes preconizadas por esse documento, como conjunto de definições doutrinárias de princípios, fundamentos e procedimentos para a educação básica e subsequentemente para o ensino médio, estabelecem a Base Nacional Comum Curricular como responsável pela orientação, organização, articulação, desenvolvimento e avaliação das propostas pedagógicas das redes de ensino no Brasil (Malanchen; Santos, 2020).

Dadas as considerações inicias, reconhecidas em seu caráter teórico-conceitual, este trabalho é concebido como categoria analítica de uma pesquisa de mestrado em Educação que, fundamentado no aporte teórico-filosófico da pedagogia histórico-crítica tem como objetivo evidenciar de que forma as Diretrizes Curriculares Nacionais (Brasil, 2018a) regulamentam e veiculam tais pressupostos de caráter alienante na educação no Brasil, fruto das presunçosas alterações e reformulações na estrutura da Base Nacional Comum Curricular do ensino médio (Brasil, 2018b) tendo em vista, as alterações da Lei n.º 9.394/1996 (Brasil, 2005) estabelecidas pela Lei n.º 13.415/2017 (Brasil, 2017).

---

[14] Que se constituem pela contradição existente entre a classe de dominantes dos meios de produção e a classe de trabalhadores que detém a força de trabalho geradora de resultados incorporados à mais-valia do capital, isto é, resultantes do estranhamento, pelos trabalhadores, entre o processo de produção e seu produto final.

Procedimentos Metodológicos

Orientados pelos pressupostos do materialismo histórico-dialético na busca pela compreensão do fenômeno educativo para além da sua representação empírica, torna-se imprescindível percorrer o caminho histórico-ontológico do objeto em questão de maneira a abstrair seus elementos cujo movimento dialético — do/no pensamento —, mediadores do processo de análise, se elevam ao conhecimento do concreto, síntese de múltiplas determinações e relações internas (Kosik, 2002).

Dessa forma, constituído, pois, por duas dimensões fundamentais, sendo elas, a *epistemológica,* na qual o conhecimento é apreendido como possibilidade de a humanidade sistematizar um conjunto de ideias referentes ao caminho de compreensão da realidade natural e social, e a *ontológica,* que permite ao homem compreender e explicar a essência do objeto, ou seja — *o que são e como são* —, o método em questão pressupõe um afastamento temporário do concreto caótico, portanto, incompreendido, cujo esforço mediado orienta-se à esfera não cotidiana, isto é, à essência do fenômeno para além de sua representação fenomênica (Martins; Lavoura, 2018; Kosik, 2002).

Destarte, no primeiro momento do processo investigativo, "[...] a representação plena volatiliza-se na determinação abstrata; no segundo, as determinações abstratas conduzem à reprodução do concreto por meio do pensamento", sendo esse último o verdadeiro método científico (Marx, 2008a, p. 259).

Com base, então, na concepção da divisão do trabalho, da divisão da sociedade em classes e na hierarquização das posições sociais que sobre ela se eleva, é por meio do trabalho com documentos, como instrumento técnico, fundamentados pelos estudos desenvolvidos por Evangelista e Shiroma (2019), que se buscou no presente capítulo evidenciar os sincretismos, as contradições internas, bem como os *slogans* que, derivados das demandas e ações concretas, são considerados subsídios para a formulação dos documentos oficiais da educação, determinadas, sobretudo, pela correlação de forças expressas na sociedade burguesa.

Análise e Discussão

Alicerçada sobre ideias-forças, entre elas a delimitação do papel do Estado na garantia do direito à educação de qualidade, tida como "[...] direito inalienável de todos os cidadãos" (Brasil, 2013, p. 9), a liberdade, assim como a erradicação da pobreza e da marginalização, e a redução das desigualdades sociais, têm sua face oculta, isto é, sua essência é desvelada em sua forma presunçosa, nas entrelinhas dos princípios que pressupõem a "I – igualdade de condições para acesso, inclusão, permanência e sucesso na escola" em condições de "V – coexistência de instituições públicas e privadas de ensino" objetivando a "II – liberdade de aprender, ensinar, pesquisar e divulgar a cultura, o pensamento, a arte e o saber" por meio da "XI – vinculação entre educação escolar, o trabalho e as práticas sociais" (Brasil, 2010, Art. 4º), sendo esse um dever das unidades escolares subsidiadas pelos seus respectivos sistemas de ensino em articulação com a família, a sociedade e o poder público. Tais interfaces pouco ou quase nada se aproximam de uma perspectiva democrática e emancipadora da formação humana.

Ao incorporar como referências conceituais as contradições identificadas em estudos realizados sobre a Lei n.º 9.394/96 (Brasil, 2005), apresentados no III Congresso Internacional de Educação "Caminhos para uma Educação Democrática e Humanizadora", organizado pela Universidade do Oeste Paulista no ano de 2022, evidencia-se como fundamento estrutural a sedução dos discursos neoliberais que se estruturam e se sustentam na suposta defesa de uma educação para todos com garantias de padrões de qualidade e de acesso e permanência dos alunos na escola e q subsequente "liberdade" para o desenvolvimento de novos conhecimentos e divulgação da cultura e do saber.

Como explicitado ao longo da DCNEM (Brasil, 2018a), é possível identificar concepções que se distanciam de uma organização curricular pautada em pressupostos materialistas e históricos que nesse contexto contemporâneo devem ser elaborados em função das peculiaridades e características próprias dos estudantes, devendo ser o percurso formativo aberto e contextualizado — em seu sentido imediato — a incluir componentes flexíveis que possibilitem a escolha de percursos formativos que atendam aos interesses dos educandos.

Os ideais construtivistas, pragmatistas e produtivistas concernentes à educação, ao currículo, ao trabalho pedagógico preconizam, em sua essência, a precarização de recursos e desigual apropriação, entre as classes, das produções humanas sintetizadas nos conhecimentos científicos, artísticos e filosóficos apreendidos pela pedagogia Histórico-Crítica como *clássicos*. Estes, como explicitado por Saviani (2011, p. 13), "[...] não se confundem com o tradicional e também não se opõem, necessariamente, ao moderno e muito menos ao atual". O *clássico*, portanto, "[...] é aquilo que se firmou como fundamental, como essencial" que pode, assim sendo, constituir-se como critério para a seleção dos conteúdos traduzidos como fulcrais e determinantes na elaboração do currículo escolar (Saviani, 2011, p. 13).

Segundo Duarte (2016), a relação imediata entre os conteúdos escolares e as necessidades cotidianas do aluno é aceita pelas pedagogias do aprender a aprender, a exemplo da pedagogia das competências, que se limitam ao plano da adaptação à lógica do capital. Em seu caráter unificador, os *slogans* difundidos entre os defensores das pedagogias hegemônicas se perfazem, portanto, na centralidade dos alunos no processo educativo em oposição à ênfase dada pela pedagogia tradicional às matérias (Saviani; Duarte, 2021). Para além dessas concepções, tradicional e nova, defende-se uma pedagogia,

> [...] articulada com os interesses populares *que* valorizará, pois, a escola; *que* não será indiferente ao que ocorre em seu interior; *e* estará empenhada em que a escola funcione bem; portanto, estará interessada em métodos de ensino eficazes. Tais métodos situar-se-ão [...] superando por incorporação *e não por exclusão* as contribuições de uns e de outros *métodos*. Serão métodos que estimularão a atividade e iniciativa dos alunos sem abrir mão, porém, da iniciativa do professor; favorecerão o diálogo dos alunos entre si e com o professor, mas sem deixar de valorizar o diálogo com a cultura acumulada historicamente; levarão em conta os interesses dos alunos, os ritmos de aprendizagem e o desenvolvimento psicológico, mas sem perder de vista a sistematização lógica dos conhecimentos, sua ordenação e gradação para efeitos do processo de transmissão-assimilação dos conteúdos cognitivos (Saviani, 2018, p. 55-56, grifo nosso).

Dessa maneira, o método que se acredita possibilitar uma formação verdadeiramente integral dos alunos inseridos no contexto escolar não condiz com a mera somatória de concepções tradicionais e novas, mas ressalta ser a prática social o ponto de partida comum para o professor e os alunos, podendo estes, entretanto, posicionar-se diferentemente enquanto agentes sociais diferenciados (Saviani, 2018).

Para a pedagogia histórico-crítica, o método mais eficaz de formação dos sujeitos compõe-se pelos momentos denominados *prática social* como ponto de partida comum entre professor e alunos diferenciados.

Entretanto, no ponto de vista pedagógico, pela forma de compreensão da prática social, sendo no primeiro caso chamado de síntese precária[15] e no segundo, em seu caráter sincrético[16]; *problematização*, a identificação das questões que necessitam de resolução no âmbito da prática social e que implicam, pois, nos conhecimentos necessários de serem dominados para tanto; *assimilação/instrumentalização*, que se trata da apropriação, pelos alunos, das ferramentas culturais transmitidas pelo professor, necessárias para a superação das condições concretas *em si*; e a *catarse*, compreendida como a elaboração em níveis superiores da estrutura em superestrutura na consciência do homem, considerada um dos momentos fundamentais do método sistemático da prática educativa possível somente pela transmissão dos conhecimentos elaborados. Ao viabilizar a incorporação dos instrumentos teóricos e práticos convertidos em elementos integrantes e integradores da própria vida dos alunos, promove simultaneamente a formação de elementos ativos para a transformação da *prática social*, quinto e último momento do método materialista, histórico e dialético de uma educação com fins revolucionários (Saviani, 2018).

Dessa maneira, uma formação básica subsidiada pelo conjunto de competências e habilidades previstas pela BNCCEM (Brasil, 2018b), que consolida aprendizagens essenciais e transversalmente, o aprofundamento dos conhecimentos objetivando sua preparação para o prosseguimento nos estudos *"ou"* para inserção no mundo do trabalho, conforme disposto nos incisos I e II do Art. 5º da DCNEM (Brasil, 2018a), vivifica a tese formulada a partir na análise da LDB, já citada, de que os meios providos para a progressão nos estudos não se constituem como unidade com aqueles providos para a inserção no trabalho.

Apreendido em sua forma alienada e alienante nesse contexto hegemônico burguês, o trabalho é conceituado como elementar, independente, oposto ao que se concebe como atividade vital, ou seja, como essência humana. A contradição evidenciada é denominada no documento como "formação integral", desenvolvida, substancialmente, por processos educativos significativos promotores de autonomia e protagonismo dos adolescentes na construção de seu projeto de vida (Brasil, 2018, Art. 5º, inciso I).

---

[15] Embora a compreensão do professor implique a articulação dos conhecimentos e experiências que condensam a prática social, esta ainda é considerada em sua precariedade por envolver em sua dimensão a antecipação mental do que lhe será possível realizar com os alunos cujos níveis de compreensão, no ponto de partida, ele não pode conhecer senão de forma precária.

[16] Ainda que detenham conhecimentos e experiências, os alunos encontram-se em condições de impossibilidade, no ponto de partida, de articular a experiência pedagógica com a prática social.

Duarte (2016) ressalta não ser por acaso a intensa mobilização de recursos materiais e não materiais pela classe dominante com fins de assegurar que a escolarização da classe trabalhadora não venha a se caracterizar pela transmissão dos conteúdos intitulados de *clássicos pela* pedagogia histórico-crítica. O processo de escolarização da classe, no momento presente dominada, tem transcorrido assolado por duas estratégias centrais, a seletividade e a precariedade. Quando a primeira se torna menos espessa, exacerba-se a segunda.

Como consequência da priorização do sincretismo característico da visão de mundo do aluno, isto é, de uma visão caótica e indiferenciada do senso comum dotada de precária, se não ausente, articulação conceitual, ou seja, de compreensão dos nexos reais existentes entre o ensino dos conteúdos escolares sistematizados e a sua influência em sua formação crítica, omnilateral, tem-se o trabalho estranhado como produto final das intencionalidades burguesas que ao inverter a relação entre o homem, o trabalho e seu produto o faz de tal forma que o homem, "[...] precisamente porque é um ser consciente, faz da sua atividade vital, da sua essência, apenas um meio para a sua existência" (Marx, 2008b, p. 84-85). Uma vez que lhe é arrancado o objeto de sua produção, "[...] o trabalho estranhado arranca-lhe sua *vida genérica*, sua efetiva objetividade genérica [...] e transforma a sua vantagem com relação ao animal na desvantagem de lhe ser tirado o seu corpo inorgânico, a natureza" (Marx, 2008b, p. 84-85).

Ao ser evidenciado tal pressuposto na formação técnica e profissional como área apartada da produção dos conhecimentos e de seu aprofundamento, este encontra-se reduzido à mera adaptação às exigências ocupacionais contemporâneas em condições de competitividade, produtividade e inovação, considerados o contexto local e as possibilidades de oferta pelos sistemas de ensino para a composição dos itinerários formativos[17], também dicotomizados entre *aprofundamento e ampliação de conceitos fundantes das ciências* e *desenvolvimento de programas educacionais inovadores e atualizados*. Estes, transversalmente ao conjunto de conhecimentos para a educação geral básica, têm por dever a congruência com "[...] as demandas e necessidades do mundo contemporâneo", bem como "[...] estar sintonizado com os diferentes interesses dos estudantes e sua inserção da sociedade" (Brasil, 2018a, Art. 12º, inciso V, §1º). Nesse sentido,

---

[17] De acordo com o Art. 12, inciso IV, caput §8º, devem ser ofertados considerando as possibilidades estruturais e de recursos das instituições ou redes de ensino (Brasil, 2018a), aspecto que contradiz os princípios de qualidade e igualdade preconizados pelos respectivos documentos oficiais.

> Assim como o que se valoriza hoje não é o emprego, mas a empregabilidade, também no campo escolar o que se valoriza não é o conhecimento que tenha sido adquirido, mas a formação de educabilidade, isto é, da disponibilidade para aprender de acordo com as exigências do momento, sejam elas determinadas pelo mercado de trabalho ou pelas mudanças na cotidianidade (Duarte, 2016, p. 26).

A ênfase dada ao subjetivismo, denominado como condições socioemocionais, e às aprendizagens transversais nos documentos oficiais (DCNEM; LDB; BNCCEM), negligencia, ou melhor, nega por sua vez, o papel da escola básica de socialização do saber elaborado apreendido como força produtiva (Saviani, 2011).

À vista disso, a conceituação da *formação técnica e profissional* apresentada pela DCNEM (Brasil, 2018) difere-se, essencialmente, da conceituação da *formação politécnica* defendida pela pedagogia Histórico-Crítica. Sendo a primeira compreendida como conjunto de termos e conceitos próprios, tais como ambientes simulados; formações experimentais; aprendizagem profissional; qualificação profissional; habilitação profissional técnica de nível médio; programa de aprendizagem; e certificação intermediária e profissional, consideramos pertinente explicitar a conceituação apresentada no referido documento sobre o programa de aprendizagem.

Pode-se afirmar que a conversão da educação, como meio de acesso ao universal (compreendido como a unidade entre as produções mais elaboradas, complexas produzidas pelo gênero humano) para superação, por incorporação, do singular (condições humanas em si mesmas), em noções mercadológicas sustentadas por arranjos contratuais de favorecimento para a inserção futura no "mercado de trabalho" (Brasil, 2018, Art. 6º, parágrafo único, alínea d e f, não paginado), endossa, reitera as transformações educacionais cujo propósito visa a sua adequação à lógica produtivista.

Em oposição à conceituação explicitada, Saviani (2003) retoma a concepção básica de politecnia tendo como ponto de referência a noção de trabalho. Ao tratar da realidade humana, do papel da educação na formação do homem, parte-se do pressuposto que o trabalho define e caracteriza a existência humana constituindo-se como tal, ao passo que se faz necessário produzir e reproduzir de forma contínua sua própria existência. Por conseguinte, o homem se constitui no momento em que transforma e adapta a natureza a si. Guiada por objetivos específicos, por meio da atividade de trabalho, ao produzir as condições de sua existência, o homem cria o mundo da cultura, isto é, o mundo humano.

Duarte (2016) aponta que o conceito de reprodução considerado como oposto às pedagogias inovadoras e incentivadoras da criatividade dos alunos precisa ser elaborado dialeticamente. De acordo com o autor, a reprodução, como processo dialético, movida pela contradição carrega em si os polos da conservação do existente, e aqui se pode retomar o conceito de clássico como forma mais rica de síntese da experiência humana e do aparecimento do novo, sendo desse processo que consiste a educação em sua forma escolar, de "[...] reprodução do humano em cada indivíduo" (Duarte, 2016, p. 3) direta e intencionalmente.

Dessa forma, na visão do autor supracitado, o problema reside, pois, não afirmação da educação como meio para a reprodução do que é concebido como universal em cada aluno singular, mas sim no que destacou simultaneamente. Assim sendo, a apropriação, por todos os homens, da rica totalidade cultural material e ideal já produzida na história da humanidade, que, por sua essencialidade, resistiu ao tempo e continua apresentando aspectos a serem estudados, o que fundamenta as produções ao longo da história no campo da Educação. Na sociedade capitalista a reprodução opõe-se à concepção materialista, histórica e dialética; esta, ao gerar a estagnação da sociedade, gera, igualmente, involução ao invés de revolução.

A noção de politecnia se encaminha, nesse sentido, como proposta à "[...] superação da dicotomia entre trabalho manual e trabalho intelectual, entre instrução profissional e instrução geral" (Saviani, 2003, p. 136). Ao alicerçar-se na propriedade privada, a sociedade moderna aciona a maximização dos recursos produtivos em benefício à pequena parcela detentora dos meios de produção em detrimento da grande maioria que possui força de trabalho, evidenciando, aqui, a marca da contradição neoliberal que a sustenta. "Se a sociedade é baseada na propriedade privada dos meios de produção e se a ciência, como conhecimento, é um meio de produção, deveria [nesses termos] ser propriedade privada da classe dominante" (Saviani, 2003, p. 137).

Não obstante, sendo incabível a expropriação em sua forma absoluta desses conhecimentos dos trabalhadores, visto que sem eles não podem produzir e se não produzem, não acrescentam o valor excedente ao capital, a sociedade capitalista desenvolve e mobiliza constantemente recursos de fazê-lo sistematizando maneiras de devolvê-los em sua forma parcelada. "Assim, o trabalhador domina algum tipo de conhecimento, mas apenas aquele relativo à parcela do trabalho que lhe cabe realizar", isto é, "[...] que os trabalhadores têm de dominar aquele mínimo de conhecimentos necessários para serem eficientes no processo produtivo, mas não devem ultrapassar este limite" (Saviani, 2003, p. 138).

Motta e Frigotto (2017) assinalam que as alterações propostas pela Lei n.º 13.415/2017 (Brasil, 2017), objetivadas pelas Diretrizes Curriculares Nacionais para o ensino médio (Brasil, 2018), imprimem a insanável contradição ético-política do ideário e da moral capitalista perversamente autoritária. Conduzida como processo natural de fetichização tecnológica e inovadora, estas são despidas de historicidade. E "[...] não há sujeitos históricos, e sim alunos abstratos, jovens trabalhadores deslocados de suas condições objetivas e materiais reais" cujo foco é transferido para os "[...] interesses e necessidades imediatas" (Motta; Frigotto, 2017, p. 357).

Nesse quadro, são delineadas as determinações para a conceituação e elaboração do currículo escolar, como disposto na BNCCEM (Brasil, 2018b). O caput §1º e 3º, Art. 7º da DCNEM (Brasil, 2018a), evidenciam o que vem ser a denominado como *aprendizagens essenciais* que denotam a pedagogia do aprender a aprender e mais especificamente uma das suas faces, a pedagogia das competências, orientador a dos documentos por nós aqui tratados.

Conforme explicitado, atendidos todos os direitos e objetivos de aprendizagem[18] determinados pela BNCC, às aprendizagens essenciais que desenvolvem as competências e habilidades compreendidas como conhecimento em ação é atribuído

> [...] significado para a vida, expressas em práticas cognitivas, profissionais e socioemocionais, atitudes e valores continuamente mobilizados, articulados e integrados, para resolver demandas complexas da vida cotidiana, do exercício da cidadania e da atuação no mundo do trabalho" (Brasil, 2018, §3º, Art. 7º).

Composta por competências e habilidades previstas para a "formação geral básica", conforme o Art. 3º da Lei 13.415/2017 (Brasil, 2017), a Base Nacional Comum Curricular define "direitos e objetivos" de aprendizagem

---

[18] Considerada expressão equivalente de competências e habilidades conforme inciso IV, Art. 6º da DCNEM (Brasil, 2018).

na etapa do ensino médio. Ao destacar, dessa maneira, uma concepção unilateral do processo educativo com foco na aprendizagem apartada da prática pedagógica, o currículo deverá ser organizado por áreas do conhecimento, a saber, as linguagens, a matemática, as ciências da natureza e suas tecnologias e as ciências humanas e sociais aplicadas (Brasil, 2018a, Art. 11º; Brasil, 2017, Art. 3º).

Ao evidenciar a obrigatoriedade do ensino da Língua Portuguesa e da Matemática nos três anos do ensino médio (Brasil, 2017), a DCNEM (Brasil, 2018a), que regula as modificações realizadas na LDB pela Lei 13.415/2017, adverte, em contrapartida, no caput §7º do Art. 11º, ficar a critério dos sistemas de ensino contemplar a formação geral básica em todos os anos da referida etapa, ou, em partes, com exceção daquelas dispostas como obrigatoriedade.

Contrária à necessária apropriação das ciências e suas expressões para a compreensão do mundo e circundante e entender, essencialmente, a própria incorporação dos conhecimentos científicos, a Base Nacional Comum Curricular, ao estruturar-se sobre a égide das pedagogias hegemônicas, ao presumir que "[...] as áreas do conhecimento devem propiciar ao estudante a apropriação de conceitos e categorias básicas e não o acúmulo de informações e conhecimentos, estabelecendo um conjunto necessário de saberes integrados e significativos" (Brasil, 2018a, Art.17, §8º), anula as influências decisivas dos conhecimentos condensados nas disciplinas escolares, reduzindo-as aos saberes que possuem congruência explícita e imediata com as aprendizagens espontâneas.

A liberdade para aprender a aprender e a autonomia preconizada pelos documentos oficiais, em sua essência, reiteram o colapso vivenciado no atual contexto sociopolítico de *esvaziamento de conteúdos dos currículos escolares* e igualmente do *papel do professor*, denunciado pela permissão dada aos profissionais com *notório saber* para atuar como docentes do ensino médio cujo limite se encerra aos itinerários de formação técnica (Brasil, 2018a, Art. 29, grifo nosso).

Como enunciou-se anteriormente, no processo de ensino-aprendizagem faz-se imprescindível a diferenciação entre a prática social dos alunos e a do professor, visto que, ao posicionarem-se diferentemente frente à realidade objetiva, isso nos pressupõe que o trabalho educativo, em sua definição é a "[...] síntese das possibilidades máximas de educação que se constituíram historicamente e se apresentam na sociedade contemporânea de maneira extremamente contraditória e heterogênea" (Duarte, 2016, p. 30).

Dessa maneira, a educação escolar é compreendida por meio da relação e unidade do diverso, isto é, entre o mais desenvolvido (professor) e o menos desenvolvido (aluno) em seu "vir a ser" que supera as condições de vida atuais, o que traduz a necessária transmissão-assimilação dos conhecimentos científicos, base fulcral para a formação das funções psíquicas superiores que se desenvolvem, tão somente, na medida em que são promovidas e requeridas por atividades complexas. Conforme declara Leontiev, está:

> [...] fora de questão que a experiência individual do homem, por mais rica que seja, baste para produzir a formação de um pensamento lógico ou matemático abstrato e sistemas conceituais correspondentes [...] o mesmo pensamento e o saber de uma geração formam-se a partir da apropriação dos resultados da atividade cognitiva das gerações precedentes (Leontiev, 2004, p. 284).

A urgência pela reforma do ensino médio, conforme o discurso governamental, é abordada como necessária para a anulação das barreiras impeditivas do crescimento econômico, sendo a educação profissional um fator de extrema importância para a retomada do crescimento econômico que, caracterizando-se pelo investimento em capital humano, potencializa a produtividade (Motta; Frigotto, 2017). As denominações dadas pelas pedagogias hegemônicas ao currículo escolar como "conteudista" acusam de forma frequente que os conteúdos escolares se colocam distantes da vida real dos alunos, os quais, por seu turno, desconsideram a dialética entre a objetivação da cultura e sua necessária apropriação pelos indivíduos (Duarte, 2016).

Denominada como instituição cujo papel está na socialização dos conhecimentos sistematizados, à escola é atribuída a disponibilização de recursos e instrumentos que conduzem o aluno às esferas não cotidianas. Logo, ao serem abordados os conhecimentos em sua forma sistematizada, Saviani (2011, p. 14) reitera não se tratar de qualquer tipo de saber, mas sim aos conhecimentos elaborados, não espontâneos; ao saber sistematizado e não ao fragmentado; à cultura erudita, e não à cultura popular.

Conclusão

O processo de análise explicitado ao longo deste trabalho buscou revelar as verdadeiras intencionalidades da pedagogia das competências que, ao pressupor a organização curricular pautada nos interesses dos alunos, subordina, ao mesmo tempo, suas escolhas à adequação e reconhecimento efetivado pela categorização e seletividade do mercado de trabalho. Esse fato nos incita a pensar sobre a conceituação de liberdade que se opõe em sua essência, quando ideada em uma perspectiva alienante de sociedade, assim sendo, a ideologia capitalista. Chamada de revolucionária, a pedagogia histórico-crítica defende que para a superação da sociedade capitalista a estratégia não está na rejeição das forças produtivas por ela geradas, mas sim em colocá-las a serviço de toda a humanidade (Duarte, 2016).

De acordo com Duarte (2016), as transformações mais essenciais de tais forças produtivas são favorecidas pela apropriação do "já existente". Assim, ao destacar a existência de uma essência anticapitalista da escola, compreendida como local privilegiado de socialização dos conhecimentos mais desenvolvidos, o autor afirma que a luta contra a alienação não se faz a partir da educação informal, que se limita ao cotidiano e ao imediatismo empírico, aspecto este sabido pela classe dominante que se utiliza da fragmentação dos conhecimentos como caminho para uma (pseudo)formação.

Segundo Martins (2013), o processo de conquista por características especificamente humanas demanda a apropriação, internalização do legado histórico objetivado pela prática histórico-social dos homens. Esse processo, fundamentado na pedagogia histórico-crítica e na psicologia histórico-cultural, diferencia-se das noções construtivistas que preconizam aprendizagens fundadas pelas relações espontâneas do indivíduo com o meio e do desenvolvimento de métodos próprios para sua autorrealização.

Martins (2013) enuncia que os processos de internalização se interpõem entre os planos das relações interpsíquicas (interpessoais) e das relações intrapsíquicas (intrapessoais). Instituídas valendo-se não somente da disponibilização, mas da qualidade com que são disponibilizadas as objetivações humanas para cada indivíduo, estas pressupõem a mediação realizada por outros indivíduos, ou seja, os processos educativos. As transformações advindas desses processos têm seu sentido atribuído pela superação dos limites das formas biológicas, anteriormente determinantes, em novos estados e condições engendradas pelas leis sociais e culturais. É, pois, pela incorporação dos instrumentos e dos signos social e culturalmente elaborados, que reside na superação e transformação das condições "tais como são".

A luta contra as pedagogias hegemônicas está, como posto por Duarte (2016), na defesa de que os conteúdos *clássicos* sejam transmitidos na escola, sendo esta uma atitude verdadeiramente revolucionária, e se acrescenta que quanto mais a escola fortalece a identificação das novas gerações à vida naturalizada em suas formas de existência, isto é, com fins meramente adaptativos, flexíveis às demandas constantes do mercado de trabalho, tão melhor ela atende aos interesses da burguesia.

A revolução incitada pela pedagogia marxista não se reporta somente às transformações exteriores aos indivíduos, mas também e substancialmente às transformações dos próprios indivíduos à medida em que, ao se apropriarem dos conteúdos escolares mediados pelo trabalho pedagógico, sistemático e intencional, produz mudanças qualitativamente superiores no desenvolvimento psíquico dos sujeitos. Destarte,

> Tais ações, desenvolvimentistas, não são aquelas que meramente reproduzem as ações da vida cotidiana e do funcionamento espontâneo, assistemático, mas aquelas que visam à conquista das capacidades intelectuais, das operações lógicas do raciocínio, dos sentimentos éticos e estéticos, enfim, de tudo que garanta ao indivíduo a qualidade de *ser* humano (Martins, 2015, p. 275, grifo da autora).

> Dessa forma, o objetivo da conscientização, seja ela política, seja ética, seja estética etc., não se opõe ao ensino dos conteúdos clássicos, dos conceitos científicos – reconhecidos como "a porta de entrada" da tomada de consciência de quaisquer fenômenos (Martins, 2015, p. 284).

Essa é a importância política da educação escolar que ora se defende. Ao efetivar-se conforme sua especificidade, uma educação escolar de caráter emancipador e, sobretudo, orientado à formação da consciência crítica nos estudantes supera as tendências pedagógicas características da sociedade capitalista que disseminam pressuposições chamadas por Duarte (2016) de "obsolescência programada do conhecimento".

Referências

BRASIL. *Constituição de 5 de outubro de 1988*. Institui o Estado Democrático. Assembleia Nacional Constituinte. Brasília, DF: República Federativa do Brasil, 1988. Disponível em: https://www.planalto.gov.br/ccivil_03/Constituicao/DOUconstituicao88.pdf. Acesso em: 20 maio 2024.

BRASIL. *Lei n.º 9.394 de 20 de dezembro de 1996*. Lei de Diretrizes e Bases da Educação Nacional. Estabelece as diretrizes e bases da educação nacional. Secretaria Especial de Editoração e Publicações/ Subsecretaria de Edições Técnicas. Brasília, DF: Senado Federal, 2005. Disponível em: https://www2.senado.leg.br/bdsf/bitstream/handle/id/70320/65.pdf. Acesso em: 20 maio 2024.

BRASIL. *Parâmetros curriculares nacionais*: introdução aos parâmetros curriculares nacionais. Brasília, DF: MEC, 1997. Disponível em: http://portal.mec.gov.br/seb/arquivos/pdf/livro01.pdf. Acesso em: 20 maio 2024.

BRASIL. *Parâmetros curriculares nacionais*: terceiro e quarto ciclos: apresentação dos temas transversais. Brasília, DF: MEC, 1998. Disponível em: http://portal.mec.gov.br/seb/arquivos/pdf/ttransversais.pdf. Acesso em: 20 maio 2024.

BRASIL. *Resolução n.º 4 de 13 de julho de 2010*. Define as Diretrizes Curriculares Nacionais Gerais para a Educação Básica. Brasília, DF: Ministério da Educação, 2010. Disponível em: http://portal.mec.gov.br/index.php?option=com_docman&view=download&alias=6704-rceb004-10-1&category_slug=setembro-2010-pdf&Itemid=30192. Acesso em: 20 maio 2024.

BRASIL. *Diretrizes Curriculares Nacionais Gerais da Educação Básica*. Brasília, DF: MEC, 2013.

BRASIL. *Lei n.º 13.415 de 16 de fevereiro de 2017*. Regulamenta a reforma do ensino médio. Secretaria Geral: Subchefia para assuntos jurídicos. Brasília, DF: Presidência da República, 2017. Disponível em: https://www.planalto.gov.br/ccivil_03/_Ato2015-2018/2017/Lei/L13415.htm. Acesso em: 20 maio 2024.

BRASIL. *Resolução n.º 3 de 21 de novembro de 2018*. Atualiza as Diretrizes Curriculares Nacionais para o ensino médio. Brasília, DF: Ministério da Educação, 2018a. Disponível em: http://portal.mec.gov.br/docman/novembro-2018-pdf/102481-rceb003-18/file. Acesso em: 20 maio 2024.

BRASIL. *Base Nacional Comum Curricular*. Brasília, DF: Ministério da Educação, 2018b. Disponível em: http://basenacionalcomum.mec.gov.br/images/BNCC_EI_EF_110518_versaofinal_site.pdf. Acesso em: 20 maio 2024.

DUARTE, Newton. *Os conteúdos escolares e a ressurreição dos mortos*: contribuição à teoria histórico-crítica do currículo. Campinas, SP: Autores Associados, 2016.

EVANGELISTA, Olinda; SHIROMA, Eneida Oto. Subsídios teórico-metodológicos para o trabalho com documentos de política educacional: contribuições do marxismo. *In:* CÊA, Georgia Sobreira; RUMMERT, Sonia Maria; GONÇALVES, Leonardo Dorneles. (org.). *Trabalho e educação*: interlocuções marxistas. Rio Grande: Ed. da FURG, 2019. p. 83-120.

KOSIK, Karel. Dialética da totalidade concreta. *In:* KOSIK, K. *Dialética do concreto*. 7. ed. Rio de Janeiro: Paz e Terra, 2002. p. 11-64.

LEONTIEV, Alexis. O homem e a cultura. *In:* LEONTIEV, Alexis. *O desenvolvimento do psiquismo*. 2. ed. São Paulo: Centauro, 2004. p. 277-303.

MARX, Karl. *Contribuição à crítica da economia política*. 2. ed. São Paulo: Expressão Popular, 2008a.

MARX, Karl. *Manuscritos Econômicos-Filosóficos*. São Paulo, SP: Boitempo Editorial, 2008b.

MARTINS, Lígia Márcia. *O desenvolvimento do psiquismo e a educação escolar*: contribuições à luz da psicologia histórico-cultural e da pedagogia histórico-crítica. Campinas, SP: Autores Associados, 2013.

MARTINS, Lígia Márcia; LAVOURA, Tiago Nicola. Materialismo histórico-dialético: contributos para a investigação em educação. *Educar em Revista*, Curitiba, v. 34, p. 223-239, 2018. Disponível em: https://doi.org/10.1590/0104-4060.59428. Acesso em: 29 jan. 2025.

MALANCHEN, Julia; SANTOS, Silvia Alves. Políticas e reformas curriculares no Brasil: perspectiva de currículo a partir da pedagogia histórico-crítica versus a Base Nacional Curricular Comum e a pedagogia das competências. *Revista HISTEDBR Online*, Campinas, SP, v. 20, p. 1-20, 2020. Disponível em: https://periodicos.sbu.unicamp.br/ojs/index.php/histedbr/article/view/8656967. Acesso em: 20 maio 2024.

MOTTA, Vânia Cardoso da; FRIGOTTO, Gaudêncio. Por que a urgência da reforma do ensino médio? Medida provisória n.º 746/2016 (Lei n.º 13.415/2017). *Educação*

& *Sociedade*, Campinas, SP, v. 38, n. 139, p. 355-372, abr./jun. 2007. Disponível em: https://www.scielo.br/j/es/a/8hBKtMRjC9mBJYjPwbNDktk/abstract/?lang=pt. Acesso em: 20 maio 2024.

SAVIANI, Dermeval. O choque teórico da politecnia. *Trabalho, educação e saúde*, v. 1, p. 131-152, 2003. Disponível em: https://www.scielo.br/j/tes/a/zLgxpxrzCX-5GYtgFpr7VbhG/?lang=pt. Acesso em: 20 maio 2024.

SAVIANI, Dermeval. Sobre a natureza e especificidade da educação. *In:* SAVIANI, Dermeval. *Pedagogia Histórico-crítica*: primeiras aproximações. 12. ed. Campinas, SP: Autores Associados, 2011. p. 11-20.

SAVIANI, Dermeval. O conceito dialético de mediação na pedagogia histórico-crítica em intermediação com a psicologia histórico-cultural. *Germinal*: marxismo e educação em debate, Salvador, v. 7, n. 1, p. 26-43, jun. 2015. Disponível em: https://periodicos.ufba.br/index.php/revistagerminal/article/view/12463. Acesso em: 20 maio 2024.

SAVIANI, Dermeval. *Escola e democracia*. 43. ed. rev. Campinas, SP: Autores Associados, 2018.

SAVIANI, Dermeval.; DUARTE, Newton. *Conhecimento escolar e a luta de classes*: a pedagogia histórico-crítica contra a barbárie. Campinas, SP: Autores Associados, 2021.

ESTANDARIZACIÓN Y CONTROL DEL TRABAJO EDUCATIVO: LA BNCC EN BRASIL Y EL PROCESO DE TRANSFORMACIÓN DE LA ESCUELA MEXICANA FRENTE AL MODELO NEOLIBERAL

Marcos Vinicius Francisco
Guadalupe Poujol Galván

Control del trabajo educativo en el contexto brasileño

Es importante resaltar que los aspectos analizados en relación a las políticas educativas brasileñas que culminan o han culminado en procesos de normalización y control de la labor educativa van más allá de las fronteras del país, siguiendo el ejemplo de diferentes países de América Latina y el Caribe, que también han sido influenciada por la Agenda Global Estructurada para la Educación (AGEE), incrementada por el papel desempeñado por los organismos internacionales (Dale, 2004).

En este sentido, este capítulo pretende presentar aspectos vinculados al BNCC, como expresión de las políticas antes mencionadas, y establecer un contrapunto al proceso de transformación de la escuela mexicana frente al modelo neoliberal.

Al utilizar el concepto de "derecho social", que puede ayudar a comprender algunas de las múltiples determinaciones que permean el objeto analítico de este texto, utilizamos los aportes de Neves (2010) y Pina y Gama (2020), con el fin de ilustran el proyecto de educación básica que busca consolidar la hegemonía burguesa.

Cabe destacar que vivimos en una sociedad de clases. En este sentido, al establecer un esquema histórico, se considera que después de la Dictadura Militar (1964-1985), en 1988, Brasil promulgó la actual Constitución Federal (Brasil, 1988), a través de un acalorado debate y la explicación de intereses antagónicos y proyectos corporativos. A modo de ejemplo, el concepto de gestión democrática se limita a las escuelas públicas, en contraposición a los intereses de la comunidad empresarial y sus representantes políticos, materializados en las escuelas privadas (Adrião; Camargo, 2007).

Es un hecho que este movimiento no es exclusivo de Brasil, especialmente porque la comunidad empresarial internacional ha defendido el concepto de "responsabilidad social", como una ideología específica de la clase empresarial, que debe aplicarse a todos los sectores públicos. Es en este contexto, a principios de los años 1990, que estos sujetos, articulados en la perspectiva del derecho social, comenzaron a difundir la idea de que las evaluaciones externas servirían como parámetro para medir las inversiones en educación (Pina; Gama, 2020).

Pronto, en Brasil y otros países de América Latina y el Caribe, salvo raras excepciones, el proyecto de educación empresarial ganó visibilidad, como una posibilidad de educación básica pública, anclada en ideas neoliberales. Para Moreira (2020), en el caso brasileño, en el gobierno de Fernando Henrique Cardoso (Partido da Social Democracia Brasileira – PSDB), en el período 1995-2002, a través del Plan Maestro de Reforma del Aparato del Estado (PDRAE), creado por el entonces Ministro de Administración y Reforma del Estado, Luiz Carlos Bresser Pereira, se intentó impulsar la economía reduciendo el tamaño del Estado (gasto público).

Como resultado de este movimiento, Pina y Gama (2020) señalan que el empresariado comenzó a defender otro concepto, el de publicidad, ocasión en la que las relaciones público-privadas adquirieron contornos más robustos. La Fundação Lemann y la Fundação Itaú Social son ejemplos de instituciones líderes en esta lógica. Ambos defendieron y defienden públicamente que en las políticas educativas del país deben estar presentes dos aspectos: i) apartar de las actividades de planificación del trabajo educativo a los docentes, entendidos como ejecutores de lo establecido por los formuladores pedagógicos; ii) redefinir el papel de la dirección escolar, ya que según el derecho social, el equipo directivo de una escuela actuaría como representante de la comunidad empresarial y controlaría el trabajo realizado por los docentes.

El tecnicismo que ya había surgido durante la Dictadura Militar, a través de la acción de libros de texto y materiales estandarizados, adquiere una nueva configuración, vía el neotecnicismo. Es decir, con ayuda de las tecnologías se intensificaron los procesos de control del trabajo educativo en línea con las evaluaciones externas, en la lógica de responsabilizar a docentes y directivos por el desempeño obtenido por los estudiantes, dimensión que ingresó al siglo XXI, en el contexto brasileño (Freitas, 2011).

Incluso se defendió que los docentes y directivos deberían ser recompensados o castigados. Se cita el caso del estado de São Paulo, que, en 2008, instituyó bonos en las escuelas, en función de los ingresos obtenidos por los estudiantes en la prueba del Sistema de Evaluación del Desempeño Escolar del Estado de São Paulo (SARESP) (Leandro Filho; Francisco; Alaniz, 2020).

En esta lógica, no hubo preocupación por si estos docentes tenían la formación adecuada, si tenían condiciones básicas para realizar la labor educativa, si había muchos estudiantes en el aula, entre otros aspectos. Así, prevaleció la lógica meritocrática, culminando, según Pina y Gama (2020), en un nivel minimalista de formación escolar, que impide que niños y adolescentes se apropien de conocimientos sistematizados históricamente por el género humano, vía conocimientos científicos, filosóficos y artísticos.

Mientras tanto, cobró énfasis la pedagogía de las habilidades, especialmente las requeridas por el mercado (Costa, 2022). Por lo tanto, actualmente, hay un estrechamiento del plan de estudios, véanse evaluaciones externas que solo cubren conocimientos de portugués y matemáticas (Pina; Gama, 2020).

Además, en relación con este nivel minimalista, cabe destacar, con base en Pina y Gama (2020) que, en 2013, la derecha social fue responsable, en 2013, del surgimiento del Movimiento por la Base Curricular Nacional Común (BNCC), que tuvo un papel destacado en la producción de las tres versiones del BNCC, especialmente la última versión, aprobada después del golpe que derrocó a la presidenta Dilma Rousseff (PT), y centrado en Educación Infantil y Educación Primaria.

Por lo anterior, culminó en un documento que materializó el discurso propagado por BNCC y segmentos empresariales, es decir, "[...] todos los estudiantes, independientemente de la región donde vivan o de su condición socioeconómica, tienen derecho a aprender" (Brasil, 2017, 2018).

Cabe señalar que no se niega esta dimensión, pero el análisis de un documento necesita entenderse más allá de su apariencia, es decir, de lo que se anuncia. Para captar las múltiples determinaciones del objeto en pantalla, la pregunta es: ¿Es suficiente la estandarización curricular, en un país tan grande como Brasil, con tantas diferencias sociales y culturales? ¿A quién sirve esta versión de la BNCC y cuáles son sus intereses no anunciados?

La defensa de la BNCC se ejemplifica con la incorporación de la terminología "derechos de aprendizaje", sin embargo, un análisis más preciso resultará en entender que tales derechos están asociados a la estandarización de objetivos pedagógicos a exigir en las evaluaciones externas, lo que se traduce en un mayor control del trabajo educativo.

El discurso gubernamental crea una falsa ilusión entre la población, como si la base de la educación fuera la misma, las oportunidades también serían las mismas. Sin embargo, para contrarrestar este discurso simplista, recurrimos, aunque sea brevemente, al concepto de Costo-Calidad Inicial Estudiantil (CAQi), presente en la Ley n.º. 13.005/2014, que aprobó el Plan Nacional de Educación (PNE) 2014-2024 (Brasil, 2014). Este concepto es defendido por entidades académico-científicas del campo de la Educación, como la Asociación Nacional de Postgrados e Investigación en Educación (Anped) y la Asociación Nacional de Formación Docente (ANFOPE), así como por investigadores del campo de la Educación y la financiación de la educación (Pinto, 2018).

Pinto (2018, p. 865, nuestra traducción) incluso destaca que mecanismos como el Fondo para el Mantenimiento y Desarrollo de la Educación Básica y Valorización de los Profesionales de la Educación (Fundeb), el PNE y el CAQi, "[...] se desarrollaron al amparo de esta Carta Magna y dentro de los límites de la correlación de fuerzas que marcaron las administraciones de Lula y Dilma, muestran que, a pesar de los retrocesos, es posible diseñar instrumentos de política pública" que puedan contribuir a enfrentar y, en consecuencia, reducir las desigualdades educativas que permean la realidad de Brasil. Sin embargo, con la aprobación de la CE n.º. 95, del 15 de diciembre de 2016, bajo el gobierno de Michel Temer (MDB), las inversiones en educación, por ejemplo, quedarán congeladas durante veinte años, dimensión que intensificará las desigualdades educativas en el país.

Otra cuestión presente en la BNCC se refiere a la propuesta de que el papel de la educación escolar es desarrollar habilidades y capacidades en los estudiantes (Brasil, 2018). Sin embargo, hay que señalar que este es también el discurso de los organismos internacionales, además del enfoque que exige el Programa para la Evaluación Internacional de Estudiantes (Pisa), coordinado por la Organización para la Cooperación y el Desarrollo Económicos (OCDE). En esta lógica, el énfasis recae en el saber hacer; se promueve la degradación del concepto de educación integral; está la defensa de formar un sujeto resiliente, productivo, colaborativo, abierto a lo nuevo y adaptado a la situación actual (Pina; Gama, 2020).

Sólo para resumir, aunque estos conceptos son seductores, es necesario comprenderlos en profundidad. Se cita como ejemplo el concepto de educación integral, ya que, en la literatura nacional e internacional, existe una comprensión más amplia de que educación integral no es sinónimo de mantener a niños, niñas y adolescentes por más horas en las escuelas, sino de ofrecerles una formación permanente y vinculada a los intereses de la clase trabajadora (Gramsci, 2024; Pistrak, 2000).

Respecto al concepto de resiliencia, originario del área de la Física, son válidas las consideraciones de Francisco (2013), para comprender los matices de este concepto, presente en la BNCC. El autor señala que en el "[...] sistema capitalista hay una contradicción expresa", pues, si bien la educación escolar, desde la perspectiva gubernamental, defiende que los estudiantes deben estar capacitados para enfrentar las adversidades vividas socialmente, esta concepción corrobora la adaptabilidad al contexto social ("resiliencia en sí"), especialmente porque los estudiantes "[...] se verán impedidos de tener un posicionamiento efectivo frente a las adversidades vividas, y en la búsqueda de una transformación de su propia condición social, así como como la transformación de la condición actual de la sociedad" (Francisco, 2013, p. 42).

Teniendo en cuenta lo anterior, otra dimensión a presentar se refiere a que el BNCC, al establecer una lógica de estandarización curricular, traerá algunas implicaciones para la educación escolar nacional, a saber:

- la estandarización nacional de los objetivos de aprendizaje aumentará la presión para que las redes públicas adopten sistemas educativos privados, con el fin de prepararse para las evaluaciones externas, como si este fuera el objetivo último de la educación (Adrião, 2018; Pina; Gama, 2020). Además, como ya se destacó, los docentes sólo actuaban como ejecutores de materiales externos y no tenían identidad con las escuelas en las que trabajan;

- tal lógica sirve a los intereses de los grandes conglomerados educativos, agentes del mercado financiero que han ingresado a los sistemas municipales y estatales a través de relaciones público-privadas (Adrião, 2018; Peroni, 2020; Pina; Gama, 2020).

- Se crea un pseudo sentimiento de ofrecer las mismas posibilidades a las diferentes realidades de Brasil (Pina; Gama, 2020). Cabe mencionar que todos estos aspectos fueron relatados por los participantes de la intervención de capacitación (gerentes y docentes que actúan en diez estados brasileños) que dio origen a este libro.

La dialéctica contrahegemónica entre la pedagogía histórico-crítica y la psicología histórico-cultural

Martins (2013) señala que, aprovechando las aportaciones de la pedagogía histórico-crítica y la psicología histórico-cultural, perspectivas que presentan una interacción dialéctica, siendo una condición y base para la otra, es claro que son perspectivas que defienden la escuela pública. Además, es claro que el trabajo educativo está permeado por intenciones más amplias y que la creación de necesidades requiere una acción didáctico-pedagógica con intenciones más amplias.

De hecho, dialécticamente, se debe asegurar la tríada contenido X forma X destinatario en los procesos de enseñanza y aprendizaje. Es decir, las dimensiones gnosiológica, ontológica y teleológica deben estar presentes, teniendo claro el docente quiénes son sus alumnos; dónde están ubicados; cuáles son las demandas de la práctica social, así como qué contenidos deben presentarse y problematizarse, para que los estudiantes logren procesos catárticos, a través del desarrollo de funciones psíquicas superiores (sincresis a síntesis); y qué intenciones en materia de educación queremos alcanzar y cómo perfilar posibilidades efectivas de transformación social (Anjos, 2020; Duarte, 2019; Martins, 2013; Saviani, 2012).

En la perspectiva defendida, Martins (2013) presenta cinco tesis que explican la unidad teórico-metodológica entre pedagogía histórico-crítica y psicología histórico-cultural, referentes que se presentan como contrahegemónicos a los establecidos, incluido en la BNCC:

1. La enseñanza escolar cumple la tarea de humanizar a las personas. Esta tesis revela la importancia de que los procesos educativos estén bien planificados, primero porque la hominización está ligada a nuestra expresión biológicamente, como homo sapiens. A su vez, la humanización se engendra desde la cultura, desde los procesos de apropiación de signos, significados y significantes. De hecho, Marx (1983) ya destacó que, a medida que el hombre transforma la naturaleza, se transforma a sí mismo en este proceso (primer acto histórico), vía procesos de apropiación y objetivación.

2. La humanización de la psique se identifica con la superación de funciones psíquicas elementales hacia funciones psíquicas superiores. Es decir, las funciones psíquicas son representaciones mentales, como la sensación, la percepción, la atención, la memoria, el lenguaje, la imaginación, entre otras. Cuando nace un niño las funciones presentes son elementales, son comunes a los seres humanos y a los animales, sin embargo, a medida que el niño entra en contacto con signos sociales y culturales, desarrollará nuevas formas de ser, pensar y actuar. Así, se hace explícita la ley genética general del desarrollo de la psique, es decir, las funciones psicológicas, van desde lo interpsicológico hasta lo intrapsicológico.

3. La actividad docente adquiere un carácter específico en la forma de enseñanza escolar. En este proceso, se destaca la importancia de la mediación de los docentes, quienes son vistos como agentes mediadores, sobre todo, porque la educación escolar, desde esta perspectiva, no apoya la estandarización escolar al servicio de las evaluaciones externas. De hecho, los estudiantes necesitan aprovechar al máximo las posibilidades científicas, filosóficas y artísticas. Los contenidos escolares serán expresión de estas máximas posibilidades. Dicho esto, el docente debe tener claro qué enseñar e ir más allá del conocimiento a nivel de doxa (sentido común) y sofia (basado en la experiencia de vida de las personas mayores), para justificar el papel de la educación escolar. Así, gana énfasis el conocimiento episteme (de naturaleza científica, filosófica y artística), el cual debe ser enseñado a los estudiantes de manera intencional y secuenciada, en un espacio/tiempo determinado y a través de condiciones concretas para el desarrollo de esta segunda naturaleza humana, expresada en las funciones psicológicas superiores. Entonces, desde esta perspectiva, la buena enseñanza es aquella que anticipa el desarrollo humano.

4. La formación de conceptos es la base sobre la cual se desarrolla la psique y se desarrolla la educación escolar. La realidad existe fuera e independiente de nosotros. Corresponde al ser humano representarlo en su cerebro, interpretarlo más allá de lo dado en el ámbito de la apariencia, es decir, de la vida cotidiana, siendo la apropiación de conceptos una condición sine qua non.

5. Los conceptos cotidianos y de sentido común no afectan el desarrollo psíquico de la misma manera que los conceptos científicos. Vale aclarar que pensar conceptos no es algo natural, depende de la calidad de la mediación cultural y de las mediaciones ofrecidas. Dicho esto, se reitera la importancia de los conceptos científicos para que los individuos vayan más allá de la vida cotidiana.

A la vista de estas tesis, se presentan aspectos relacionados con la realidad mexicana, que, a pesar de sus singularidades, tras la elección del presidente López Obrador, en 2018, aunque circunscrita al sistema capitalista, ha buscado distanciarse de la lógica de estandarización del trabajo educativo.

La Escuela Mexicana ante la racionalidad técnica

De hecho, existe una gran coincidencia al analizar el proceso de control del trabajo docente, en América Latina y en muchas otras partes del mundo. Sin embargo, en los últimos cinco años, México ha establecido un nuevo modelo educativo, el cual está en proceso de construcción.

Como en Brasil y otros países latinoamericanos, en México se han ido dando reformas educativas desde los años sesenta y setenta que de acuerdo con Díaz-Barriga (2020) se trata de cambios cosméticos para mantener el predominio de la perspectiva técnico-eficientista, con su modernización necesaria, llámese currículum flexible, enfoque de competencias en el currículo, incorporación de tecnologías e innovación curricular.

Fue a partir de la década de 1990 que México aceptó transformar su política pública nacional teniendo como referencia el programa ideológico, económico, político y social neoliberal; que, por un lado, toma la forma de una política que desmantela la soberanía del Estado-nación para ser reemplazada por las reglas del libre mercado, debilita el Estado de bienestar y desaparece el pleno empleo. Por otro lado, busca que los principios del mercado se apliquen a todas las esferas de la vida, como las escuelas. Martínez (2023) se refiere al concepto de mercantilización como aquello que define como la edificación de los conocimientos para el control/regulación de las sociedades, en contraste con la construcción de la educación como proceso emancipatorio.

Al igual que en la mayoría de los países en la región latinoamericana, los fundamentos de la educación básica en México han sido definidos por organismos internacionales como la OCDE, ello ha tenido efectos en el ámbito laboral y educativo. En el discurso de la Reforma Educativa del 2013, se destacaba como meta la calidad de la educación, la evaluación y la instrumentación del currículo para la educación básica. En los hechos, reporta Muñoz (2018) se reveló que dicha reforma no buscaba solucionar el problema pedagógico de la baja calidad educativa en el país, sino reforzar el control del Estado sobre los docentes para llevar a cabo las políticas neoliberales de flexibilidad laboral y desregulación económica a la educación pública. Para este investigador las políticas de precarización laboral y de control docente desprofesionalizan mediante la pérdida de autonomía, la intensificación y la precariedad en su trabajo.

La aplicación simultánea de políticas educativas, económicas, laborales y culturales neoliberales, llegó acompañada de propaganda que ocultaba las verdaderas intenciones de esas políticas. Es por ello que los lineamientos curriculares y planes de estudio para la educación básica se pueden analizar como plantea Orozco (2015) como una trama discursiva que encierra el juego de intencionalidades, intereses, relaciones de poder, la operación de la hegemonía de saberes dominantes.

Es el caso del discurso sobre la autonomia en la función docente, como parte de la Reforma Educativa del 2013, que para Gutiérrez (2020) se maneja discursivamente como un mecanismo de transformación de la gestión institucional y en los hechos resulta en una acción inherente a procesos administrativos, discursos que apelan a una autonomía aparente, que no tienen relación con la realidad del maestro sino que se orientan más a la rentabilidad organizacional, el control y estandarización de procesos de desempeño.

Es así que Gutiérrez (2020) plantea que más allá de adaptaciones curriculares la Reforma Educativa de 2013, construye una nueva ideología del docente, asumiendo este cambio como mecanismo de transformación del magisterio y de su trabajo, modificando el sentido de las actividades del magisterio, apelando al discurso de la autonomía del profesor, pero implementando nuevos mecanismos de control para regular el tiempo, las actividades y funciones de estos, alejándose, incluso, del planteamiento de innovaciones curriculares como el Modelo Educativo que nunca se consolidó.

Gutiérrez (2020) concluye que el currículum oculto de la mencionada reforma educativa transmitió de manera implícita el reordenamiento violento de las formas de relacionarse con la profesión docente; se enfocó en el castigo y no en la formación y categorizó al docente como un mero operador de las políticas ajenas a su realidad y la de sus alumnos.

La transformación que propone La Nueva Escuela Mexicana (2018- hasta la actualidad)

Al rescatar los cambios ocurridos en el contexto mexicano, especialmente a partir del 2018, con la propuesta de la Secretaría de Educación Pública (SEP) de "La Nueva Escuela Mexicana" hubo una posibilidad concreta de replantear el significado que tienen el Plan y los Programas de Estudios, para que sirvan como instrumentos que integren conocimientos y resuelvan problemas de relevancia social e individual.

Uno de los principios adoptados en la actual política educativa nacional es el reconocimiento a los profesores y docentes como profesionales de la educación con autonomía efectiva para decidir cómo abordar los contenidos de sus experiencias, conocimientos y condiciones materiales y escolares. Así lo expone el documento Marco Curricular (SEP, 2022, p. 65-66): "El plan de estudio de educación básica reconoce la libertad académica de las maestras y los maestros para resignificar y replantear los contenidos de los programas de estudios y de los materiales educativos".

El citado Marco Curricular hace explícito su posicionamiento en relación con la autonomía docente: "Esto significa que el magisterio nacional no son empleados que facilitan conocimientos, ni tienen la función de reproducir mecánicamente contenidos, actividades didácticas y criterios de evaluación a sus estudiantes" (SEP, 2022, p. 65-66). Se refiere a las maestras y los maestros como profesionales de la cultura, que los coloca como sujetos centrales de la transformación social.

En su análisis del Marco Curricular para la Educación Básica, Díaz-Barriga (2023, p. 6) destaca que éste: se basa en el pensamiento pedagógico nacional, latinoamericano e internacional y desarrolla una ambiciosa propuesta de integración curricular que recupera una visión pedagógico-didáctica humanista, que considera las enormes desigualdades sociales del país; se sale de las recomendaciones de los organismos internacionales, por considerar que no respondían a la realidad del país; explora una ruta educativa, desde nuestras condiciones y diversidad social; a partir de sus principales ejes: integración curricular; autonomía profesional del docente; la comunidad como núcleo integrador de los procesos de enseñanza y de aprendizaje y el derecho humano a la educación.

Respecto de la autonomía docente, Díaz-Barriga (2023) considera que el Plan de Estudios 2022 para la Educación Básica, asigna a los docentes la responsabilidad de su interpretación y adecuación, por lo que reconoce y respeta el profesionalismo de los docentes mexicanos; sus saberes, tanto aquéllos que proceden de su formación académica como los que provienen de su experiencia. Agrega este investigador que además se promueve la colaboración y no la competencia entre docentes, pues está previsto que en colectivo de docentes se realice la primera etapa de interpretación del plan, así como el estudio y análisis de su contexto y de las condiciones de sus estudiantes para iniciar el co-diseño curricular o primera etapa de los programas analíticos. La culminación de este proceso corresponde llevarla adelante a los docentes de acuerdo con las condiciones de cada grupo escolar.

Dussel y Acevedo (2023) identifican que dicho marco curricular propone una autoridad cultural distinta, que incorpora nuevos ejes curriculares, como la primacía del discurso de los derechos humanos, la perspectiva de género y la descolonización del currículo. Estas investigadoras consideran que la integración curricular requiere más saberes y más trabajo de los docentes, y que muy probablemente demande una reconfiguración de sus condiciones de contratación y de la carrera magisterial para favorecer el trabajo colectivo.

Hay una serie de condiciones necesarias para la aplicación de dicho plan de estudios, para Dussel y Acevedo (2023) se requiere un trabajo articulado entre marco curricular, formación docente continua y condiciones de trabajo institucional docente, y en su opinión, esa articulación deberá ser una prioridad de la política pública si se quiere avanzar en la transformación de las escuelas.

En el plano del currículum vivido, en una década (2013-2023), en México, se ha pasado de la intensificación de políticas educativas, económicas y culturales de control, mercantilización y estandarización de la educación, despojo y devaluación de la profesionalidad docente; de un discurso de calidad e inclusión y de prácticas de explotación y exclusión; a la recuperación en 2018 del discurso de la educación como derecho social y dignificación de las y los docentes. Estas políticas educativas se han acompañado de mejoras laborales, salariales, a las condiciones de las escuelas, combate a la desigualdad social, sin embargo, dado el nivel de deterioro en términos de la educación como derecho social, los desafíos son enormes.

Solamente en el proceso de transformación del control a la autonomía docente hay obstáculos sistémicos, organizativos y culturales para alcanzar lo que se propone en el Marco Curricular "La autonomía profesional del magisterio representa la libertad que tienen las maestras y los maestros para ejercer y reinventar la docencia, para intercambiar experiencias, problematizando la realidad" (SEP, 2022). Entre ellos figura la rígida jerarquía y el autoritarismo del aparato burocrático del sistema educativo, el papel subordinado que se ha asignado durante décadas a las maestras y maestros, el despojo de elementos centrales de su función docente. La autonomía docente implica cambios en las relaciones de poder-saber-sujeto (creencias, prácticas, formas de relación) desde el reconocimiento y la cooperación.

Conclusión

La estandarización curricular ha sido intensa durante los últimos cincuenta años en varios países de América Latina y el Caribe, como Brasil y México. Sin embargo, desde la década de 1990, con énfasis en el siglo XXI, empresarios nacionales e internacionales, en conjunto con organismos internacionales, han disputado el significado de los proyectos educativos en estos países.

En este sentido, se destaca en Brasil la aprobación de la BNCC, que, al vaciar la formación de los estudiantes, ha privado de su lógica el proceso de planificación intencional por parte de los docentes. Es obvio que este no es un proceso lineal, dadas las diversas articulaciones contrahegemónicas de resistencia, ya sea por parte de movimientos sociales, asociaciones científicas y actores sociales.

Se hace mención en el contexto mexicano que, a partir de 2018, tras la elección de López Obrador, se ha perfilado una nueva política educativa, que ha defendido la autonomía docente, ante las necesidades y desafíos educativos que plantea la actual situación político-económica. Se reconoce sin embargo, la necesidad de acompañar los cambios en el Marco Curricular para la Educación Básica, no solamente con el combate a la desigualdad social y la corrupción, la mejora de las condiciones del trabajo docente y su formación; se requiere además modificar las rígidas jerarquías en el sistema educativo y revisar los procesos de control que subsisten, ya que obstaculizan los procesos de autonomía de las maestras y maestros y con ello impiden el despliegue de su profesión al servicio del derecho social a la educación.

Referencias

ADRIÃO; Theresa. Dimensões e formas da privatização da educação no Brasil: caracterização a partir do mapeamento de produções científicas nacionais e internacionais. Currículo sem Fronteiras, v. 18, n. 1, p. 8-28, jan./abr. 2018. Disponible en: https://revista.fct.unesp.br/index.php/Nuances/article/view/8920/pdf Consultado en: 10 feb. 2024.

ADRIÃO; Theresa; CAMARGO, Rubens Barbosa de. A gestão democrática na Constituição Federal de 1988. In: OLIVEIRA, Romualdo Portela de; ADRIÃO, Thereza. Gestão, financiamento e direito à Educação, São Paulo: Xamã, 3 ed. 2007. p. 63-72.

ANJOS, Ricardo Eleutério dos. Base Nacional Comum Curricular e educação escolar de adolescentes: uma análise baseada na pedagogia histórico-crítica e na psicologia histórico-cultural. In: MALANCHEN, Julia; MATOS, Neide da Silveira Duarte dos; ORSO, Paulino José (org.). A pedagogia histórico-crítica, as políticas educacionais e a Base Nacional Comum Curricular. Campinas, SP: Autores Associados, 2020. p. 179-206.

BRASIL. *Constituição da República Federativa do Brasil*. Brasília, DF: Senado Federal: Centro Gráfico, 1988. Disponible en: https://www.planalto.gov.br/ccivil_03/Constituicao/Constituicao.htm. Consultado en: 13 feb. 2024.

BRASIL. Lei n.º 13.005, de 25 de junho de 2014. Aprova o Plano Nacional de Educação (PNE) e dá outras providências. *Diário Oficial da União*, Brasília, DF, 26 jun. 2014. Seção 1, p. 1. Disponible en: https://www.planalto.gov.br/ccivil_03/_ato2011-2014/2014/lei/l13005.htm. Consultado en: 17 feb. 2024.

BRASIL. Ministério da Educação. Resolução CNE/CP N.º 2, de 22 de dezembro de 2017. Institui e orienta a implantação da Base Nacional Comum Curricular, a ser respeitada obrigatoriamente ao longo das etapas e respectivas modalidades no âmbito da Educação Básica. *Diário Oficial da União*, Brasília, DF, 22 de diciembre de 2017, Seção 1, p. 41 a 44, 2017.

BRASIL. Ministério da Educação. *Base Nacional Comum Curricular* – BNCC. Versão final. Brasília, DF, 2018. Disponible en: http://basenacionalcomum.mec.gov.br/images/BNCC_EI_EF_110518_versaofinal_site.pdf. Consultado en: 15 mar. 2022.

COSTA, Dirno Vilanova da. A Base Nacional Comum Curricular (BNCC) do ensino médio: entre os interesses neoliberais e possibilidades de formação humana.

Conjecturas, v. 22, n. 5, p. 949–964, 2022. Disponível em: https://conjecturas.org/index.php/edicoes/article/view/1066. Acesso em: 13 jun. 2023.

DALE, Roger. Globalização e Educação: demonstrando a existência de uma "Cultura Educacional Mundial Comum" ou localizando uma agenda globalmente estruturada para a educação? *Educação & Sociedade*, Campinas, v. 25, n. 87, p. 423-460, maio/ago. 2004. Disponible en: www.scielo.br/pdf/es/v25n87/21464.pdf. Consultado en: 11 may. 2022.

DÍAZ-BARRIGA, Ángel. Andares curriculares en América Latina. *Revista Enfoques Educacionales*, [*S. l.*], v. 17, n. 2, p. 1–14, 2020. DOI: 10.5354/2735-7279.2020.60634. Disponible en: https://enfoqueseducacionales.uchile.cl/index.php/REE/article/view/60634. Consultado en: 15 jul. 2024.

DÍAZ-BARRIGA, Ángel. Recuperar la pedagogía: el plan de estudio 2022. *Perfiles Educativos*, [*S. l.*], v. 45, n. 180, p. 6-15, 2023. DOI: 10.22201/iisue.24486167e.2023.180.61292. Disponible en: https://perfileseducativos.unam.mx/iisue_pe/index.php/perfiles/article/view/61292 Consultado en: 15 jul. 2024.

DUARTE, Newton. A catarse na didática da pedagogia histórico-crítica. *Pró-posições*, Campinas, V. 30, e20170035, p. 1-23, 2019. Disponível em: https://www.scielo.br/j/pp/a/3rcCdvWdLNrTgDLVdbMqP5R/?lang=pt&format=pdf. Consultado en: 1 ago. 2021.

DUSSEL, Inés; ACEVEDO, Ariadna. Búsquedas y tensiones en el plan de estudio 2022. *Perfiles Educativos*, [*S. l.*], v. 45, n. 180, p. 26-35, 2023. DOI: 10.22201/iisue.24486167e.2023.180.61292. Disponible en: https://perfileseducativos.unam.mx/iisue_pe/index.php/perfiles/article/view/61292 Consultado en: 12 jul. 2024.

FRANCISCO, Marcos Vinicius. *A construção social da personalidade de adolescentes expostos ao bullying escolar e os processos de "resiliência em-si"*: uma análise histórico-cultural. 2013. 266f. Tese (Doutorado em Educação) – Universidade Estadual Paulista Júlio de Mesquita Filho, Presidente Prudente – SP, 2013.

FREITAS, Luiz Carlos de. Os reformadores empresariais da educação: a consolidação do neotecnicismo no Brasil. *In:* FONTOURA, Helena Amaral da (org.). *Políticas públicas, movimentos sociais*: desafios à Pós-Graduação em Educação em suas múltiplas dimensões. Rio de Janeiro: Anped Sudeste, 2011. v. 3, p. 72-90.

GRAMSCI. Antonio. *Cadernos do Cárcere, volume 2*: os intelectuais, o princípio educativo, jornalismo. 10. ed. Rio de Janeiro: Civilização Brasileira, 2024.

GUTIÉRREZ, Arturo. Saldos de la reforma educativa en México, nuevas regulaciones de la gestión y el trabajo docente en educación básica. *Archivos Analíticos de Políticas Educativas*, v. 28, n. 37, p. 1-34, 2020. Disponible en: https://epaa.asu.edu/index.php/epaa/article/view/4140/2403 Consultado en: 12 jul. 2024.

LEANDRO FILHO, José Antônio Leandro; FRANCISCO, Marcos Vinicius; ALANIZ, Érika Porceli. Análise da concepção política do Currículo São Paulo Faz Escola. *Série-Estudos*, Campo Grande, v. 25, n. 53, p. 275–296, 2020. Disponible en: https://www.serie-estudos.ucdb.br/serie-estudos/article/view/1228. Consultado en: 16 jul. 2022.

MARTÍNEZ, Eduardo. La educación como regulación. La mercantilización del sistema educativo en el México neoliberal. *Intervención y Coyuntura*: Revista de crítica Política, 27 mar. 2023. Disponible en: https://intervencionycoyuntura.org/la-educacion-como-regulacion/ Consultado en: 16 jul. 2024

MARTINS, Lígia Márcia. Os fundamentos psicológicos da pedagogia histórico--crítica e os fundamentos psicológicos da psicologia histórico-cultural. *Germinal*: marxismo e educação, Salvador, v. 5, n. 2, p. 130-143, dez. 2013. Disponible en: https://periodicos.ufba.br/index.php/revistagerminal/article/view/9705. Consultado en: 15 ene. 2014.

MARX, Karl. *O capital*: crítica da economia política. Livro Primeiro. Tomo I. São Paulo: Abril, 1983.

MOREIRA, Jani Alves da Silva. Reformas educacionais e políticas curriculares para a educação básica: prenúncios e evidências para uma resistência ativa. *Germinal*: marxismo e educação em debate, Salvador, v. 10, n. 2, p. 199-213, ago. 2018. Disponível em: https://periodicos.ufba.br/index.php/revistagerminal/article/view/27355/16674 Acesso em: 2 may. 2023.

MUÑOZ, Manuel Alejandro. *La Reforma educativa de 2013*: control y autonomía del trabajo docente en escuelas secundarias públicas en Guadalajara. Guadalajara, México: Universidad de Guadalajara, 2018.

NEVES, Lúcia Maria Wanderley. *Direita para o social e esquerda para o capital*: intelectuais da nova pedagogia da hegemonia no Brasil. São Paulo: Xamã, 2010.

OROZCO, Bertha. Apuntes para la reactivación del discurso teórico curricular en México. *In*: ALBA, Alicia de; LOPES, Alice Casimiro (org.). *Diálogos curriculares entre México y Brasil*. México: IISUE, 2015.

PINA, Leonardo Docena; GAMA, Carolina Nozella. Base Nacional Comum Curricular: algumas reflexões a partir da pedagogia histórico-crítica. *Nuances*: estudos sobre educação, Presidente Prudente, v. 31, n. esp. 1, p. 78-102, mai./ago. 2020. Disponible en: https://revista.fct.unesp.br/index.php/Nuances/article/view/8290. Consultado en: 8 feb. 2023.

PINTO, José Marcelino de Rezende. O financiamento da educação na Constituição Federal de 1988: 30 anos de mobilização social. *Educação & Sociedade*, Campinas, v. 39, n. 145, p. 846-869, out.-dez., 2018. Disponible en: https://www.scielo.br/j/es/a/rk4wKJgNYZsdt5QdgSgkDwG/?format=html. Consultado en: 8 may. 2022.

PISTRAK, Moisey Mikhaylovich. *Fundamentos da escola do trabalho*. São Paulo: Expressão Popular, 2000.

SAVIANI, Dermeval. *Escola e democracia*. 42 ed. Campinas: Autores Associados, 2012.

SEP. *Marco Curricular y Plan de Estudios 2022 de la Educación Básica Mexicana*. México, 2022.

AS LAVADORAS DE PALAVRAS E UMA [DES] EDUCAÇÃO INFANTIL

Mônica de Oliveira Costa
Caroline Barroncas de Oliveira

Lavadoras de Palavras

Eu tinha vontade de fazer como dois homens que vi sentados na terra
escovando osso.
(Manoel de Barros, 2003)

Somos lavadoras de palavras. Nos compomos por uma cosmicidade aquática onde nada está separado. Águas negras ou barrentas limpam as naturalizações das coisas comuns, especialmente aquelas coladas à educação infantil, nas quais há um fazer por fazer, o fazer por tradição.

Somos manoelinas, pulsa em nós a esperança de lavar, esfregar, enxaguar, inventar palavras que promovam vida e potência nas escolas, nas infâncias e nas crianças.

Somos professoras-pesquisadoras que habitam e são habitadas por uma versão da Amazônia. Nessa visão microscópica, inventamos traços urbanos, artísticos, femininos, pulsantes, coletivos, nos quais somos metaforseadas nela e com ela. Uma Amazônia plural, múltipla, dita de muitos modos, pertencentes a muitas searas: científica (laboratório, desconhecida); mítica (as amazonas, os mistérios); literária (os que vivem nos cosmos há milênios, Milton Hatoum); indígena (*nhe'e*, palavra alma). Uma Amazônia distraída, artesanal, escutante, sempre em estado de nascença de múltiplas versões que rompem com a invisibilidade e rasgam a floresta, estabelecendo rearranjos vivos e miúdos.

Dentro dessa floresta-casa, irrompe a Universidade do Estado do Amazonas, uma instituição que atua na formação em nível superior no estado do Amazonas (capital e 61 municípios do interior). Os cursos da UEA foram idealizados com o compromisso de atender à complexa realidade da região, sobretudo do Amazonas, direcionando suas atenções para as necessidades das populações da região e o desenvolvimento sustentável do estado do Amazonas.

Nos movimentamos lado a lado, numa parceria de vida, desejos e sonhos. Mobilizadas pela incompletude, pela inquietação da diferença, pelos questionamentos de tantos autores e poetas que deixam-se habitar pela turbulência e instabilidades presentes no mundo. Nossa vida na universidade é um ato de fabricar artesanalmente um exercício de escrita "[...] como arte de pedir licença para escutar uma vida em nascença constante, fugidia, desloucada" (Dias, 2017, p. 5). Como escrever com o pulsar dos desejos além de nós? De que modos pensar a vida em verbo, ação amorosa de abalar-se, perder-se, reconfigurar-se e reinstaurar-se?

Nessa tentativa, atuamos na formação inicial de professores, especialmente no curso de Pedagogia e na formação de docentes pesquisadores, no Programa de Pós-Graduação em Educação em Ciências na Amazônia (PPGEC). Destarte, alinhadas ao nosso Grupo de Pesquisa e Estudo Vidar In-tensões, que para além das formalidades de um grupo de pesquisa e estudo, reclama uma vida que há muito tempo decidiu abandonar as certezas, o comum, as obrigatoriedades e, optou por desapegar-se da falta de desejo e afetamento, a tão propalada neutralidade científica, utilitarista e relacional.

O investimento atual que realizamos é perseguir um "[...] tipo de escrita de si que nos convide a experimentar e exercitar outros modos de subjetivação produzida no contrafluxo da formalidade dos textos acadêmicos" (Chaves, 2018, p. 48), que funcionam ditando normas e formas ditas legítimas de ser professor. Perseguimos uma escrita de si, tal como propõe Pereira *et al.* (2006, p. 85) que "[...] contribua para uma certa desestabilização das matrizes de saber-poder institucionalizadas e que por isso, pode abrir espaço para experimentação de si enquanto se escreve ou lê". Uma escrita que abandona os fundamentos, as padronizações, os controles. Um ensaio de uma escritura devir, ou como nomeia Gonçalves (2013), uma autobiografia-deriva, essa que nos lança em um campo aberto, vivo, sedento em ser explorado e inventado. Uma autobiografia que reclama um reconhecimento sensível, pequenas autonomias.

> Ética... Estética... Homem... Ciência... Perdoai! Chamo-me Autobiografia e venho trilhando-me em (des)caminhos! Ah! Manoel de Barros!!! Ao falar de estética, como não lembrar de ti? Tu que mais que outros trouxeste o criançamento ao ato de escrever, poetizaste a infância, revolucionaste a linguagem e as palavras em sua escrita literária poética. E porque não dizer, do levante de poéticas outras, filosofias

outras? Estética da existência é o que viveste, deixaste vivo em teus escritos e me fazes (re)viver-me enquanto Autobiografia (Oliveira; Costa; Aikawa, 2023, p. 12).

Dessa forma, nos alinhamos a outros e outras que também buscam constituir suas vidas por outras sensibilidades, que fogem nos ditames do neoliberalismo no campo da educação e, propriamente dito, do ensino neoliberal. É nessa tentativa que aceitamos o convite em participar do projeto que investiga o processo de materialização da BNCC na realidade brasileira, especialmente pelo viés neoconservador disperso ao longo do documento, materializado no caráter prescritivo, homogeneizador e uniformizador que atua na padronização de uma suposta base para a educação no Brasil.

Ratificamos nosso posicionamento, conforme já fizemos no texto "Base Nacional Comum – formação e cuidado de si: a (im)possibilidade de professorar", de 2022, em que aventamos uma forma-ação que possa "[...] suscitar deslocamentos, mobilizações, desnaturalizações de coisas cristalizadas por gerações, falas e gestos visíveis e automatizados sobre o ser professor e o ato de professorar" (Costa; Oliveira; Aikawa, 2022, p. 12), ou, dito de outra forma:

Abaixo a BNC-Formação que regula, estrangula a formação. Abaixo a qualquer posição formativa de vidas e docências. Abaixo as latas fechadas, iguais a homens sem desvios. Abaixo a docência sem múltiplos devires. Abaixo a imobilidade, a autorresponsabilidade e a qualidade formatada de via única. A favor de um professorar vibrante, contagiante, alegre. A favor de uma docência potente em esperançares outros de vida. A favor de um professorar que cuida de si como uma obra de arte em nome de estética da existência. A favor de uma docência que tem como armadura a rasgadura de um eu único. A favor de um professorar da des-forma-ação. A favor de uma docência mobilizadora e transgressora (Costa; Oliveira; Aikawa, 2022, p. 13).

A favor de uma docência com decência, questionamos. Como lavar uma ideia de educação e de ensino das vias da definição? Como mobilizarmo-nos com os documentos, tais como BNCC, enquanto orientadores e não somente como prescritores do funcionamento do que e como fazer? "Logo pensei de escovar palavras. Porque eu havia lido em algum lugar que as palavras eram conchas de clamores antigos. Eu queria ir atrás dos clamores antigos que estariam guardados dentro das palavras" (Barros, 2003, p. 23). Assim, fomos lavar palavras em processos de análises da BNCC da educação infantil!

A palavra lavada, educação infantil

> *No começo achei que aqueles homens não batiam bem. Depois aprendi que aqueles homens eram arqueólogos. E que eles faziam o serviço de escovar osso por amor. Logo pensei de escovar palavras.*
> *(Manoel de Barros, 2003)*

O encontro intitulado "Análise da BNCC da educação infantil" foi organizado com o objetivo de dar visibilidades e dizibilidades para a possibilidade de escovar palavras já tão acostumadas no cotidiano da escola e pensar em outras docências na infância. Nos ocupamos de escovar palavras como currículo, planejamento, narrativas docentes, registros, entre outras, para delas retirar tudo que é comum, normal, verdadeiro e pensá-las a partir do cotidiano, do miúdo, da esperança e da escuta.

Lavar palavras, lavar palavras até que o pensar, ser, estar, sentir e dizer se materializem numa docência inventiva e provocativa de um amanhecer diário. Lavar as palavras que admitem as pressões das supostas aquisições necessárias, das fichas intermináveis de planejamento, das avaliações globalizantes em larga escala, dos modismos educacionais. Lavar as palavras que não valorizam os(as) professores(as) e a eles apontam as situações limitantes da educação.

O campo da educação infantil possui singularidades que o diferenciam das demais etapas educativas da educação básica. Nos últimos anos, é notório o aumento do interesse e das discussões que tratam sobre as crianças, seus direitos, suas aprendizagens, seus espaços. Tal preocupação compõe a agenda de diversos governos locais e nacionais. Por que a educação infantil se tornou objeto de interesse para as intervenções governamentais?

> [...] "nova questão social", seja porque a pobreza atinge em escala mais significativa as crianças, seja por que se acredita que os investimentos em sua educação possam garantir retornos duradouros em termos de sucesso escolar e inserção social futura. Tanto numa perspectiva como noutra, não é a compreensão do direito crianças à educação que baliza

> estas análises, ainda que este discurso apareça como um mecanismo de legitimação para metas e compromissos nem sempre atinentes com as necessidades reais de milhares de crianças que habitam nossa região (Campos, 2010, p. 5).

Nesse sentido, fica evidente que há o interesse em começar mais cedo o disciplinamento dos corpos, ao forjar um saber-poder, especialmente da Pedagogia, na qual a infância é um dos objetos dessa ciência e "[...] ocupa o espaço do soberano submisso ou o espectador olhado, o que indica que na sua gênese a representação moderna de criança é sinônimo de incapacidade de participação" (Costa; Kuhn; Ilha, 2019, p. 2). Essa concepção tem um caráter fundacional e adultera ontologicamente a criança para a forma de corpo-objeto.

> Para haver governo da infância, foi necessário criá-la como objeto de análise, de classificação e de diferenciação. A nosopolítica que contorna a infância e a governa é a mesma que vai lhe autorizar uma nosoinfância: infância classificada em etapas, em processos, em condições determinadas, proposições de limites para o seu início e término, reunião de medidas igualitárias e, por consequência, hierárquicas — crianças sadias, doentes, delinquentes, exemplares, bons e maus futuros cidadãos, crianças normais e anormais, infância coligida nas estratégias de governo, pois é preciso defender a infância, conceder a ela o que lhe é de direito — mas não tudo — educar a infância, tratar a infância, socializá-la, medicalizá-la, lançá-la nas estatísticas de governos, enfim, fazer a infância existir (Carvalho, 2015, p. 26-27).

É nesse sentido que o processo de elaboração da BNCC foi constituído em meio a luta de forças, tensões, debates e embates, permeadas por diferentes entendimentos político-ideológicas que interessavam privilegiar suas concepções de infância dentro do documento. Uma movimentação de ideias entre as versões materializa o jogo de disputas entre os grupos envolvidos, assim como, a versão final demonstra o viés economicista e uma força na ideia de infância enquanto tempo a ser aproveitado para aprender as supostas utilidades que a escola tem a ensinar.

Podemos exemplificar tais questões, citando algumas decisões tomadas: definição dos direitos a serem garantidos as crianças, adolescentes e jovens; esvanecimento quanto à formulação de direitos constitucionais, sendo retirados a partir da segunda versão; a decisão pela noção de competência (visão instrumental de controle do que a criança deve aprender e do que o trabalho docente deve se guiar para tal objetivo); identificação alfanumérica dos campos de experiência e dos objetivos de aprendizagem: indicadores de controle, abrangendo a condição de uma avaliação objetiva e delimitando o que se alcançou na aprendizagem individual (favorecendo um desaparecimento da avaliação de contexto, das interações entre as crianças e seus diferentes interlocutores); direitos de aprendizagem e não aprendizagens; necessidade de superação da ideia de currículo como simples lista de objetivos e de conteúdos mínimos, concebidos como algo neutro e universal.

O convite que a formação da BNCC na educação infantil fez foi o de estranhar todas as supostas verdades e prescrições previstas e compreender que elas estão alinhadas com uma determinada concepção de infância, muito ligada à ideia de criança enquanto ser dependente, frágil, incapaz de tomar decisões ditas corretas.

Nesse sentido, o projeto educativo está centrado na racionalidade científica dos adultos e se organiza por etapas a serem vencidas. Cada meta conquistada é comemorada e abre-se para uma nova meta, mais complexa e que demanda outras habilidades. Percebe-se o interesse pela uniformidade, por um tempo comum, pois todos devem aprender no mesmo ritmo e ao mesmo tempo, desconsideram as singularidades. Ignora-se que as crianças não desejam os resultados futuros daquilo que realizam pois elas vivem intensamente o momento presente (Sarmento, 2004).

Como pensar uma docência na educação infantil que borre esse olhar cartesiano? De que modos fazer (des)habitar nossos corpos uma infância útil, uniforme?

A proposta apresentada foi de uma (Des)educação infantil, aquela que nos convoca a acender e reavivar a faísca dos olhos e da boca de todos daqueles que se ocupam em compartilhar suas vidas com as crianças e aceitam o confronto com as palavras não lavadas que carregam em si o empobrecimento de falar sem dizer e de ver sem olhar. Aqui, os sentidos alinhavam o cheiro do sol com as brincadeiras, o barulho da chuva com a arte, as vozes com as famílias, o tempo com a infância, inventando uma escola viva e alegre.

Uma (des)educação que manifesta claramente o rigor amoroso como eixo do contar-se gente nas infâncias e oferecer uma multiplicidade de (des)caminhos possíveis para a construção do assombro no aprender. Ao ocupar o lugar de gestores/as-lavadores(as) que fazem dos espaços que habitam na escola territórios da pesquisa e da arte, integram autores, histórias, pinturas, poesias, músicas, de modo a potencializar as linguagens, a luz, a curiosidade e o fascínio. Assumem isso na mesma intensidade que abandonam as atividades artificiais cristalizadas na escola. Que esse prefixo, o "des", inaugure um tempo no qual os(as) gestores(as)-lavadores(as) sejam guiados pelo infinito que há em cada criança e peregrinos no mundo, aceitem desbravar palavras que sejam chaves a abrir as portas do conhecimento e da vida.

Da lavagem, irrompe uma (des)educação infantil

Eu já sabia também que as palavras possuem no corpo muitas oralidades remontadas e muitas significâncias remontadas (Manoel de Barros, 2003)

Capturadas por Manoel de Barros, exercitamos o (des)palavreamento e multiplicamos as oralidades e significâncias da educação infantil. Em seu corpo, habita a infância das palavras, sempre de forma nascente.

Essas experimentações formativas nos possibilitam pensar que literatura e infância podem ser ferramentas de lavagem das tramas sociais que fabricam nossas ideias de crianças e seus processos educativos. Com elas "[...] é possível provocar pasmo, sismos para fissurar as placas tectônicas que sustentam alguns modos de ver e viver a formação" (Chaves, 2016, p. 150).

Quiçá possamos materializar micros (des)educações infantis: arteiras, alegres, vivas, pulsantes. Capaz de remontar outras oralitudes que convoquem a impermanência, o devir, à deriva, estados próprios das crianças. Lavar palavras mais que empoeirá-las de tradições. Eis o convite.

Referências

BARROS, Manoel de. Escova. *In*: BARROS, Manoel de. *Memórias inventadas*: a infância. São Paulo: Planeta, 2003. p. 2.

CAMPOS, Roselane Fátima. *Políticas de educação infantil na América Latina – da conformação a transformação*: um estudo sobre a educação das crianças pequenas na Bolívia, Equador e Venezuela. Florianópolis: [*s. n.*], 2010. Mimeo (projeto de pesquisa).

CARVALHO, Alexandre Filordi. Por uma Ontologia política da (d)eficiência no governo da infância. *In:* RESENDE, Haroldo de (org.). *Michel Foucault*: o governo da infância, Belo Horizonte: Autêntica, 2015. p. 25-48.

CHAVES, Silvia Nogueira. Formação, docência e arte: o desafio de ser semente. *In:* CHAVES, Silvia Nogueira; BRITO, Maria dos Remédios. (organizadoras) *Formação, Ciência e Arte*: autobiografia, arte e ciências na docência. São Paulo: Editora Livraria da Física, 2016. p. 141-152.

CHAVES, Silvia Nogueira. Da tomada de consciência à invenção de si: uma trajetória na pesquisa narrativa e autobiográfica. *In:* FEITOSA, Raphael Alves; SILVA, Solonildo Almeida da (org.). *Metodologias emergentes na pesquisa em ensino de ciências* [recurso eletrônico]. Porto Alegre, RS: Editora Fi, 2018. p. 51-73.

COSTA, Andrize Ramires; KUHN, Roselaine; ILHA, Franciele Roos da Silva. O governo dos corpos e a regulação das liberdades infantis. *Revista Movimento*, Porto Alegre, v. 25, e25083, 2019. Disponível em: https://seer.ufrgs.br/index.php/Movimento/article/view/93493/55148. Acesso em: 1 maio 2024.

COSTA, Mônica de oliveira; OLIVEIRA, Caroline Barroncas de; AIKAWA, Monica Silva. BNC – Formação e cuidado de si: a (im)possibilidade de professorar. *Revista Teias*, Rio de Janeiro, v. *23*, n. 71, p. 98-112. Disponível em: publicacoes.uerj.br/revistateias/article/view/70227/43957. Acesso em: 30 abr. 2024.

DIAS, Suzana. Escrever(-se)... da emergência de um comum e da exacerbação do "nós". *In:* PEREIRA, Juliana Cristina; CODES, Davi de; SILVEIRA, Eduardo; TONON, Elisa Helena; CORSO, Gizelle Kaminski; GUIMARÃES, Leandro Belinaso. *Des-loucar-se.* Campinas, São Paulo: BCCL/UNICAMP, 2017.

GONÇALVES, Jadson Fernando Garcia. *Biografemática e formação*: fragmentos de escrita de uma vida. 2013. Tese (Doutorado em Educação). Instituto de Ciências da Educação, Universidade Federal do Pará, Belém, 2013.

OLIVEIRA, Caroline; COSTA, Mônica; AIKAWA, Monica. Retrato da autobiografia enquanto coisa. ClimaCom – Ciência. Vida. Educação [on-line], Campinas, v. 10, n. 24, p. 1-24, maio 2023. Disponível em: https://climacom.mudancasclimaticas.net.br/retrato. Acesso em: 22 abr. 2024.

PEREIRA, Marcos Villela; FAGUINDES, Adriana Domingues; MORAES, Gisele Rodegheiro de; SILVA, Fabrício Santos. Influências nos escritos sobre formação de professores. *In:* OLIVEIRA, Valeska Fortes de (org.). *Narrativas e saberes docentes*. Ijuí: Unijuí, 2006. p. 67-92.

SARMENTO, Manuel Jacinto. As culturas da infância nas encruzilhadas da 2ª modernidade. *In:* SARMENTO, Manuel Jacinto; CERISARA, Ana Beatriz (org.). *Crianças e miúdos*: perspectivas sociopedagógicas sobre a infância e educação. Vila Nova de Gaia: Edições ASA, 2004. p. 9-34.

BNCC E ASPECTOS DA ALFABETIZAÇÃO: ALGUMAS CONSIDERAÇÕES

Viviane Gislaine Caetano
Mariana de Cássia Assumpção
Elsa Midori Shimazaki

Introdução

Somos três pesquisadoras em diferentes momentos da carreira acadêmica: duas no início e uma aposentada, preocupadas com o processo de alfabetização no Brasil. Exercemos a função de docentes e pesquisadoras nas regiões Norte, Centro-Oeste, Sudeste e Sul do país. Neste texto, apresentamos nossa formação e um breve relato do trabalho por nós desenvolvido.

Viviane Gislaine Caetano – sou[19] docente no Instituto de Ciências da Educação da Universidade Federal do Pará (UFPA) desde março de 2020. Em minha trajetória formativa no mestrado e doutorado, ative-me às questões mais específicas do processo de apropriação do sistema de escrita alfabético e ortográfico e seu uso social em pessoas com deficiência intelectual por se tratar de uma parcela da população brasileira que, historicamente, tem ficado à margem da sociedade sob o rótulo de incapacidade de máximas elaborações conceituais.

Atualmente, meus estudos e pesquisas centram-se nos processos de alfabetização e letramento do povo ribeirinho, sobretudo do Arquipélago do Marajó, no Pará, com as mais recentes atuações no Programa de Acompanhamento e Formação Continuada para Ensino Multisseriado (Praema), projeto-piloto no Marajó-PA e no Programa de Leitura e Escrita na Educação Infantil (Leei) no âmbito do Compromisso Nacional Criança Alfabetizada instituído pelo Decreto Federal n.º 11.556, de 12 de junho de 2023. Essas experiências me oportunizam estudos e reflexões referentes à (não) alfabetização desse público.

Mariana de Cássia Assumpção – fui professora efetiva da rede pública municipal de ensino de Araraquara-SP de março de 2014 até junho de 2018, e no mês de julho do mesmo ano comecei a lecionar no Centro de

---

[19] Utilizamos a primeira pessoa do singular para nos referirmos à trajetória de docentes e pesquisadoras.

Ensino e Pesquisa Aplicada à Educação (Cepae) da Universidade Federal de Goiás (UFG), dando continuidade à minha atuação nos anos iniciais do ensino fundamental e na alfabetização de crianças.

Meus estudos acadêmicos no mestrado e doutorado em educação escolar estiveram ligados à pedagogia histórico-crítica e à psicologia histórico-cultural, mais precisamente na análise das relações indiretas e mediadas entre a arte e a educação escolar na formação da individualidade para-si.

Elsa Midori Shimazaki – fui professora da rede pública no estado do Paraná e no Departamento de Teoria e Prática da Educação, este último vinculado à Universidade Estadual de Maringá (UEM). No Programa de Pós-Graduação em Educação da UEM atuo desde 2014, no momento como professora voluntária e também sou docente do quadro permanente do programa de Pós-Graduação em Educação da Universidade do Oeste Paulista (Unoeste). Como professora da rede pública, atuei por 28 anos como alfabetizadora e nessa prática utilizei os métodos sintéticos e analíticos.

As questões relacionadas à alfabetização sempre me intrigaram, pois mudava o método de ensino e muitos alunos das turmas não se alfabetizaram. No início, não entendia os diferentes fatores que interferem no processo escolar, mas ao estudar verifiquei alguns deles e que posso auxiliar a mudá-los, o que depende de inúmeros fatores, entre os quais as políticas educacionais. Na tentativa de compreender e oferecer formas de alfabetizar a todos os que adentram as escolas trabalhei no Pró-Letramento como pesquisadora e coordenei o Pnaic[20] na UEM, programas criados pelo governo federal para discutir alfabetização e letramento junto aos professores dos anos iniciais do ensino fundamental, mais especificamente de 1º a 3º. Assim escrevi minha história como alfabetizadora, todavia ainda me intriga as proposições como as da Base Nacional Comum Curricular (BNCC) (Brasil, 2017) e por isso estudos com jovens como Viviane e Mariana me permitem a análise da BNCC, visto que a ótica dessas pesquisadoras soma melhores conhecimentos.

---

[20] O Pnaic foi um programa com o objetivo de alfabetização em Língua Portuguesa e Matemática, até o 3º ano do ensino fundamental, de todas as crianças das escolas públicas. Caracterizava-se pela integração e estruturação, a partir da Formação Continuada de Professores Alfabetizadores, de diversas ações, materiais e referências curriculares e pedagógicas do Ministério da Educação (MEC) que contribuem para a alfabetização; pelo compartilhamento da gestão do programa entre governo federal, estados e municípios; e pela orientação de garantir os direitos de aprendizagem e desenvolvimento a serem aferidos pelas avaliações anuais. Disponível em: http://portal.mec.gov.br/index.php?option=com_docman&view=download&alias=11268-gt-capitais-pnaic-apresentacao-21062012-pdf&Itemid=30192.

Em nosso projeto, estudamos a BNCC (Brasil, 2017) em suas múltiplas determinações e participamos da intervenção formativa junto aos gestores e professores optando por discutir a alfabetização porque, como apontamos na sequência, o Brasil ainda não deu conta de alfabetizar a sua população. Dessa forma, objetivamos, no presente capítulo, analisar como a alfabetização é apresentada na BNCC, alicerçadas na psicologia histórico-cultural e na pedagogia histórico-crítica. Versamos sobre os fundamentos da alfabetização, aspectos gerais da alfabetização e críticas à BNCC.

Fundamentos da Alfabetização

O homem não teria chegado ao desenvolvimento tecnológico atual se não tivesse organizado o sistema da leitura e da escrita, ferramentas necessárias para que as pessoas se desenvolvam em seus aspectos cognitivo e sociocultural. Isso acontece mediante o acesso aos conhecimentos que a humanidade tem elaborado, sistematizado e divulgado às diferentes comunidades que compõem a sociedade. O acesso ao conhecimento aceito cientificamente é um dos instrumentos à cidadania, porque permite analisar e sintetizar as ações praticadas na sociedade assim como aceitá-las, refutá-las e transformá-las. Nesse processo, a leitura e a escrita possibilitam, com maior agilidade, acessar as produções humanas das diferentes áreas.

A apropriação da leitura e da escrita que se inicia desde a educação infantil, na alfabetização. A esse respeito, Luria (1986) ensina que a alfabetização começa muito antes de a professora colocar o lápis pela primeira vez na mão da criança e mostrar como se formam as letras, visto que esse processo se aproxima da história que cada um tem internalizado e elaborado. Para Luria (1986) e Vygotsky (1988), os rabiscos são fases da escrita, mesmo que não se relacionem com a proposta da escrita. Os autores afirmam que quando a linguagem falada avança o alfabetizando começa a desenhar, pois por meio do desenho compreende que pode usar signos para escrever qualquer coisa. Muitas vezes os traços apresentam características do que pretende desenhar. Após intervenções sistematizadas e planejadas, os desenhos se transformam em língua escrita:

> [...] e a representação de relações e significados individuais vão se convertendo em sinais simbólicos abstratos. O desenho acompanha a fala e essa permeia o desenho, e para esse autor, um processo decisivo e essencial para o desenvolvimento da escrita (Shimazaki; Menegassi, 2016, p. 33).

Reafirmamos que para que a pessoa passe dos rabiscos aos desenhos e dos desenhos à letra escrita é necessária a intervenção escolar fundamentada em políticas públicas que considerem a aprendizagem e o desenvolvimento. No Brasil, há várias legislações que amparam o processo escolar das pessoas: citamos a Constituição Federal (CF) (Brasil, 1988), o Estatuto da Criança e do Adolescente (ECA) (Brasil, 1999) e a Lei de Diretrizes e base da Educação Nacional (LDB) (Brasil,1996).

As legislações nacionais amparam o ingresso e a permanência de todas as pessoas na escola, mas a prática aponta que muitos alunos frequentam as escolas e não se apropriam devidamente do conhecimento escolar, não se apropriam da leitura e da escrita. Podemos verificar esse fato nos dados contidos em alguns documentos disponíveis.

Os dados são apresentados pelo Programa Internacional de Avaliação dos estudantes (Pisa)[21] (2024) e indicam que o Brasil ocupa os 15 piores lugares em criatividade, e em linguagens, matemática e ciências obteve pontuação inferior à média da Organização para a Cooperação e Desenvolvimento Econômico (OCDE).

O Censo Brasileiro de 2022 revela uma queda na taxa de analfabetismo no Brasil: em 2019, era de 6,1% e em 2022 recuou para 5,6%. Apesar disso, o país ainda possui quase 10 milhões de pessoas com 15 anos ou mais que não sabem ler nem escrever (Brasil, 2022).

O Indicador de Alfabetismo funcional (Inaf) em 2018 apontou que 29% dos brasileiros eram considerados analfabetos funcionais. Pontuamos que cerca de três em cada dez brasileiros de 15 a 64 anos têm muita dificuldade para fazer uso da leitura e da escrita e das operações matemáticas em situações da vida cotidiana, como reconhecer informações em um cartaz ou folheto ou ainda fazer operações aritméticas simples com valores de grandeza superior às centenas. Tais indivíduos são classificados como analfabetos funcionais.

O Índice de Desenvolvimento da Educação Básica (Ideb) (Brasil, 2024) mostra as taxas de aprovação (indicador de rendimento) melhoraram em todas as etapas analisadas em relação à avaliação anterior de 2019. Nos anos iniciais do ensino fundamental, o Ideb de 2023 da rede

---

[21] Estudo comparativo internacional sobre o desempenho dos estudantes na faixa etária dos 15 anos em Leitura, Matemática e Ciências. Sua realização ocorre a cada três anos pela Organização para a Cooperação e Desenvolvimento Econômico (OCDE) (http://portal.inep.gov.br/pisa).

pública foi o mesmo que o de 2019 (5,7). Esse resultado foi alcançado com uma redução no indicador de aprendizagem (6,02 para 5,91) e aumento no indicador de fluxo (0,94 para 0,97).

Os dados do Pisa, Saeb e Inaf indicam ainda que o sistema escolar não tem cumprido a tarefa de transmitir os conteúdos historicamente produzidos e socialmente necessários aos seus alunos de forma plena e integral.

Aspectos gerais da alfabetização

A Base Nacional Comum Curricular (2017) consiste em um documento normativo que "[...] define o conjunto orgânico e progressivo de aprendizagens essenciais que todos os alunos devem desenvolver ao longo das etapas e modalidades da Educação Básica" (Brasil, 2017, p. 7). Acompanhando a organização do sistema educacional brasileiro obrigatório, divide-se em etapas, a saber: educação infantil, ensino fundamental e ensino médio.

No que se refere ao ensino fundamental, o texto apresenta uma subdivisão em cinco áreas do conhecimento: a) linguagens; b) matemática; c) ciências da natureza; d) ciências humanas; e, por fim, e) ensino religioso. A área da linguagem é constituída pelos componentes curriculares em língua portuguesa, arte, educação física e língua inglesa. Quanto ao componente de língua portuguesa para os anos iniciais do ensino fundamental — foco desta discussão —, ampliam-se os conhecimentos sobre a língua oral e escrita iniciadas na família e na educação infantil a partir de eixos como oralidade, leitura/escuta, produção textual, análise linguística/semiótica.

No eixo oralidade, "[...] aprofundam-se o conhecimento e o uso da língua oral, as características de interações discursivas e as estratégias de fala e escuta em intercâmbios orais" (Brasil, 2017, p. 85). No eixo leitura/escuta, "[...] amplia-se o letramento, por meio da progressiva incorporação de estratégias de leitura em textos de nível de complexidade crescente" (Brasil, 2017, p. 87). E no eixo produção textual aprofundam-se progressivamente os conhecimentos em "[...] práticas de linguagem relacionadas à interação e à autoria (individual ou coletiva) do texto escrito, oral e multissemiótico [...] inter-relacionadas às práticas de uso e reflexão" (Brasil, 2017, p. 74-75). E no eixo análise linguística/semiótica sistematiza-se a apropriação do sistema de escrita alfabética, "[...] particularmente nos dois primeiros anos, e desenvolvem-se, ao longo dos três anos seguintes, a observação das regularidades e a análise do funcionamento da língua e de outras linguagens e seus efeitos nos discursos" (Brasil, 2017, p. 89).

Em sociedades grafocêntricas, a organização social se efetiva por meio da leitura e da escrita. Assim, desde a mais tenra idade as crianças que dela fazem parte interagem em eventos que se organizam por meio desse complexo sistema de comunicação — eventos de letramento — e se apropriam de conhecimentos produzidos pela humanidade em leitura e escrita. No entanto, o ensino sistematizado do código — alfabetização — é objeto de ensino somente nos dois primeiros anos do ensino fundamental.

No que se refere à alfabetização, há um conjunto de competências e habilidades a serem desenvolvidas nos dois primeiros anos da escolarização básica:

> Compreender diferenças entre escrita e outras formas gráficas (outros sistemas de representação); Dominar as convenções gráficas (letras maiúsculas e minúsculas, cursiva e script); Conhecer o alfabeto; Compreender a natureza alfabética do nosso sistema de escrita; • Dominar as relações entre grafemas e fonemas; • Saber decodificar palavras e textos escritos; Saber ler, reconhecendo globalmente as palavras; Ampliar a sacada do olhar para porções maiores de texto que meras palavras, desenvolvendo assim fluência e rapidez de leitura (fatiamento) (Brasil, 2017, p. 91).

Nesse sentido, compreendemos a alfabetização como habilidade de codificar e decodificar textos, e como letramento o uso social que se faz dela (Soares, 2004). Alfabetização e letramento são conceitos interdependentes, sendo sua dissociação um equívoco:

> [...] a entrada da criança (e também do adulto analfabeto) no mundo da escrita ocorre simultaneamente por esses dois processos: pela aquisição do sistema convencional da escrita — a alfabetização — e pelo desenvolvimento de habilidades de uso desse sistema em atividades de leitura e escrita, nas práticas sociais que envolvem a língua escrita — o letramento. [...] a alfabetização se desenvolve no contexto de e por meio das práticas sociais de leitura e escrita, isto é, através de atividades de letramento, e este, por sua vez, só se pode desenvolver no contexto da e por meio da aprendizagem das relações fonema-grafema, isto é, em dependência da alfabetização (Soares, 2004, p. 14).

Diante desses aspectos, no próximo subitem procederemos pela análise crítica da BNCC.

Críticas à Base Nacional Comum Curricular

A pedagogia histórico-crítica desenvolvida por Dermeval Saviani faz uma crítica incisiva à Base Nacional Comum Curricular sob várias perspectivas, principalmente por sua concepção pedagógica e filosófica. Essa teoria pedagógica defende uma educação que promova a emancipação humana via conhecimento científico e sistematizado e enxerga na BNCC profundas limitações em relação a esse objetivo.

Um ponto que destacamos é a crítica ao foco da BNCC no desenvolvimento de competências e habilidades em detrimento do ensino deliberado e intencional dos conhecimentos científicos, artísticos e filosóficos em suas manifestações mais enriquecidas. A abordagem da BNCC nas competências e habilidades reduz o processo educativo à mera adequação do indivíduo às exigências do mercado de trabalho, conforme Ramos (2001).

Em linhas gerais, a BNCC é influenciada por uma visão neoliberal de educação, cujo principal objetivo é formar indivíduos produtivos e adaptáveis às exigências do mundo corporativo, o que contradiz o ideal da formação plena do ser humano. E na contramão dos princípios de uma educação mercadológica que serve às necessidades e demandas do capital, a psicologia histórico-cultural defende uma escola que priorize a formação do ser humano consciente de seu papel na transformação social.

De acordo com Saviani (2007), o conhecimento científico não pode ser substituído por habilidades práticas, visto que o domínio das ciências e das humanidades é o que possibilita ao indivíduo pensar criticamente e se posicionar de forma ativa na sociedade. A BNCC, por sua vez, ao organizar o currículo em torno de competências, fragmenta o conhecimento, dificultando a compreensão dos saberes de forma integrada e a possibilidade de estabelecer relações importantes entre eles. Entendemos que o ensino deve ser estruturado de modo a permitir ao estudante elaborar uma visão totalizante da realidade. Defendemos que o ensino deve ser sequencial e articulado, proporcionando ao estudante a compreensão do mundo de maneira dialética, ou seja, em suas contradições e movimentos constantes.

A pedagogia histórico-crítica se posiciona na compreensão de que a escola tem uma função social central, qual seja, a de promover o desenvolvimento do pensamento crítico e a capacidade de intervenção na realidade. A escola, na visão histórico-crítica, deve ser um local de formação intelectual e humana que capacite os alunos a atuar como agentes de mudança na sociedade e não apenas como indivíduos treinados para desempenhar papéis econômicos. A BNCC, contudo, ao focar em uma educação voltada para competências e habilidades práticas, acaba por esvaziar essa função social da escola, desconsiderando a necessidade da formação de indivíduos engajados e politicamente conscientes.

Assinalamos que, embora a BNCC afirme ser neutra do ponto de vista ideológico, a pedagogia histórico-crítica denuncia essa pretensa neutralidade como uma ilusão (Duarte, 2018). Em primeiro lugar, toda e qualquer proposta curricular carrega em si uma visão de mundo e uma ideologia. No caso da BNCC, a ideologia subjacente seria a do neoliberalismo, que valoriza a formação de indivíduos para o mercado em detrimento de uma formação humanista e crítica. A pedagogia histórico-crítica aponta que a BNCC, ao adotar essa neutralidade, na verdade reforça a ideologia dominante, que mantém as desigualdades sociais e a alienação dos indivíduos frente às estruturas de poder.

Diante da análise crítica aos fundamentos da BNCC, nos colocamos em defesa de um processo de alfabetização que não seja apenas o ensino da decodificação de letras e sons, ou seja, das técnicas de leitura e escrita, mas a de inserção do aluno no mundo do conhecimento científico, literário e cultural. O acesso à linguagem escrita é visto como um direito básico que permite ao indivíduo não apenas interpretar textos, mas também atuar de maneira mais consciente e transformadora na sociedade. O ato de ler e escrever deve possibilitar o acesso ao conhecimento sistematizado.

Conclusão

A educação brasileira possui lacunas a serem resolvidas, dentre as quais a alfabetização. Alunos frequentam as escolas por alguns anos e não têm conseguido se apropriar da leitura e da escrita ou apresentam desempenho escolar abaixo do esperado.

Documentos como a BNCC (Brasil, 2017) têm sido escritos ao longo dos anos, e ao estudarmos seus conteúdos no tocante à alfabetização verificamos poucas inferências entre estes e a cultura escrita.

Nessa direção, para que a leitura e a escrita sejam instrumentos de participação social, é preciso que seu ensino deixe de ser somente habilidade de mãos e outros sentidos. No processo de apropriação e desenvolvimento da leitura e da escrita é necessário pensar na cultura escrita e dessa forma dar sentido à cultura humana tanto na ciência como na arte. O domínio da ciência e da arte possibilita a participação e a mudança social.

Defendemos que oferecer a ciência e a arte de forma crítica possibilita à escola transcender a Base Nacional Curricular Comum e ser o local organizado socialmente, sem neutralidade científica, para a formação humana.

Referências

BRASIL. *Base Nacional Comum Curricular*: educação é base da vida. Brasília, DF: MEC/Secretaria de Educação Básica, Brasil, 2017. Acesso em: http://portal.mec. gov.br/index.php? option=com_docman&view=download&alias= 79611-ane-xo-texto-bncc-aprovado-em-15-12-17- pdf&category_slug=dezembro-2017-p-df&Itemid=30192. Acesso em: 20 out. 2024.

BRASIL. *Lei n.º 9394 de 20 de dezembro de 1996*. Estabelece as diretrizes e bases da educação nacional. Brasília, DF, 1996. Disponível em: http://www.planalto. gov.br/ccivil_03 /leis/l9394.htm. Acesso em: 16 de dez. 2023.

BRASIL. Presidência da República. *Constituição da República Federativa do Brasil*. Brasília, DF: Senado Federal, 1988. Disponível em: http://www.planalto.gov.br/ ccivil_03/ Constituição/Constituicao.htm. Acesso em: 20 dez. 2023.

BRASIL. Presidência da República. Lei n.º 8.069, de 13 de julho de 1990. Estatuto da Criança e do Adolescente. *Diário Oficial da União*, Brasília, DF, Seção 1:13563, 16 ago. 1990. Disponível em: http://www.planalto.gov.br/ ccivil_03/Leis/L8069. htm. Acesso em: 15 jun. 2024.

DUARTE, Newton. O currículo em tempos de obscurantismo beligerante. *Revista Espaço do Currículo*, João Pessoa, v. 2, n. 11, p. 139-145, 2018. Disponível em:https:// periodicos.ufpb.br/index.php/rec/article/view/ufpb.1983-1579.2018v2n11.39568. Acesso em: 20 out. 2024.

LURIA, Alexander Romanovich. O desenvolvimento da escrita na criança. *In:* VIGOTSKII, Lev Semenovich; LURIA, Alexander Romanovich; LEONTIEV, Aleksei Nikolaievitch. *Linguagem, desenvolvimento e aprendizagem*. São Paulo: Ícone, 1988. p. 143-189.

RAMOS, Marise Nogueira. *A pedagogia das competências*: autonomia ou adaptação? São Paulo: Cortez, 2001.

SAVIANI, Dermeval. *História das ideias pedagógicas no Brasil*. Campinas: Autores Associados, 2007.

SHIMAZAKI, Elsa Midori; MENEGASSI, Renilson José. Aspectos da apropriação de leitura e escrita em deficientes intelectuais. *In:* ALMEIDA, Maria Amélia; MENDES, Eniceia Gonçalves (org.). *Educação especial e seus diferentes recortes*. Marília: ABPEE, 2016. v. 1, p. 35-50.

SOARES, Magda. Letramento e alfabetização: as muitas facetas. *Revista Brasileira de Educação*, Rio de Janeiro, n. 25, jan./abr. p. 5-17, 2004.

VYGOTSKY, Lev Semenovich. *A formação social da mente*: o desenvolvimento dos processos psicológicos superiores. Organizado por Michael Cole *et al*. Tradução de José Cipolla Neto, Luís Silveira Menna Barreto, Solange Castro Afeche. 7. ed. São Paulo: Martins Fontes, 1988.

A BNCC NOS ANOS FINAIS DO ENSINO FUNDAMENTAL E O DESENVOLVIMENTO OMNILATERAL NA ADOLESCÊNCIA

Ricardo Eleutério dos Anjos
Monica Fürkotter
Carmen Lúcia Dias

Introdução

A investigação "A BNCC e as políticas educacionais em diferentes estados brasileiros: materialização nos currículos e intervenção formativa de gestores escolares" tem como um de seus objetivos ofertar intervenção formativa junto aos gestores escolares a fim de que tenham contato com interpretações críticas das políticas educacionais em curso no Brasil, a exemplo da Base Nacional Comum Curricular (BNCC). Neste capítulo abordamos especificamente a BNCC no ensino fundamental II, ou seja, nos anos finais do ensino fundamental.

Entretanto, consideramos importante resgatar documentos anteriores, tais como a Constituição Federal (Brasil, 1988), a Lei de Diretrizes e Bases da Educação Nacional, Lei 9.394/96 (Brasil, 1996), os Parâmetros Curriculares Nacionais (PCN) (Brasil, 1998) e o Plano Nacional de Educação (2004-2014) (PNE), Lei 13.005/2014 (Brasil, 2014).

A Constituição Federal, no Artigo 210, estabelece que "Serão fixados conteúdos mínimos para o ensino fundamental, de maneira a assegurar formação básica comum [...]" (Brasil, 1988, p. 124). A LDB, como o próprio nome já adianta, institui diretrizes e bases na educação nacional.

Os PCN constituíram "[...] referências nacionais comuns ao processo educativo em todas as regiões brasileiras (Brasil, 1998, p. 5) e, na sua concepção e elaboração, contaram com a experiência e os estudos de educadores brasileiros, que atuaram como consultores e elaboradores, sendo produzidos no contexto de discussões pedagógicas vigentes à época (Brasil, 1998) e com pareceres individuais e institucionais, de delegacias do Ministério da Educação (MEC), secretarias municipais e estaduais de educação, universidades e associações.

Cumpre destacar que os PCN têm como pano de fundo o Plano Decenal de Educação para todos (1993-2003), elaborado pelo MEC em 1993, para atender as resoluções da Conferência Mundial de Educação Para Todos, promovida pela Unesco, Unicef, United Nations Development Programme (PNUD) e Banco Mundial, e realizada em Jomtien, na Tailândia, em 1990. Trata-se de um conjunto de diretrizes políticas visando a recuperação da educação básica brasileira, com redução das taxas de reprovação e evasão. Além disso, teve como órgãos financiadores o Banco Mundial e o Banco Interamericano de Desenvolvimento e começou a vigorar na era Fernando Henrique Cardoso, que teve início em 1995, cabendo lembrar que:

> O ideário neoliberal pautou a agenda dos governos brasileiros após o fim da ditadura militar e o início do processo de redemocratização do País. Em que pese a existência de embates, rupturas, contradições e nuances que configuraram essa adesão, houve, ao longo desses governos, consentimento aos ditames advindos do neoliberalismo, materializados em grande parte por orientações dos agentes financiadores (Salomé; Soares, 2018, p. 138).

Quanto ao PNE, define vinte metas e estratégias para atingi-las, as Metas 2 e 3 referem-se à universalização do ensino fundamental e do ensino médio, respectivamente, e definem duas estratégias para cada segmento, no sentido do alcance de seus objetivos. Tais estratégias referem-se à elaboração, encaminhamento e implantação dos direitos e dos objetivos de aprendizagem, que configurariam a BNCC (Passos, 2016).

Decorridos vinte anos, é inegável que os PCN precisavam ser revistos, até mesmo desconsiderados e/ou reelaborados. É nesse contexto que surge a BNCC, que discutimos a seguir.

O que dizem as pesquisas sobre a BNCC

A elaboração da BNCC teve início em 2014, no governo Dilma Rousseff, a primeira e a segunda versão foram divulgadas em 2016. No governo Michel Temer a equipe inicial foi destituída e em 2017 foram publicadas a terceira versão e a versão final. Ortega (2022, p. 1) considera "[...] o processo de elaboração da BNCC desde sua origem e o contexto de aprovação marcado por interesses de diferentes grupos numa conjuntura política também marcada pela complexidade e disputas de diferentes ordens".

Segundo um manifesto da Associação Nacional pela Formação dos Profissionais da Educação (Anfope), o Conselho Nacional de Educação (CNE)

> [...] rejeitou as inúmeras manifestações contrárias das entidades acadêmicas e representativas de instituições, professores e estudantes, que apontavam para as inconsistências da proposta, que visa apenas atender a interesses mercantilistas de fundações privadas que anseiam pela padronização aligeirada da BNCC (Anfope, 2024, p. 1).

Em uma pesquisa qualitativa e documental da versão final da BNCC, de abril de 2017, homologada em 20 de dezembro de 2017 pelo Conselho Nacional de Educação, Filipe, Silva e Costa (2021) identificaram que:

- a BNCC se fundamenta num projeto educativo de formação para a empregabilidade, com a centralidade das competências, a partir de um modelo de ensino direcionado, prescritivo e vinculado a um modelo de avaliação eficientista, inspirado nas teorias comportamentais;

- as proposições da BNCC se distanciam de um projeto educativo que vise a uma formação crítica e emancipatória, ao formar para o trabalho segundo as demandas.

A BNCC busca garantir um mínimo de conteúdos, diluídos em áreas do conhecimento. Há um esvaziamento curricular com a extinção de disciplinas, eliminando também as especificidades epistemológicas.

Some-se a isso que "[...] os PCN tinham o propósito de fornecer elementos para ampliar o debate dos professores, enquanto a BNCC apresenta um outro de caráter normativo" (Geronimo; Gatti; Barbosa, 2021, p. 1).

Nessa perspectiva, como fica a formação dos alunos, que dependem da escola "[...] para ter acesso ao saber erudito, ao saber sistematizado e, em consequência, para expressar de forma elaborada os conteúdos da cultura popular que correspondem aos seus interesses"? (Saviani, 2003, p. 70). Entendemos, assim como Duarte (2016, p. 87) que "[...] a apropriação dos conhecimentos científicos promove formas especiais de conduta, modifica a atividade das funções psíquicas, cria novos níveis de desenvolvimento humano e proporciona um entendimento mais articulado da realidade".

A afirmação de que a educação escolar deve se basear nos conteúdos sistematizados não se alinha com nenhuma proposta conteudista que se baseie unilateralmente na transmissão de conhecimentos escolares. De acordo com Martins (2013), o planejamento de ensino deve se fundamentar em uma relação dialética entre forma, conteúdo e destinatário. Em outras palavras, a educação escolar deve garantir as condições concretas de "como ensinar", "o que ensinar" e "a quem ensinar".

Neste contexto, busca-se uma educação escolar que promova um desenvolvimento omnilateral[22]. Para isso, é crucial selecionar conteúdos não cotidianos, os quais possibilitam o desenvolvimento dos alunos em suas máximas possiblidades, bem como identificar as formas mais adequadas de sua transmissão, levando em consideração as especificidades de cada etapa do desenvolvimento humano.

No caso específico dos anos finais do ensino fundamental, os alunos são adolescentes. O ensino alinhado à BNCC possibilita o seu desenvolvimento omnilateral? Este é o objeto de análise a seguir.

A BNCC e os obstáculos ao desenvolvimento omnilateral na adolescência

Esta seção parte da tese de que um ensino alinhado à BNCC não proporciona o desenvolvimento omnilateral dos adolescentes estudantes dos anos finais do ensino fundamental. A adaptação dos alunos à lógica do capital, o esvaziamento dos conteúdos sistematizados e a concepção naturalizante sobre a adolescência são aspectos que sustentam essa argumentação.

A adaptação dos alunos à lógica do capital é uma forma de ensino que encontra respaldo na teoria pedagógica que fundamenta a BNCC, conhecida como pedagogia das competências (Zank; Malanchen, 2020). Mudanças rápidas e flexibilidade são conceitos frequentemente citados para justificar a importância de ajustar os adolescentes à dinâmica do capitalismo. Essa abordagem educacional não visa ao desenvolvimento integral dos adolescentes uma vez que destaca a necessidade unilateral de se adaptar às transformações e exigências do mercado (Anjos, 2020).

Nessa perspectiva, destaca-se o papel atribuído ao indivíduo na tomada de decisões, especialmente no que diz respeito à busca por habilidades e competências que o tornem competitivo no mercado de trabalho. De acordo com Saviani (2008), a educação, nesse sentido, possibilita a conquista do status de empregabilidade, ao incentivar a informalidade e

---

[22] A palavra "omnilateral" deriva de dois elementos: "omni", que significa "todo" ou "todos", e "lateral", que se refere a "lado". Nesse contexto, ela expressa um desenvolvimento que abrange a totalidade do ser humano, englobando suas esferas motoras, afetivas e cognitivas.

a ideia do empreendedorismo como solução para o sucesso profissional. Tal abordagem é reforçada pelo discurso da meritocracia, que coloca a responsabilidade pelo sucesso ou fracasso profissional sobre os ombros do indivíduo.

Essa mentalidade tende a fortalecer a informalidade e a precariedade do trabalho. Em vez de buscar empregos estáveis e com direitos garantidos, as pessoas são incentivadas a trabalhar por conta própria ou a abrir microempresas, muitas vezes sem o apoio necessário para o sucesso desses empreendimentos. O empreendedorismo é apresentado como a solução para a falta de empregos, mas, na prática, é uma forma de transferir a responsabilidade do Estado para o indivíduo (Antunes, 2018; Saviani, 2008).

É evidente que a preparação dos adolescentes para o mercado de trabalho deve ser abordada dentro do contexto da educação escolar. No entanto, é essencial analisar de forma crítica a tendência de reduzir a educação à simples formação de competências, o que resulta no empobrecimento de seus objetivos, transformando-os em meros instrumentos para a adaptação passiva às demandas do sistema capitalista. Assim, limitar a educação dos adolescentes a uma mera preparação para o mercado de trabalho seria renunciar à luta pela superação da sociedade de classes, da divisão social do trabalho e da alienação (Anjos, 2020).

Saviani (2019), a partir do conceito de Gramsci sobre o trabalho como princípio educativo, afirma que a estrutura da sociedade contemporânea influencia diretamente a organização do ensino fundamental. Nesse contexto, a sociedade atual demanda um conjunto básico de conhecimentos sistematizados para que os indivíduos possam participar ativamente da vida em sociedade. Portanto, no ensino fundamental, a relação entre trabalho e educação é indireta e implícita, ou seja, o trabalho orienta e determina o caráter do conteúdo curricular de acordo com as exigências da sociedade. Dessa forma, não é necessário abordar diretamente o processo de trabalho.

> Aprender a ler, escrever e contar e dominar os rudimentos das ciências naturais e das ciências sociais constituem pré-requisitos para compreender o mundo em que se vive, inclusive para atender a própria incorporação pelo trabalho dos conhecimentos científicos no âmbito da vida e da sociedade (Saviani, 2019, p. 261).

A forma de ensino encontrada na BNCC é caracterizada pela adaptação do adolescente ao mercado de trabalho, como mencionado. Além disso, identifica-se que essa forma está diretamente ligada ao conteúdo, ou melhor, à adaptação do conteúdo escolar a:

> [...] um rol de comportamentos esperados, desejados e exigidos pelo mercado de trabalho (que não oferece trabalho para todos!), que reforçam a teoria do capital humano, como meio de contribuir com a manutenção da empregabilidade, passando pela ênfase na certificação aligeirada, que é hoje, mais do que nunca, comandada pelo capital rentista das grandes corporações empresariais (Santos; Orso, 2020, p. 177).

Nota-se um processo de esvaziamento dos conteúdos escolares, impulsionado pelos princípios da pedagogia das competências. Nesse modelo pedagógico, há uma evidente transição de um ensino focado nos conhecimentos disciplinares para um ensino baseado na demonstração de competências mensuráveis em contextos e tarefas específicas. Isso implica partir de situações concretas, utilizando as disciplinas apenas como ferramentas, na medida necessária para atender às demandas das situações cotidianas, em vez de priorizar os conhecimentos clássicos das esferas não cotidianas de objetivações humanas (Ramos, 2006; Lavoura; Ramos, 2020).

Assim, a concepção de conhecimento como apropriação das formas mais desenvolvidas das ciências, das artes e da filosofia é relegada a segundo plano, em favor das exigências impostas pela lógica do capital. Conforme apontam Ramos (2006) e Santos e Orso (2020), a escola é compelida a se abrir para o mundo econômico como forma de redefinir os conteúdos de ensino e atribuir sentido prático aos saberes escolares. Esses novos conhecimentos são baseados em aprendizagens que, embora rotuladas como significativas, são adaptadas ao contexto econômico, que demanda indivíduos alienados e adaptados às exigências emergenciais do capitalismo em constante mutação.

Em contraposição aos ideários contidos na BNCC do ensino fundamental, a pedagogia histórico-crítica sustenta que o desenvolvimento omnilateral dos alunos requer um longo processo de apropriação das objetivações humanas não cotidianas como a ciência, a arte e a filosofia.

> Se as escolas se limitarem a reiterar a cultura popular, qual será sua função? Para desenvolver cultura popular, essa cultura assistemática e espontânea, o povo não precisa de

escola. Ele a desenvolve por obra de suas próprias lutas, relações e práticas. O povo precisa da escola para ter acesso ao saber erudito, ao saber sistematizado e, em consequência, para expressar de forma elaborada os conteúdos da cultura popular que correspondem aos seus interesses (Saviani, 2011, p. 68-69).

De acordo com Saviani, a razão de ser da escola reside na transmissão de conhecimentos sistematizados, não cotidianos que, por sua vez, enriquecem a própria vida cotidiana dos estudantes. Portanto, não se trata de negar o cotidiano dos alunos, mas sim possibilitar-lhes a "[...] apropriação de novas formas por meio das quais se podem expressar os próprios conteúdos do saber popular" (Saviani, 2011, p. 20).

A arte, a filosofia e a ciência não têm o papel de rejeitar a vida cotidiana das pessoas. Pelo contrário, são fundamentais para enriquecer e aprimorar essa vida. De acordo com Duarte (2013), a vida cotidiana é essencial para a existência e a sobrevivência de uma sociedade, e suas manifestações, como a linguagem, os costumes e a produção de utensílios, são desenvolvidas para atender às necessidades cotidianas. No entanto, à medida que essas necessidades são satisfeitas, surgem novas e mais complexas necessidades, as quais exigem maior complexidade do desenvolvimento humano.

Assim, diante das novas necessidades emergentes na vida cotidiana, os seres humanos são motivados a criar formas mais elaboradas de mediação, além do cotidiano, a fim de compreender e transformar tanto a natureza externa quanto a interna, de acordo com a complexidade de suas atividades. Para Anjos (2015), isso significa que as objetivações não cotidianas, como a arte, a filosofia e a ciência, fornecem aos adolescentes as máximas possibilidades para conduzirem conscientemente suas vidas cotidianas, permitindo-lhes lidar com as demandas cada vez mais complexas e diversificadas da existência humana.

Nesse contexto, para ilustrar a relação dialética entre a vida cotidiana e as objetivações não cotidianas como a arte e a ciência, Lukács utiliza a metáfora de um grande rio. Nessa imagem, o rio representa a vida cotidiana, e a arte e a ciência são como afluentes que se desviam dele para seguir caminhos próprios. No entanto, esses afluentes retornam ao leito principal do rio da vida social, levando consigo os impactos de suas jornadas e enriquecendo, assim, a vida cotidiana com novas perspectivas e conhecimentos. A vida cotidiana "[...] se enriquece constantemente com os supremos resultados do espírito humano, os assimila as suas necessidades cotidianas práticas e assim dá então lugar, como questões e como exigências, a novas ramificações das formas superiores de objetivação" (Lukács, 1966, p. 11).

Até o momento, identificou-se que a forma de ensino proposta pela BNCC é caracterizada pela adaptação do adolescente à lógica do mercado. Identificou-se, também, que o conteúdo trabalhado nesse documento se resume às esferas cotidianas de objetivação humana, o que pode impedir o desenvolvimento omnilateral dos estudantes. Por fim, é necessário analisar o aspecto do destinatário, ou seja, a concepção de adolescência apresentada pela BNCC do ensino fundamental.

Escrever sobre a educação escolar de adolescentes é um desafio significativo, dado o amplo espectro de opiniões, mitos e preconceitos disseminados em livros, revistas, mídia e outros meios de comunicação sobre essa fase do desenvolvimento humano. Frequentemente, encontra-se afirmações que retratam a adolescência como uma etapa problemática, referida pejorativamente como "aborrecência", caracterizada por um descontrole emocional, comportamental e sexual, atribuído aos hormônios que estariam "à flor da pele". Além disso, existem as concepções que justificam tais comportamentos problemáticos como fenômenos normais e esperados nessa fase, sendo considerados produtos da maturação cerebral.

Pode-se inferir que a concepção de adolescência influencia diretamente o processo educativo. Frente às perspectivas que naturalizam a adolescência, parece que a educação escolar tem pouco ou nenhum papel no desenvolvimento de algo considerado inerente à natureza humana. Sob essas visões, a educação escolar seria um processo passivo, incumbido apenas de acompanhar ou facilitar o curso natural do desenvolvimento. De acordo com essas teorias, todos os desafios enfrentados nessa fase são vistos como parte natural e passageira, destinados a desaparecer espontaneamente com a transição, também natural, para a vida adulta (Anjos, 2023).

A adolescência tem suas raízes nas transformações sociais, especialmente nos modos de produção. Em várias sociedades, ao alcançarem a puberdade, os indivíduos passavam por rituais de iniciação que os reconheciam como adultos. Até o século XVIII, não existia um conceito claro de adolescência, e as crianças eram vistas como miniadultos, que passavam da infância para a idade adulta sem necessariamente vivenciarem a fase específica da adolescência. Foi somente no século XIX que a adolescência começou a ser vista como uma fase distinta da infância e da vida adulta. Nesse período, a maioria das crianças começava a trabalhar cedo, entre os sete anos e o início da puberdade, enquanto poucas tinham acesso à educação, que era mais comum entre os filhos das classes privilegiadas.

Anjos e Duarte (2020) destacam que, por muito tempo, a maioria da população foi separada de seus pais devido ao contrato anual de trabalho dos jovens rurais ou à aprendizagem com artesãos distantes. Essas separações eram geralmente definitivas, e compromissos como ingresso no exército, convento ou seminário frequentemente ocorriam aos 12 ou 13 anos de idade. Enquanto a industrialização do século XIX levou as classes inferiores a terem uma infância muito curta, ao obrigar as famílias operárias a enviarem seus filhos para o trabalho a partir dos oito anos, a burguesia garantia longos estudos para seus filhos, ao prepará-los para os negócios econômicos.

Destaca-se que o objetivo deste capítulo não é fazer um levantamento das pesquisas nas áreas de história e sociologia sobre a adolescência. As breves menções às discussões sobre as circunstâncias histórico-sociais que levaram ao surgimento da adolescência têm apenas a intenção de destacar a complexidade desse tema. Um pressuposto central deste estudo é que a adolescência é um fenômeno produzido pela história das sociedades divididas em classes sociais e não um fenômeno natural.

No entanto, a concepção de adolescência presente na BNCC é naturalizante, como evidenciado pela descrição dos alunos dos anos finais do ensino fundamental como em transição entre a infância e a adolescência, caracterizados por intensas mudanças biológicas, psicológicas, sociais e emocionais (Brasil, 2018). Contudo, o documento carece de uma contextualização histórica do desenvolvimento adolescente, o que pode resultar em concepções equivocadas por parte dos educadores. A ausência de uma explicação sobre as causas das mudanças físicas e possíveis alterações psicológicas dos adolescentes sugere que tais características são inerentes a essa fase da vida. A BNCC sugere que características como a ampliação dos vínculos sociais e afetivos, a construção da autonomia, o desenvolvimento do pensamento abstrato e a capacidade de avaliar os fatos pelo ponto de vista do outro surgem naturalmente no indivíduo, sem considerar a influência do contexto social no desenvolvimento dessas capacidades.

Assim, o professor também é incentivado a planejar o ensino levando em consideração essas características inerentes à adolescência:

> Conforme reconhecem as DCN, é frequente, nessa etapa, observar forte adesão aos padrões de comportamento dos jovens da mesma idade, o que é evidenciado pela forma de se vestir e também pela linguagem utilizada por eles. Isso requer dos educadores maior disposição para entender e dialogar com as formas próprias de expressão das culturas juvenis, cujos traços são mais visíveis, sobretudo, nas áreas urbanas mais densamente povoadas (Brasil, 2018, p. 60).

Diferentemente da visão sobre adolescência encontrada na BNCC, aqui denominada como naturalizante, na concepção histórico-cultural não se admite a existência de uma natureza humana inata. De acordo com essa abordagem, todos os aspectos humanos são resultados da apropriação das riquezas materiais e ideativas objetivadas ao longo da história. Assim, o desenvolvimento humano ocorre no processo dialético entre a apropriação das produções culturais e a objetivação das riquezas geradas por esse processo. Essa dinâmica é essencial para a formação do gênero humano e dos indivíduos (Duarte, 2013).

De acordo com Saviani (2008), uma educação de nível fundamental deve superar a contradição entre o ser humano e a sociedade e garantir uma formação omnilateral que possibilite o desenvolvimento de um ser genérico e ativamente partícipe da vida da sociedade. Nessa mesma linha de pensamento, Elkonin (1960) afirma que o trabalho pedagógico deve focar no grupo adolescente e não apenas no indivíduo isoladamente. Isso porque a opinião dos adolescentes sobre si mesmos e suas qualidades coincide mais com a valoração feita por seus colegas do que com a dos pais ou professores. Esse tipo de trabalho pedagógico se justifica pela possibilidade de desenvolvimento de relações que contraponham o individualismo egoísta, imediatista e competitivo fomentado pela visão neoliberal de mundo.

Vygotski (1996), ao analisar o desenvolvimento da personalidade na adolescência, indicou a direção na qual ocorreria o desenvolvimento que vai da infância à vida adulta, bem como a função da adolescência como fase de transição:

> A frase de J. J. Rousseau referente ao período de maturação sexual, de que o homem nasce duas vezes, primeiro para existir e depois para continuar a espécie, pode aplicar--se também ao desenvolvimento psicológico e cultural do adolescente. Tão somente então, ao chegar a esse ponto de viragem, começa o adolescente a prosseguir a vida da

humanidade, a vida do gênero humano. Para expressar melhor a diferença entre a criança e o adolescente utilizaremos a tese de Hegel sobre a coisa em si e a coisa para si. Ele dizia que todas as coisas existem no começo em si, por com isto a questão não se esgota e no processo de desenvolvimento a coisa se converte em coisa para si. O homem, dizia Hegel, é em si uma criança cuja tarefa não consiste em permanecer no abstrato e incompleto "em si", mas em ser também para si, isto é, converter-se em um ser livre e racional. Pois bem, essa transformação da criança do ser humano em si em adolescente — o ser humano para si — configura o conteúdo principal de toda a crise da idade de transição (Vygotski, 1996, p. 200).

Para que o adolescente se torne um participante ativo e criativo em diversas esferas da vida cultural, um ser humano para si (Anjos; Duarte, 2018), é crucial que ele se aproprie dos conteúdos sistematizados, tais como a ciência, a arte e a filosofia. Essa apropriação é fundamental para a formação e o desenvolvimento do pensamento por conceitos, que é a forma de pensamento que atinge seu auge formativo a partir da adolescência. Essa forma de pensamento é indispensável para a formação de sínteses superiores, como a personalidade e a concepção de mundo, nessa etapa da vida humana.

Ademais, há uma relação dialética entre a atividade de estudo e o desenvolvimento do pensamento por conceitos: a educação escolar é fonte do desenvolvimento do pensamento por conceitos, e esse pensamento, por sua vez, possibilita a apropriação dos conteúdos escolares. Nesse contexto, fica evidente que, para a concepção histórico-cultural de adolescência, a transmissão dos conteúdos científicos, filosóficos e artísticos difere da forma espontânea, passiva e não-diretiva encontrada em visões idealistas e naturalizantes. Para Vygotski (2001, p. 242), "[...] só é boa a instrução que passa à frente do desenvolvimento e o conduz".

Destarte, as capacidades humanas como pensamento abstrato, a sociabilidade, o autodomínio da conduta, o desenvolvimento da concepção de mundo, a criação de um projeto de vida etc. não se desenvolvem naturalmente na adolescência ou em qualquer época do desenvolvimento humano. São formas de agir, sentir e pensar especificamente humanas que são engendradas a partir da apropriação da cultura produzida num contexto histórico e cultural. Leontiev (1978) afirma que a experiência individual, por mais rica que seja, não é suficiente para produzir a formação de um pensamento abstrato ou outras formas complexas de conduta humana. Seria necessário não apenas uma vida, mas mil vidas. O autor destaca o papel da educação quando afirma que o conhecimento de uma geração é formado a partir da apropriação dos resultados da atividade das gerações precedentes. Dessa forma,

> Podemos dizer que cada indivíduo *aprende* a ser um homem. O que a natureza lhe dá quando nasce não lhe basta para viver em sociedade. É-lhe ainda preciso adquirir o que foi alcançado no decurso do desenvolvimento histórico da sociedade humana. O indivíduo é colocado diante de uma imensidade de riquezas acumuladas ao longo dos séculos por inumeráveis gerações de homens, os únicos seres, no nosso planeta, que são *criadores*. As gerações humanas morrem e sucedem-se, mas aquilo que criaram passa às gerações seguintes que multiplicam e aperfeiçoam pelo trabalho e pela luta as riquezas que lhes foram transmitidas e "passam o testemunho" do desenvolvimento da humanidade (Leontiev, 1978, p. 267, itálicos no original).

Assim, é essencial o papel da educação e do ensino para o desenvolvimento dos indivíduos, que não aconteceria sem a transmissão da cultura (Melo, 2004).

Considerações finais

A visão naturalizante da adolescência e o esvaziamento curricular, presentes na BNCC, entre outros aspectos, distanciam a escola da especificidade da educação escolar, a saber, a socialização do saber sistematizado (Anjos, 2020).

Diante do exposto, percebe-se que uma simples reforma na BNCC não seria suficiente para promover uma educação que verdadeiramente propicie o desenvolvimento integral do indivíduo. O que se faz necessário, portanto, é uma verdadeira revolução. A aproximação entre a pedagogia histórico-crítica e a psicologia histórico-cultural sugere que a transmissão e a apropriação dos conteúdos sistematizados, assim como a superação de visões naturalizantes sobre a adolescência, podem possibilitar a formação omnilateral do indivíduo e a construção de uma individualidade livre e universal. Esse enfoque pode contribuir significativamente para a educação escolar nos anos finais do ensino fundamental.

Referências

ANFOPE. *Manifesto da ANFOPE em defesa da educação e da democracia*, 2020. Disponível em: http://www.anfope.org.br/wp-content/uploads/2020/03/1.--Manifesto-ANFOPE-em-defesa-da-educa%C3%A7%C3%A3o-e-da-democracia-01032020.pdf. Acesso em: 7 mar. 2024.

ANJOS, Ricardo Eleutério. A educação escolar de adolescentes e o conceito de condução da vida. *Revista HISTEDBR On-line*, Campinas, v. 15, n. 63, p. 109-121, 2015. Disponível em: https://periodicos.sbu.unicamp.br/ojs/index.php/histedbr/article/view/8641174. Acesso em: 31 mar. 2024.

ANJOS, Ricardo Eleutério dos. Base Nacional Comum Curricular e educação escolar de adolescentes: uma análise baseada na pedagogia histórico-crítica e na psicologia histórico-cultural. In: MALANCHEN, Julia; MATOS, Neide da Silveira Duarte dos; ORSO, Paulino José (org.). A pedagogia histórico-crítica, as políticas educacionais e a Base Nacional Comum Curricular. Campinas, SP: Autores Associados, 2020. p. 179-206.

ANJOS, Ricardo Eleutério dos. A teoria da periodização do desenvolvimento psicológico e sua contribuição à educação escolar de adolescentes. In: FACCI, Marilda Gonçalves Dias; LEONARDO, Nilza Sanches Tessaro; FRANCO, Adriana de Fátima (org.). Implicações da periodização do desenvolvimento humano para a prática pedagógica: em destaque a Psicologia Histórico-Cultural. Paranavaí: EduFatecie, 2023. p. 234-253.

ANJOS, Ricardo Eleutério dos; DUARTE, Newton. A teoria da individualidade para si como referência à análise da educação escolar de adolescentes. Nuances: Estudos sobre Educação, Presidente Prudente, v. 28, n. 3, p. 115-132, 2018. Disponível em: https://revista.fct.unesp.br/index.php/Nuances/article/view/4183. Acesso em: 4 maio 2024.

ANJOS, Ricardo Eleutério dos; DUARTE, Newton. A adolescência inicial: comunicação íntima pessoal, atividade de estudo e formação de conceitos. In: MARTINS, Ligia Márcia; ABRANTES, Anglo Antonio; FACCI, Marilda Gonçalves Dias (org.). Periodização histórico-cultural do desenvolvimento psíquico: do nascimento à velhice. 2. ed. Campinas: Editora Autores Associados, 2020. p. 195-220.

ANTUNES, Ricardo. *O privilégio da servidão*: o novo proletariado de serviços na era digital. São Paulo: Boitempo, 2018.

BRASIL. Constituição (1988). *Constituição da República Federativa do Brasil*. Promulgada em 5 de outubro de 1988. Brasília, DF: Senado Federal, 1988. Disponível em: http://www.planalto.gov.br/ccivil_03/constituicao/constituicao.htm. Acesso em: 7 mar. 2024.

BRASIL. Presidência da República. Casa Civil. Subchefia para Assuntos Jurídicos. *Lei n.º 9.394 de 20 de dezembro de 1996*. Estabelece as diretrizes e bases da educação nacional. de diretrizes e Bases da Educação Nacional. Brasília, DF: MEC, 1996. Disponível em: http://www.planalto.gov.br/ccivil_03/leis/l9394. htm. Acesso em: 6 mar. 2024.

BRASIL. Secretaria de Educação Fundamental. *Parâmetros curriculares nacionais*: terceiro e quarto ciclos do ensino fundamental: introdução aos parâmetros curriculares nacionais. Brasília, DF: MEC/SEF, 1998. Disponível em: http://portal. mec.gov.br/seb/arquivos/pdf/introducao.pdf. Acesso em: 6 mar. 2024.

BRASIL. Presidência da República. Casa Civil. Subchefia para Assuntos Jurídicos. *Lei n.º 13.005, de 25 de junho de 2014*. Aprova o Plano Nacional de Educação e dá outras providências. Brasília, DF: MEC, 2014. Disponível em: https://pne.mec. gov.br/18-planos-subnacionais-de-educacao/543-plano-nacional-de-educacao-lei-n-13-005-2014. Acesso em: 6 mar. 2024.

BRASIL. Ministério da Educação. *Base Nacional Comum Curricular*: educação é a base. Brasília, DF: MEC, 2018. Disponível em: http://basenacionalcomum.mec. gov.br/images/BNCC_EI_EF_110518_versaofinal_site.pdf. Acesso em: 6 mar. 2024.

DUARTE, Newton. *A individualidade para-si*: contribuição a uma teoria histórico--social da formação do indivíduo. 3. ed. rev. Campinas: Autores Associados, 2013.

DUARTE, Newton. *Os conteúdos escolares e a ressurreição dos mortos*: contribuição à teoria histórico-crítica do currículo. Campinas: Autores Associados, 2016.

ELKONIN, Daniil Borisovich. Desarrollo psíquico de los niños. *In:* SMIRNOV, Anatoli Aleksandrovich *et al. Psicología*. México: Grijalbo, 1960. p. 493-559.

FILIPE, Fabiana Alvarenga; SILVA, Dayane dos Santos; COSTA, Áurea de Carvalho. Uma base comum na escola: análise do projeto educativo da Base Nacional Comum Curricular. *Ensaio: aval. pol. públ. Educ.*, Rio de Janeiro, v. 29, n. 112, p. 783-803, jul./set. 2021. Disponível em: https://www.scielo.br/j/ensaio/a/PbZb-jrWHzzQ3Yt4LBFzK6NF/#. Acesso em: 6 nov. 2023.

GERONIMO, Rafael Rix; GATTI, Daniel Couto; BARBOSA, Diego Antunes. Parâmetros Curriculares Nacionais e Base Nacional Comum Curricular: uma comparação a partir da disciplina Matemática. *Revista Eletrônica de Educação Matemática*, Florianópolis, v. 16, p. 1-19, jan./dez. 2021. Disponível em: https://periodicos. ufsc.br/index.php/revemat/article/view/81267/47531. Acesso em: 6 maio 2024.

LAVOURA, Tiago Nicola. RAMOS, Marise Nogueira. A dialética como fundamento didático da Pedagogia Histórico-Crítica em contraposição ao pragmatismo das pedagogias hegemônicas. In: MALANCHEN, Julia; MATOS, Neide da Silveira Duarte dos; ORSO, Paulino José (org.). A pedagogia histórico-crítica, as políticas educacionais e a Base Nacional Comum Curricular. Campinas, SP: Autores Associados, 2020. p. 47-62.

LEONTIEV, Alexis Nikolaevich. *O desenvolvimento do psiquismo*. Lisboa: Livros Horizonte, 1978.

LUKÁCS, György. *Estética*: la peculiaridad de lo estético. Barcelona: Grijalbo, 1966.

MARTINS, Lígia Márcia. *O desenvolvimento do psiquismo e a educação escolar*: contribuições à luz da psicologia histórico-cultural e da pedagogia histórico-crítica. Campinas, SP: Autores Associados, 2013.

MELO, Suely Amaral. A escola de Vygotsky. *In:* CARRARA, Kester (org.). *Introdução à Psicologia da Educação*: seis abordagens. São Paulo: Avercamp, 2004. p. 135-155.

ORTEGA, Eliane Maria Vani. Matemática para os anos iniciais na BNCC e reflexões sobre a prática docente. *Revista de Educação Matemática*, São Carlos, v. 19, n. 1, 022001, 2022. Disponível em: https://www.revistasbemsp.com.br/index. php/REMat-SP/article/view/75. Acesso em: 31 out. 2023.

PASSOS, Carmen Lúcia Brancaglion. *Parecer sobre documento da Base Nacional Comum Curricular Matemática*: ensino fundamental. 2016. Disponível em: http:// basenacionalcomum.mec.gov.br/images/relatorios-analiticos/Carmen_Lucia_ Brancaglion_Passos.pdf. Acesso em: 30 out. 2023.

RAMOS, Marise Nogueira. *A pedagogia das competências*: autonomia ou adaptação? 3. ed. São Paulo: Cortez, 2006.

SALOMÈ, Josélia Schwanka; SOARES, Neuzita de Paula. Política educacional brasileira e as diretrizes do Banco Mundial. *Interacções*, Lisboa, n. 49, p. 130-152, 2018.

SANTOS, Silvia Alves dos; ORSO, Paulino José. Base Nacional Comum Curricular – uma base sem base: o ataque à escola pública. In: MALANCHEN, Julia;

MATOS, Neide da Silveira Duarte dos; ORSO, Paulino José (org.). A pedagogia histórico-crítica, as políticas educacionais e a Base Nacional Comum Curricular. Campinas, SP: Autores Associados, 2020. p. 161-178.

SAVIANI, Dermeval. *Pedagogia Histórico-Crítica*: primeiras aproximações. Campinas: Autores Associados, 2003.

SAVIANI, Dermeval. Educação socialista, pedagogia histórico-crítica e os desafios da sociedade de classes. *In:* LOMBARDI, José Claudinei; SAVIANI, Dermeval (org.). *Marxismo e educação*: debates contemporâneos. 2. ed. Campinas, SP: Autores Associados, 2008. p. 223-274.

SAVIANI, Dermeval. *Pedagogia Histórico-Crítica*: primeiras aproximações. 11. ed. rev. Campinas: Autores Associados, 2011.

SAVIANI, Dermeval. *Pedagogia histórico-crítica, quadragésimo ano*: novas aproximações. Campinas: Autores Associados, 2019.

VYGOTSKI, Lev Smionovitch. *Obras escogidas*. Madri: Visor, 1996. t. IV.

VYGOTSKI, Lev Smionovitch. *Obras escogidas*. Madri: A. Machado Libros, 2001. t. II.

ZANK, Debora Cristine Trindade; MALANCHEN, Julia. A Base Nacional Comum Curricular do ensino médio e o retorno da Pedagogia das Competências: uma análise baseada na Pedagogia Histórico-Crítica. In: MALANCHEN, Julia; MATOS, Neide da Silveira Duarte dos; ORSO, Paulino José (org.). A pedagogia histórico-crítica, as políticas educacionais e a Base Nacional Comum Curricular. Campinas, SP: Autores Associados, 2020. p. 131-160.

PROCESSO HISTÓRICO-POLÍTICO DA REFORMA DO ENSINO MÉDIO: PROPOSTA EDUCACIONAL PARA UM MODELO DE SOCIEDADE NEOLIBERAL

Fábio Perboni
João Paulo Pereira Coelho

Introdução

Ao analisarmos várias proposições de reforma do ensino médio, ou de reforma do ensino profissional tecnológico, ao longo da história do Brasil, são recorrentes as associações entre esse nível de ensino e o mundo do trabalho.

Sem adentrar na complexa discussão sobre o ensino secundário no Brasil, neste texto propõe-se a discutir a relação entre a proposta de reforma do ensino médio aprovada pela lei n.º 13.415/2017, nos marcos legais de constituição desta etapa de ensino, após a década de 1980, tendo como marco legal a Constituição de 1988.

Essa análise centra-se na relação da proposta de reforma com a concepção mais ampla de sociedade, com foco no mundo do trabalho e no papel da educação neste contexto. Para tanto, recupera concepção sobre a administração geral que moldou a sociedade capitalista no último século, para na sequência compreender a relação das políticas educacionais e da reforma do ensino médio com determinado modelo de sociedade capitalista neoliberal.

Administração: a especialização taylorista e a flexibilização toyotista

Frederick Winslow Taylor (1856-1915) é considerado o principal expoente da "administração científica" em sua época, o cerne de suas preocupações estava na melhoria das práticas fabris objetivando ampliação do lucro das empresas. Com foco na administração afirmou:

> A fim de que o trabalho possa ser feito de acordo com leis científicas, é necessária melhor divisão de responsabilidades entre a direção e o trabalhador do que a atualmente observada em qualquer dos tipos comuns de administração.

> [...] Em lugar de vigilância desconfiada e guerra mais ou menos encoberta, características dos sistemas comuns de administração, há cooperação cordial entre a direção e os empregados (Taylor, 2006, p. 34-35).

Antunes e Pinto (2017, p. 19) interpretam estas ideias como uma gênese de novas práticas administrativas, destacam que para Taylor "[...] o(a) trabalhador(a) ou é um ser passivo, ou é um ser insubmisso", sendo, portanto, função dos administradores "[...] desenvolver técnicas que desmobilizem, mascarem ou mesmo revertam a favor do capital, as tensas relações entre compradores(as) e vendedores(as) de força de trabalho".

Taylor critica a dependência dos gerentes/administradores à iniciativa e ao conhecimento dos trabalhadores, que desta forma podiam controlar o ritmo da produção. Desenvolve como objetivo da administração científica a necessidade de "[...] reduzir toda forma de saber-fazer no trabalho à 'tarefas'" (Antunes; Pinto, 2017, p. 21), condição em que o administrador tem o controle sobre o ritmo do trabalho. Segundo Taylor (2006, p. 42):

> A ideia de tarefa é, quiçá, o mais importante elemento na administração científica. O trabalho de cada operário é completamente planejado pela direção, pelo menos, com um dia de antecedência e cada homem recebe, na maioria dos casos instruções escritas completas que minudenciam a tarefa de que é encarregado, e também os meios pra realiza-la.

Com base nesse elemento central da tarefa, Taylor desenvolveu outros fundamentos da administração científica, como a seleção dos trabalhadores, o treinamento, o controle do tempo, o estudo dos instrumentos de trabalho e por fim as gratificações ou bonificações.

Antunes e Pinto (2017, p. 29) sintetizam esse modelo de administração científica da seguinte forma:

> [...] redução de toda atividade a tarefas, seguida pela seleção e treinamento dos(as) trabalhadores(as) pelo estudo dos tempos e movimentos, pelo desenvolvimento do the one best way e das ferramentas e instrumentos, sob uma base que, aos olhos de Taylor, é científica.

Segue a esse modelo o pagamento de bonificações ou gratificações extraordinárias à remuneração dos trabalhadores, concedidas somente aos que cumprirem todas as tarefas determinadas dentro do tempo estipulado.

Evidencia-se que esse método científico de administração, tem como pressuposto o controle dos corpos e do intelecto dos trabalhadores, submetidos a um trabalho alienado, padronizado e controlado por uma rígida divisão social do trabalho.

A influência desse pensamento sobre a organização do trabalho na atualidade é evidente, embora, ela se associe à outras inovações em especial a produção em massa do fordista, moldando o sistema taylorista-fordista que marcou a indústria do automóvel por todo século XX, bem como outros setores produtivos. Sem aprofundar as características específicas desse modelo, cabe destacar que Henry Ford (1863-1947), em certa medida inaugurou a "indústria de massa", com objetivo de extrair o maior rendimento possível do trabalhador molda transformações radicais na indústria aplicando em certa medida as ideias de Taylor, baseadas no controle sobre o trabalho dos operários, reduzindo suas ações a tarefas mais simples com controle do tempo mais eficiente.

Esse modelo entrou em crise na segunda metade do século XX, como manifestação da crise estrutural do capitalismo e da contestação das lutas operárias sobre alguns dos pilares da sociedade do capital e seus mecanismos de controle social (Antunes, 2015a, 2015b). A reforma toyotista se baseava na mesma premissa de obtenção do máximo rendimento do trabalho, porém com flexibilidade para produzir pequenas quantidades de muitos tipos de produtos, num contexto de demandas oscilantes e personalização dos produtos.

Antunes e Pinto (2017, p. 73) destacam que o sistema toyotista, presente em todo o mundo pós década de 1980, se caracterizou pela "[...] redução do número de trabalhadores(as)", sendo que esse processo de flexibilização foi designado pelos autores como "liofilização". Em uma "[...] fábrica que seduz com o 'encantamento' de um espaço de trabalho mais 'participativo', 'envolvente' e menos despótico, ainda que apenas na aparência", neste novo cenário o trabalhador se torna um "déspota de si mesmo", em que os trabalhadores são responsáveis não apenas pelas suas tarefas, mas também sugerir melhorias nos processos de maneira a cortar estoques e elevar a produtividade, em síntese "[...] os trabalhadores tem que se envolver com os objetivos do capital", se transformando em "[...] colaborador e colaboradora, [...] a alienação é aparentemente menor, mas intensamente mais interiorizada" (Antunes; Pinto, 2017, p. 74-75).

Esses modelos de administração conformam a produção capitalista e demandam processos formativos diversos. Da mesma forma que o modelo fordista-taylorista demandava por determinado tipo de formação o toyotismo também estava imbuído de um projeto societário, que demandava o treinamento de seus operários e a formação da classe trabalhadora. Desde meados dos anos 1960 se contrapõe um projeto educacional mais amplo a modelos condicionados pelas exigências laborais.

No caso do toyotismo a maior novidade entre as qualificações demandadas pela gestão recaiu nos aspectos informais ou comportamentais, "[...] a criatividade e a fácil adaptação às mudanças constantes de tarefas, de objetivos e de tecnologias, passaram a ser demandadas aos trabalhadores" (Antunes; Pinto, 2017, p. 95), é o chamado aprender a aprender.

> [...] uma escola ampla no restrito espaço do ideário e da pragmática burguesa, uma educação moldada pelos valores de mercado, por sua filosofia utilitarista, eis a nova dogmática da educação da era do capital flexível, que marca a segunda metade do século XX (Antunes; Pinto, 2017, p. 97).

É nesse contexto que se desenvolveu a teoria do capital humano, ainda na década de 1960, uma expressão do da pedagogia sob a égide da economia utilitarista neoliberal.

Para aqueles que se aprofundam em conhecer os fundamentos e os argumentos fundantes da atual reforma do ensino médio, aprovada pela Lei n.º 13.415/2017, ficam evidenciadas semelhanças importantes com esses modelos, numa tentativa de conformar a educação ao projeto societário neoliberal. Um debate que não é novo conforme apontou Silva (2018), ao destacar o "resgate de um empoeirado discurso" nessa reforma. Lima (2007, p. 55) sintetiza esse processo em que a educação vem:

> [...] sendo transformada num capítulo da Gestão de Recursos Humanos, orientada preferencialmente para a produção de 'vantagens competitivas' no mercado global e funcionalmente adaptada à racionalidade econômica. Esse no cânone remete a educação para uma função meramente adaptativa e a cidadania para um modelo de mercado de liberdades, estritamente econômicas, dos consumidores.

A partir desses elementos mais amplos de análise, calcados em referências gerais da sociedade, é que podemos compreender o significado e objetivos da reforma do ensino médio, conforme analisamos na sequência.

Contradições políticas e educacionais na Lei n.º 13.415/2017

A Constituição Federal de 1988 definiu princípios referentes à educação (Art. 206) e ao currículo (Art. 210) que expressaram as aspirações do país após vinte e um anos de Regime Militar. O documento assumiu compromisso com a promoção de uma educação democrática, em conformidade com os anseios dos movimentos sociais e da sociedade civil.

O texto constitucional não detalha o conceito de "conteúdos mínimos" (Art. 210). Todavia, reitera-se a coerência e o comprometimento do processo constituinte de 1988 com os princípios democráticos. Compreende-se que o pluralismo de ideias e de concepções pedagógicas pressupõe também pluralismo das concepções de currículo. Desse modo, o entendimento de "conteúdos mínimos", estando articulado com o artigo 206, resguarda tanto a liberdade como também a autonomia das instituições de ensino e dos educadores na elaboração dos currículos (Malanchen; Santos, 2020). Assumir os conteúdos mínimos como um conceito que poderia negar o pluralismo de ideias e de concepções pedagógicas seria contradizer a essência original da Constituição Federal (Cóssio, 2014).

Os debates a respeito dos limites do conceito de "conteúdos mínimos" foram aprofundados nos anos que se seguiram à promulgação da Constituição Federal de 1988, culminando em uma definição conceitual e em direcionamentos mais específicos na Lei n.º 9.394/1996, em seu artigo 26:

> Os currículos do ensino fundamental e médio devem ter uma *base nacional comum*, a ser complementada, em cada sistema de ensino e estabelecimento escolar, por uma parte diversificada, exigida pelas características regionais e locais da sociedade, da cultura, da economia e da clientela (Brasil, 1996, grifo nosso).

O fato de a LDB prever que os currículos deveriam ter uma base nacional comum a "[...] ser complementada, em cada sistema de ensino e estabelecimento escolar, por uma parte diversificada", converge para o entendimento de que seria possível buscar certo nível de diversidade curricular, conforme o estabelecido na Constituição Federal (Saviani, 2016). Observou-se na segunda metade da década de 1990 uma relativa confluência em relação à viabilidade de se elaborar uma base comum que resguardasse princípios democráticos, ainda que isso não tenha significado necessariamente um consenso.

> Esse acordo consagrado na LDBEN expressou a posição majoritária à época, mas não representou o consenso. De um lado havia posições em favor da ideia de que o papel de definir currículo seria da comunidade escolar em seu projeto político pedagógico — PPP — construído com a participação dos sujeitos envolvidos. De outro lado posições em favor da ideia de se estabelecer uma Base Nacional Comum que, na prática, se constituiria num guia curricular nacional (Silva; Giovedi, 2022, p. 13).

Nos anos que se seguiram, e nos governos que se sucederam até o primeiro mandato da presidenta Dilma Rousseff, prevaleceu o entendimento de que a escola continuaria sendo o *locus* privilegiado para o debate, seleção e organização do currículo. Nesse contexto, durante o governo FHC (1995-2002) foram implementadas as Diretrizes Curriculares Nacionais (DCNs). A política de valorização das DCNs permaneceu posteriormente nos governos Lula e Dilma Roussef (2003-2015), continuando em vigência, atualmente, mesmo com a aprovação da BNCC.

Diante dessa conjuntura, Dermeval Saviani (2016) indaga sobre o movimento de urgência em torno da elaboração da BNCC e as suas motivações. Historicamente, essas urgências resultaram em currículos mais prescritivos e restritivos, particularmente para o ensino médio — o que é o oposto do que está definidos nos textos das atuais Diretrizes Curriculares Nacionais, ou seja, de garantir que a escola promova uma formação crítica e emancipatória do sujeito.

> Emerge, então, inevitavelmente, a seguinte pergunta: se a base comum já se encontra definida por meio das diretrizes curriculares nacionais, que são mantidas, qual o sentido desse empenho em torno da elaboração e aprovação de uma nova norma relativa à "base nacional comum curricular"? (Saviani, 2016, p. 22).

O que se observa em torno do empenho pela aprovação da BNCC é uma confluência de crises que causaram rupturas econômicas, educacionais e democráticas. Após um conturbado processo de desgaste político e econômico inerentes aos modelos de governo por coalizão, há, como ponto culminante, o golpe contra a presidenta Dilma Rousseff em abril de 2016. A ascensão do governo Temer representou também o fortalecimento de setores econômicos que se opunham à gestão anterior (Bastos, 2017). Desde o início do segundo mandato da presidenta Dilma esses setores, em particular a Fiesp, pressionavam por reformas estruturais com o intuito de abrir espaços para políticas mais alinhadas aos seus interesses e que promovessem um novo patamar de exploração nas relações de trabalho.

Há neste cenário uma convergência política no sentido de promover a ação individual e a liberdade de escolha como promotoras da qualidade do ensino médio (Mota; Frigotto, 2017). Nos dias que antecederam a apresentação do relatório do senador Pedro Chaves (PSC/MS) sobre a Medida Provisória 746/2016, o então ministro da Educação Mendonça Filho compareceu em audiência promovida pela comissão encarregada da análise da MP para reiterar: "[...] o atual modelo do ensino médio está de costas para o jovem brasileiro, que se sente excluído da educação" (Globo, 2016). Isso, segundo ele, justificaria a urgência e a relevância da medida. Há ainda no decorrer da audiência a constante retomada da defesa de conceitos como "flexibilização do currículo", "autonomia" e "mercado de trabalho". São posicionamentos que visavam sustentar o viés economicista da medida provisória, bem como abrir espaço para a articulação entre ensino médio e mundo do trabalho.

Recorrer à medida provisória para instituir mudanças estruturais ao ensino médio foi uma decisão autoritária, uma vez que desconsiderou a participação das entidades e da sociedade no processo de elaboração do documento. Em 2012 havia sido constituída a Comissão Especial para a Reformulação do Ensino Médio (Ceensi), encarregada de realizar estudos e propor reformulações ao ensino médio. Essa iniciativa foi conduzida pelo Deputado Reginaldo Lopes (PT) que, então, esteve à frente da presidência da Comissão Especial.

Como desdobramento do relatório final (Ceensi), foi proposto o projeto de lei 6.840/2013, que dispunha sobre a organização do currículo no ensino médio. É preciso considerar que esse PL também passou por críticas e questionamentos. Ainda que tenham sido promovidas 22 audiências públicas, os interesses de grupos ligados ao empresariado nacional prevaleciam no debate (Colontonio, 2014).

Conjuntamente, as mudanças no ensino médio, a princípio apresentada na MP 746/16 e, posteriormente, consolidadas na Lei 13.415/17, estabeleceram o entendimento de que "[...] o currículo do ensino médio será composto pela Base Nacional Comum Curricular e por itinerários formativos". Soma-se a esse contexto a Lei 13.005/14, que estabeleceu o Plano Nacional de Educação (PNE) 2014/2024, incluindo entre as estratégias da meta 03 do plano a "[...] implantação dos direitos e objetivos de aprendizagem e desenvolvimento que configurarão a base nacional comum curricular do ensino médio".

Há uma concepção geral de flexibilização curricular em distintos documentos, bem como há uma opção consolidada pelos itinerários formativos. Na BNCC [23] do ensino médio, a disposição/organização do campo das ciências humanas nos itinerários formativos a separa conceitualmente das tecnologias, o que, pela linearidade da organização dos tópicos, evoca a concepção de que as mudanças tecnológicas, por si só, significariam um processo de "evolução" e de progresso que rompe com a necessidade de discussões sobre essas questões a partir da cultura e da História.

No Art. 4 da Lei 13415/2017, reproduzido na BNCC, determina-se a alteração do texto original do Art.36, da Lei n.º 9.394/1996, que passa a apresentar a seguinte redação:

> I - linguagens e suas tecnologias;
> II - matemática e suas tecnologias;
> III - ciências da natureza e suas tecnologias;
> IV - ciências humanas e sociais aplicadas;
> V - formação técnica e profissional (Brasil, 2017).

É importante compreender como o uso das tecnologias da informação adquire uma nova dimensão no século XXI. Enquanto no início dos anos 2000 as plataformas eram circunscritas à interação, atualmente elas assumem diversas configurações, com o objetivo de potencializar a extração e acumulação de valor. As plataformas digitais, nesse aspecto, funcionam como estruturas que integram meios de comunicação e meios de produzir; posicionando-se em uma complexa simbiose entre trabalho, comunicação e consumo (Harvey, 2018). Esse processo ocorre sem expor as entranhas do sistema capitalista, já que, por vezes, por exemplo, um aplicativo, é assimilado nas práticas sociais como um mero facilitador de serviços personalizados. Ou seja, camuflam as relações de exploração presentes no modelo capitalista (Hellmond, 2015).

Essas apropriações não invalidam o uso do desenvolvimento técnico na escola, em suas múltiplas aplicações no processo de ensino e aprendizagem. Entretanto, o professor que atua no ensino médio carece

---

[23] A BNCC do ensino fundamental foi homologada em dezembro de 2017, ao passo que o documento referente ao ensino médio foi divulgado pelo Ministério da Educação em abril de 2018 e homologado pelo órgão em dezembro de 2018.

problematizar esses usos quando subordinados às demandas do sistema produtivo. O professor, como sujeito de transformação social, assume uma concepção de educação e de trabalho articulado com a sua historicidade.

Esse debate, por vezes, é contornado nas reflexões acerca do uso de tecnologias da informação no ensino médio, como se tais análises fizessem parte, exclusivamente, do campo da sociologia do trabalho. A classe trabalhadora, ainda que passe por constante transformações oriundas do progresso técnico, mantém as suas bases ontológicas. É aquele que vive do trabalho, produzindo mais-valor e é desprovido dos meios de produção (Marx, 2004). Nesse aspecto, a definição de trabalho não se resume à execução laboral clássica, na fábrica. Soma-se a essa definição tudo aquilo que se torna mercadoria, e que, por fim, é trocado por salário.

Considerações finais

O capitalismo, em constante crise e reestruturação, ciclicamente eleva a exploração do trabalho a um novo patamar de acumulação do capital. A Lei n.º 13415/2017, no âmbito da educação básica brasileira, é expressão desse processo de radicalização do capital, no século XXI. A análise da referida lei a partir do contexto das contradições historicamente constituídas, dos mecanismos econômicos que engendraram as políticas para o ensino médio, demonstraram que o neoliberalismo produz, em distintos períodos históricos, um trabalhador adaptável.

Reconhece-se que, historicamente, a concepção de adaptabilidade do trabalhador no contexto neoliberal ganhou gradações progressivas, mas sem romper com as suas bases teóricas. A exemplo, as bases teóricas da BNCC, conforme estabelecidas na Lei n.º 13415/2017, foram desterritorializadas para sustentar a concepção de que há em curso uma nova diretriz pedagógica para o ensino médio. Esses documentos dão ênfase às novas tecnologias quando articulam a educação à produtividade. A concepção de tecnologia permeia as relações de ensino e aprendizagem, difundindo-se, ainda, na relação entre o aluno e o mundo do trabalho. Ou seja, o estudante do ensino médio vivencia uma interdependência entre internauta/estudante e consumidor, e entre estudante e trabalhador, acrescentando novas nuances à concepção de competências, trabalho e eficiência, oriundas do toyotismo. Todavia, por fim, as novidades apresentadas revelam-se, objetivamente, como o acréscimo de novas demandas do setor produtivo à função dinamizadora do trabalho atribuída ao ensino médio.

Referências

ANTUNES, Ricardo. *Adeus trabalho?* Ensaio sobre as metamorfoses e a centralidade do mundo do trabalho. São Paulo: Cortez, 2015a.

ANTUNES, Ricardo. *Os sentidos do trabalho*: ensaio sobre a negação e a afirmação do trabalho. São Paulo: Boitempo Editorial, 2015b.

ANTUNES, Ricardo; PINTO Geraldo Augusto. *A fábrica da educação*: da especialização taylorista à flexibilização toyotista. São Paulo: Cortez, 2017.

BASTOS, Pedro Paulo Zahluth. Ascensão e crise do governo Dilma Rousseff e o golpe de 2016: poder estrutural, contradição e ideologia. *Revista de Economia Contemporânea*, v. 21, p. e172129, 2017. Disponível em: https://doi.org/10.1590/198055272129. Acesso em: 12 jul. 2024.

BRASIL. Lei n.º 13.415, de 16 de fevereiro de 2017. Altera as Leis n.º 9.394, de 20 de dezembro de 1996. *Diário Oficial da União*, Brasília, DF, ano 154, n. 35, p. 1, 16 fev. 2017. Disponível em: https://pesquisa.in.gov.br/imprensa/jsp/visualiza/index.jsp?jornal=1&pagina=1&data=17/02/2017. Acesso em: 29 jan. 2025.

BRASIL. *Base Nacional Comum Curricular*: ensino médio. Brasília, DF: MEC/Secretaria de Educação Básica, 2018.

CÓSSIO, Maria de Fátima. Base Comum Nacional: uma discussão para além do currículo. *Revista e-Curriculum*, São Paulo, v. 12, n. 3, p. 1570-1590, 2014. Disponível em: https://revistas.pucsp.br/curriculum/article/view/21669. Acesso em: 12 jul. 2024.

FRIGOTTO, Gaudêncio; CIAVATTA, Maria. Educar o trabalhador cidadão produtivo ou o ser humano emancipado? *Trabalho, Educação e Saúde*, Rio de Janeiro, v. 1, n. 1, p. 45-60, 2003. Disponível em: https://www.tes.epsjv.fiocruz.br/index.php/tes/article/view/1953. Acesso em: 12 jul. 2024.

GLOBO. *Brasil é uma vergonha em qualquer parâmetro de ensino, diz ministro*. G1, 28 nov. 2016. Disponível em: https://g1.globo.com/educacao/noticia/2016/11/brasil-e-uma-vergonha-em-qualquer-parametro-de-ensino-diz-ministro.html. Acesso em: 30 jan. 2025.

LIMA, Licínio. *Educação ao longo da vida*: entre a mão direita e a mão esquerda de Miró. São Paulo: Cortez, 2007.

MALANCHEN, Julia; DOS SANTOS, Silvia Alves. Políticas e reformas curriculares no Brasil: perspectiva de currículo a partir da pedagogia histórico-crítica versus a base nacional curricular comum e a pedagogia das competências. *Revista HISTEDBR On-line*, Campinas, v. 20, p. e020017-e020017, 2020. Disponível em: https://doi.org/10.20396/rho.v20i0.8656967. Acesso em: 12 jul. 2024.

MOTTA, Vânia Cardoso da; FRIGOTTO, Gaudêncio. Por que a urgência da reforma do ensino médio? Medida Provisória n.º 746/2016 (Lei n.º 13.415/2017). *Educação & Sociedade*, Campinas, v. 38, p. 355-372, 2017. Disponível em: https://doi.org/10.1590/ES0101-73302017176606. Acesso em: 12 jul. 2024.

SAVIANI, Dermeval; FERREIRA, Liliana Soares; ARAÚJO, Osmar Hélio; MEDEIROS, Emerson Augusto de. Entrevista com o Professor Dermeval Saviani (UNICAMP). *Educere et Educare*, Cascavel, v. 16, n. 38, p. 10-31, 2021. Disponível em: https://doi.org/10.17648/educare.v16i38.24950. Acesso em: 12 jul. 2024.

SILVA, Monica Ribeiro da. A BNCC da reforma do ensino médio: o resgate de um empoeirado discurso. *Educação em Revista*, Belo Horizonte, v. 34, p. 1-15, 2018. Disponível em: https://doi.org/10.1590/0102-4698214130. Acesso em: 12 jul. 2024.

SILVA, Monica Ribeiro da; SCHEIBE, Leda. Reforma do ensino médio: pragmatismo e lógica mercantil. *Revista Retratos da Escola*, Brasília, v. 11, n. 20, p. 19-31, jan./jun. 2017. Disponível em: https://doi.org/10.22420/rde.v11i20.769. Acesso em: 12 jul. 2024.

SILVA, Itamar Mendes da; GIOVEDI, Valter Martins. A regressividade democrática da BNCC. *Revista Brasileira de Política e Administração da Educação*, Brasília, v. 38, n. 1, p. 1-21, 2022. Disponível em: https://doi.org/10.21573/vol38n12022.114107. Acesso em: 12 jul. 2024.

TAYLOR, Frederick Winslow. *Princípios da administração científica*. São Paulo: Atlas, 2006.

O PROCESSO DE FORMAÇÃO DE PROFESSORES E AS AVALIAÇÕES EM LARGA ESCALA: A BNCC EM QUESTÃO

Regilson Maciel Borges
Andréa Karla Ferreira Nunes

Introdução

Este capítulo tem como objetivo discutir e problematizar a relação entre as avaliações em larga escala e a formação de professores, tendo como cenário as mudanças ocorridas a partir da homologação da Base Nacional Comum Curricular (BNCC). Diante disso, questiona-se sobre quais são as implicações que a Base apresenta para a reformulação das políticas de avaliação em larga escala, especificamente suas matrizes de referência, e os seus desdobramentos nos fazeres no contexto escolar.

A discussão sobre avaliação externa em larga escala e formação de professores assume um lugar de destaque em nosso cenário atual tensionado pelas políticas curriculares que afetam essa relação, ao considerar as mudanças trazidas pela BNCC na educação brasileira. Desde sua homologação, em 20 de dezembro de 2017, a Base "[...] tem sido o carro-chefe das políticas educacionais desenhadas pelo Ministério da Educação", impactando diretamente "[...] as políticas direcionadas aos currículos escolares, à formação dos profissionais de educação, bem como os processos avaliativos nas escolas e sistemas de ensino" (Aguiar; Dourado, 2018, p. 7).

A BNCC é apresentada oficialmente como "[...] um documento de caráter normativo que define o conjunto orgânico e progressivo de aprendizagens essenciais que todos os alunos devem desenvolver ao longo das etapas e modalidades da Educação Básica [...]" (Brasil, 2017, p. 7). Seu caráter normativo a coloca como "[...] referência nacional para a formulação dos currículos dos sistemas e das redes escolares dos Estados, do Distrito Federal e dos Municípios e das propostas pedagógicas das instituições escolares" (Brasil, 2017, p. 7). O documento menciona que "BNCC e currículos têm papéis complementares para assegurar as aprendizagens essenciais definidas para cada etapa da Educação Básica [...]"

(Brasil, 2017, p. 16). Entretanto, alguns autores, como Elizabeth Macedo (2018, p. 31), entendem "[...] que ela funcionará como currículo prescrito e como norteador da avaliação [...]".

O capítulo está organizado em três seções, além desta introdução. Na primeira seção discute-se o desenvolvimento da avaliação em larga escala no Brasil e sua relação com as questões curriculares trazidas pela BNCC. Na segunda seção, aborda-se a formação de professores e as avaliações em larga escala, tendo como foco os diálogos com a BNCC. Por fim, apresenta-se as considerações finais que apontam para os objetivos pretendidos e principais resultados.

Avaliação em larga escala no Brasil frente às questões curriculares: o caso da BNCC

As avaliações em larga escala são entendidas como "[...] avaliações externas às instituições escolares avaliadas", cuja realização é conduzida "[...] por agências reconhecidas pela especialização técnica em testes e medidas" (Werle, 2010, p. 22). Essas avaliações apresentam ainda como característica sua abrangência, pois consideram todo o sistema de ensino com as suas respectivas escolas e "[...] na maior parte das vezes voltada predominantemente para o foco da aprendizagem dos alunos e com a finalidade de obter resultados generalizáveis ao sistema" (Werle, 2010, p. 22).

No âmbito internacional, as avaliações em larga escala se tornaram mais frequentes a partir da metade da década de 1990, com a criação do Estudo Internacional de Tendências em Matemática e Ciências (Timss), em 1995. O Timss é uma avaliação internacional do desempenho dos alunos em matemática e ciências aplicado aos alunos das quartas e oitavas séries do ensino fundamental, sendo aplicada a cada quatro anos (IEA, 2024). Outra avaliação dessa natureza é realizada pelo Programa Internacional de Avaliação de Estudantes (Pisa), criado pela Organização para a Cooperação e Desenvolvimento Econômico (OCDE), o Programa testa a cada três anos as competências e conhecimentos de estudantes de 15 anos em matemática, leitura e ciências (OCDE, 2024).

Segundo Werle (2010), foi no contexto de disseminação desses mecanismos internacionais que a avaliação em larga escala se desenvolveu no Brasil, tendo início com a criação do Sistema de Avaliação da Educação Básica (Saeb), em 1990. O Saeb reúne um conjunto de avaliações externas em larga escala que são aplicadas a cada dois anos para escolas da rede pública e uma amostra de rede privada por meio de testes e questionários. Desde sua criação, o sistema de avaliação passou por uma série de mudanças, que incluem a adoção da Teoria da Resposta ao Item (TRI), o público-alvo, matrizes de referência, áreas avaliadas, inclusão da educação infantil, entre outras alterações que visaram o aprimoramento teórico-metodológico do sistema avaliativo[24].

Nesse contexto de mudanças, no ano de 2019, o Saeb passou por nova reestruturação para se adequar a Base Nacional Comum Curricular (BNCC), além disso foram aplicados estudos-piloto para avaliar a educação infantil, conforme previsto na Portaria do Ministério da Educação (MEC) n.º 366, publicada em 19 de abril de 2019, que estabelecia as diretrizes para o Saeb daquele respectivo ano (Brasil, 2019). O Saeb passa a ter uma nova configuração em que as siglas ANA, Anresc/Prova Brasil e Aneb, que correspondiam, respectivamente, a Avaliação Nacional da Alfabetização, Avaliação Nacional do Rendimento Escolar e Avaliação Nacional da Educação Básica, deixam de existir para retomada apenas da sigla Saeb, considerando sua identificação por meio das etapas (público-alvo) da educação básica, conforme demostra o Quadro 1:

Quadro 1 – Reestruturação do Saeb no ano de 2019

Público-alvo	Abrangência	Referência para elaboração de Itens	Áreas avaliadas
Creche e pré-escola da educação infantil	Escolas públicas (amostral) – estudo-piloto	Matrizes de Referência 2018	
2º ano do EF	Escolas públicas e privadas (amostral)	Matrizes de Referência 2018 (em conformidade com a BNCC)	Língua Portuguesa e Matemática
5º e 9º ano do EF	Escolas públicas (censitária) Escolas privadas (amostral)	Matrizes de Referência vigentes desde 2001	Língua Portuguesa e Matemática

---

[24] Um histórico de modificações que passou o Saeb pode ser conferido em: https://www.gov.br/inep/pt-br/areas-de-atuacao/avaliacao-e-exames-educacionais/saeb/historico.

Público-alvo	Abrangência	Referência para elaboração de Itens	Áreas avaliadas
9º ano do EF	Escolas públicas e privadas (amostral)	Matrizes de Referência 2018 (em conformidade com a BNCC)	Ciências da Natureza e Ciências Humanas
3ª e 4ª série do EM	Escolas públicas (censitária) Escolas privadas (amostral)	Matrizes de Referência vigentes desde 2001	Língua Portuguesa e Matemática

Fonte: Instituto Nacional de Estudos e Pesquisas Anísio Teixeira (2020)

Com essa reestruturação do Saeb começam a transição para novas matrizes de referência dos itens, que passaram a se alinhar a BNCC, assim os testes de Língua Portuguesa e de Matemática que foram aplicados de forma amostral ao 2º ano do ensino fundamental e os testes de Ciências Humanas e de Ciências da Natureza para o 9º ano do ensino fundamental foram alinhados à Base. Os testes de Língua Portuguesa e Matemática do 5º e 9º anos do ensino fundamental e da 3ª e 4ª séries do ensino médio mantiveram as matrizes vigentes, conforme apontado no Quadro acima. Assim, fica evidente o início do alinhamento da política de avaliação da educação básica à BNCC, que estabeleceu no Art. 16 da Resolução n.º 2/2017 do Conselho Nacional de educação (CNE), que em relação à educação básica, "[...] as matrizes de referência das avaliações e dos exames, em larga escala, devem ser alinhadas à BNCC, no prazo de 1 (um) ano a partir da sua publicação" (Brasil, 2017, p. 11).

O foco no desenvolvimento de competências assumido pela BNCC se associa à necessidade de ajuste dos currículos aos indicadores que são cobrados nas avaliações em larga escala de âmbito internacional, conforme destacado no documento oficial, ao pontuar que:

> É esse também o enfoque adotado nas avaliações internacionais da Organização para a Cooperação e Desenvolvimento Econômico (OCDE), que coordena o Programa Internacional de Avaliação de Alunos (Pisa na sigla em inglês) e da Organização das Nações Unidas para a Educação, a Ciência e Cultura (Unesco, na sigla em inglês), que

> instituiu o Laboratório Latino-americano de Avaliação da Qualidade da Educação para a América Latina (LLECE, na sigla em espanhol) (Brasil, 2017, p. 13).

Essa lógica anunciada vai ao encontro ao que Zanotto e Sandri (2018, p. 136) salientam naquilo que é o "[...] aprofundamento do controle do Estado para uma educação focada em resultados aferidos nas avaliações em larga escala", sendo que a BNCC enquanto política curricular se adequa na busca por resultados mensuráveis nas avaliações, cuja extensão se projeta sobre o processo de ensino-aprendizagem, corroborando o

> [...] controle sobre os saberes a serem aprendidos pelos estudantes e ensinados pelos professores, assim como é uma medida de controle do trabalho do professor, pois a ideia de "gestão de ensino" remete à prescrição do trabalho do professor por manuais didáticos elaborados com a finalidade de aplicar o currículo padronizado o que compromete a autonomia didático-pedagógica do professor (Zanotto; Sandri, 2018, p. 138).

A aceitação dessa lógica de controle e o foco nos resultados impactam diretamente nas escolas, no que Militão, Queiroz e Ortega (2023, p. 18) chamam atenção a partir dos estudos de Luiz Carlos de Freitas, que são as suas dimensões de materialidade e cultura escolar, que se desdobram: 1) no estreitamento curricular; 2) na adoção de um estilo de gestão gerencialista baseada em avaliação e metas; 3) na desvalorização, desmoralização e desprofissionalização do professor; e 4) na privatização do sistema público de ensino. Para esses autores, "[...] a avaliação externa, da maneira como está sendo realizada, está acirrando a distância entre quem concebe e quem executa a ação educativa de fato" (Militão; Queiroz; Ortega, 2023, p. 22).

Vianna (2003a, p. 45) destaca que o impacto dos resultados das avaliações externas em larga escala nas escolas pode ser considerado mínimo, por razões várias, tais como: os relatórios não costumam chegar às mãos dos professores para fins de análise, discussão e estabelecimento de linhas de ação; os relatórios são demasiadamente técnicos, empregando um linguajar pleno de tecnalidades muitas vezes desconhecidas dos docentes e que poderiam ser evitadas; e as avaliações em larga escala, tornam-se monótonas, cansativas, geradoras de tensões e, muitas vezes, criadoras de conflitos. Portanto, no âmbito das escolas, a avaliação externa só tem valor se tiver um retorno para as questões internas da escola (instrumento de gestão, avaliação institucional, discussão curricular, formação de professores, retorno a Secretaria de Educação). Assim,

> Os resultados das avaliações não devem ser usados única e exclusivamente para traduzir um certo desempenho escolar. A sua utilização implica servir de forma positiva na definição de novas políticas públicas, de projetos de implantação e modificação de currículos, de programas de formação continuada dos docentes e, de maneira decisiva, na definição de elementos para a tomada de decisões que visem a provocar um impacto, ou seja, mudanças no pensar e no agir dos integrantes do sistema (Vianna, 2003, p. 23).

Uma alteração nesse percurso, de outra compreensão sobre os desdobramentos das avaliações externas em larga escala nas escolas, dos seus usos e interpretações, só será possível a partir da identificação das "[...] características específicas de contexto e relacioná-las com os resultados obtidos nas avaliações, dando significado aos dados" (Werle, 2010, p. 35). Para tanto, Freitas *et al.* (2009) consideram que os resultados da avaliação de sistemas devem ser encaminhados, como subsídio, à escola, para que, dentro de um processo de avaliação institucional, ela possa consumir estes dados, validá-los e encontrar formas de melhoria.

Formação de professores e as avaliações em larga escala: diálogos com a BNCC

Iniciaremos esta seção afirmando que, quando direcionamos as reflexões para a temática avaliação em larga escala, é preciso compreender a complexidade de fazeres no contexto educacional que abrange todo o lócus de atuação da gestão escolar e da docência. Prova disso, é que o próprio Saeb indica fatores que devem ser observados para além do contexto de sala de aula, a saber: (i) Atendimento escolar; (ii) Ensino e Aprendizagem; (iii) Investimentos, (iv) Profissionais da Educação, (v) Gestão, (vi) Equidade e (vii) Cidadania, Direitos Humanos e Valores (Brasil, Inep, 2023).

Dessa forma, o Saeb utiliza-se de questionários de coletas de informações que buscam compreender as condições de trabalho, a formação profissional, os hábitos culturais dos professores, caracterização geral da escola, recursos e infraestrutura, gestão participativa e condições de trabalho, entre outros temas. Esses questionários são respondidos por professores, estudantes (a partir do 5º ano), diretores e secretários municipais, tendo como foco realizar um diagnóstico da educação básica. As análises dos dados permitem indicar fatores que perpassam todo o contexto educacional, contribuindo para visualizar e interpretar dados que culminam em políticas públicas, que segundo Ball, Maguire e Braun (2021, p. 33) sua execução "[...] é um processo criativo, sofisticado e complexo". E, o conjunto de informações disponibilizados pelo Saeb contribui para que políticas públicas sejam implementadas e/ou alteradas e/ou materializadas e/ou consolidadas, que podem representar uma nova agenda de expansão do conhecimento e inovar os futuros educacionais (Unesco, 2021).

Mas, para além da aplicação do Questionário, existem os testes cognitivos, destinados aos estudantes para verificar seu nível de proficiência nos componentes curriculares de Língua Portuguesa e Matemática. Sendo que, no ano de 2023, inseriu "[...] algumas escolas públicas e particulares do 5º e do 9º ano do ensino fundamental também serão sorteadas para fazer testes de ciências da natureza e ciências humanas" (Brasil, Inep, 2023).

Percebe-se que, gradativamente, o Saeb vem ampliado a aplicação para outros componentes curriculares, fato que é considerado relevante, pois retira o entendimento equivocado que apenas os professores de Língua Portuguesa e Matemática são os responsáveis pelas proficiências dos estudantes. Nesse sentido, reforça-se o olhar sistêmico do ato de educação e da importância de todos os professores envolvidos na formação do estudante.

Mas, precisa-se entender que a Avaliação do Saeb é um ato objetivo com data estabelecida em todo o país. E que este teste é o final de um ciclo de aprendizagem, que ela não existe por si só, isto é, o teste do Saeb é a construção de uma trajetória consolidada durante o percurso formativo do estudante. O motivo de querer reforçar esta reflexão, dá-se por questões que precisam ecoar no âmbito da formação docente.

A formação docente é entendida como um lugar de excelência, como ato contínuo de aprender (Goodson, 2022), como espaço que deve permitir o entendimento da complexidade que é aprender e ensinar (Morin, 2005) e também se perceber como ator do processo, que se desconstrói e se reconstrói no fazer a educação de forma plena (Morin, 2015). É desse lugar que se precisa dialogar.

O teste do Saeb precisa ser compreendido para além das questões avaliativas, pois a preparação e elaboração dos itens tem uma linha sequencial, metodológica e epistemológica que extrapola o olhar inicial de achar que é uma simples questão de teste, na verdade, é um conjunto significante de escolhas teóricas, que envolve "[...] inter-relações complexas entre presente, passado e futuro" (Pinar, 2016, p. 13) numa perspectiva analítica de sociedade e do lugar do sujeito no futuro. É nesse lugar que se verifica que a BNCC tem sido o lócus de trabalho, a qual se utiliza de uma Matriz de Referência.

E aqui vem o primeiro questionamento: será que há uma compreensão do que é uma Matriz de Referência e como ela traduz uma linha sequencial de conhecimento e escolhas teóricas? Essa pergunta precisa ser discutida no âmbito das formações docentes, visto que uma Matriz de Referência definirá o constructo e os fundamentos dos itens, com base em saberes/conteúdos que se consideram essenciais no processo de aprendizagem. Não vamos entrar no mérito de que saberes/conteúdos são esses, mas entender que cada item do Saeb traz uma linha objetiva que permite graduar as competências e habilidades dos estudantes desenvolvidas nas etapas de formação.

Compreender o lugar e o movimento teórico das Matrizes de Referência é entender palavras como "[...] objeto do conhecimento e descritores" (BCNN, 2018) que indicam habilidades adquiridas pelos estudantes. Contudo, o ato avaliativo não se resume a itens, ao contrário, é na avaliação formativa, a que acontece no cotidiano da sala de aula, que o professor acompanha as fragilidades e potencialidades dos estudantes, ao direcionar e compor rotas de aprendizagens diferenciadas. Esse deve ser o sentido da Educação, ou seja, proporcionar estratégias que conduzam o sujeito a formar "[...] modelos mentais, repertórios de significados [...] descobrir novas relações, problemas, possibilidade e alternativas, para alcançar metas complexas" (Sacristán *et al.*, 2011, p. 77).

Mas, será que esse entendimento é um lugar comum para os docentes? Em especial, para aqueles que estão diariamente em salas de aulas, em dois turnos de trabalho, para garantir vida digna e que, por vezes, é assoberbado de programas e projetos educacionais que terminam por interferir na sua rotina pedagógica. Parece fácil relatar que o professor precisa dominar a compreensão de Matriz de Referência, contudo, o que está em pauta é a relevância da formação continuada, como um processo necessário diante da aceleração dos tempos atuais, de chamada a colaboração, em especial diante da renovação e da transformação da sociedade na geração de conhecimentos para "[...] ajudar a navegar em um mundo transformador e incerto" (Unesco, 2021, p. 8).

O que pode ser compreendido facilmente de forma teórica, quanto posto em prática num planejamento ou rotina de sala de aula, precisa de arcabouço e espaço de reflexão, e por que não dizer, de exercício para aprender a fazer fazendo, pois o ato de elaborar um item considerando a Matriz de Referência não é tão simples como nos querem fazer acreditar. Nesse sentido, percebe-se o quanto a Matriz de Referência utilizada na BNCC é um texto vivo, que se materializa na forma de ensinamento e se consolida, no caso do Saeb, em um item de avaliação.

Uma segunda questão que se apresenta é que a Matriz de Referência é materializada numa "escala", isto é, uma régua que tem parâmetros estabelecidos para os itens e que indicam espaços que determinam uma linha divisória de aprendizagem. Será que os professores compreendem este movimento dentro da escala de aferição dos objetos de aprendizagem e seus descritores? Essa é uma reflexão que precisa ser reforçada nas formações docentes. Pois, para além dos níveis de uma escala, encontra-se uma sequência cognitiva de conhecimento que está relacionada aos processos de ensino e aprendizagem (Bloom, 1973).

A escala utilizada pelo Saeb é uma forma de estabelecer resultados que permitam aos participantes do processo avaliativo (gestores, secretários de educação, diretores, professores, estudantes e público) consolidar aferições que podem embasar tomada de decisões para a melhoria do processo educacional. Na visão crítica de Sacristán *et al.* (2011, p. 25), ao escrever sobre dez teses acerca da aparente utilidade das competências em educação, há a menção de que na "Tese 3 – Da avaliação de Resultados tangíveis de um processo, não podemos determinar o caminho para sua produção em educação", ressalta o autor que, "[...] às vezes se prefere a novidade, em vez de falar no que importa de verdade". A afirmação nos conduz a questionar, o quanto já foi gerado de dados com as coletas dos questionários e testes do Saeb, e o que tem sido alterado e aprendido com os dados?

Verifica-se que o Saeb não é a apenas uma avaliação que contempla itens, o que se pode afirmar, segundo Sacristán *et al.* (2011, p. 82), é que o "[...] os processos de aquisição de conhecimento requerem complexas habilidades de identificação, seleção, contraste, organização, aplicação [...]", sendo um espaço de saber teórico e metodológico que precisa ser do entendimento do professor. Pois, a depender do construto teórico docente, o ato avaliativo pode tomar um lugar de atendimento de resultados desconexos com os fatores indicados no início dessa seção.

E ainda se tem o risco de reforçar um ambiente avaliativo que desconsidera a vivência do estudante e sua trajetória formativa. Usando o processo de avaliar como repetição de "provinhas e simuladinhos" que reforçam o ato da resposta por comparabilidade, sem focar no que de fato deve ser a existência da educação, a qual é o processo de aprendizagem do estudante, naquilo que preconiza a própria BNCC na Competência 1: um estudante crítico, reflexivo e analítico que seja capaz de:

> Conhecer e valorizar os conhecimentos de ontem (o que a sociedade já produziu) para compreender os de hoje e pensar em *construir uma sociedade mais justa e inclusiva no futuro*, observando aspectos físicos, sociais e digitais de modo que se consiga explicar a realidade" (Brasil, 2017, grifo nosso).

As reflexões apresentadas até o momento nos indicam desafios e impasses para a compreensão de como podemos visualizar um lugar comum de atuação e nesse sentido reforça-se o entendimento da BNCC como um documento que se utilizou do discurso e da governamentalidade para ser instituída (Foucault, 1987). E como educadores, podemos atuar para amplificar os discursos numa perspectiva de entender o que é prescrito, e realizarmos um movimento para além do que é realizado no cotidiano escolar, num espaço restrito do professor, que pode dar outras rotas e cores no processo formativo.

Entender como a Avaliação em Larga Escala é utilizada conforme a perspectiva da BNCC é essencial no contexto da aprendizagem, é espaço para revisitar a formação docente e olhar para o repertório construído. Na formação dos professores, deve-se elucidar que o processo do Saeb se encontra vinculado às diretrizes da BNCC, mas que o ato de "aprender" não cabe num teste, até porque a pandemia da covid-19 nos ensinou que, para além do cognitivo, as relações atitudinais fazem a diferença. Os dados das avaliações devem servir para reflexão, para compreender os resultados, para planejar e auxiliar no monitoramento processual. Contudo, é preciso considerar que os itens não contemplam todas as áreas de conhecimentos, nem diversas dimensões do cotidiano dos estudantes.

O lugar da avaliação deve ser reforçar a cultura processual, que produza reflexão e decisão assertiva. Não deve deixar que ações classificatórias determinem ou culpem os que estão diretamente envolvidos na escola. É necessário conduzir o movimento das Avaliações em Larga Escola como um momento que proporcione maturação, e compreender que não estamos falando de um ato avaliativo imediato, mas sobre aprendizagem, e aprender leva tempo, é um processo complexo.

Considerações finais

Este capítulo discutiu e problematizou a relação entre as avaliações externas e a formação de professores, considerando as mudanças promovidas após a homologação da BNCC, no ano de 2017, cujos desdobramentos se alinham a "[...] outras políticas e ações [...] referentes à formação de professores, à avaliação, à elaboração de conteúdos educacionais e aos critérios para a oferta de infraestrutura adequada para o pleno desenvolvimento da educação" (Brasil, 2017, p. 8).

A avaliação externa em larga escala, nesse contexto de mudanças introduzidas pela nova política curricular, incidiu sobre a reformulação das matrizes de referência do Sistema de Avaliação da Educação Básica (Saeb) a partir de sua aplicação no ano de 2019, conforme previsto na Resolução do Conselho Nacional de Educação (CNE) que institui e orienta a implantação da BNCC. Diante disso, as avalições externas passaram a se alinhar ao que prevê a Base, sobretudo, ao ajuste do currículo aos indicadores exigidos nas avaliações internacionais, caso do Pisa.

O lugar da formação docente é um espaço que precisa entrar em pauta no ambiente das políticas públicas, visto que é este que mobiliza as prescrições instituídas nos normativos advindos do MEC. No caso da utilização da BNCC, verifica-se que sua organização teórico-metodológica deve ser compreendida pelos professores. Não apenas como um documento de referência para a construção do currículo, mas como um documento que apresenta formas de entender e aferir a aprendizagem dos estudantes.

Compreender como as Matrizes de Referência indicam repertórios de aprendizagem traduzidos em Escalas é um ato necessário, visto que o mover do cotidiano escolar será aferido pela forma da organização desses dois documentos.

No entanto, as Matrizes de Referência e Escalas do Saeb não devem ser compreendidas para reproduzir testes numa perspectiva classificatória. Devem ser dominadas para redirecionar trajetórias de aprendizagem para além de dados, a fim de auxiliar na tomada de decisões, que deverão orientar o ensino para a compreensão de mundo, valores, atitudes, hábitos e emoções que não comportam num item de avaliação.

Referências

AGUIAR, Márcia Angela da Silva Aguiar; DOURADO, Luiz Fernandes. *A BNCC na contramão do PNE 2014-2024*: avaliação e perspectivas. Recife: Anpae, 2018.

BALL, Stephen John; MAGUIRE, Meg; BRAUN, Annette. *Como as escolas fazem políticas*. Tradução de Janete Bridon. Ponta Grossa: UEPG, 2021.

BRASIL. *Base Nacional Comum Curricular*: educação é a base. Brasília, DF: Ministério da Educação, Secretaria de Educação Básica, 2017.

BRASIL. Conselho Nacional de Educação. *Resolução CNE/CP n.º 2, de 22 de dezembro de 2017*. Institui e orienta a implantação da Base Nacional Comum Curricular, a ser respeitada obrigatoriamente ao longo das etapas e respectivas modalidades no âmbito da educação básica. Brasília, DF: CNE, 2017.

BRASIL. Instituto Nacional de Estudos e Pesquisas Anísio Teixeira. *Portaria n.º 366, de 29 de abril de 2019*. Estabelece as diretrizes de realização do Sistema de Avaliação da Educação Básica (Saeb) no ano de 2019. Brasília, DF: Inep, 2019.

BRASIL. Instituto Nacional de Estudos e Pesquisas Anísio Teixeira. *Diretrizes da Edição do Saeb 2023*. Brasília, DF, 2023.

FOUCAULT, Michel. *Vigiar e punir*: história da violência nas prisões. Petrópolis: Editora Vozes, 1987.

GOODSON, Ivor Frederich. *Aprendizagem, currículo e política de vida*: obras selecionadas. Tradução Daniela Barbosa Henrique. Petrópolis, RJ: Vozes, 2020.

GOODSON, Ivor Frederich. *A vida e o trabalho docente*. Tradução de Daniela Barbosa Henrique. Petrópolis, RJ: Vozes, 2022.

INSTITUTO NACIONAL DE ESTUDOS E PESQUISAS ANÍSIO TEIXEIRA. *Histórico*. 2020. Disponível em: https://www.gov.br/inep/pt-br/areas-de-atuacao/avaliacao-e-exames-educacionais/saeb/historico. Acesso em: 12 ago. 2024.

INTERNATIONAL ASSOCIATION FOR THE EVALUATION OF EDUCATIONAL ACHIEVEMENT (IEA). *TIMSS*. 2024. Disponível em: https://www.iea.nl/studies/iea/timss#section-608. Acesso em: 12 ago. 2024.

MACEDO, Elizabeth. "A base é a base". E o currículo o que é? *In*: AGUIAR, Márcia Angela da S.; DOURADO, Luiz Fernandes (org.). *A BNCC na contramão do PNE 2014-2024*: avaliação e perspectivas. Recife: Anpae, 2018. p. 28-33.

MILITÃO, Silvio César Nunes; QUEIROZ, Welcianne Iris de; ORTEGA, Daiani Vieira. A BNCC e as avaliações externas e em larga escala: velhas e novas interfaces em tempos de neoliberalismo extremado. *Olhar de professor*, Ponta Grossa, v. 26, p. 1-27, e-20921.0005, 2023. Disponível em: https://doi.org/10.5212/Olhar-Profr.v.26.20921.005. Acesso em: 12 ago. 2024.

MORIN, Edgar. *Educação e Complexidade*: os sete saberes outros ensaios (org.). Marias da Conceição de Almeida, Edgard de Asis Carvalho. 3. ed. São Paulo: Cortez, 2005.

MORIN, Edgar. *Ensinar a Viver*: manifesto para mudar a educação. Tradução: Edgard de Assis Carvalho e Mariza Peressi Bosco. Porto Alegre: Sulina, 2015.

ORGANIZAÇÃO PARA A COOPERAÇÃO E DESENVOLVIMENTO ECONÔMICO (OCDE). *Programme for International Student Assessment (Pisa)*. 2024. Disponível em: https://www.oecd.org/en/about/programmes/pisa.html. Acesso em: 13 ago. 2024.

PINAR, William. *Estudos Curriculares*: ensaios selecionados. São Paulo: Editora Cortez, 2016.

SACRISTÁN, José Gimeno; PÉREZ GÓMEZ, Ángel I; MARTÍNEZ RODRÍGUEZ, Juan Bautista; SANTOMÉ, Jurjo Torres; RASCO, Félix Angulo; ÁLVAREZ MÉNDEZ, Juan Manuel. *Educar por competências*: o que há de novo. Tradução: Carlos Henrique Lucas Lima. Revisão Técnica de Selma Garrido Pimenta. Porto Alegre: Artmed, 2011.

UNESCO. *Reimaginar nossos futuros juntos*: um novo contrato social para a educação. Brasília: Comissão Internacional sobre os Futuros da Educação, Unesco; Boadilla del Monte: Fundación SM, 2022.

VIANNA, Heraldo Marelim. Fundamentos de um Programa de Avaliação Educacional. *Estudos em Avaliação Educacional*, São Paulo, n. 28, p. 23-38, jul.-dez/2003a. Disponível em: http://dx.doi.org/10.22347/2175-2753v1i1.11. Acesso em: 13 ago. 2024.

VIANNA, Heraldo Marelim. Avaliações nacionais em larga escala: análises e propostas. *Estudos em Avaliação Educacional*, São Paulo, n. 27, p. 41-76, jan./jun. 2003b. Disponível em: https://doi.org/10.18222/eae02720032177. Acesso em: 13 ago. 2024.

WERLE, Flávia Obino Corrêa. Sistema de Avaliação da educação básica no Brasil: abordagem por níveis de segmentação. *In:* WERLE, Flávia Obino Corrêa. *Avaliação em larga escala*: foco na escola. São Leopoldo: Oikos, 2010. p. 3-14.

ZANOTTO, Marijane; SANDRI, Simone. Avaliação em larga escala e BNCC: estratégias para o gerencialismo na educação. *Temas & Matizes*, Cascavel, v. 12, n. 23, p. 127-143, jul./dez. 2018. Disponível em: https://doi.org/10.48075/rtm.v12i23.21409. Acesso em: 13 ago. 2024.

SEGUNDA PARTE

O SUJEITO EMPREENDEDOR RESILIENTE – O DISCURSO ULTRACONSERVADOR DA BNCC E AS PRÁTICAS PEDAGÓGICAS ESCOLARES

Dennys Gomes Ferreira

Introdução

O presente capítulo versa sobre o nosso campo de atuação profissional, em termos de características, localização geográfica e especificidades desse contexto, bem como os motivos que nos conduziram a participar dessa intervenção formativa sobre o processo de materialização da Base Nacional Comum Curricular (BNCC), na realidade brasileira. Em seguida, faremos um breve recorte acerca da nossa compreensão sobre a BNCC, ao dialogar com os teóricos que fazem parte dessa discussão e em consonância com os conhecimentos adquiridos ao longo dos encontros durante a intervenção formativa, numa perspectiva crítica que envolve a BNCC, relacionando-a com a nossa prática profissional. É importante ressaltar que essa intervenção formativa foi financiada pelo Conselho Nacional de Desenvolvimento Científico e Tecnológico (CNPq).

Atualmente, atuamos como gestor da Escola Municipal Anna Raymunda de Mattos Pereira Gadelha, situada na Avenida Santa Tereza D'ávila, s/n.º, bairro Lago Azul, área de periferia na zona norte da cidade de Manaus/AM, cuja inauguração se deu em 21 de dezembro de 2020. O bairro está em franco desenvolvimento, condomínios têm sido inaugurados e outros estão em processo de construção, na mesma proporção que ocupações têm ganhado cada vez mais espaço na comunidade. Há poucos comércios no local. Os bairros que fazem fronteira onde a escola está inserida são Santa Etelvina e Viver Melhor. A Instituição é recém--construída e aos poucos vem conhecendo a realidade da comunidade. Em face de tantos problemas enfrentados pela população do bairro, destacamos: transporte coletivo insuficiente, falta de segurança, tráfico de drogas e altos índices de violência. Os alunos que frequentam a escola estão na faixa etária entre 11 e 15 anos e são, em sua maioria, de classe econômica C.

Os moradores mais antigos da comunidade e adjacências não contavam com uma escola que atendesse à demanda existente. Por isso, a unidade de ensino foi construída com o propósito de atender aos alunos do 6º ao 9º ano do ensino fundamental dos anos finais. Em maio de 2021 foi criado o Conselho Escolar, tendo como conselheiros eleitos diferentes atores: o gestor(a), um representante dos setores administrativo, pedagógico, corpo docente, pais e comunidade, para que a Instituição estivesse apta a receber os recursos federais por meio do Programa Dinheiro Direto na Escola (PDDE), entre outros, visando a melhoria da qualidade do ensino. Seu quadro funcional abrange, atualmente, a direção, 52 professores, quatro auxiliares de serviços gerais, um agente de portaria, dois administrativos e uma pedagoga. O funcionamento acontece nos períodos matutino e vespertino.

A escola está passando por um período de organização da estrutura física para receber os alunos, os pais, os professores e a comunidade com mais segurança, conforto e comodidade. A instituição possui uma estrutura física moderna com 15 salas de aula, uma sala de recursos, uma sala de mídia, uma biblioteca, uma cozinha, um refeitório, um banheiro masculino e um feminino, um banheiro para pessoas com deficiência, uma quadra coberta, uma copa, uma sala de direção, uma sala de pedagogo, uma secretaria, um arquivo, um depósito para merenda e um depósito para materiais de limpeza.

O espaço conta com uma gestão atuante, participativa, democrática e transparente, além de uma equipe pedagógica comprometida com a qualidade da educação, ao explicitar, assim, uma taxa de crescimento no processo de ensino e aprendizagem dos alunos. Os professores são mediadores no processo de ensino, têm proporcionado aos estudantes construírem conceitos, atitudes, valores e habilidades que lhes permitem crescer como cidadãos, com uma compreensão crítica do mundo que os cerca. A equipe de docentes desenvolve atividades embasadas no Currículo Escolar Municipal (CEM), comprometida com a qualidade de ensino, ao intervir, quando necessário, para resgatar os alunos que não conseguem acompanhar os estudos.

Vale ressaltar que uma parcela pequena da comunidade é participativa na vida escolar dos alunos, comparece à Unidade de Ensino sempre que solicitada para dialogar sobre algum acordo que beneficie aos estudantes ou para discutir casos que ferem às regras da Instituição.

No que se refere à educação inclusiva, entendemos, enquanto escola, que esse tipo de trabalho compreende a educação especial dentro do ensino regular, ao assegurar um espaço de direito a todos no processo de aprendizagem, com equidade, respeito aos direitos de liberdade humana e construção da cidadania. Estão matriculados na referida escola 47 alunos que apresentam laudos médicos, porém não se consegue desenvolver um trabalho de melhor qualidade, posto a ausência de apoio especializado e a escassez de recursos direcionados à garantia de uma melhor aprendizagem dos alunos inseridos nesse contexto. Entretanto, o tema relacionado às diferenças e ao respeito ao próximo vem sendo trabalhado frequentemente em consonância com a diversidade humana, ressaltando as características físicas e culturais, por meio de trabalhos expositivos, debates, danças e teatro, desenvolvidos pelos professores.

Posterior a essa contextualização do espaço de atuação profissional, destacamos que o motivo para participar da proposta formativa, em tela, refere-se ao desejo de ampliar os conhecimentos acerca da BNCC, pois, enquanto gestor e educador, percebemos a necessidade de conhecer um pouco mais sobre o documento, além de suas implicações para o campo de atuação profissional. Assim, esta reflexão foi desenvolvida na perspectiva de responder as seguintes perguntas: Como o projeto neoliberal e ultra-conservador da BNCC impacta o planejamento da aula? Qual o projeto de sociedade que as aulas nessa perspectiva definem?

Adotamos aqui uma perspectiva teórico-metodológica do materialismo histórico-dialético, ao avaliar a escola como parte do processo de acumulação do capital.

BNCC, política e mercado

A BNCC é fruto de desdobramentos históricos, de base política e econômica, que dialogam com o que ficou conhecido na literatura acadêmica, e que discutiremos a seguir, como financeirização das políticas públicas. Esse fenômeno reflete em todos os âmbitos da sociedade brasileira, inclusive nas políticas educacionais. Portanto, a BNCC não pode ser compreendida em um vazio histórico, pelo contrário, ela é fruto de interesses de elites políticas e reflete o projeto neoliberal que essas elites têm para o Brasil.

Ela é resultado de interesses políticos em disputa e revela o modelo de sujeito que essas elites políticas desejam formar. Moreira (2018) aponta que as reformas educacionais que dão origem à BNCC são fruto das políticas neoliberais, impulsionadas pelo momento atual de acumulação de capital, conhecida como capitalismo flexível. Dessa forma, a BNCC é um documento que expressa a visão de sujeito a partir da lógica do capital, ou seja, aquele que é formado para ser mão de obra disciplinada para o capitalismo.

Parente e Villar (2020) ratificam que a BNCC é fruto de um movimento maior na gestão pública brasileira, nomeado de Pós-Nova Gestão Pública, que tem como foco a padronização dos processos educacionais no país. Para isso, a avaliação ganha um papel central, é por meio dela que os indicadores são criados. No contexto da sala de aula, as consequências diretas disso são o estímulo à competição entre escolas e estudantes, a fragmentação acadêmica e o foco excessivo de resultados impactados no desempenho do aluno. É justamente o modelo de educação que atende aos interesses do capital, porque reproduz na escola aquilo que é fundamental no mercado — a competição entre indivíduos — e coloca os sujeitos uns contra os outros, ao fragmentar a consciência de classe e qualquer forma de solidariedade coletiva.

Está claro na BNCC um projeto de sujeito que desenvolve as competências socioemocionais demandadas pelo mercado de trabalho, em detrimento de um projeto emancipatório para o indivíduo. Ainda, conforme Parente e Villar (2020), o ambiente escolar fica contaminado pela lógica do mercado competitivo. Na sala de aula, a prática do professor acaba limitada ao desenvolvimento das habilidades propostas pela BNCC, sem possibilidades efetivas de superar a lógica predatória do capital.

Moreira (2018) aponta que a BNCC é resultado de um processo político com pouca participação da comunidade escolar, mas que deu protagonismo e vozes às organizações financeiras internacionais e, portanto, é reflexo desses interesses. Desse modo, a BNCC emerge como um documento neoconservador, neoliberal e autoritário, porque propõe uma educação voltada para os interesses da classe dominante. No projeto de financeirização de políticas públicas mencionado pela autora, a austeridade fiscal, necessária para amortização da dívida pública e para a manutenção de novos empréstimos, resulta em um projeto de educação que se baseia na redução de investimentos em políticas educacionais.

Discutir a BNCC implica em refletir sobre a relação público e privado no Brasil, como afirma Caetano (2020, p. 66-67):

> Isso porque introduzem novos elementos como a parceria público-privado, a gestão por resultados, o voluntariado, a filantropia, a terceirização e, também, o que chamamos

de formas de privatização — com implicações na educação e na escola. A privatização não significa a venda da escola pública (propriedade do Estado), mas uma forma de gestão e funcionamento que incorpora ferramentas do setor privado e do mercado.

A educação como processo de emancipação dos sujeitos, como espaço de saída da alienação e como caminho para a transformação social é abandonada quando o interesse privado adentra a escola pública. O mais preocupante ainda é a construção das bases curriculares brasileiras a partir das vozes do empresariado, especialmente pelas equipes da Fundação Lemann, conforme Caetano (2020).

Para a autora, a influência de empresas privadas na formação da base curricular brasileira promove o esvaziamento da concepção democrática de escola, que é, inclusive, princípio constitucional. Caetano (2020, p. 78) explica que:

> O novo projeto societário está em disputa com um novo projeto educacional baseado na produtividade para o mercado, esvaziando o conteúdo político-pedagógico do currículo. O mercado passa a ser o parâmetro de qualidade, eficiência e eficácia para a educação pública tendo como referência as reformas globais.

Em sala de aula, o professor que nunca foi chamado para propor o currículo que ensina precisa reproduzir suas aulas a partir da lógica do empreendedorismo da BNCC e precisa desenvolver as habilidades e as competências do mercado de trabalho. Nesse contexto, notamos que a BNCC e sua lógica de mercado fundamentam as práticas educacionais diárias do docente. Especialmente por conta da nossa formação em educação física, exemplifica-se que não podemos deixar de perceber como as formas de biopoder sobre o corpo dos alunos é central na lógica da BNCC, porque se trata de disciplinar esses corpos para a atuação que o capitalismo exige, não para a criação de formas de resistência contra formas injustas de poder.

Constatamos na escola onde trabalhamos como gestor o alinhamento com a análise de Caetano (2020), pois as capacidades exigidas pela nova base produtivo-capitalista marcam o planejamento das aulas. Nesse contexto, a ciência é substituída em sala de aula pelo ensino de relacionamento interpessoal com o foco de ampliar as iniciativas individuais e as motivações para o trabalho, inclusive com base no empreendedorismo.

Para isso, o aluno é treinado para trabalhar em equipe, ainda que o discurso do silêncio absoluto em sala de aula e da prova individual sejam protagonistas. Ao mesmo tempo que se espera que o aluno desenvolva habilidades de saber relacionar-se com os outros, de participar, de expressar-se, de propor soluções e de oferecer sugestões diante de problemas, a educação mantém-se conteudista, centrada no professor e com pouco ou nenhum protagonismo estudantil. A escola tornou-se um espaço de educação corporativa e de desenvolvimento de mão de obra, muitas vezes, barata. A BNCC fala muito em resiliência. Mas resiliência de ou para quê? Resiliência à exploração do capital.

Oliveira, Shimazaki e Di Giorgi (2023) discutem os desdobramentos das pedagogias das competências na sala de aula, levando ao empobrecimento dos processos de ensino e aprendizagem. Nessa percepção, temos um:

> [...] parecer crítico ao compreendê-la na relação de instrumentos adotados pela classe burguesa na busca por consensos hegemônicos e, portanto, como meio para polarização que reforça, quando não neutraliza, a partir dos discursos sedutores de luta pelos interesses da classe desfavorecida, a dualidade estrutural precípua da sociedade de classes dada a sua íntima ligação com as noções de empoderamento, empreendedorismo, competitividade, meritocracia e empregabilidade (Oliveira; Shimazaki; Di Giorgi, 2023, p. 17).

A ideologia neoliberal está presente na pedagogia das competências e na BNCC, adquire materialidade e reproduz a alienação nas atuais reformas vivenciadas pela educação, especialmente com a PNGP. Nesse contexto, o protagonismo do aluno, tão focado nas reformas educacionais, resume-se aos processos de formação para o trabalho, de negação das possibilidades de resistência e da construção de uma sociedade mais justa.

Quem é o sujeito empreendedor resiliente da BNCC?

Conforme já discutimos, há, na BNCC, uma concepção de sujeito. Esse sujeito não é mais o homem do fordismo, mas é, principalmente, o sujeito do desempenho da sociedade do capitalismo flexível, que precisa ser criativo, inovador, empreendedor, líder e, especialmente, resiliente. Assim, para entender esse sujeito o qual estamos preparando atualmente, destacamos o seguinte parágrafo da BNCC:

> No novo cenário mundial, reconhecer-se em seu contexto histórico e cultural, comunicar-se, ser criativo, analítico-crítico, participativo, aberto ao novo, colaborativo, resiliente, produtivo e responsável requer muito mais do que o acúmulo de informações. Requer o desenvolvimento de competências para aprender a aprender, saber lidar com a informação cada vez mais disponível, atuar com discernimento e responsabilidade nos contextos das culturas digitais, aplicar conhecimentos para resolver problemas, ter autonomia para tomar decisões, ser proativo para identificar os dados de uma situação e buscar soluções, conviver e aprender com as diferenças e as diversidades (Brasil, 2018, p. 14).

A práxis pedagógica que transforma o sujeito e o prepara para transformar a si mesmo e o seu mundo torna-se em treinamento profissionalizante. Costa e Silva (2019) apontam que a BNCC é um documento que se pauta pela racionalidade instrumental do capital, porque garante apenas as condições de sobrevivência pelo trabalho assalariado, e, ao fazê-lo, também provoca a desumanização dos trabalhadores. Conforme os autores, está intrínseca na BNCC a ideologia de que o trabalho dignifica o homem e o discurso da resiliência apenas legitima esse discurso. Com ele, caímos na armadilha principal do capitalismo: convencer o trabalhador a aceitar passivamente e sem mostrar resistência às diversas formas de dominação e de desumanização da escola e do trabalho. Nesse contexto, o discurso do empreendedorismo é naturalizado com base no mito da meritocracia:

> Há hoje mais espaço para o empreendedorismo individual, em todas as classes sociais, e cresce a importância da educação financeira e da compreensão do sistema monetário contemporâneo nacional e mundial, imprescindíveis para uma inserção crítica e consciente no mundo atual. Diante desse cenário, impõem-se novos desafios às Ciências Humanas, incluindo a compreensão dos impactos das inovações tecnológicas nas relações de produção, trabalho e consumo (Brasil, 2018, p. 568).

Impressionante como o texto da BNCC não traz nenhuma fonte ou dados estatísticos para fazer a impactante afirmação de que há espaço para todas as classes sociais no empreendedorismo individual. Trata-se de uma afirmação pré-científica e calcada no senso comum.

O que tem nos surpreendido no espaço escolar é a naturalização dessa percepção entre trabalho e educação e a alienação presente no corpo docente, que não é capaz de avaliar as contradições da BNCC e entender que educação é sim para o trabalho, e que efetivamente deve preparar alunos resilientes para a vida e para o mercado. Ao invés de preparar nossos alunos para a resistência às formas de poder, estamos preparando-os para aceitar passivamente a dominação. Isso não está implícito, não é um discurso escondido, pelo contrário, é o discurso das políticas educacionais. Segundo Gontijo, Costa e Perovano (2020), essa ideologia está presente desde os processos de alfabetização e repercute até o ensino médio.

Dessa forma, o que vemos é a BNCC formando mão de obra empreendedora. Não é mais o homem da fábrica, porque boa parte da produção fabril foi robotiza. Hoje o capitalismo, por meio do discurso da Gestão do Conhecimento, precisa de pessoas treinadas para serem inovadoras. Gontijo, Costa e Perovano (2020) atestam ainda que o modelo flexível de capital precisa de pessoas treinadas para a alta performance e o alto desempenho. Para isso, a avaliação ganha uma centralidade sem precedentes na BNCC, porque é preciso treinar a cognição e a psicomotricidade para o alto desempenho cobrado pelas empresas. Sobre isso, discutem:

> O fato de a BNCC ter a avaliação como um dos principais horizontes para a sua formulação tem consequências sobre o modo como o conhecimento é concebido, ou seja, como um conjunto de habilidades, atitudes e valores que tem serventia, principalmente para o desenvolvimento econômico. Para ser medido por meio de itens de testes, precisa, ainda, ser tratado como técnica, ser único para todos e todas e observar graus de aprofundamento de acordo com a etapa da educação em que será transmitido (Gontijo; Costa; Perovano 2020, p. 21).

Notamos, portanto, por parte de diversos atores educacionais, sejam secretários de educação, supervisores e até professores, uma preocupação com as avaliações externas de desempenho que, muitas vezes, até atrelam bônus em salários. Parente e Villar (2020) sustentam que, diante desse panorama de cobrança por resultados, o alcance de meta e a tensão por conseguir alcançar o desempenho padrão desejado pelos órgãos gestores e pelo capital internacional, o professor em sala de aula transforma-se em um sujeito cujo objetivo é preparar os alunos para passar nas provas. Com isso, a avaliação deixa de ser um mecanismo para diagnosticar as falhas globais nos processos de ensino e aprendizagem para se transformar em um instrumento para justificar o investimento financeiro público na escola.

Com isso, notamos que não educamos para a liberdade, em uma perspectiva freiriana, mas sim para tornar os corpos dos nossos alunos escravos resilientes. Como professores de educação física, não conseguimos deixar de refletir sobre o quanto a escola promove o treino dos corpos para a disciplina do trabalho: hora certa para ir ao banheiro e para se alimentar. O "ficar parado" na carteira em silêncio, ouvindo passivamente um professor, sem necessariamente atribuir sentido ao que está ouvindo, são treinos corporais para o trabalho e para a passividade que ele exige. Se a educação é emancipatória e se for prática de liberdade, por que não aprendemos em um ambiente de liberdade? A escola, conforme a percepção foucaultiana, é o panóptico, é a prisão no qual os corpos são vigiados o tempo todo.

A BNCC veio apenas adicionar às práticas de controle corporal esse elemento de controle sobre nossa cognição, que deve ser treinada para ser resiliente, mesmo que toda sorte de injustiças seja prática sobre nossos corpos. Percebemos, então, a escola como instrumento de dominação, e a BNCC como seu principal carcereiro.

Considerações finais

O capitalismo sempre foi muito hábil em naturalizar as diversas contradições sociais. Esse sistema econômico naturaliza a pobreza em meritocracia e as relações de poder entre maiorias e minorias pela ideologia da "falta de esforço". Ele foi hábil também em naturalizar seu projeto de homem resiliente como política educacional de currículo. Por meio de um discurso técnico e racional que se fez presente na BNCC, o mercado foi capaz de convencer a massa de que a educação para o trabalho é aquela que trará desenvolvimento para o país e que cabe aos professores desenvolverem seus planos de aula e "darem" suas aulas a partir do desenvolvimento das competências do mercado de trabalho, porque é assim que os jovens arrumarão bons empregos e terão o tão esperado "sucesso profissional na carreira".

A partir do discurso do sujeito resiliente negamos as possibilidades de resistência. E, por meio do discurso conservador, convencemo-nos de que a meritocracia do empreendedorismo e da inovação é libertadora, negando que, na verdade, nos escraviza cognitivamente.

A BNCC supõe que esses sujeitos empreendedores e resilientes aprendem de forma linear. Com isso, ela nega as possibilidades da neurodiversidade e não admite diferentes formas de aprender, a não ser aquela baseada na Pedagogia das Competências. O outro é negado e a diversidade não tem lugar, porque o capitalismo precisa de mão de obra padronizada.

O Brasil tem retrocedido em termos de políticas educacionais, porque elas são resultado da ampliação do ultraconservadorismo neoliberal e da entrada na agenda política, especialmente no âmbito do Congresso Federal, das pautas de costumes, como a Escola sem Partido, entre outros olhares para a educação que não são democráticos e que têm caráter moral não emancipatório.

Referências

BRASIL. *Base Nacional Comum Curricular*. Brasília, DF: Ministério da Educação, 2018.

CAETANO, Maria Raquel. Agora o Brasil tem uma Base! A BNCC e as influências do setor empresarial. Que Base? *Educação em Revista*, Marília, v. 21, n. 2, p. 65-82, 2020. Disponível em: https://doi.org/10.36311/2236-5192.2020.v21n02.06.p65. Acesso em: 30 abr. 2024.

COSTA, Marilda de Oliveira; SILVA, Leonardo Almeida da. Educação e democracia: Base Nacional Comum Curricular e novo ensino médio sob a ótica de entidades acadêmicas da área educacional. *Revista Brasileira de Educação*, Rio de Janeiro, v. 24, p. e240047, 2019. Disponível em: https://doi.org/10.1590/S1413-24782019240047. Acesso em: 30 abr. 2024.

GONTIJO, Cláudia Maria Mendes; COSTA, Dania Monteito Vieira; PEROVANO, Nayara Santos. Alfabetização na Base Nacional Comum Curricular (BNCC). *Pro-Posições*, Campinas, v. 31, p. e20180110, 2020. Disponível em: http://dx.doi.org/10.1590/1980-6248-2018-0110. Acesso em: 30 abr. 2024.

MOREIRA, Jani Alves da Silva. Reformas educacionais e políticas curriculares para a educação básica: prenúncios e evidências para uma resistência ativa. *Germinal*: marxismo e educação em debate, Salvador, v. 10, n. 2, p. 199-213, ago. 2018. Disponível em: https://doi.org/10.9771/gmed.v10i2.27355. Acesso em: 30 abr. 2024.

OLIVEIRA, Ethyenne Goulart; SHIMAZAKI, Elsa Midori; DI GIORGI, Cristiano Amaral Garboggini. Base Nacional Comum Curricular do ensino médio e a (re) introdução da Pedagogia das Competências: Revisão Sistemática. *Olhar de Pro-*

fessor, Ponta Grossa, v. 26, p. 1-25, e-20529.018, 2023. Disponível em: https://doi.org/10.5212/OlharProfr.v.26.20529.018. Acesso em: 30 abr. 2024.

PARENTE, Juliano Mota; VILLAR, Lourdes Belén Espejo. Os sistemas educacionais no contexto da transição da Nova Gestão Pública para a Pós-Nova Gestão Pública: estudo comparado entre Brasil e Espanha. *Educar em Revista*, Curitiba, v. 36, e67115, 2020. Disponível em: http://dx.doi.org/10.1590/0104-4060.67115. Acesso em: 30 abr. 2024.

A BASE NACIONAL COMUM CURRICULAR E AS INTERLOCUÇÕES EPISTEMOLÓGICAS DO NOVO ENSINO MÉDIO NO ESTADO DO PARÁ

Francisco Miguel da Silva de Oliveira

Introdução

Minha atuação profissional na educação escolar já se estende por aproximadamente três décadas e ocorreu, exclusivamente, com povos ribeirinhos localizados na Ilha de Marajó. Durante vinte e três anos atuei no ensino fundamental do município onde resido. Nessa etapa da educação desempenhei cargos ligados à gestão escolar e à docência. Atuei ainda como presidente do Conselho Municipal de Educação (CME) por dois mandatos consecutivos e em 2016 fui Secretário Municipal de Educação por nove meses. Em 2017 fui aprovado em um processo seletivo simplificado para trabalhar na rede estadual como docente de Filosofia no Sistema de Organização Modular de Ensino (Some). Esse sistema oferta o ensino médio (EM) para os jovens que residem no espaço rural do estado do Pará. Na Ilha de Marajó são atendidas as populações de localidades ribeirinhas. O Some se caracteriza como um ensino itinerante organizado em circuitos, compostos por quatro escolas. O ano é dividido em quatro módulos de 50 dias letivos cada um e os docentes se deslocam nos circuitos de acordo com sua área de atuação.

Comumente os(as) alunos(as) do Some encontram enormes dificuldades para terem acesso ao ensino, haja vista que as políticas públicas que se efetivam no contexto marajoara não conseguem atendê-los dignamente. Outro aspecto é que as escolas não têm infraestrutura adequada para acolher a demanda do Some. Há problemas relacionados ao deslocamento para chegar à escola, pois existem discentes que precisam diariamente percorrer longas distâncias para ter acesso à educação escolar. É importante destacar que no período de estiagem o transporte escolar inexiste para os(as) alunos(as) das localidades das áreas centrais do arquipélago. Os(As) estudantes oriundos dessas regiões se deslocam caminhando pela floresta até outro local de onde é possível viajar em uma pequena embarcação que os leva para a escola. Entretanto, entre o tempo na floresta e o do barco, eles(as) viajam aproximadamente duas horas e, finalmente, chegam à escola. É comum nessas localidades casos de evasão escolar por um motivo óbvio: o intenso cansaço. Um aspecto que desperta preocupação é o risco de acidentes com animais e embarcações.

O fato de ser marajoara e ter vivenciado parte dessas experiências enquanto aluno ribeirinho fez com que me adaptasse com facilidade à dinâmica do Some e, especialmente, entender a odisseia vivenciada pelos(as) alunos(as) locais. Isso também me motivou a participar do curso de formação intitulado "A Base Nacional Comum Curricular e as políticas educacionais em diferentes estados brasileiros: materialização nos currículos e intervenção formativa de gestores escolares", dada a minha inquietação referente ao novo formato curricular do EM, em implementação desde 2022 no estado do Pará. Meu objetivo no curso era dialogar com profissionais de outras regiões brasileiras para trocar experiências e ouvi-los sobre o currículo escolar arquitetado sob as orientações da Base Nacional Comum Curricular (BNCC) (Brasil, 2018). Entre as indagações que motivaram minha participação no curso se destacam: o desmanche da educação escolar está afetando todo o país ou apenas a região Norte, especialmente a Ilha de Marajó? A proposta curricular implementada em outras regiões brasileiras vislumbra uma formação integral para o ser humano?

Diante do exposto, o objetivo deste capítulo é analisar se a nova proposta curricular do ensino médio (EM) no universo paraense contribui para um processo formativo que considera todas as dimensões da vida dos povos locais. Para tanto, cabe destacar como base dessas análises a seguinte questão-problema: a proposta curricular do EM do estado do Pará foi construída considerando as peculiaridades imanentes aos povos locais?

As análises que compõem este estudo estão contidas na seção "O paradigma curricular do ensino médio nos limiares da educação paraense". Nela aborda-se a proposta curricular do EM no estado do Pará (Pará, 2021). Tais análises se direcionam em verificar se a proposta curricular do EM apresenta vinculações com as peculiaridades existentes na vida dos diversos povos paraenses como ribeirinhos, quilombolas, indígenas, entre outros, considerando suas expectativas de vida relacionadas com a economia, cultura e os fatores sociais. Isso é fundamental, pois a educação escolar é um processo que deve abarcar o homem na sua totalidade como ser histórico, social e cultural. Dessa forma, a formação escolar necessita gerar perspectivas que vislumbrem melhorar a qualidade de vida das pessoas. Considera-se primoroso olhar criticamente para todo o aparato epistemológico e ideológico que emana da proposta curricular do EM no estado do Pará (Pará, 2021).

O paradigma curricular do ensino médio nos limiares da educação paraense

O processo de implementação do ensino médio (EM), a partir de 2022, configurou-se como a praticidade de uma proposta curricular arquitetada sob os pressupostos da BNCC. Esta, totalmente comprometida com um paradigma de educação dualista, fortaleceu ainda mais no universo brasileiro os ideais educacionais vinculados à política econômica que serve ao modelo de produção capitalista. Dessa forma, deflagrou-se um "novo" capítulo na educação brasileira à luz da supremacia ideológica neoliberal que historicamente privilegia a elite nacional em detrimento das classes sociais que se encontram desfavorecidas social, econômica e culturalmente.

Nesse sentido, as reformas educacionais que se intensificaram a partir dos anos 1990 contribuíram para sequentes mudanças na estrutura da educação básica no Brasil. Contudo, as políticas curriculares ganharam destaque nesse confuso e dissimulado processo que supostamente vislumbra uma educação de qualidade. Em meados da década de 2010 evidenciaram-se eventos de notoriedade e que reforçaram a clara intensão de colocar a educação escolar sob o "[...] aparelhamento privado-empresarial" (Giareta; Lima; Pereira, 2023, p. 10) e com isso, reduzir ao máximo ação estatal sobre as políticas curriculares nacionais. O Conselho Nacional de Educação (CNE) homologou o Plano Nacional de Educação (PNE) por meio da Lei 13.005, de 25 de junho de 2014. Isso, de acordo com Giareta, Lima e Pereira (2023, p. 2) "[...] formalizou o compromisso com a regularização da oferta da educação básica no Brasil a partir de uma base curricular comum". Posteriormente, outros dispositivos legais demonstram que a educação básica no Brasil se encontra em vias de transformações bruscas. Giareta, Lima e Pereira (2023, p. 2) aclaram que:

> [...] tal ordenamento legal recebe contornos oficiais na aprovação pelo Conselho Nacional de Educação (CNE) da Resolução CNE_CP n. 2 de 22 de dezembro de 2017, que institui e orienta a implantação da Base Nacional Comum Curricular (BNCC) na educação básica brasileira. Esforço

> legal que será complementado pelo próprio CNE, com a aprovação da Resolução CNE_CP n. 4 de 17 de dezembro de 2018, instituindo a Base Nacional Comum Curricular para o Ensino Médio, que por sua vez, dialoga com a chamada reforma curricular do ensino médio já estabelecida em 2017, pela Lei n.º 13.415 de 2017.

A BNCC propiciou mudanças na formação escolar e declaradamente nas dimensões que envolvem os aspectos sociais e laborais da vida humana. Dessa forma, provocou uma reordenação no funcionamento das escolas de educação básica no país. "[...] Para sua adequação e conformação apresenta-se um 'suposto' reordenamento didático, pedagógico e epistemológico para a educação nacional [...]" (Giareta; Lima; Pereira, 2023, p. 2). O reordenamento didático deu vasão, na verdade, para a pedagogia das competências que mobiliza empenho para tornar o homem um objeto maleável a serviço da insanidade que emana das políticas neoliberais. Assim, o currículo que é o "[...] principal fio condutor da prática pedagógica e da formação humana [...]" (Corrêa; Ferri; Garcia, 2022, p. 2) assume uma função inversa na formação tornando-se meio que conduz o indivíduo por um processo formativo limitado e alienado. No universo do estado do Pará o processo de implementação do EM se manifesta com os ideários de políticas privatistas desarticuladas das expectativas de vida dos que se encontram desfavorecidas social, cultura e economicamente.

O currículo que emana das orientações da BNCC tem como objetivo introduzir "[...] novos elementos como a parceria público-privado, a gestão por resultados, o voluntariado, a filantropia, a terceirização e, também, o que chamamos de formas de privatização [...]" (Caetano, 2020, p. 3). A escola pública submerge diante da lógica do capital. A proposta do EM arraiga esses prejuízos no universo brasileiro ao contribuir, dessa forma, com sequelas, a saber que "[...] a fragmentação do ensino médio expulsas setores da população jovem da educação básica, superficializa a formação escolar [...]" (Cássio; Goulart, 2022, p. 6).

Essa forma de privatização da escola pública submete os povos em condições subalternas a um processo formativo que se distancia do conhecimento científico. Nesse sentido, Caetano (2020, p. 4) esclarece que "[...] a privatização não significa a venda da escola pública (propriedade do Estado), mas uma forma de gestão e funcionamento que incorpora ferramentas do setor privado e do mercado [...]", é a estrutura estatal a serviço de uma educação que privilegia a elite nacional. Assim, se "[...]

instala uma série de mecanismos de mercado no próprio funcionamento da política pública e pode ser transferida ao currículo, elemento-chave na definição do ensino na iniciativa privada [...]" (Caetano, 2020, p. 4).

Toda essa estrutura ideológica e privatista das políticas neoliberais que é incutida, sutilmente, por meio do currículo, segundo Melo e Santos (2023), está presente nos ideais da educação paraense. O EM fortaleceu esse propósito de educação privatista e o Documento Curricular do Estado do Pará (DCEPA) do EM, arquitetado à luz da BNCC, é obediente às iniciativas mercadológicas que perpassam a educação escolar e valoriza uma formação adestradora, pois:

> [...] os alunos são formados com foco no mercado de trabalho, a atenção aos saberes das culturas historicamente desprivilegiadas acaba ficando de lado e o interesse principal passa a ser ensinar para os exames nacionais, o que gera uma padronização dos saberes, ignorando as especificidades e as heterogeneidades locais de cada escola (Melo; Santos 2023, p. 3).

O excerto demonstra que inexiste um diálogo epistemológico efetivo com as diferentes culturas presentes no espaço geográfico paraense. As especificidades são ignoradas pelo currículo escolar. Isso não coaduna com o que Saviani (2020, p. 9) entende como currículo, a saber, "[...] um currículo é, portanto, uma escola funcionando, isto é, uma escola desempenhando a função que lhe é própria". Entretanto, temos uma instituição escolar com a função invertida, pois nitidamente sua proposta curricular serve com fervor ao sistema de produção capitalista. Outra preocupação do autor destaca que:

> [...] o ano letivo começa em fevereiro e logo temos a semana do índio, a semana santa, o dia do trabalho, a semana das mães, dia internacional das famílias, dia mundial do meio ambiente, as festas juninas; em agosto começa o segundo período letivo e logo chega o dia dos pais, a semana do soldado, semana do folclore, depois a semana da pátria, a semana da árvore, os jogos da primavera, semana da criança, festa do professor, do funcionário público, semana da asa, semana da república, festa da bandeira... e nesse momento já chegamos ao final de novembro [...] (Saviani, 2020, p. 9).

O que o autor questiona é o pouco tempo dedicado para assimilar o conhecimento sistematizado historicamente pelo gênero humano. O que se verifica com isso é a descaracterização da instituição escolar, pois "[...]

a verdade é que a escola perdeu de vista a sua atividade *nuclear*, que é a de propiciar aos alunos o ingresso na cultura letrada assegurando-lhes a aquisição dos instrumentos de acesso ao saber elaborado [...]" (Saviani, 2020, p. 9). O exposto pelo autor se identifica com as análises de Melo e Santos (2023), pois os autores identificaram no contexto da escola paraense o que Saviani (2023) vem abordando em seus estudos:

> [...] vemos os espaços de representatividade e expressão das multiculturas sendo reduzidos a momentos simplórios no currículo escolar: uma data para celebrar o dia do índio, uma semana para dedicar ao meio ambiente ou uma feira gastronômica para valorizar pratos regionais. Além disso, quando olhamos para a última etapa da educação básica, o ensino médio, esses momentos são ainda menores, diante de todas as demandas que precisam ser cumpridas ao longo dos anos letivos (Melo; Santos, 2023, p. 4).

Esse fragmento aclara perfeitamente que o Documento Curricular do Estado do Pará – etapa ensino médio (DCEPA-EM) (Pará, 2021) privilegia um processo formativo sem vinculação epistemológica, isto é, sem levar aos(às) alunos(as) aos saberes científicos. Melo e Santos (2023) referendam suas análises exemplificando como um currículo verdadeiramente empenhado em uma formação integral deveria acontecer.

> Assim, com o olhar para a perspectiva cultural, o currículo de biologia pensado para o ensino médio paraense, necessitaria se preocupar também com os saberes regionais, a diversidade de rios e plantas típicas da região Amazônica e o conhecimento dos povos tradicionais até aqui acumulado, acerca da fauna e da flora (Melo; Santos, 2023, p. 4).

Dessa forma, defende-se uma proposta curricular que potencialize o indivíduo para um encontro epistemológico com a diversidade local. Um currículo que provoque sair de uma esfera empírica e atingir a cientificidade. Entretanto, como essa formação será possível se a própria normativa estadual apresenta um caráter excludente? O "[...] DCEPA-EM apresenta a perspectiva curricular baseada na aprendizagem por meio de habilidades e competências e alinhada aos interesses políticos administrativos neoliberais do novo ensino médio [...]" (Melo; Santos 2023, p. 6). Além do mais se configura como um documento altamente contraditório. "[...] o próprio documento não se descreve como reprodutor das atuais políticas nacionais de educação, porém expressa estar organizado em conformidade à reforma de 2017 [...]" (Melo; Santos, 2023, p. 6). Essa incoerência demonstra o campo de contradições que envolvem o DCE-PA-EM. Igualmente, leva à compreensão de que a proposta curricular do EM no estado não atende as especificidades locais e se distancia de uma educação escolar que valorize o ser humano em sua construção histórica. Assim, há lacunas epistemológicas no documento que denota incoerências, mas que parecem propositais.

> [...] o documento não apresenta qualquer referência à parte diversificada prevista pela Lei n.º 12.796, na qual os currículos da educação básica devem ser complementados, em todos os sistemas de ensino, por uma parte que elucide e valorize as características regionais de suas localidades. Esta omissão sobre a parte diversificada, atribui ao DCEPA-EM mais um elemento que impede as instituições escolares paraenses de se enxergarem como protagonistas das construções de seus próprios currículos (Melo; Santos, 2023, p. 6).

As incoerências que sobrevêm do DCEPA-EM demonstram a desvinculação dessa normativa com o contexto de sua aplicabilidade. Nesse sentido, as inferências de Melo e Santos (2023) se justificam, pois, é questionável uma proposta curricular que não apresente elementos que dialoguem com a cultura, a economia e os fatores sociais de um povo. É importante destacar que a política curricular que anseia atender os(as) estudantes do EM paraenses deve considerar que:

> Substancialmente, o público do ensino médio paraense se caracteriza pela convivência com o espaço-tempo que integra natureza e cultura, o tradicional e o tecnológico, o antigo e o novo. Vivem rodeados pela floresta, pelos rios e lendas que alimentam os povos desta terra (Melo; Santos, 2023, p. 6).

Essa é, sem dúvida, uma questão emblemática no tocante ao currículo destinado aos povos que habitam o estado do Pará. Se o processo de ensino e aprendizagem desconsidera questões existenciais, provavelmente, proverá uma formação adestradora e excludente.

Essa lógica de excluir o conhecimento científico permeia os ideais da BNCC. Outro problema que deve se tornar realidade é "[...] a opção política das redes de educação, é a contratação de instituições privadas para assessorar a construção do currículo, planos de estudos, PPP, formação de professores e inclusive de sistemas apostilados" (Caetano, 2020, p. 4). Se isso for confirmado será necessário um empenho coletivo para reconstruir educação ofertada nas escolas brasileiras que de forma irresponsável está sendo entregue, paulatinamente, ao voraz e insaciável sistema capitalista.

Considerações finais

As análises apresentadas neste texto demonstram que a formação humana privilegiada pelo DCEPA-EM se distancia de um processo formativo que valorize o ser humano em sua condição histórica e ontológica. O EM evidencia com seu currículo massificador o propósito de ignorar a identidade humana. Dessa forma, a escola se resume a um "espaço obediente" aos ditames da economia neoliberal. Contudo, Duarte (2023, p. 31) destaca que "[...] não é de hoje que o neoliberalismo dirige seus ataques à educação pública e gratuita no Brasil". O excerto fortalece o abordado neste estudo, pois o universo que envolve o EM no estado do Pará sofre com os ataques da iniciativa privada há décadas, contudo se intensificaram a partir da reforma dos anos de 1990.

O propósito deste trabalho era verificar se "[...] a proposta curricular do EM do estado do Pará foi construída considerando as peculiaridades imanentes aos povos locais". Recorreu-se a vários autores no sentido de esclarecer essa questão-problema. Os estudos que contribuíram com este texto nos afiançam assegurar que a proposta curricular que orienta o NEM no estado do Pará não atende as expectativas que envolvem a diversidade cultural, social e econômica que ressoam no universo do estado, apenas enaltece uma educação escolar de viés privatista em consonância com a tendência neoliberal.

Assim, é notório que sem a dedicação dos que lutam por uma educação de qualidade fica difícil reverter esse quadro alarmante instalado no processo formativo dos povos paraenses. Urge a necessidade de uma proposta curricular holística, cuja epistemologia forneça elementos que favoreçam a melhoria da qualidade de vida da população que historicamente sofre com políticas públicas que apresentam inconformidades com as peculiaridades que envolvem cotidianamente o povo local.

Referências

BRASIL. Lei n.º 13.005, de 25 de junho de 2014. Aprova o Plano Nacional de Educação – PNE e dá outras providências. *Diário Oficial da União*, Brasília, DF, 26 jun. 2014. Disponível em: http://www.planalto.gov.br/ccivil03/ato2011-2014/2014/lei/l13005.htm. Acesso em: 4 nov. 2021.

BRASIL. Lei n.º 13.415, de 16 de fevereiro de 2017. Altera as Leis nos 9.394, de 20 de dezembro de 1996, que estabelece as diretrizes e bases da educação nacional, e 11.494, de 20 de junho 2007, que regulamenta o Fundo de Manutenção e Desenvolvimento da Educação Básica e de Valorização dos Profissionais da Educação, a Consolidação das Leis do Trabalho CLT, aprovada pelo Decreto-Lei no 5.452, de 1º de maio de 1943, e o Decreto-Lei no 236, de 28 de fevereiro de 1967; revoga a Lei no 11.161, de 5 de agosto de 2005; e institui a Política de Fomento à Implementação de Escolas de Ensino Médio em Tempo Integral. *Diário Oficial da União*, Brasília, DF, ano 154, n. 35, p. 1, 16 fev. 2017. Disponível em: https://pesquisa.in.gov.br/imprensa/jsp/visualiza/index.jsp?jornal=1&pagina=1&data=17/02/2017. Acesso em: 29 jan. 2025

BRASIL. *Lei de Diretrizes e Bases da Educação Nacional*. 4. ed. Brasília, DF: Senado Federal, Coordenação de Edições Técnicas, 2020. Disponível em: https://www2.senado.leg.br/bdsf/bitstream/handle/id/572694/Lei_diretrizes_bases_4ed.pdf?sequence=1&isAllowed=y. Acesso em: 18 jun. 2023.

BRASIL. Ministério da Educação. *Base Nacional Comum Curricular*. Brasília, DF: MEC, 2018. Disponível em: http://basenacionalcomum.mec.gov.br/images/BNCCEIEF110518versaofinalsite.pdf. Acesso em: 2 abr. 2021.

CÁSSIO, Fernando; GOULART, Débora Cristina. A implementação do novo ensino médio nos estados: das promessas da reforma ao ensino médio nem-nem. *Revista Retratos da Escola*, Brasília, v. 16, n. 35, p. 285-293, maio/ago. 2022. Disponível em: https://retratosdaescola.emnuvens.com.br/rde/article/view/1620/1108. Acesso em: 10 jan. 2023.

CORRÊA, Shirlei de Souza; FERRI, Cássia; GARCIA, Sandra Regina de Oliveira. O que esperar do novo ensino médio? *Revista Retratos da Escola*, Brasília, v. 16, n. 34, p. 15-21, jan./abr. 2022. Disponível em: https://retratosdaescola.emnuvens.com.br/rde/article/view/1543/1090. Acesso em: 8 jan. 2024.

DUARTE, Newton. "Um Montão de Amontoado de Muita Coisa Escrita". Sobre o alvo oculto dos ataques obscurantistas ao Currículo Escolar. *In:* MALANCHEN,

Julia; MATOS, Neide da Silveira Duarte de; ORSO, Paulino José (org.). *A pedagogia histórico-crítica, as políticas educacionais e a Base Nacional Comum Curricular.* Campinas, SP: Editora Autores Associados, 2020. p. 31-46.

GIARETA, Paulo Fioravante; LIMA, Cezar Bueno de; PEREIRA, Tarcísio Luiz. A política curricular da BNCC e seus impactos para a formação humana na perspectiva da Pedagogia das Competências. *RIAEE – Revista Ibero-Americana de Estudos em Educação*, Araraquara, v. 17, n. esp. 1, p. 734-0750, mar. 2022. Disponível em: https://doi.org/10.21723/riaee.v17iesp. 1.16326. Acesso em: 8 jan. 2024.

MELO, Amanda Jessica Coelho; SANTOS, Marcio dos. Currículo Cultural e Biologia na Amazônia: Análise crítica do Documento Curricular do Estado do Pará. *Revista Espaço do Currículo (online)*, João Pessoa, v. 16, n. 1, p. 1-12, jan./abr. 2023. Disponível em: https://doi.org/10.15687/rec.v16i1.66056. Acesso em: 11 jan. 2024.

PARÁ. *Proposta Curricular para o ensino médio 2003/Seduc/PA*. Disponível em: http://www.lefgb.fe.ufrj.br/wp-content/uploads/2013/02/Proposta-Curricular_PA.pdf. Acesso em: 26 jun. 2023.

PARÁ. Secretaria de Estado de Educação do Pará. *Documento Curricular do Estado do Pará – etapa ensino médio*, v. II. Belém: Seduc-PA, 2021. Disponível em: Disponível em: https://www.seduc.pa.gov.br/site/public/upload/arquivo/probncc/ProBNCC_DCEPA-12072021_compressed-3b8b0.pdf. Acesso em: 14 jan. 2024.

PINA, Leonardo Docena; GAMA, Carolina Nozella. Base Nacional Comum Curricular: algumas reflexões a partir da Pedagogia histórico-crítica. *Nuances*: Estudos sobre Educação. Presidente Prudente, v. 31, n. esp. 1, p. 78-102. Disponível em: https://doi.org/10.32930/nuances.v31iesp. 1.8290. Acesso em: 6 set. 2023.

SAVIANI, Dermeval. Educação Escolar, Currículo e sociedade: o problema da Base Nacional Comum Curricular. *In:* MALANCHEN, Julia; MATOS, Neide da Silveira Duarte de; ORSO, Paulino José (org.). *A pedagogia histórico-crítica, as políticas educacionais e a Base Nacional Comum Curricular.* Campinas, SP; Editora Autores Associados, 2020.

BNCC E EDUCAÇÃO INFANTIL: DESAFIOS INSTAURADOS A PARTIR DE SUA APROVAÇÃO NO CONTEXTO DE UM MUNICÍPIO PARANAENSE

Ester Aparecida Pereira Fuzari

Introdução

Estive como gestora no período de 2021 a 2023 em uma unidade de educação infantil da rede pública de um município de pequeno porte no estado do Paraná. O que move a economia local são os pequenos agricultores e o turismo rural que se faz presente nos arredores da cidade, assim como tantos outros municípios pequenos do estado.

Iniciei minha trajetória na gestão educacional em meio ao cenário pandêmico da covid-19, o que tornou o processo de apropriação das experiências referentes à função mais árduo, ao considerar o ensino remoto ofertado aos estudantes, o distanciamento físico com a comunidade escolar e a utilização das ferramentas tecnológicas na tentativa de dar prosseguimento ao atendimento tanto para alunos, como para suas respectivas famílias.

Ao analisar as especificidades e os eixos norteadores do trabalho realizado na educação infantil (Interações e Brincadeiras), saliento a lacuna que existiu neste período, no que concerne as relações de aprendizagem e desenvolvimento. Mais além, o distanciamento nas relações de trabalho entre professores e equipe diretiva também se apresentou como um desafio. Foram tempos difíceis para alguém que, como eu, iniciava ali seu caminho enquanto gestora. Saliento que a oportunidade de participar dessa intervenção formativa se materializou em um rico processo de reflexões sobre minha trajetória enquanto gestora, o que me conduziu a uma compreensão mais abrangente dos mecanismos subjacentes relacionados à organização da educação pública por meio da análise do processo de elaboração e implementação da BNCC.

Em paralelo a todo esse contexto, a rede municipal de ensino havia reelaborado sua proposta pedagógica em 2020, em consonância com as novas demandas atribuídas à BNCC. Ou seja, além da exigência da adaptação da ação pedagógica alinhada ao então contexto social, se fez necessário lidar com um novo documento, que além de ser completamente adverso ao anterior, trazia consigo uma nova estrutura. Entretanto, a maior crítica em relação ao documento, e que se perpetua entre os docentes, até o presente momento de escrita deste texto, é o esvaziamento no currículo da educação infantil.

Ao longo da proposta formativa, por meio das leituras e discussões realizadas, muitos outros aspectos vieram à tona, e ao relacioná-los com a realidade do chão da sala de aula, foi estarrecedor entender que a implementação da BNCC não afetou apenas o currículo em si, mas todo um sistema educacional. Interesses velados na aprovação desse documento vieram à tona, e foi doloroso para alguém como eu e meus colegas que participaram dos encontros, e lutam por uma educação pública de qualidade, constatar a emergência de se ampliar as discussões sobre o documento e suas implicações dentro de uma conjuntura histórica neoliberal.

Impactos da implementação da BNCC no currículo municipal

O processo de esvaziamento dos conteúdos é algo mais amplo, que não se restringe apenas à educação infantil. Nota-se uma reação em cadeia, em que todas as etapas da educação básica sofreram perdas e retrocessos devido ao arcabouço teórico, pois segundo Dourado e Oliveira (2018 *apud* Caetano, 2020, p. 68), "[...] reforçou-se a lógica de uma aprendizagem com base em competências, com concepção curricular restritiva e fortemente articulada à avaliação de tipo padronizada e estandardizada".

Durante a proposta formativa, citei diversas vezes o orgulho que tenho em fazer parte de uma rede de ensino fortemente fundamentada em pressupostos teóricos que respeitam o aluno da educação infantil e o considera um sujeito histórico dotado de direitos. Isso ficava claro na Proposta Pedagógica que antecedia à vigente, que considerava o processo de aprendizagem e desenvolvimento dos pequenos em sua totalidade, ao evidenciar suas particularidades e continuidade entre os períodos da aprendizagem, sob a concepção da Teoria Histórico-Cultural.

Mesmo com a aprovação de sua versão final, em 2017, a BNCC parecia ser algo distante de ser incorporado ao currículo municipal. Entretanto, em 2020, estava ali, à disposição dos docentes, uma nova Proposta Pedagógica tão desconexa com a realidade, que reduziu pela metade os objetivos e os conteúdos a serem trabalhados, ainda que a LDB já sinalizasse para a necessidade de uma Base Nacional Comum que orientasse e subsidiasse a elaboração dos currículos escolares (Tuttman; Aguiar, 2019, p. 85 *apud* Caetano, 2020, p. 69).

No mesmo ano, houve um trabalho articulado entre docentes e coordenadores pedagógicos, a nível municipal, a fim de analisar e melhorar o documento, dentro do possível. Devido à rigidez apresentada pela BNCC, foram acrescentados ou reorganizados alguns saberes, conhecimentos e objetivos de aprendizagem, numa tentativa de se adequar à oferta de um ensino na educação infantil verdadeiramente qualitativo. Essa tentativa corrobora com os apontamentos de Barbosa, Silveira e Soares (2019, p. 83):

> A análise detalhada da BNCC indica mudanças estruturais e de conteúdo, na definição dos direitos a serem garantidos a todas as crianças, adolescentes e jovens. Observa-se um esvanecimento quanto à formulação de direitos constitucionais, sendo retirados/omitidos pressupostos importantes na segunda, terceira e quarta versões no documento.

Após a atualização mencionada, o documento permanece em vigência, sem novas alterações. O sentimento de perda permanece entre os profissionais da educação infantil que conheceram a proposta anterior, mas conformaram-se em relação à BNCC estar inserida no cotidiano educacional.

BNCC e formação continuada

A interferência neoliberal nas políticas públicas educacionais ampliou as possibilidades de parcerias público-privadas, a exemplo da oferta de diferentes serviços, aquisição de material didático e convênios para oferta de vagas da educação infantil junto ao setor privado e formações continuadas para os professores.

Análogo ao fortalecimento destas parcerias entre setor público e empresas, destaco dois pontos que caracterizam de forma eloquente o atual contexto de desmonte da educação pública, no qual nos encontramos. Primeiro, a BNCC é um documento que foi delineado, ao longo das discussões realizadas na elaboração de cada uma de suas versões preliminares e sendo culminada na versão definitiva, para atender aos interesses dos grandes empresários em relação à educação básica, defendidos por meio do Movimento pela Base Nacional Comum, criado em 2013, o qual reúne grupos empresariais de grande influência no país (Pina; Gama, 2020).

Por conseguinte, a Emenda Constitucional n.º 95, de 15 de dezembro de 2016, que limita os gastos públicos em áreas sociais (entre elas investimentos na área da educação) durante 20 anos, instituída a partir de 2016 pelo governo provisório de Michel Temer (Partido Democrático Brasileiro – MDB), fez com que a melhoria da qualidade dos serviços educacionais prestados pelo setor público seja comprometida devido ao impedimento de ampliar os investimentos direcionados a essa área, resultando na insuficiência do que é direcionado atualmente (Pina; Gama, 2020). Sendo assim, se fortalecem os processos de privatizações e relações do setor público com os conglomerados empresariais, sob a justificativa de que o Estado não é mais capaz de suprir com autonomia as despesas com educação, a partir da organização do teto de gastos.

Existe, no município em que atuo, desde 2014, uma relação público-privada com uma das maiores redes de ensino privada do país, por meio de um projeto social. Tal parceria foi firmada mediante a urgência em ampliar a oferta de vagas na educação infantil e a impossibilidade da prefeitura em arcar com os custos de contratação de profissionais para o atendimento a esta etapa formativa. Sendo assim, a rede utiliza um prédio cedido pela prefeitura, construído por meio do projeto Proinfância, do FNDE, para atendimento de crianças de creche e Pré-escola. Ao iniciar seus trabalhos, a rede privada arcou com as custas para contratação de pessoal e melhorias do prédio, assim como sua manutenção. A rede pública assumiu como contrapartida outras despesas, tais como: alimentação, kits escolares e uniformes para os alunos.

O trabalho realizado na unidade segue as diretrizes específicas do próprio projeto, em articulação com a proposta pedagógica do município mencionado, e as famílias interessadas em matricular suas crianças passam por um processo seletivo conduzido pela própria instituição, pois há critérios sociais e geográficos a serem seguidos para tal. Em suma, este projeto atua de forma autônoma em relação à organização do funcionamento da unidade e do trabalho pedagógico realizado.

Ao longo dos anos, essa parceria se fortaleceu de forma que a iniciativa privada ofertou formações aos professores de toda a rede municipal de ensino. Tais formações têm pautado seu viés no trabalho realizado pelo projeto social da rede e suas especificidades, o que se distancia em muito da realidade das demais unidades de ensino que não possuem tal vínculo.

A partir de Ximenes e Melo (2022) fica evidente o distanciamento do protagonismo dos docentes da rede municipal em seu próprio processo formativo, ao assumir um caminho contrário ao diálogo necessário para aferição das contribuições necessárias ao fortalecimento da ação docente, além de evidenciar a subordinação à BNCC, assegurada pela Resolução CNE/CP n.º 02/2019 e pelo Parecer CNE/CP n.º 14/2020, os quais instituem as Diretrizes Curriculares Nacionais para a Formação Continuada de Professores da Educação Básica e a Base Nacional Comum para a Formação Continuada de Professores da Educação Básica.

Como citado anteriormente, a proposta de trabalho desse município possui um alicerce teórico bem fundamentado, isto graças as inúmeras parcerias com universidades públicas do estado que realizam um trabalho de pesquisa na área da Educação. Após a ampliação da atuação dessa rede privada na organização da formação continuada de professores a nível municipal, foi drástica a diminuição de formações ministradas por professores e pesquisadores da educação básica, com enfoque na Educação Pública, ao criar uma lacuna em torno da formação continuada da rede pública de ensino e ao se distanciar, cada vez mais, das necessidades históricas pertinentes ao processo formativo e de valorização profissional dos docentes (Ximenes; Melo, 2022).

BNCC e os desafios para uma efetiva valorização profissional docente

A aprovação da BNCC, a nível nacional, foi conduzida de forma que todos os debates realizados, anteriormente, em torno da elaboração do documento fossem desconsiderados. Ignoraram a coletividade e o caráter democrático existente no movimento de luta dos educadores em defesa por uma educação pública que promova a cidadania, evidenciando o distanciamento que os governos conservadores tomaram em relação às políticas públicas relacionadas a educação e a decorrente desvalorização da profissão docente. Sobre esse momento histórico, Ximenes e Melo (2022, p. 747) discorrem:

> Nesse cenário marcado por contradições, por discursos de ódio e ataques aos professores e à escola pública, por meio da resolução CNE/CP n.º 2, de 22 de dezembro de 2017, foi aprovada a Base Nacional Curricular Comum (BNCC) para a Educação Básica. O documento aprovado sofreu duras críticas e oposição dos educadores e das associações do setor educacional que historicamente lutam em defesa da educação pública e democrática, uma vez que não repre-

senta a concepção de Base Comum Nacional construída coletivamente pelo diálogo entre as entidades acadêmicas, científicas e sindicais da área educacional.

Ao considerar o aporte teórico da base, qual seja, a pedagógica das competências, que se alinha com os propósitos neoliberais e empresariais, e que se efetiva no estabelecimento de uma gestão pública gerencialista (Silva; Silva; Santos, 2016), é deflagrada uma nova forma de gerir o trabalho docente, ao retirar o protagonismo, o que faz com que a carreira docente esteja profundamente afetada e incida na valorização profissional (Moreira, 2018).

É notável que a valorização do trabalho docente por vias salariais encontra-se comprometida, inclusive neste município. Muitos estados e municípios não cumprem com os reajustes estabelecidos anualmente em relação ao piso salarial dos professores ou ignoram seus planos de carreira vigentes, o que culmina no gradual achatamento dos salários, o que tem gerado descontentamento por parte dos profissionais da educação.

Ademais, outros fatores contribuem para o processo de esfacelamento da educação pública e depreciação da ação docente: ausência de manutenções prediais nas unidades de ensino; sucateamento de materiais pedagógicos, didáticos e tecnológicos, assim como a não reposição ou demora para aquisição dos mesmos; morosidade nos processos de contratação de profissionais devidamente qualificados, a fim de evitar a sobrecarga dos demais servidores, inclusive das equipes diretivas e pedagógicas; além da falta de realização de concursos públicos, a fim de perfazer a quantidade adequada de funcionários efetivos nas unidades de ensino.

É notório que as atuais políticas educacionais vão à contramão da função social do professor, reduzindo-o a quem executa o serviço educacional ajustado ao ideário reprodutivista da BNCC. Desconsideram o planejamento e a organização do trabalho, bem como seus reais enfrentamentos no cotidiano escolar, numa tentativa de silenciar aqueles que se defrontam vigorosamente com as adversidades, e que defendem uma educação que transforme o cenário social de toda a comunidade escolar.

Considerações finais

A discussão sobre o processo de elaboração, aprovação e execução da BNCC se faz atual e necessária. A complexidade da concepção de um documento dessa natureza impetra diversos questionamentos que possuem total relação com o trabalho educativo a ser realizado em sala de aula.

O exercício de reflexão oportunizado por esta Proposta Formativa me levou a uma compreensão da atual conjuntura política e social que o sistema educacional brasileiro se encontra. Além disso, foi possível compreender a necessidade da continuidade pela luta em defesa de uma educação pública que se opunha aos interesses neoliberais.

Inseridos no ambiente educacional, os alunos precisam ser reconhecidos como sujeitos sociais detentores de direitos, a fim de que independentemente de classe social, raça, inserção espacial, possam almejar e agir em prol da transformação social.

Referências

BARBOSA, Ivone Garcia; SILVEIRA, Telma Aparecida Teles Martins; SOARES, Marcos Antônio. A BNCC da educação infantil e suas contradições: regulação versus autonomia. *Revista Retratos da Escola*, Brasília, v. 13, n. 25, p. 77-90. Disponível em: https://retratosdaescola.emnuvens.com.br/rde/article/view/979. Acesso em: 18 jan. 2024.

CAETANO, Maria Raquel. Agora, o Brasil tem uma Base! A BNCC e as Influências do Setor Empresarial. Que Base? *Educação em Revista*, Marília, v. 21, n. 02, p. 65-82, 2020. Disponível em: https://doi.org/10.36311/2236-5192.2020.v21n02.06.p65. Acesso em: 18 jan. 2024.

DOURADO, Luiz Fernandes; OLIVEIRA, João Ferreira de. Base Nacional Comum Curricular (BNCC) e os cotidianos das escolas: relações possíveis? *In*: AGUIAR, Márcia Angela da Silva Aguiar; DOURADO, Luiz Fernandes. *A BNCC na contramão do PNE 2014-2024:* avaliação e perspectivas. Recife: Anpae, 2018, p. 38-43.

MOREIRA, Jani Alves da Silva. Reformas Educacionais e Políticas Curriculares para a Educação: prenúncios e evidências para uma resistência ativa. *Germinal*: marxismo e educação em debate, Salvador, v. 10. n. 2, p. 199-2013, 2018. Disponível em: https://doi.org/10.9771/gmed.v10i2.27355. Acesso em: 10 mar. 2024.

PINA, Leonardo Docena; GAMA, Carolina Nozella. Base Nacional Comum Curricular: Algumas Reflexões a partir da Pedagogia Histórico-Crítica. *Trabalho Necessário*, Niterói, v. 18, n. 36, 2020. Disponível em: https://periodicos.uff.br/trabalhonecessario/article/view/42813. Acesso em: 3 mar. 2024.

SILVA, Givalnildo da; SILVA, Alex Vieira da; SANTOS; Inalda Maria dos. Concepções de Gestão pós LDB: O gerencialismo e a gestão democrática. *Revista Retratos da*

Escola, Brasília, v. 10. n. 19, p. 533-549, 2016. Disponível em: https://retratosdaescola.emnuvens.com.br/rde/article/view/673. Acesso em: 10 mar. 2024.

TUTTMAN, Malvina Tania; AGUIAR, Marcia Angela. A construção da BNCC da educação infantil e do ensino fundamental: uma visão crítica. *In*: SIQUEIRA, Ivan Claudio Pereira. *BNCC*: educação infantil e ensino fundamental – processos e demandas no CNE. São Paulo: Fundação Santillana, 2019, p. 81-94.

XIMENES, Priscilla de Andrade Silva; MELO, Geovana Ferreira. BNC – Formação de Professores: da completa subordinação das políticas educacionais à BNCC ao caminho da resistência propositiva. *Revista Brasileira de Estudos Pedagógicos*, Brasília, v. 103, n. 265, p. 739, 2022. Disponível em: https://doi.org/10.24109/2176-6681.rbep.103i265.5112. Acesso em: 3 mar. 2024.

GESTORES ESCOLARES E A FORMAÇÃO CIDADÃ COM BASE NA BNCC: DOCUMENTO ORIENTADOR DO PPP

Joelma do Socorro de Oliveira Souza

Introdução

Paragominas, município do Pará, localizado no sudeste do estado, tem uma população de cerca de 115.838 habitantes em uma área de 19.342,565 km². Fundada em 23 de janeiro de 1961 por Célio Resende de Miranda, diferentemente de outros municípios paraenses estabelecidos por missões jesuítas portuguesas, a cidade recebeu seu nome da seguinte forma: Para (Pará) + Go (Goiás) + Minas (Minas Gerais).

Inicialmente focado na atividade pecuária, o município hoje tem sua economia voltada para o agronegócio, embora mantenha a pecuária como parte de sua base econômica. Com índice de desenvolvimento humano municipal (IDHM) de 0,645 em 2010, a cidade busca melhorar a qualidade de vida de sua população, enfrentando desafios comuns a muitos municípios do Pará.

Do ponto de vista de sua história educacional, Paragominas evoluiu gradualmente, com desafios e superações nas gestões públicas municipais. A partir de 1997, a educação no município começou a mudar, com incentivos de políticas públicas do governo federal, marcando uma nova fase.

Nesse contexto, atuo como gestora escolar numa trajetória de quase três décadas de experiência em escolas públicas do município, e destaco a importância de promover processos educativos significativos para os alunos, baseados em suas realidades e necessidades. Meu desejo é contribuir para uma sociedade mais justa por meio da educação, mantendo vivo esse entusiasmo desde o início de minha carreira, ao ser influenciada por valores familiares que sempre enfatizaram a educação como ferramenta de transformação pessoal.

Ao mesmo tempo, reconheço a importância de investir na minha formação acadêmica, assim como de ter sido influenciada por renomados autores e estudiosos da área de Educação, em especial aqueles que interseccionam com as práticas de gestão, enquanto possibilidades para a melhoria na formação profissional e no meu desenvolvimento pessoal.

Esses motivos me conduziram a participar dessa intervenção formativa sobre o processo de construção da Base Nacional Comum Curricular (BNCC) enquanto política pública da educação no Brasil. Inclusive, busco um entendimento mais crítico de todo esse processo, as possíveis falhas e acertos, e a melhor forma de aplicar essa referência com o cotidiano escolar, tendo já compreendidas as anuências acerca da BNCC, embora ainda com uma análise superficial.

Ao longo desses anos, enfrentei desafios buscando implementar mudanças e melhorias significativas na aprendizagem dos alunos, tendo como aliados a intuição, alguns conhecimentos sobre gestão e a participação em programas de formação. Com a crença da importância da reflexão teórica aliada à prática pedagógica, defendo a transformação da sociedade por meio de um processo educativo dialógico, perspectiva que se fortaleceu, ainda mais, ao longo da intervenção mencionada.

Tal caminho me permitiu ousar em algumas reflexões, o que foi possibilitado pelo acesso a conhecimentos aprofundados sobre o documento referência da BNCC, embasados por autores como: Anjos (2020); Barbosa, Silveira e Soares (2019); Costa (2022); Gontijo, Costa e Perovano (2020); Moreira (2018); Parente e Villar (2020); Pina e Gama (2020); Silva, Silva e Santos (2020); Ximenes e Melo (2022), entre outros.

Teóricos estes e discussões que, de alguma forma, me inspiraram a compartilhar neste capítulo a importância da atuação do gestor escolar, trazendo luz, para esse papel definidor na garantia da aprendizagem e na implantação de políticas públicas educacionais brasileiras. Nesse sentido, tenho cada vez mais certeza de trilhar um caminho cada dia mais assertivo.

No presente capítulo trago não só o papel que nós, gestores/as escolares, desempenhamos, mas também um pequeno recorte de práticas necessárias ao pensar a revisão do Projeto Político Pedagógico (PPP)[25] nos diferentes contextos escolares, ação necessária a partir do documento da BNCC, ao considerar a reformulação dos currículos locais e da proposta pedagógica das escolas.

---

[25] Documento que define a identidade da escola, estabelece o fazer pedagógico e indica caminhos para ensinar com qualidade, equidade, diversidade e inovações pedagógicas (Souza, 2024).

O papel dos gestores escolares na aprendizagem dos alunos a partir da BNCC

O trabalho educativo na educação básica perpassa por práticas conduzidas por profissionais que desempenham diferentes funções no espaço escolar. Ou seja, os gestores escolares têm enquanto missão impulsionar processos cada vez mais democráticos e definidores na aprendizagem dos alunos.

Não é de agora que esses profissionais foram percebidos como primordiais para atingir resultados mais efetivos de ensino e aprendizagem. Porém, recentemente, estudos e pesquisas têm evidenciado mais esse papel, já que há comprovação de que se os gestores conferem melhor qualidade aos processos educacionais, a partir de seu engajamento e das diferentes habilidades identificadas e que, se bem conduzidos, poderão ter um diferencial significativo na formação dos alunos (Müller, 2016). Ao considerar tais aspectos, Azziz *et al.* (2019, p. 9, tradução nossa) aponta:

> [...] que no caso da educação básica, a gestão tem papel estratégico. Portanto, é interessante demonstrar que "desenvolver lideranças para a gestão escolar é imprescindível para que os líderes escolares possam gerar mudanças no sistema escolar, fomentar propostas pedagógicas inovadoras, para que estejam em sintonia com o que está sendo proposto em nível mundial".

Logo, ao considerar a implementação da BNCC, desde 2017, enquanto política pública da educação básica, as escolas necessitam de gestores que possam coordenar esse processo de implementação do documento de referência na revisão e/ou reestruturação do PPP, de forma articulada, organizada e com críticas aos seus processos e procedimentos, a fim de garantir uma efetiva discussão dentro da escola.

Nesse contexto, o gestor escolar possui papel fundamental na implementação e desenvolvimento de políticas públicas nos diferentes contextos educacionais, com uma participação ativa, seja na garantia de condições de trabalho, na organização dos espaços, na oportunidade de momentos de estudos (formação continuada), assim como fomentar um trabalho em equipe colaborativo e garantir também um acesso democrático e atuante dos estudantes. O fato é que a gestão escolar tem uma responsabilidade estratégica na implantação do que orienta a BNCC enquanto garantia da melhoria da aprendizagem dos alunos.

O documento, de acordo com o discurso governamental, estabelece os conhecimentos, competências e habilidades essenciais que todos os estudantes brasileiros devem desenvolver ao longo da educação básica (Brasil, 2017). Nesse processo de implantação da BNCC, os gestores escolares precisam estar atentos a alguns pontos-chave.

É essencial que a equipe gestora promova práticas de formação continuada dos professores, a fim de capacitá-los para compreender os princípios da BNCC em suas ações pedagógicas. Além disso, a gestão escolar deve incentivar a participação de toda a comunidade escolar no processo de implementação da BNCC, para que as ações estejam alinhadas com as necessidades e realidades locais. Por fim, é importante que os gestores acompanhem de perto a execução de reorganização do PPP, de maneira que sejam promovidas avaliações constantes e ajustes necessários.

A revisão/reconstrução do PPP a partir da BNCC

A BNCC orienta a educação básica no Brasil, estabelece competências e habilidades que os estudantes devem desenvolver ao longo de sua trajetória escolar (Brasil, 2017). No contexto da gestão escolar, a fim de promover a melhoria da qualidade da educação, há que se assegurar momentos de estudo e compreensão aprofundada e uma visão crítica sobre o documento.

A gestão escolar deve criar e implementar políticas e práticas que incentivem e viabilizem a participação nas discussões dos processos educacionais, em especial dos professores, pois são eles que atuam diretamente em sala de aula, tendo participação efetiva na construção do conhecimento dos alunos e em momentos de reconstrução do PPP.

Para que essa revisão e/ou reconstrução seja eficaz, é essencial que haja um alinhamento entre as necessidades da escola, as demandas da comunidade e as expectativas dos educadores e dos alunos. Assim, a gestão escolar desempenha um papel crucial na identificação dessas necessidades e na busca por soluções que atendam a todos os envolvidos no processo educacional.

Além disso, é importante que o processo de revisão seja contínuo e personalizado, levando em consideração as particularidades dos alunos, a equipe docente e as especificidades do contexto escolar. Tendo esses pontos como guia, a revisão do PPP requer uma construção atenciosa, mobilizada aqui em dez estratégias que foi possível desenhar e desenvolver durante essa intervenção formativa acerca da BNCC, enquanto diretora escolar na unidade em que atuo, conforme a Figura 1.

Figura 1 – Estratégias/Etapas de Gestão Escolar na revisão do PPP a partir da BNCC

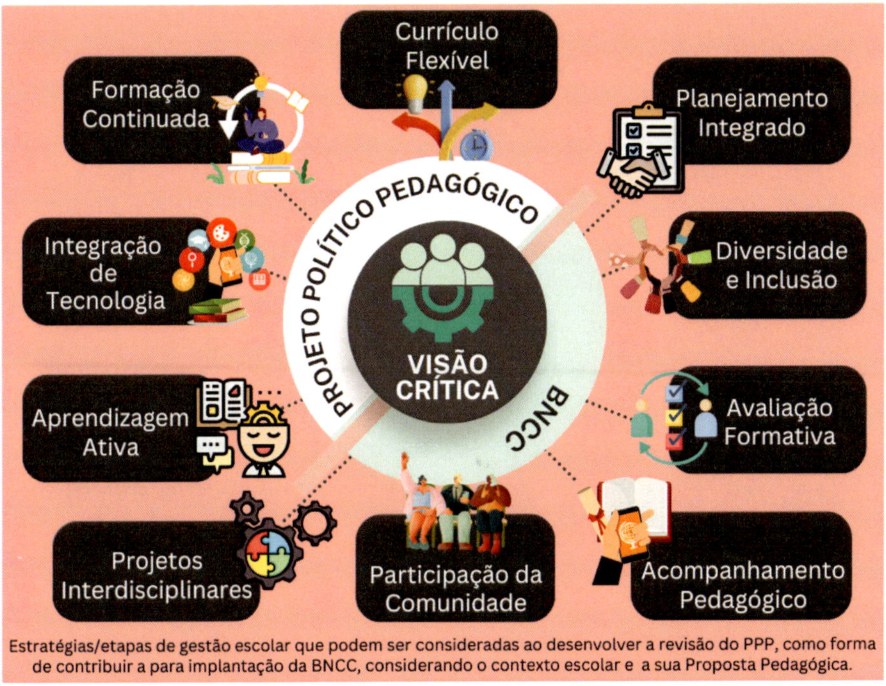

Estratégias/etapas de gestão escolar que podem ser consideradas ao desenvolver a revisão do PPP, como forma de contribuir a para implantação da BNCC, considerando o contexto escolar e a sua Proposta Pedagógica.

Fonte: a autora (2024)

Tais estratégias e/ou etapas, como destacado na Figura 1, podem variar de ordem, dependendo de cada espaço escolar, instituição ou pessoas responsáveis por esse processo, sem ter uma escala de prioridade. Ao mesmo tempo, é importante salientar que elas deverão estar alinhadas ao objetivo principal de cada instituição, à necessidade da comunidade e à equipe docente de cada escola, ao seguir uma proposta que sintetize melhor cada estratégia/etapa.

As dez estratégias de gestão escolar que podem ser consideradas ao desenvolver a revisão do PPP, como forma de contribuir para implantação da BNCC, compreende os diferentes contextos escolares e as suas Propostas Pedagógicas:

1. *Planejamento Integrado*: alinhar o planejamento escolar com as competências e habilidades da BNCC, para garantir que todas as áreas do conhecimento sejam contempladas, além de investir numa reflexão do papel do professor neste processo.

2. *Formação Continuada*: investir na formação continuada dos professores para que compreendam e saibam como trabalhar com a BNCC em sala de aula, oferecendo-lhes referências e momentos de reflexão para compartilhar suas práticas e conhecimentos construídos a partir das diferentes formas de ensinar e aprender.

3. *Avaliação Formativa*: utilizar a avaliação como uma ferramenta para acompanhar o desenvolvimento das competências previstas na BNCC e promover intervenções pedagógicas quando necessário, considerando a avaliação como um meio para melhorar as aprendizagens e a proposta metodológica de sala de aula.

4. *Currículo Flexível*: adaptar o currículo escolar para atender às necessidades dos estudantes, levando em consideração suas individualidades, ritmos e formas de aprendizagem, considerando o professor como autor do seu planejamento e elaboração de material didático-pedagógico.

5. *Integração de Tecnologias*: utilizar recursos tecnológicos para enriquecer o processo de ensino e de aprendizagem, promovendo a inclusão digital dos alunos, oferecendo-lhes o suporte necessário a partir das necessidades e dos avanços obtidos nas aprendizagens.

6. *Participação da Comunidade*: envolver a comunidade escolar (pais, responsáveis, comunidade local) no processo educativo, a fim de promover uma gestão democrática e participativa, dando-lhes vez e voz nas propostas pedagógicas, para acompanhar e avaliar as práticas desenvolvidas pela escola, por meio de rodas de conversa e questionários de satisfação.

7. *Diversidade e Inclusão*: garantir que a escola seja um espaço inclusivo, que respeite a diversidade, e promova a equidade entre os estudantes, com clima e ambiente acolhedor.

8. *Projetos Interdisciplinares*: promover a integração entre as disciplinas por meio de projetos que estimulem a resolução de problemas reais e o desenvolvimento de habilidades transversais e socioemocionais, favorecendo ambientes colaborativos dentro e fora das salas de aulas.

9. *Aprendizagem Ativa*: incentivar metodologias que coloquem o aluno como protagonista do processo de aprendizagem, estimulando e incentivando a curiosidade, a autonomia, o senso crítico, o trabalho coletivo e a investigação.

10. *Acompanhamento Pedagógico*: realizar um acompanhamento próximo do desempenho dos alunos, identificando suas dificuldades e potencialidades, oferecendo suporte pedagógico adequado aos professores para o desenvolvimento/problematização da BNCC.

Considerações finais

A gestão escolar desempenha um papel fundamental na promoção e desenvolvimento das políticas educacionais, sendo o gestor ou a gestora um dos profissionais da educação que contribuem com os processos de ensino e aprendizagem. O adequado desempenho de suas atribuições garante que a escola esteja atualizada e discuta sua proposta pedagógica, para enfrentar os desafios da prática. Nesse sentido, corrobora-se com a afirmação de Luck (2009, p. 22):

> Os gestores escolares, constituídos em uma equipe de gestão, são os profissionais responsáveis pela organização e orientação administrativa e pedagógica da escola, da qual resulta a formação da cultura e ambiente escolar, que devem ser mobilizadores e estimuladores do desenvolvimento, da construção do conhecimento e da aprendizagem orientada para a cidadania competente (Luck, 2009, p. 22).

Dessa forma, espera-se ter fomentado algumas possibilidades de pensar na revisão e/ou reestruturação do PPP das escolas, com base também nas competências acionadas pelos gestores em seu fazer diário.

Espera-se que este capítulo possa servir de inspiração para quem tem interesse na temática, e principalmente sirva de prática mobilizadora de revisão e/ou adequação dos PPP, ao contribuir com processos educacionais mais intencionais que vislumbrem uma revisão sobre o papel da escola a partir de documentos de políticas educacionais.

Referências

ANJOS, Ricardo Eleutério dos. Base Nacional Comum Curricular e educação escolar de adolescentes: uma análise baseada na pedagogia histórico-crítica e na psicologia histórico-cultural. In: MALANCHEN, Julia; MATOS, Neide da Silveira Duarte dos; ORSO, Paulino José (org.). A pedagogia histórico-crítica, as políticas educacionais e a Base Nacional Comum Curricular. Campinas, SP: Autores Associados, 2020. p. 179-206.

AZZIZ, Ricardo; HENTSCHKE, Guilbert; JACOBS, Lloyd; JACOBS, Bonita. Strategic mergers in higher education. Baltimore: Johns Hopkins University Press, 2019.

BARBOSA, Ivone Garcia; MARTINS SILVEIRA, Telma Aparecida Teles Martins; SOARES, Marcos Antônio. A BNCC da educação infantil e suas contradições: regulação versus autonomia. *Retratos da Escola*, [*S. l.*], v. 13, n. 25, p. 77-90, 2019. DOI: 10.22420/rde.v13i25.979. Disponível em: https://retratosdaescola.emnuvens. com.br/rde/article/view/979. Acesso em: 19 mar. 2024.

BRASIL. Resolução CNE/CP N.º 2, de 22 de dezembro de 2017. Ministério da Educação. *Base Nacional Comum Curricular*. BNCC. Brasília, DF, 2017.

COSTA, Dimo Vilanova da. A Base Nacional Comum Curricular (BNCC) do ensino médio: entre os interesses neoliberais e possibilidades de formação humana. *Conjecturas*, [*S. l.*], v. 22, n. 5, p. 949-964, 2022. DOI: 10.53660/CONJ--1066-Q04. Disponível em: https://conjecturas.org/index.php/edicoes/article/view/1066. Acesso em: 19 mar. 2024.

DUARTE, Newton. Um montão de amontoado de muita coisa escrita. Sobre o alvo oculto dos ataques obscurantistas ao currículo escolar. *In:* MALANCHEN, J.; MATOS, N. S. D.; ORSO, P. J. (org.). *A pedagogia Histórico-Crítica, as políticas educacionais e a Base Nacional Comum Curricular*. Campinas, SP: Autores Associados, 2020. p. 31-45.

GOIS, Antônio. *Líderes na escola*: o que fazem bons diretores e diretoras, e como os melhores sistemas educacionais do mundo os selecionam, formam e apoiam. São Paulo: Moderna, 2020.

GONTIJO, Cláudia Maria Mendes; COSTA, Dania Monteito Vieira; PEROVANO, Nayara Santos. Alfabetização na Base Nacional Comum Curricular (BNCC). *Pro-Posições*, Campinas, v. 31, p. e20180110, 2020. Disponível em: http://dx.doi.org/10.1590/1980-6248-2018-0110. Acesso em: 30 abr. 2024.

LUCK, Heloísa. *Dimensões de Gestão escolar e suas competências*. Curitiba: Ed. Positivo, 2009.

MOREIRA, Jani Alves da Silva. Reformas educacionais e políticas curriculares para a educação básica: prenúncios e evidências para uma resistência ativa. *Germinal*: marxismo e educação em debate, Salvador, v. 10, n. 2, p. 199-213, ago. 2018. Disponível em: https://doi.org/10.9771/gmed.v10i2.27355. Acesso em: 2 maio 2023.

MÜLLER, Alcione. *Princípios de boas práticas de gestão escolar a partir de uma escola da região metropolitana de Porto Alegre*. 2016. 88f. Dissertação (Mestrado em Educação) – Centro Universitário La Salle, Canoas, 2016.

PARENTE, Juliano Mota; VILLAR, Lourdes Belén Espejo. Los sistemas educativos en el contexto de la transición de la Nueva Gestión Pública a la Post Nueva Gestión Pública: estudio comparado entre Brasil y España. *Educar em Revista*, v. 36, p. e67115, 2020. Disponível em: http://dx.doi.org/10.1590/0104-4060.67115. Acesso em: 8 abr. 2024.

PINA, Leonardo Docena; GAMA, Carolina Nozella. Base Nacional Comum Curricular: algumas reflexões a partir da pedagogia histórico-crítica. *Nuances*: estudos sobre Educação, p. 78-102, 2020. Disponível em: https://doi.org/10.32930/nuances.v31iesp.1.8290. Acesso em: 22 mar. 2024.

SILVA, Givanildo da; SILVA, Alex Vieira da; SANTOS, Inalda Maria dos. Concepções de gestão escolar pós–LDB: O gerencialismo e a gestão democrática. *Retratos da Escola*, Brasília, v. 10, n. 19, p. 533-549, 2016. Disponível em: https://retratosdaescola.emnuvens.com.br/rde/article/view/673. Acesso em: 22 mar. 2024.

SOUZA, Joelma do Socorro de Oliveira. *Boas práticas de gestão escolar no município de Paragominas/PA, com base nas competências do(a) gestor(a)*. 2024. 175f. Dissertação (Mestrado em Educação), Universidade Federal do Pará, Belém, 2024.

XIMENES, Priscilla de Andrade Silva; MELO, Geovana Ferreira. BNC – Formação de Professores: da completa subordinação das políticas educacionais à BNCC ao caminho da resistência propositiva. *Revista Brasileira de Estudos Pedagógicos*, Brasília, v. 103, n. 265, p. 739, 2022. Disponível em: https://doi.org/10.24109/2176-6681.rbep.103i265.5112. Acesso em: 3 mar. 2024.

A BNCC E SUAS IMPLICAÇÕES PARA VOOS DE AMPLITUDE NA EDUCAÇÃO INFANTIL

Valéria Aparecida Bressianini

O galgar das asas: introdução

Esta produção trata sobre a Base Nacional Comum Curricular (BNCC) e suas implicações para a educação infantil, quanto ao desenvolvimento educacional das crianças e as influências no trabalho educacional e formação de professoras e professores que atuam com a educação da primeira infância.

Apresenta-se aqui o Centro Municipal de Educação Infantil Carolina Fernandes Dias, localizado no município de Ivatuba, região Noroeste do estado do Paraná. Trata-se de uma instituição de ensino que pertence a Secretaria Municipal de Educação e tem como órgão mantenedor a Prefeitura Municipal de Ivatuba. O município ao qual o CMEI pertence não dispõe de sistema próprio de ensino e encontra-se subordinado ao Núcleo Regional de Educação de Maringá/PR.

A edificação atual do CMEI passou por reformas, e, embora disponha de bom espaço, ainda é insuficiente para atender todos os educandos, que totalizam 123 matriculados. Por falta de salas de aulas no atual prédio, foi necessário alojar duas turmas na antiga creche Padrão 90.

Os dois prédios, de localidade muito próxima, permitem fazer o trânsito das crianças entre um local e outro. Embora não seja o procedimento correto, pois o Núcleo Regional de Educação, não permite essa dinâmica de salas dispostas em prédios distintos.

A instituição de ensino conta com espaço externo, onde se desenvolvem diversificadas atividades pedagógicas. Dispõe de um pátio cimentado, um espaço com gramado, um recinto com terra onde as crianças exploram uma pequena horta e um parque que foi revitalizado para melhor atender os infantes.

O município de Ivatuba é caracterizado como de pequeno porte. Segundo informações da Secretaria de Administração, há 2.708 habitantes. A base econômica da localidade é a agricultura, com o cultivo de grãos como soja e milho.

Os motivos geradores de interesse em participar da intervenção formativa sobre o processo de materialização da BNCC na realidade brasileira surgiram de modo particular, enquanto gestora escolar, ao perceber a superficialidade apresentada quanto aos conteúdos exibidos para a educação infantil. O documento não atende às especificidades educacionais das crianças.

Com a realização dos encontros de Intervenção Formativa "A BNCC e as políticas educacionais em diferentes estados brasileiros: materialização nos currículos e intervenção formativa gestores escolares", ocorrida no segundo semestre do ano de 2023, foi possível ampliar significativamente a compreensão sobre o que se pretende com as reformas das políticas educacionais no país: tornar as escolas "gaiolas".

Em prol de uma educação que torne os sujeitos críticos e interventores de sua própria realidade, é necessário lutar em direção ao "[...] incentivo dos voos" para a promoção da liberdade, já na escola da infância (Alves, 2002, p. 29).

Este capítulo abordará questões pertinentes à hegemonia do Banco Mundial e a implantação da BNCC na educação infantil. Uma política curricular com imprecisões, que dificulta a formação integral das crianças da primeira infância e de suas professoras e professores.

Os voos contidos: a hegemonia do Banco Mundial e as estratégias utilizadas para o nivelamento da educação

Em nome da manutenção do capital, há aqueles que defendem que a educação deve ser comercializada e vendida como um produto. Apresenta-se aqui alguns fatores que contribuíram para a efetivação das reformas educacionais em trânsito no Brasil, responsáveis por promover mudanças radicais no âmbito educacional brasileiro.

Iniciadas as reformas educacionais na década de 1990, observa-se como o sistema neoliberal tem interferido na cultura dos sujeitos, de modo a direcioná-la segundo os interesses do mercado econômico. Planejamentos e execuções ocorrem justamente no contexto educacional desde a primeira infância, com a intenção de moldar o indivíduo para atender uma demanda de mercado.

Como descrito por Shiroma, Moraes e Evangelista (2004), a educação é vista como estratégia para a diminuição de problemas socioeconômicos. Dessa forma, as reformas educacionais ocorridas no Brasil, defendem políticas de educação básica às crianças e aos jovens, com ênfase na educação para o trabalho. Nessa perspectiva ocorrem mudanças nos currículos educacionais, bem como nas políticas de formação para professores, que colaboram para uma formação mínima tanto para educadores, como para educandos.

> O objetivo é convencer o professor a envolver-se nas reformas do sistema, a ter confiança nas inovações e sobretudo, nas vantagens em aderir às medidas que assegurem possíveis mecanismos de recompensa aos que obtiverem melhores resultados entre os alunos (Shiroma; Moraes; Evangelista, 2004, p. 59).

Observam as autoras que o totalitarismo não se faz presente somente nos locais onde os totalitários se apoderam do poder, mas também de forma mascarada, nas instituições consideradas democráticas, sobretudo quando assumem formas perversas e desumanas de atendimento educacional.

Para Shiroma, Moraes e Evangelista (2004), nessa nova organização econômica, o mercado financeiro é o controlador das leis políticas e econômicas nacionais e além-fronteiras, a partir dos direcionamentos dos organismos internacionais, tais como o Banco Mundial (BM).

Segundo as autoras, o BM apresenta poder sobre os países periféricos, dispõe de recursos econômicos e o treinamento de seus colaboradores para capacitar outras nações, com lema voltado para o desenvolvimento socioeconômico. Considerada uma agência financeira atuante, sua origem remonta o ano de 1944, nos Estados Unidos, final da Segunda Grande Guerra. Sua criação teve como fundamento principal a reestruturação econômica que se encontrava bastante fragilizada no período final do pós-Guerra Mundial (Shiroma; Moraes; Evangelista, 2004).

> Surgido no pós-guerra, o Banco Mundial é um organismo multilateral de financiamento que conta com 176 países mutuários, inclusive o Brasil. Entretanto, são cinco os países que definem suas políticas: EUA, Japão, Alemanha, França e Reino Unido. Esses países participam com 38,2% dos recursos do Banco. Entre eles, os EUA detêm em torno de 20% dos recursos gerais e o Brasil aproximadamente 1,7%. A liderança norte-americana se concretiza também com a ocupação da presidência e pelo poder de veto que possui. Na verdade, o Banco Mundial tem sido auxiliar da política externa americana (Shiroma; Moraes; Evangelista, 2004, p. 61).

O BM é formado por outros cinco órgãos: Banco Internacional para Reconstrução e Desenvolvimento (Bird); Associação Internacional de Desenvolvimento (IDA); Corporação Financeira Internacional (IFC); Agência Multilateral de Garantia de Investimentos (Miga); e Parceria Global para Mecanismos Sociais de Prestação de Conta (GPSA) (Shiroma; Moraes; Evangelista, 2004).

É pertinente considerar que as estratégias hegemônicas assim se fazem por garantia de um poder dominante, na forma de regulação e colonialismo, na manobra das massas populares e na retomada da Teoria do Capital Humano[26], com ênfase na modernidade.

No âmbito discursivo, o BM adota uma política que defende a gestão democrática e a educação inovadora. Porém, trata-se de uma defesa enganosa, a qual produz, na verdade, uma articulação que permite a entrada do setor privado nas ações públicas. Desestrutura a educação, quando desvia minuciosamente os ideais educacionais para terceiros que não têm como propósito a formação humana e a emancipação dos sujeitos.

De acordo com Silva, Silva e Santos (2016), o Estado se isenta da garantia dos direitos fundamentais, como a educação em suas máximas potencialidades. Oferece uma educação gerencialista que não caminha ao encontro da real necessidade do ser humano, para a promoção de sua humanização.

> A consolidação da administração pública gerencialista foi pensada para todas as esferas da sociedade, viabilizando estratégias que levassem o Estado a ser o idealizador de políticas públicas e os setores sociais, público e privado, se responsabilizassem por sua efetivação. As reformas implementadas tiveram caráter dominante e contribuíram para a exclusão, uma vez que o mercado (poder de compra) era o referencial para as experiências planejadas (Silva; Silva; Santos, 2016, p. 537).

Asseveram os autores que, ao fazer o uso de argumentos que defendem a melhoria na qualidade educacional, estabelece-se uma política reguladora e reducionista da educação. Ou seja, ela reproduz os interesses dos Organismos Internacionais, quando desloca a responsabilidade do Estado para o setor privado, e efetua a governança a partir do Estado mínimo. Para fazer frente a essa perspectiva, reitera-se a defesa pela gestão democrática.

---

[26] Para saber mais consulte Shiroma, Moraes e Evangelista (2004).

> Nesse contexto, diversas foram as propostas populares para consolidar a gestão democrática nas esferas da sociedade brasileira, uma vez que a participação é o principal mecanismo para efetivar as conquistas sociais. A gestão democrática é um desafio na sociedade brasileira, visto que a sua história política, social e cultural é marcada pelas ações de coronelismo, mandonismo, clientelismo e desfavorece atitudes de descentralização do poder, participação nas decisões e autonomia para direcionar as políticas por caminhos que favoreçam a todos (Silva; Silva; Santos, 2016, p. 539).

Para o exercício de uma efetiva gestão democrática, um dos caminhos é a articulação entre comunidade e escola, com o propósito de angariar ações que tenham como princípio, vencer a exclusão e promover o reconhecimento do outro como sujeito de igualdade de posições para as trocas de saberes. A gestão pública gerencial realiza o contrário, propõe a racionalização dos recursos públicos, bem como a expropriação do trabalho humano.

Segundo Moreira *et al.* (2020), a educação tornou-se mecanismo fundamental para a aquisição de um novo padrão de acúmulo de capital, mesmo porque não pode o capitalismo avançar em sociedades com poucos recursos econômicos. A defesa por uma educação que promova a formação para o trabalho também tem por objetivo manter a sociedade distante de conhecimentos mais elaborados. Uma educação voltada para o desenvolvimento humano é aquela que se torna responsável por promover uma formação do cidadão crítico, capaz de refletir sobre suas próprias condições e questionar o sistema econômico vigente (Moreira *et al.*, 2020).

> É possível identificar que as recomendações do BM para o Brasil se intensificaram no campo da economia, com vistas ao ajuste dos gastos públicos, a partir do governo Temer. Na área da educação fica notória a intensificação do viés economicista, por meio de políticas austeras de ajuste, assentadas na reformulação do papel do Estado e sua governança corporativa (Moreira *et al.*, 2020, p. 7).

Moreira *et al.* (2020) complementam suas análises a partir do conceito de Estado funcional, que é adotado pelos governos na perspectiva de ser gerador de resultados que, por sua vez, garantem o lucro, o principal objetivo do capitalismo. Políticas educacionais que produzem profissionais com identidades gerenciais, na perspectiva da geração de lucros, formam pessoas para a reprodução do sistema capitalista.

As políticas neoliberais para a educação, expressas pelos Organismos Internacionais, fizeram da educação um negócio. Desse modo, busca-se a concorrência como resultado. O ser humano passa a ser olhado como objeto de mercado. Vejamos agora as implicações da BNCC para a educação infantil.

Liberdade para voar? A BNCC na educação infantil

A educação infantil é compreendida como a primeira etapa da educação básica, tendo em vista "[...] o desenvolvimento integral da criança de até 5 (cinco) anos, em seus aspectos físico, psicológico, intelectual e social, complementando a ação da família e da comunidade" (Brasil, 2017, p. 22).

A Proposta Curricular da educação infantil compreende o currículo como um conjunto de ações mediadoras, no qual se articulam as experiências e saberes das crianças, de suas famílias, dos profissionais e de sua comunidade de pertencimento. Além disso, destacam-se os conhecimentos que fazem parte do patrimônio cultural, artístico, científico e tecnológico, ao priorizar o repertório cultural infantil a fim de diversificar os materiais, os espaços e a organização dos ambientes, além de oferecer condições para que as crianças aprendam a conviver, a ser e estar com os outros e consigo mesmo, de respeito e de confiança.

Com as novas políticas educacionais, não é mais possível falar do CMEI sem citar a BNCC e seus reflexos para o desenvolvimento do trabalho pedagógico de professoras e professores e para o desenvolvimento educacional dos infantes.

Percebe-se que a referida política curricular, atrelada aos preceitos neoliberais, promove uma formação para a reprodução do sistema capitalista, já na primeira infância. Esse modelo educacional interferiu fortemente na constituição curricular do CMEI mencionado na primeira subseção. Verifica-se que com a BNCC transcorre a ausência de conhecimentos que dão condições para promover a autonomia e a emancipação dos sujeitos envolvidos no processo educacional infantil, em função do modo superficial em que os conteúdos são apresentados.

Tendo em vista que o CMEI Carolina Fernandes Dias é uma instituição pequena, localizada em um município reduzido, esta característica favoreceria a realização de atividades que vão além dos muros escolares. Porém, o próprio documento acaba por se contradizer, tendo em vista que as avaliações em larga escala, realizadas no ensino fundamental, interferem na mediação dos saberes e preconiza a escolarização da infância.

As reformas educacionais trazem um discurso de melhoria educacional, entretanto, percebe-se que ocorre o contrário. Se apresenta de maneira imediatista aos professores que, por sua vez, intencionalmente, desfrutam de formações segundo os ideais do sistema econômico. A implantação de políticas curriculares que mobilizem os conhecimentos por meio do domínio de competências e habilidades, termos empresariais instituídos no documento, não privilegiam os conhecimentos científicos, e promovem a marginalização do ensino na educação infantil (Caetano, 2020).

Para Caetano (2020), a implantação da BNCC, e a mediação pedagógica na educação infantil, se tornou fragilizada. Houve retrocesso no processo educacional dessa etapa da educação. Torna-se insuficiente para suprir as necessidades do trabalho pedagógico de professoras e professores, como pesquisadores e formadores humanos.

Formações para docentes desvinculadas da realidade dos infantes e das necessidades específicas dessa etapa da educação são ofertadas pela iniciativa privada, e colocam em risco o real propósito da educação infantil, que é garantir vivências ricas e experiências diferenciadas, asseguradas pelas pesquisas científicas.

> A privatização da educação, como tendência, dá-se tanto de forma direta como indireta. Essa disposição instala uma série de mecanismos de mercado no próprio funcionamento da política pública e pode ser transferida ao currículo, elemento chave na definição do ensino na iniciativa privada. Também podem estar relacionadas à contratação de outros serviços privados nas escolas públicas, como, por exemplo, a formação de professores e gestores; a contratação de consultorias educacionais e serviços de avaliação, entre outros (Caetano, 2020, p. 68).

A partir das contribuições de Caetano (2020) e na expectativa de interpretar a BNCC e desenvolver um trabalho emancipador no CMEI, é necessário ter um olhar aprimorado quanto ao currículo. Há que se assegurar uma leitura minuciosa com relação a compreensão sobre quais conhecimentos as crianças necessitam ter acesso, para que alcancem um desenvolvimento educacional adequado a idade, além de permitir responder aos desafios do cotidiano.

Caetano (2020) complementa, para alcançar um trabalho de excelência e atender as crianças, segundo os seus direitos de aprendizagem, são necessárias análises constantes das entrelinhas do documento da BNCC. Para tanto, é crucial que se realizem investimentos em formação para os docentes, a fim de que ampliem suas visões com relação ao currículo da educação infantil. Essa formação para docentes, com raras exceções, só poderá ocorrer se vier das universidades públicas, as verdadeiras produtoras de conhecimentos sobre a educação infantil no Brasil.

De acordo com Barbosa, Silveira e Soares (2019), é necessário enxergar para além do que está escrito. Não há prática desvinculada de uma teoria. A BNCC não é currículo, e não pode ser considerada currículo, pois não cita teorias educacionais que efetivamente promovam o desenvolvimento educacional dos infantes da educação infantil. "Assim, o que era para ser uma referência, passou a ser uma prescrição curricular — tendente à homogeneização de conteúdos e organização da educação infantil no Brasil —, contrariando a autonomia garantida na LDB de 1996" (Barbosa; Silveira; Soares, 2019, p. 82).

A BNCC promove a negação da ciência e a regulação dos saberes. A base não apresenta uma concepção de educação justa para a sociedade brasileira. E a educação ofertada desde a mais tenra idade se encontra poluída por teorias negacionistas que visam treinar os educandos desde muito pequenos para o exercício do trabalho fabril. Ou seja, a BNCC promove o esvaziamento de direitos constitucionais e dos conhecimentos a serem compartilhados em benefício do desenvolvimento humano (Barbosa; Silveira; Soares, 2019).

Voos direcionados: conclusão

A formação humana não é foco da educação apresentada nos documentos das reformas educacionais recentes, a exemplo da BNCC. Os termos e conceitos expostos evidenciam uma educação mercadológica, baseada na competitividade, fazendo com que os sujeitos envolvidos não adquiram capacidade crítica para questionarem o sistema no qual se encontram inseridos.

O movimento desenvolvido pelas reformas educacionais, no Brasil, articulou o empresariamento do Estado e dos indivíduos, além de um mercado econômico que manipula as políticas educacionais.

Para que as escolas não se tornem "[...] gaiolas, mas sim asas" (Alves, 2002, p. 29), é necessário direcionar o voo para práticas de educação que promovam os sujeitos para uma formação crítica, livre de práticas hegemônicas. É significativo pensar, desde a Primeira Infância, sobre uma proposta educacional que caminhe pelo viés do reconhecimento de que a educação é uma ação política e deve acontecer integrada às necessidades de seus atores sociais.

Referências

ALVES, Rubem. *Por uma educação romântica*. Campinas: Papirus, 2002.

BARBOSA, Ivone. Garcia; SILVEIRA, Telma Aparecida Teles Martins; SOARES, Marcos Antônio. A BNCC da educação infantil e suas contradições: regulação versus autonomia. *Retratos da Escola*, Brasília, v. 13, n. 25, p. 77-90, 2019. Disponível em: https://doi.org/10.22420/rde.v13i25.979. Acesso em: 2 dez. 2023.

BRASIL. Ministério da Educação. *Base Nacional Comum Curricular*: Educação é a base. Brasília, DF: MEC, 2018. Disponível em: http://basenacionalcomum.mec. gov. br/images/BNCC_EI_EF_110518_versaofinal_site.pdf. Acesso em: 10 dez. 2023.

BRASÍLIA. *Lei de Diretrizes e Bases da Educação Nacional*. Edição atualizada até março de 2017. Brasília, DF: Senado Federal, Coordenação de Edições Técnicas, 2017. Disponível em: https://www2.senado.leg.br/bdsf/bitstream/handle/ id/529732/lei_de_diretrizes_e_bases_1ed.pdf. Acesso em: 24 nov. 2023.

CAETANO, Maria Raquel. Agora o Brasil tem uma Base! A BNCC e as influências do setor empresarial. Que Base? *Educação em Revista*, Marília, v. 21, n. 2, p. 65-82, 2020. Disponível em: https://doi.org/10.36311/2236-5192.2020.v21n02.06.p65. Acesso em: 14 nov. 2023.

MOREIRA, Jani Alves da Silva; MARTINELI, Telma Adriana Pacífico; SILVA, Renata Valério da; VASCONCELOS, Carolina de Moura. Banco Mundial e as Recomendações Atuais para as Políticas Educacionais no Brasil. *Fineduca – Revista de Financiamento da Educação*, Porto Alegre, v. 10, n. 14, p. 1-19, 2020. Disponível em: https://seer.ufrgs.br/in dex.php/fineduca/article/view/90622/58619. Acesso em: 18 nov. 2023.

SHIROMA, Eneida; MORAES, Maria Célia; EVANGELISTA, Olinda. Os arautos da reforma e a consolidação do consenso. *In:* SHIROMA, Eneida; MORAES,

Maria Célia; EVANGELISTA, Olinda. *Política Educacional*. Rio de Janeiro: DP&A, 2004. p. 53-86.

SILVA, Givanildo da; SILVA, Alex Vieira da; SANTOS, Inalda Maria dos. Concepções de gestão escolar pós–LDB: o gerencialismo e a gestão democrática. *Retratos da Escola*, Brasília, v. 10, n. 19, p. 533-549, 2017. Disponível em: https://doi.org/10.22420/rde.v10i19.673. Acesso em: 15 nov. 2023.

A BASE NACIONAL COMUM CURRICULAR E O PROJETO DE VIDA: UM OLHAR SOBRE O DESENVOLVIMENTO INTEGRAL

Josete Guariento Carvelli

Introdução

Compreendemos que a essência deste trabalho e a escolha do objeto de pesquisa originaram-se das motivações, questionamentos e interesses que foram se desenvolvendo ao longo do nosso processo de formação, assim como da trajetória profissional como supervisora de ensino na rede pública do estado de São Paulo. Entre os cargos públicos existentes na Secretaria da Educação do Estado de São Paulo há o de supervisor de ensino, amparado pelo Artigo 308 da Lei n.º 10.261, de 28 de outubro de 1968, e Resolução SE n.º 50 de 07 de agosto de 2018, com as seguintes atribuições: assessorar, orientar e acompanhar as escolas públicas no planejamento, desenvolvimento e avaliação dos aspectos pedagógicos e de gestão; assessorar o dirigente regional de ensino no planejamento, implementação, monitoramento e avaliação das políticas educacionais; assim como realizar a orientação, acompanhamento, fiscalização e o saneamento dos atos administrativos no âmbito do sistema estadual de ensino (São Paulo, 2018).

Concursada desde 2008, atuo como supervisora de ensino, lotada na Diretoria de Ensino de Santo Anastácio, estado de São Paulo, região Oeste do estado, que tem sob sua jurisdição nove municípios com 23 escolas públicas estaduais que atendem o ensino fundamental ciclo I (anos iniciais), o ciclo II (anos finais) e o ensino médio, dentre elas 15 aderentes ao Programa Ensino Integral[27].

---

[27] O Programa Ensino Integral (PEI) foi instituído pela Lei Complementar n.º 1.164/2012 (São Paulo, 2012), com a implementação do Programa Educação – Compromisso de São Paulo, criado pelo Decreto n.º. 57.571, de 2 de dezembro de 2011 (São Paulo, 2011). A Resolução SE 52/2014 (São Paulo, 2014), que dispõe sobre a organização e o funcionamento das escolas estaduais do Programa Ensino Integral, de que trata a Lei Complementar 1.164, de 4 de janeiro de 2012, em seu Art. 2º, estabelece como objetivo do PEI "[...] a formação de indivíduos autônomos, solidários e competentes, contemplará, nessa formação, conhecimentos, habilidades e valores direcionados ao pleno desenvolvimento da pessoa humana e a seu preparo para o exercício da cidadania".

Por sua vez, a Base Nacional Comum Curricular (BNCC) consiste num documento normativo para todas as escolas públicas e privadas, referência obrigatória na formulação dos currículos e elaboração das propostas pedagógicas. Sendo assim, a oportunidade de dialogar sobre este documento e o seu processo de materialização levou à participação na intervenção formativa dado que, como bem disse Antunes (1995) em sua música "O seu olhar": "O seu olhar, seu olhar melhora, melhora o meu [...]". Ou seja, o outro olhar possibilita realinhar, revisar, aprimorar o próprio olhar graças à diversidade, pois é na multiplicidade que se alcança uma compreensão mais profunda. Ao compartilhar olhares com respeito e consideração pela alteridade, descobre-se maiores potencialidades.

Isso posto, o olhar sobre a materialização da BNCC em escolas aderentes ao Programa Ensino Integral foi aprimorado. Abordaremos o disposto nos documentos legais com foco no Projeto de Vida, na construção do sujeito integral.

Um olhar sobre a Base Nacional Comum Curricular

A BNCC é um documento elaborado pelo Ministério da Educação (MEC) que estabelece os conhecimentos, habilidades e competências que os alunos devem desenvolver ao longo da educação básica no Brasil. Foi estabelecida por meio da Lei n.º 13.415, de 16 de fevereiro de 2017, que alterou a Lei de Diretrizes e Bases da Educação Nacional (Lei n.º 9.394/96) (Brasil, 1996) e instituiu as diretrizes da BNCC.

Em seus princípios, a BNCC estabelece que foi criada com o objetivo de garantir uma educação de qualidade, mais coerente e igualitária para todos os estudantes do país. Ela define um conjunto de aprendizagens essenciais que deverão ser trabalhadas por todas as escolas, independentemente da região ou rede de ensino.

O documento está organizado em áreas de conhecimento, que são: Linguagens e suas Tecnologias; Matemática e suas Tecnologias; Ciências da Natureza e suas Tecnologias; Ciências Humanas e Sociais Aplicadas; e Formação Humana e Cidadã. Cada área tem suas próprias competências gerais, específicas e habilidades detalhadas.

Trata-se de um instrumento normativo para orientar a elaboração dos currículos escolares, já que define os objetivos de aprendizagem em cada etapa da educação básica. De cordo com o estabelecido, busca promover a interdisciplinaridade, a contextualização dos conteúdos e a formação integral dos estudantes, incluindo não apenas o aspecto cognitivo, mas também o socioemocional.

Além disso, a BNCC também ressalta a importância da inclusão de todos os alunos, seja por meio de adaptações curriculares, seja por meio da promoção da equidade e do respeito à diversidade. Estimula práticas educativas mais flexíveis, que considerem as necessidades e características de cada estudante, de forma a garantir que todos tenham acesso a uma educação de qualidade.

Apesar de ser um documento nacional, a implementação da BNCC fica a cargo de cada rede de ensino e escola, que deve adaptar seus currículos e propostas pedagógicas de acordo com as diretrizes estabelecidas. Isso permite que a BNCC seja adaptada à realidade de cada localidade, respeitando suas especificidades e necessidades, conforme o discurso governamental.

Porém, Manfré (2021, p. 8) aponta que "Nosso olhar sobre a educação na contemporaneidade recai na tentativa de refletir sobre o processo de empobrecimento da cultura marcada pela formação meramente técnica, descompromissada com o pensamento, com a autorreflexão [...]". E ainda: "No campo da discussão sobre BNCC, notamos o quanto essa proposta está vinculada ao aprender a aprender constantemente, processo desvinculado do aprender a pensar". Concordamos com Manfré quando destaca "[...] que o declínio da formação na escola está ligado à impossibilidade de se estabelecer a autorreflexão com o próprio pensamento" (Manfré, 2021, p. 8).

Princípios e habilidades da BNCC: um olhar diferenciado

Vale destacar que, o prescrito na BNCC estabelece os princípios, os direitos e os objetivos de aprendizagem que todos os alunos brasileiros devem alcançar ao longo da educação básica. Alguns dos princípios que orientam a BNCC são:

- Equidade: a BNCC busca garantir a igualdade de oportunidades de aprendizagem para todos os alunos, independentemente de suas características individuais, socioeconômicas ou geográficas. Isso significa que todos os estudantes têm o direito de receber uma educação de qualidade.

- Reconhecimento da diversidade: valoriza e respeita a diversidade cultural, étnica, racial, religiosa, de gênero, entre outras, presente na sociedade brasileira. Ela promove a valorização da pluralidade e a construção de uma sociedade mais justa e igualitária.

- Integralidade e contextualização: o documento busca garantir uma formação integral dos alunos, que desenvolva não apenas conhecimentos, mas também habilidades, valores e atitudes. Além disso, ela busca conectar os conhecimentos e competências aos contextos da vida dos estudantes, tornando o aprendizado mais significativo.

- Autonomia e protagonismo do aluno: valoriza a participação ativa e autônoma dos estudantes em seu processo de aprendizagem. Ela estimula o desenvolvimento de habilidades como a busca de informações, a tomada de decisões, o trabalho em equipe e a resolução de problemas, visando formar cidadãos preparados para a vida em sociedade.

- Transversalidade e interdisciplinaridade: propõe a integração e o diálogo entre as diferentes áreas do conhecimento, visando uma formação mais ampla e conectada. Ela busca superar a fragmentação do conhecimento em disciplinas isoladas e promover uma abordagem mais interdisciplinar, para que os alunos possam entender a complexidade do mundo em que vivem.

Esses são alguns dos princípios presentes na BNCC, que visam garantir uma educação de qualidade, inclusiva e integral para todos os estudantes do Brasil, de acordo com o discurso governamental.

A BNCC também prevê uma série de habilidades a serem desenvolvidas pelos estudantes ao longo da educação básica. Algumas das habilidades são:

1. Compreensão e produção de textos: habilidades relacionadas à leitura e interpretação de textos de diferentes gêneros, produção de textos escritos e orais, e utilização adequada da linguagem.

2. Pensamento crítico: habilidades relacionadas à análise, reflexão e questionamento de informações, argumentos e ideias, bem como a capacidade de formular argumentos consistentes.

3. Resolução de problemas: habilidades relacionadas à identificação, análise e solução de problemas, utilizando estratégias e conhecimentos adequados a cada contexto.

4. Pensamento científico: habilidades relacionadas à observação, coleta de dados, investigação, avaliação de evidências, formulação de hipóteses e análise crítica dos resultados obtidos.

5. Cultura digital: habilidades relacionadas à utilização das tecnologias digitais de forma crítica, segura e ética, além do desenvolvimento de competências para buscar, selecionar, analisar e utilizar informações.

6. Empatia e colaboração: habilidades relacionadas à capacidade de compreender os sentimentos e perspectivas dos outros, trabalhar em equipe, resolver conflitos e realizar projetos em conjunto.

7. Educação financeira: habilidades relacionadas à compreensão dos conceitos básicos de economia, consumo consciente, planejamento financeiro e tomada de decisões financeiras responsáveis.

8. Educação ambiental: habilidades relacionadas à compreensão dos problemas ambientais, conservação dos recursos naturais, práticas sustentáveis e desenvolvimento de atitudes responsáveis em relação ao meio ambiente.

Essas são apenas algumas das habilidades previstas na BNCC. Entretanto, Mendes Gontijo (2015, p. 188) aponta que:

> A definição de uma base comum nacional parece importante para que a escola cumpra seu objetivo de garantir o acesso ao conhecimento produzido ao longo da história humana. Entretanto, quando essa proposição se alinha, exclusivamente, à lógica da avaliação com a finalidade de produzir a melhoria de índices de desempenho nacionais pela via do rebaixamento do que é ensinado e, consequentemente, aprendido, podemos imaginar que ela poderá ser nociva ao desenvolvimento da educação.

Algumas críticas são evidenciadas e Manfré (2021, p. 8) apresenta que a importância crescente atribuída à aquisição de competências e habilidades assume um papel central no discurso pedagógico contemporâneo, ao indicar a necessidade de a pedagogia alinhar-se aos imperativos (semi)formativos estabelecidos pela BNCC. Dessa forma, propõe-se uma abordagem inovadora de formação. Essa "[...] lógica ocupa lugar tático no governamento sob a noção de sujeito que empreende a si mesmo" (Calixto, 2013, p. 28).

Afirma ainda Manfré (2021) que, dessa forma delineia-se o perfil do sujeito que se autodenomina empresário de si mesmo: alguém flexível, criativo, competitivo e adaptável. Em outras palavras, mais do que simplesmente administrar a própria carreira, está-se construindo uma maneira de gerir a própria vida. O ato de refletir perde sua relevância, sendo priorizados apenas a produção e a aplicação. Diversos pesquisadores vinculados à perspectiva crítica têm se manifestado contrários à abordagem empresarial da escola, ao apontar para uma visão técnica e utilitarista da educação. Manfré (2021, p. 8) ressalta que, ao:

> [...] pensar o currículo por competências, há o aprofundamento do individualismo, do aprender a aprender constantemente — muitas vezes desvinculado do aprender a refletir constantemente —, da meritocracia (que vença o melhor, o mais preparado, o mais esforçado).

Ao considerar o currículo baseado em competências, há uma intensificação do individualismo, da ênfase em aprender continuamente, frequentemente desconectado da prática de refletir constantemente e da promoção da competividade uns sobre os outros.

Projeto de Vida: olhar sobre o desenvolvimento integral

O Programa de Ensino Integral (PEI), no estado de São Paulo, refere-se a uma iniciativa educacional implementada pelo governo estadual paulista para aprimorar a qualidade e a abrangência do ensino nas escolas públicas. Inclui atividades curriculares e extracurriculares, visando a um desenvolvimento mais completo dos estudantes. O currículo é projetado para integrar disciplinas e promover uma abordagem mais holística do conhecimento. Isso pode incluir atividades que vão além das tradicionais disciplinas acadêmicas, ao abranger áreas como cultura, esportes, arte e tecnologia. De acordo com a Diretrizes Curriculares Projeto de Vida (2020), o Projeto de Vida nas escolas do PEI é um componente que visa promover o desenvolvimento integral dos estudantes, está alinhado com a ideia de oferecer uma educação mais abrangente, indo além do ensino acadêmico tradicional. Alguns aspectos gerais relacionados a essa iniciativa:

- Orientação para o Futuro: O Projeto de Vida busca orientar os estudantes na reflexão sobre seus objetivos, aspirações e planos para o futuro. Visa fornecer ferramentas para que os estudantes possam tomar decisões conscientes e planejar suas trajetórias pessoais e profissionais.

- Desenvolvimento de Habilidades Socioemocionais: além de aspectos acadêmicos, o Projeto de Vida pretende incluir o desenvolvimento de habilidades socioemocionais. Isso pode abranger temas como autoconhecimento, empatia, resiliência e trabalho em equipe. A BNCC traz como fundamentos:

> [...] o projeto de vida é o que os estudantes almejam, projetam e redefinem para si ao longo de sua trajetória, uma construção que acompanha o desenvolvimento da(s) identidade(s), em contextos atravessados por uma cultura e por demandas sociais que se articulam, ora para promover, ora para constranger seus desejos (Brasil, 2018, p. 472-473).

> [...] é papel da escola auxiliar os estudantes a aprender a se reconhecer como sujeitos, considerando suas potencialidades e a relevância dos modos de participação e intervenção social na concretização de seu projeto de vida (Brasil, 2018, p. 473).

O projeto de vida é aquilo que os estudantes aspiram, planejam e reformulam para si ao longo de sua jornada, uma construção que evolui em paralelo ao desenvolvimento de suas identidades, em ambientes permeados por uma cultura e por exigências sociais que se entrelaçam, ora para incentivar, ora para limitar seus desejos.

Essa afirmação, contida na BNCC, destaca a importância fundamental da escola no desenvolvimento integral dos estudantes. O reconhecimento e a promoção da autoidentificação são elementos-chave, pois ajudam os estudantes a compreenderem a si mesmos como sujeitos autônomos e capazes. Além disso, ao considerar suas potencialidades, a escola desempenha um papel vital ao incentivar o desenvolvimento das habilidades individuais de cada aluno.

A menção à relevância dos modos de participação e intervenção social ressalta a ideia de que a educação não deve ser apenas voltada para o indivíduo, mas também para sua interação com a sociedade. A escola, ao proporcionar oportunidades para a participação ativa e o envolvimento em questões sociais, prepara os estudantes para compreenderem o impacto de suas escolhas no coletivo. Isso contribui não apenas para a realização pessoal, mas também para a formação de cidadãos conscientes e engajados em construir uma sociedade mais justa, igualitária e participativa.

Serra (2021) aponta que a concepção de um projeto de vida conduz a refletir sobre um aspecto essencial na análise do discurso pedagógico contido no documento: a questão do sentido da vida. A forma como é apresentado no texto da BNCC possibilita observar sua conexão com a satisfação de necessidades individuais. Refere-se ao "[...] que os estudantes aspiram, planejam e redefinem para si mesmos"; considera a "[...] importância dos modos de participação e intervenção social na realização de seu projeto de vida" (Serra, 2021, p. 71). A autora argumenta, ainda, que se supõe que, ao destacar as aspirações individuais, projeções pessoais, escolhas e envolvimento nas decisões, um projeto de vida permitiria que o indivíduo se conectasse com seus desejos e subjetividade, ao aumentar sua participação na experiência educacional e, consequentemente, beneficiaria sua educação. No entanto, na forma como é apresentado, acaba por negligenciar a construção de significado que pode ocorrer no percurso coletivo de aprendizado em prol de aspirações voltadas para o bem-estar e felicidade pessoais. Em outras palavras, Serra (2021) conceitua que a formulação desse projeto de vida pelo aluno o coloca em uma posição individualista na qual sua vida e a realização do plano visam suas satisfações pessoais, com o propósito de assegurar a continuidade de sua própria existência, mas não necessariamente a continuidade do aspecto humano contido nela, ou seja, não se trata de um projeto de mundo. Isso reflete o que é conhecido como o sujeito pós-moderno. Destaca que:

> [...] a elaboração desse projeto de vida pelo aluno coloca-o em uma posição individualista na qual importa sua vida e a consecução do plano que o conduz a suas satisfações pessoais, no intuito de que haja a continuidade da própria vida, mas não do que há de humano nela, ou seja, não a um projeto de mundo. (Serra, 2021, p. 72)

Serra (2021) sinaliza que essa inclinação dificulta a possibilidade de produção de sentido, relacionado à preservação do mundo, intrinsecamente humano. Em outras palavras, na proposta de Projeto de Vida, a vida não está vinculada ao aspecto relacional, à coletividade, ao vínculo, à experiência ou ao mundo, mas sim a uma existência individual que, como tal, utiliza o consumo como parâmetro. Isso ocorre uma vez que, para a sua sobrevivência, a vida é reduzida à incorporação e ao consumo de substâncias externas, concretizando assim sua interação com a realidade. Conceitua ainda que:

> Esse projeto de vida é parte, assim, de um movimento de privatização da lógica pública da educação, ao tender tornar individual aquilo que é do mundo comum, ao partir da noção de vida como algo privado e isolado. Sendo a educação uma responsabilização coletiva pelo mundo, ela faz parte do espaço comum da sociedade, é por sua via que recebemos aqueles que nascem e abrimos espaço em que possam habitar o nosso mundo (Serra, 2021, p. 73).

Entendemos que a autora destaca uma perspectiva crítica em relação ao Projeto de Vida ao considerar seu potencial papel na privatização da lógica pública da educação. Ao enfocar a individualidade e a privatização da noção de vida, argumenta-se que isso pode desviar a atenção da dimensão coletiva e pública da educação. A ideia de que a educação é uma responsabilidade compartilhada pela sociedade ressalta a importância de considerar a educação como um bem coletivo.

A reflexão destaca a necessidade de equilibrar as aspirações individuais com a responsabilidade coletiva de educar e moldar um espaço compartilhado para todos. Nas observações como analista e no acompanhamento pedagógico em escolas públicas da rede estadual de ensino, fica evidenciado que em unidades escolares aderentes ao Programa Ensino Integral há ações que buscam o desenvolvimento do Projeto de Vida em estudantes, tais como diálogo sobre seus sonhos individuais, desenvolvimento emocional, diálogo sobre seu próprio desenvolvimento enquanto pessoa e cidadão envolvido em uma sociedade, discussão do Eu e o Mundo, e incentivo aos estudos como meio de projeção de ascensão social, enquanto que em outras, por falta de formação específica dos professores, o trabalho fica prejudicado, sendo que as ações são descontextualizadas.

Considerações finais

Em face do exposto considera-se que, em se tratando de construção e desenvolvimento do Projeto de Vida em escolas aderentes ao Programa Ensino Integral, apoiados na BNCC, ainda há lacunas a serem preenchidas.

Os autores Oliveira, Shimazaki e Di Giorgi (2023, p. 21), sobre a BNCC, ressaltaram

[...] a tarefa e o compromisso que são propostos frente ao processo de humanização dos indivíduos, como manifesto contra a ampla difusão das pedagogias do "aprender a aprender" que, inscritas nos artigos legislativos da reforma educacional, têm representado um pseudoavanço.

A crítica sugere que, apesar da aparente evolução, as abordagens centradas no "aprender a aprender" podem ser percebidas como superficiais ou inadequadas para promover uma verdadeira humanização e desenvolvimento integral dos indivíduos. Essa posição ressalta a necessidade de uma reflexão mais profunda sobre os métodos educacionais adotados, visando não apenas o aprendizado técnico, mas também o crescimento pessoal, social e emocional dos estudantes.

A proposta de construção do Projeto de Vida, por ser uma disciplina "fora" dos conteúdos acadêmicos e por não deixar claro o que se espera, numa abordagem educacional centrada no conhecimento, pressupõe a inclusão, na prática pedagógica, de experiências que guiem os indivíduos na construção ativa do saber sobre si, sobre o outro, e quase nada sobre o que é melhor e possível para o coletivo.

Assim, a partir das discussões apresentadas, as análises convergem para a falta de ênfase da construção e desenvolvimento da responsabilidade coletiva e compromisso propostos diante do processo de humanização dos indivíduos.

Para Arendt (2007, p. 68) "[...] a presença de outros que veem o que vemos e ouvem o que ouvimos garante-nos a realidade do mundo e de nós mesmos".

Referências

ANTUNES, Arnaldo. O seu olhar. [Intérprete]: Arnaldo Antunes. [Compositores]: Arnaldo Antunes e Paulo Tatit. *In:* NINGUÉM. Intérprete: Arnaldo Antunes. [*S. l.*]: BMG/RCA, 1995. 1 CD. Faixa 1. Disponível em: https://discografia.discosdobrasil. com.br/discos/ninguem. Acesso em: 3 mar. 2025.

ARENDT, Hannah. *A condição humana.* 10. ed. Rio de Janeiro: Forense Universitária, 2007.

BRASIL. Ministério da Educação. *Lei n.º 9.394, de 20 de dezembro de 1996.* Estabelece as diretrizes e bases da educação nacional. Brasília, DF: MEC, 1996. Disponível em: https://www2.camara.leg.br/legin/fed/lei/1996/lei-9394-20-dezembro--1996-362578-publicacaooriginal-1-pl.html. Acesso em: 15 jan. 2924.

BRASIL. Ministério da Educação. *Base Nacional Comum Curricular*. Brasília, DF: MEC, 2018.

BRASIL. Ministério da Educação. Portaria n.º 521, de 13 de julho de 2021. Institui o Cronograma Nacional de Implementação do novo ensino médio. *Diário Oficial da União*: seção 1, Brasília, DF, ed. 131, p. 47, 14 jul. 2021.

CALIXTO, Cláudia. *Querer, obedecer e empreender*: o governo de si e dos outros nos discursos pedagógicos (final séc. XVIII e início séc. XIX). 2013. Tese (Doutorado em Educação) – Universidade de São Paulo, São Paulo, 2013.

MANFRÉ, Ademir Henrique. (Semi)formação, BNCC e escolarização: qual é a base para a educação? *Educação por escrito*, Porto Alegre, v. 12, n. 1, p. e33173, 2021. Disponível em: https://revistaseletronicas.pucrs.br/index.php/porescrito/article/view/33173. Acesso em: 9 jan. 2024.

MENDES GONTIJO, Cláudia Maria. Base Nacional Comum Curricular (BNCC): comentários críticos. *Revista Brasileira de Alfabetização*, Florianópolis, v. 1, n. 2, dez. 2015. Disponível em: https://www.revistaabalf.com.br/index.html/index.php/rabalf/article/view/68. Acesso em: 9 jan. 2023.

OLIVEIRA, Ethyenne Goulart; DI GIORGI, Cristiano Amaral Garboggini; SHIMA-ZAKI, Elsa Midori. Base Nacional Comum Curricular do ensino médio e a (re)introdução da pedagogia das competências: revisão sistemática. *Olhar de Professor*, Ponta Grossa, v. 26, p. 1-25, 2023. Disponível em: https://doi.org/10.5212/OlharProfr.v.26.20529.018. Acesso em: 11 jan. 2024.

SÃO PAULO (Estado). *Lei n.º 10.261, de 28 de outubro de 1968*. Dispõe sobre o Estatuto dos Funcionários Públicos Civis do Estado. São Paulo: Assembleia Legislativa do Estado de São Paulo, 1968. Disponível em: https://www.al.sp.gov.br/repositorio/legislacao/lei/1968/lei-10261-28.10.1968.html. Acesso em: 22 dez. 2023.

SÃO PAULO (Estado). *Decreto n.º 57.571, de 2 de dezembro de 2011*. Institui, junto à Secretaria da Educação, o Programa Educação – Compromisso de São Paulo e dá providências correlatas. São Paulo: Assembleia Legislativa do Estado de São Paulo, 2011. Disponível em: https://www.al.sp.gov.br/repositorio/legislacao/decreto/2011/decreto-57571-02.12.2011.html. Acesso em: 15 jan. 2024.

SÃO PAULO (Estado). *Lei Complementar n.º 1.191, de 28 de dezembro de 2012*. Dispõe sobre o Programa Ensino Integral em escolas públicas estaduais e altera a Lei Complementar n.1.164, de 2012, que instituiu o Regime de dedicação plena e integral – RDPI e a Gratificação de dedicação plena e integral – GDPI aos integrantes do Quadro do Magistério em exercício nas escolas estaduais de ensino médio de período integral, e dá providências correlatas. São Paulo: Assembleia Legislativa do Estado de São Paulo, 2012. Disponível em: https://www.al.sp.gov.br/repositorio/legislacao/lei.complementar/2012/lei.complementar-1191-28.12.2012.html. Acesso em: 12 jan. 2024.

SÃO PAULO (Estado). *Resolução SE-52, de 02 de outubro de 2011.* Dispõe sobre a organização e o funcionamento das escolas estaduais do Programa Ensino Integral, de que trata a Lei Complementar 1.164, de 4 de janeiro de 2012, e dá providências correlatas. São Paulo, 2012. Disponível em: http://siau.edunet.sp.gov.br/ItemLise/arquivos/52_14.HTM?Time=15/01/2024%2018:19:39. Acesso em: 15 jan. 2024.

SÃO PAULO (Estado). *Resolução SE 50, de 07 de agosto de 2018.* Dispõe sobre perfil, competências e capacidades técnicas requeridos aos Supervisores de Ensino da rede estadual de ensino, e sobre referenciais bibliográficos e legislação, que fundamentam e orientam a organização de concursos públicos e processos seletivos, avaliativos e formativos, e dá providências correlatas. São Paulo, 2018. Disponível em: http://siau.edunet.sp.gov.br/ItemLise/arquivos/50_18.HTM?-Time=13/09/2018%2009:00:20. Acesso em: 10 jan. 2024.

SÃO PAULO (Estado). *Diretrizes Curriculares Projeto de Vida.* 2020. Disponível em: https://efape.educacao.sp.gov.br/curriculopaulista/wp-content/uploads/download/Projeto%20de%20Vida/Diretrizes%20Curriculares%20Projeto%20de%20Vida%20Revisa%CC%83o_V1.pdf. Acesso em:17 jan. 2024.

SERRA, Lia Silva Fonteles. *O discurso da BNCC entre o transmitir e o aprender*: a dialética que virou dilemática. 2021. Tese (Doutorado em Educação) – Universidade de São Paulo, São Paulo, 2021.

OS DESAFIOS DA BASE NACIONAL COMUM CURRICULAR

Maria Aparecida dos Reis

Introdução

O presente estudo foi desenvolvido a partir da participação na intervenção formativa sobre o processo de materialização da Base Nacional Comum Curricular (BNCC) (Brasil, 2017). Fundamentados em textos produzidos por teóricos com uma experiência significativa no campo educacional, os participantes dessa formação tiveram a oportunidade de refletir coletivamente sobre a BNCC, desde a sua concepção até a sua implementação nas salas de aula e seus efeitos na educação básica brasileira. Assim, embasado nos aportes teóricos utilizados, o estudo teve como objetivo analisar impactos da BNCC no processo de ensino e aprendizagem na educação básica brasileira.

Como servidora aposentada da Secretaria de Estado de Educação de Mato Grosso (Seduc), mestre em Educação e doutoranda em Educação, ao recebermos o convite para participar dessa intervenção formativa, percebemos que seria relevante dialogar com pesquisadores que têm investigado questões relativas à BNCC. Acreditamos que conhecer as pesquisas é essencial para compreender as políticas educacionais e, a partir de tal compreensão, possuir uma postura crítica de modo a propor e desenvolver ações conjuntas na perspectiva de contribuir para ajustes e aprimoramentos, embasados em evidências concretas. Tais ações são necessárias uma vez que a implementação da BNCC representou e ainda representa um desafio nas escolas, principalmente aos professores, que são os principais agentes na sala de aula e os responsáveis por colocar em prática as diretrizes curriculares "impostas" no documento, o que demanda uma revisão profunda nos seus planos de ensino, bem como adaptações e transformações em suas práticas pedagógicas.

Não se pode negar que a BNCC foi uma inciativa importante, no sentido de estabelecer diretrizes unificadas para a educação básica de todo o país. Conforme já preconizava a Lei de Diretrizes e Bases da Educação Nacional (LDB), em seu Artigo 26,

> Os currículos do ensino fundamental e médio devem ter uma base nacional comum, a ser complementada, em cada sistema de ensino e estabelecimento escolar, por uma parte diversificada, exigida pelas características regionais e locais da sociedade, da cultura, da economia e da clientela (Brasil, 1996).

Porém, a abordagem genérica em alguns pontos não atende adequadamente às necessidades regionais e individuais dos alunos. Como já mencionado no Artigo 26, de modo a atender as características regionais e locais, a partir do documento nacional, cada estado deveria elaborar o seu documento curricular, considerando as suas especificidades.

No estado de Mato Grosso, em 2018, foi concluído o "Documento de Referência Curricular do Estado de Mato Grosso" (DRC-MT), elaborado pela Secretaria de Estado de Educação de Mato Grosso (Seduc).

À época, funcionária da Seduc, tivemos oportunidade de contribuir na elaboração do documento. Ao participar do grupo de trabalho, o sentimento profissional naquele momento foi de muito orgulho, porque acreditávamos que a oportunidade de poder colaborar na construção de um documento tão importante para a educação mato-grossense era um privilégio de poucos educadores.

Mas, após participar da intervenção formativa citada anteriormente, dialogar com estudiosos e refletir sobre a construção da BNCC e do DRC-MT, acreditamos que na época não estávamos totalmente aptas a participar da elaboração deste documento, em virtude de estar fora da sala de aula da educação básica desde 2007. Ou seja, mais de uma década sem ter o contato direto com o aluno e com o contexto escolar, o que não nos permitia saber de fato qual era a realidade e quais as necessidades em face dos processos de ensino e aprendizagem.

Por estarmos desempenhando funções administrativas na Seduc, por mais que tenhamos nos envolvido e realizado um vasto estudo sobre o tema, a percepção de hoje é que não éramos as pessoas mais indicadas para discutir e propor práticas pedagógicas. Apesar de o DRC de Mato Grosso ter sido construído de forma coletiva, com participação de professores, formadores dos Centros de Formação e Atualização dos Profissionais da Educação Básica de Mato Grosso (Cefapros), gestores de escolas, técnicos da Seduc e das Secretarias Municipais de Educação e instituições de educação superior, a participação dos professores que estavam em sala de aula não foi tão significativa o quanto deveria. No contexto da BNCC, deveriam ser os principais agentes da construção do DRT-MT, uma vez que são eles os responsáveis pela implementação e adaptação dos conteúdos e das metodologias às necessidades específicas de seus alunos e vivenciam os impactos nas escolas oriundas da implementação do documento.

Diante da importância do papel do professor em todo contexto educacional, a sua formação e, consequentemente, a sua valorização deveria estar estrategicamente descrita na BNCC. Porém, pesquisadores apontam críticas às lacunas na formação docente nesse documento. Essas "lacunas" são resultado de falhas, ausências ou insuficiências identificadas no processo de preparação dos docentes para o ensino. Além da formação inicial, enfatizam a importância de estratégias e investimentos em programas de formação continuada, uma vez que, é por meio de um processo de formação alinhado às suas necessidades práticas e teóricas, que o docente é capaz de compreender e lidar com as mudanças sociais, culturais e tecnológicas, na perspectiva de garantir que possa abordar questões contemporâneas em suas aulas. Isso posto, o próximo tópico aborda reflexões sobre a BNCC e a valorização docente, de acordo com alguns teóricos.

Algumas reflexões sobre a BNCC

Após a leitura de aportes teóricos apresentados na intervenção formação foi possível perceber que um dos objetivos centrais dos textos propostos e discutidos foi compreender os fundamentos pedagógicos e como a BNCC influencia as práticas pedagógicas dos professores. Isso envolve investigar mudanças nas metodologias de ensino, na avaliação e no desenvolvimento de habilidades essenciais para os alunos e a valorização docente. Embora a BNCC seja uma iniciativa importante para os currículos escolares no Brasil, ela não está isenta de críticas e equívocos.

Com relação ao conteúdo, Moreira (2018) destaca o reducionismo, ao priorizar Língua Portuguesa e Matemática. Sempre voltados para os exames nacionais, evidencia-se a consideração do produto e não o processo. Ainda acrescenta que, "Diante dessas proposições existe ainda a possibilidade de os conteúdos da BNCC se tornarem o todo daquilo que será ministrado, uma vez que esses conteúdos são os que serão requisitados nos exames nacionais" (Moreira, 2018, p. 209). Portanto, é necessário buscar alternativas para avaliações que priorizem o processo formativo e não o "produto", pois o foco deve ser na formação plena do aluno.

Some-se a isso que a BNCC enfatiza o desenvolvimento de competências, voltadas para o mundo do trabalho. Não que esse aspecto não seja relevante, mas é primordial pensar no aluno holisticamente. A rigidez e padronização dos objetivos de aprendizagem pode limitar a autonomia docente e mascarar as reais necessidades dos alunos.

Pina e Gama (2020) corroboram com Moreira, ao fazerem uma crítica aos reais objetivos do documento, no campo do currículo. "A análise dos fundamentos pedagógicos da BNCC permite-nos desvendar os reais objetivos deste documento, que oficializa, no campo do currículo, o projeto empresarial de formação minimalista voltado às camadas populares" (Pina; Gama, 2020, p. 354). De acordo com esses autores, o foco da formação centrada em competências e habilidades, evidenciada na BNCC, é na perspectiva de atender as exigências das avaliações externas, como por exemplo, do Programa Internacional de Avaliação de Alunos (Pisa).

Além

> [...] de promover o esvaziamento curricular, o documento apresenta rebaixamento do ensino com uma roupagem sedutora, qual seja, a de uma formação articulada a um suposto "desenvolvimento global" ou, ainda, "desenvolvimento pleno" dos estudantes (Pina; Gama, 2020, p. 356).

Esse esvaziamento curricular citado pode levar à perda de aspectos importantes da educação básica. De acordo com os aportes teóricos apresentados, podemos inferir que o foco excessivo em avaliações padronizadas, na perspectiva de preparar os alunos para os "testes", é o principal fator que implica o esvaziamento de conteúdo, fenômeno que representa um grande desafio para a construção de uma educação abrangente.

Parente e Villar (2020, p. 16) também nos levam a refletir sobre o sistema de avaliação. Segundo eles, a avaliação educacional brasileira é um dos principais mecanismos para o ranqueamento do ensino e, consequentemente, a competição entre escolas e estudantes.

> Assim, constituímos um sistema educacional contaminado com a lógica do mercado, que busca incessantemente a produtividade e a melhoria constante dos resultados, através da responsabilidade das instituições escolares pelo sucesso ou fracasso do ensino.

É notório perceber essa lógica do mercado na educação interferindo na seleção de currículos. Caetano (2020, p. 78) também pontua que, "A BNCC revela o interesse de grandes grupos empresariais privados, muitos deles com intuito de indicar a direção das políticas educacionais, através dos sujeitos envolvidos e influenciar o conteúdo da proposta com formas pouco democrática [...]". Assim, percebemos que os valores mercantis se sobrepõem ao propósito primordial da educação, que é a formação plena do cidadão. No entanto, isso só é possível com um sistema de avaliação que dê conta de identificar as reais necessidades de aprendizagem do aluno e, a partir desse diagnóstico, criar instrumentos para uma avaliação formativa.

Outro ponto de debate por parte de pesquisadores é quanto às peculiaridades regionais e locais, tratadas na BNCC. Conforme Pina e Gama (2020) é um artifício para justificar as desigualdades econômicas que permeiam o contexto educacional, o que leva o aluno a aceitar com passividade a desigualdade social e econômica.

> Se desvelarmos o discurso das diferenças e diversidades como forma de mascarar e justificar as desigualdades econômicas, compreenderemos que a BNCC pauta-se no subjugo do conhecimento sistematizado pelo saber cotidiano, bem como na defesa de uma formação voltada à adaptação e ao apaziguamento quando, por exemplo, se aponta a necessidade de um sujeito proativo que saiba lidar com as diferenças e diversidade. Trata-se de formar sujeitos capazes de aceitar com passividade as desigualdades de classe, que restringem o acesso à riqueza produzida pela humanidade, o que inclui o conhecimento sistematizado (Pina; Gama, 2020, p. 357).

Embora o discurso da BNCC seja de reconhecer e incorporar as peculiaridades regionais e locais no Brasil, sua abordagem pedagógica aponta o contrário, trata-se de um currículo que ainda promove uma certa homogeneização cultural, ao não abordar adequadamente as especificidades culturais regionais. Assim, essa forma de mascarar e justificar as desigualdades econômicas pode contribuir para a manutenção de um sistema que limita o acesso igualitário as oportunidades educacionais e profissionais, reforçando cada vez mais o ciclo de desigualdade já existente. Nessa mesma direção Lino e Arruda (2023, p. 93-94) argumentam que:

> O processo autoritário de elaboração e discussão da BNCC desprezou as diversidades locais e regionais, o direito às diferenças e o respeito aos sujeitos do processo educativo, impondo uma padronização curricular orientada por uma ultrapassada pedagogia das competências, e por um reducionismo instrumental.

A realidade que se percebe na BNCC é de uma ferramenta de concretização de controle social no âmbito educacional, o que contribui para a promoção da discriminação de classe, raça e sexo, que por sua vez instiga as estruturas sociais injustas e desiguais. Desse modo, Saviani (2022) defende um currículo pautado no resgate da cultura do aluno e que não limite o professor à condição de "meio". "Só assim é possível romper com postura crítica pela qual o trabalho em sala de aula tende tanto a seguir o discurso tecnicista quanto desenvolver e reproduzir determinadas relações sociais de poder" (Saviani, 2022, p. 81). Discurso esse, marcado por uma abordagem instrumental e pragmática, que enfatiza o papel da escola na formação de mão de obra produtiva. Esse currículo reducionista pode neutralizar a formação integral do aluno e ignorar a diversidade de aprendizado, sem atentar para as necessidades individuais, o que resulta em exclusão e desigualdade.

A valorização docente no contexto da BNCC

A valorização docente é um elemento essencial para o fortalecimento do sistema educacional. Embora haja outros fatores que interferem na valorização profissional, a formação é um dos fatores primordiais no processo de ensino e aprendizagem. Por sua vez, as transformações propostas pela BNCC exigem mudanças nas práticas pedagógicas. Porém, "A mudança em qualquer pessoa nunca é simples, consequentemente, a mudança que se pede aos professores quanto a sua formação não é simples, mas, sim, um processo complexo [...]" (Imbernón, 2010, p. 99). Segundo o autor, essa complexidade envolve mudanças ancoradas na cultura profissional, que atua como filtro para interpretar a realidade. Diante da importância da formação docente, a BNCC destaca o compromisso de desenvolver ações, com processos permanentes de formação, dentre elas:

- criar e disponibilizar materiais de orientação para os professores, bem como manter processos permanentes de formação docente que possibilitem contínuo aperfeiçoamento dos processos de ensino e aprendizagem;
- manter processos contínuos de aprendizagem sobre gestão pedagógica e curricular para os demais educadores, no âmbito das escolas e sistemas de ensino (Brasil, 2017, p. 17).

No entanto, o documento não fornece diretrizes claras o suficiente para a valorização dos professores. O que se percebe são lacunas na implementação, quanto à formação docente. Não há evidências de estratégias eficazes para melhorar as condições de trabalho para a prática diária do trabalho docente. Moreira (2018, p. 209) acredita que a BNCC retira o protagonismo docente:

> Com relação as implicações na valorização e na carreira dos professores, há ainda uma tendência de retirar o docente do seu protagonismo, do seu pensar e refletir sobre o conhecimento a ser compartilhado, já que, pelo uso desse tipo de material uniformizado, haverá um caminho único a percorrer. A BNCC e a forma como ela está sendo pensada em seu processo de aplicabilidade pode promover no país o que é um saber oficial legitimado.

Nenhuma política pública pode se eximir de alternativas para a valorização do professor, pois o seu protagonismo vai além do ensino formal, abrange aspectos sociais e emocionais essenciais para o crescimento integral dos alunos. Moreira (2018, p. 210) enfatiza ainda, que o risco é assemelhar a atividade do professor a de um monitor, acrescido da possibilidade de privatização do currículo, "[...] admitindo-se, neste caso a contratação de professores por 'notório saber' para a formação técnica e profissional". Isso seria um retrocesso no contexto educacional, além de negligenciar as habilidades pedagógicas, tão significativas na educação básica.

No entanto, o problema não é só a formação inicial do professor, na BNCC não há diretrizes concretas para a formação inicial, como questionam pesquisadores. Passos (2022, p. 24) ao analisar o componente curricular de Matemática, faz uma reflexão:

> Sentimos a ausência de relação entre a BNCC e a formação inicial de professores de matemática no País. O que vai acontecer com os cursos de licenciatura em Matemática? As mudanças curriculares influenciam diretamente os cursos de formação inicial, continuada e os materiais didáticos a serem utilizados pelos alunos.

A formação inicial proposta na BNCC tem sido alvo de críticas e debates, com diferentes perspectivas no que tange ao papel do professor nesse contexto. A participação dos professores na elaboração do documento é outro ponto de crítica por parte de pesquisadores, a exemplo da supracitada. A sua participação promoveria o fortalecimento da implementação, uma vez que a inclusão dos professores reforçaria a legitimidade da BNCC e, consequentemente, contribuiria para a sua valorização profissional.

Sob esse viés, Lino e Arruda (2023) asseveram que a aprovação da Resolução CNE/CP[28] n.º 02/2019, que trata da formação inicial de professores para a educação básica e institui a Base Nacional Comum para formação Básica (BNC – Formação) e da Resolução CNE/CP n.º 01/2020, que institui a BNCC na formação continuada, elas interferem na formação, na carreira e nas condições de trabalho dos profissionais da educação. Tal fator "[...] se induz de forma acelerada e sistematizada, o esvaziamento e a alienação do fazer docente, reforçando históricos processos de desvalorização dos profissionais da educação" (Lino; Arruda, 2023, p. 95). Nesse sentido, a rigidez das resoluções limita a flexibilidade pedagógica e a autônoma do professor, no sentido de adaptar o currículo às necessidades específicas de seus alunos.

Considerações finais

Após dialogar com alguns teóricos, entendemos que a crítica à BNCC é essencial para embasar propostas de melhorias no sistema educacional brasileiro. Quanto aos questionamentos sobre os conteúdos oriundos da BNCC, de acordo com os aportes teóricos, eles não atendem às necessidades práticas e do cotidiano dos alunos. O documento não traz evidências de uma abordagem interdisciplinar, capaz de promover uma visão integrada, uma vez que a ênfase em competências e habilidades pode resultar em falta de clareza sobre o que exatamente se espera que os alunos aprendam.

A avaliação padronizada é outro ponto frágil da BNCC. Faz-se necessário que os instrumentos de avaliação sejam mais flexíveis, que sejam capazes de diagnosticar as necessidades individuais de aprendizagem. A avaliação deverá conferir ênfase ao processo e não apenas ao produto, de tal forma que seja assegurada a avaliação formativa, em oposição as avaliações externas.

A valorização docente é outro tema bastante recorrente nas pesquisas que abordam a BNCC. As ações descritas não apontam com clareza estratégias para essa valorização, que envolvem vários fatores, como salários, condições de trabalho e, principalmente, formação inicial e

---

[28] Conselho Nacional de Educação/Conselho Pleno (CNE/CP).

continuada, condizente com a realidade escolar. A falta de programas governamentais no que tange ao desenvolvimento profissional dos professores compromete a eficácia dos processos de ensino e aprendizagem. Nos últimos anos, essa formação vem sendo comprometida, em virtude da terceirização da educação.

É importante destacar que a BNCC está instituída e implementada. Há que se assegurar o diálogo permanente entre educadores, pesquisadores e demais envolvidos na luta pela educação escolar, na perspectiva de aprimorar e ajustar o documento, de modo a cumprir o compromisso da escola, a exemplo da promoção uma educação de qualidade, com equidade, para toda a sociedade brasileira.

Referências

BRASIL. Presidência da República. Casa Civil. Subchefia para Assuntos Jurídicos. *Lei n.º 9394 de 20 de dezembro de 1996*. Estabelece as diretrizes e bases da educação nacional. de diretrizes e Bases da Educação Nacional. Brasília, DF: MEC, 1996. Disponível em: http://www.planalto.gov.br/ccivil_03/leis/l9394. htm. Acesso em: 9 jan. 2024.

BRASIL. *Base Nacional Comum Curricular*. Brasília, DF: Ministério da Educação. 2018. Disponível em: http://basenacionalcomum.mec.gov.br/images/BNCC_EI_EF_110518_versaofinal_site.pdf. Acesso em: 25 nov. 2023.

BRASIL. Ministério da Educação. Conselho Nacional de Educação. Conselho Pleno. *Resolução CNE/CP n.º 2 de 20 dez. 2019*. Brasília, DF: MEC, 2019. https://normativasconselhos.mec.gov.br/normativa/view/CNE_RES_CNECPN12020.pdf?query=Educacao%20Ambiental. Acesso em: 1 dez. 2023.

BRASIL. Ministério da Educação. Conselho Nacional de Educação. Conselho Pleno. *Resolução CNE/CP n.º 1 de 27 out. 2020*. Brasília, DF: MEC, 2020. Disponível em: https://normativasconselhos.mec.gov.br/normativa/view/CNE_RES_CNE-CPN12020.pdf?query=Educacao%20Ambiental. Acesso em: 1 dez. 2023.

CAETANO, Maria Raquel. Agora o Brasil tem uma Base! A BNCC e as influências do setor empresarial. Que Base? *Educação em Revista*, Marília, v. 21, n. 02, p. 65-82, 2020. Disponível em: https://doi.org/10.36311/2236-5192.2020.v21n02.06.p65. Acesso em: 26 nov. 2023.

IMBERNÓN, Francisco. *Formação continuada de professores*. Porto Alegre: Artmed, 2010.

LINO, Lucília Augusta; ARRUDA, Maria da Conceição Calmon. Processos de (de) formação de professores: (des)caracterização, (des)profissionalização, (des) humanização. *Cadernos CEDES* (Impresso), Campinas, v. 43, p. 90-100, 2023.

MOREIRA, Jani Alves da Silva. Reformas educacionais e políticas curriculares para a educação básica: prenúncios e evidências para uma resistência ativa. *Germinal*: marxismo e educação em debate, Salvador, v. 10, n. 2, p. 199-213, ago. 2018. Disponível em: https://doi.org/10.9771/gmed.v10i2.27355. Acesso em: 27 nov. 2023.

PARENTE, Juliano Mota Parente; VILLAR, Lourdes Belén Espejo. Os sistemas educacionais no contexto da transição da Nova Gestão Pública para a Pós-Nova Gestão Pública: estudo comparado entre Brasil e Espanha. *Educar em Revista*, Curitiba, v. 36, ed7115, 2020. Disponível em: https://doi.org/10.1590/0104-4060.67115. Acesso em: 25 nov. 2023.

PASSOS, Carmem Lúcia Brancaglion. *Parecer sobre documento da Base Nacional Comum Curricular Matemática* – ensino fundamental. Disponível em: http://basenacionalcomum.mec.gov.br/images/relatorios-analiticos/Carmen_Lucia_Brancaglion_Passos.pdf. Acesso em: 22 nov. 2023.

PINA, Leonardo Docena; GAMA, Carolina Nozella. Base Nacional Comum Curricular: algumas reflexões a partir da Pedagogia Histórico-Crítica. *Trabalho Necessário*, Niterói, v. 18, n. 36, p. 343-364, 2020. Disponível em: https://periodicos. uff.br/trabalhonecessario/article/view/42813/24112. Acesso em: 24 nov. 2023.

SAVIANI, Nereide. *Saber escolar, currículo e didática*: problemas da unidade conteúdo/método no processo pedagógico. Campinas, SP: Autores Associados, 2022.

BNCC E ALFABETIZAÇÃO PRECOCE: MALEFÍCIOS PARA O DESENVOLVIMENTO DAS CRIANÇAS EM FACE DAS MÉTRICAS NA EDUCAÇÃO INFANTIL

Vanessa Ferreira Bueno

Introdução

Este relato de experiência foi desenvolvido após os encontros do curso de extensão (intervenção didático-formativa), desenvolvido a partir da investigação "A BNCC e as políticas educacionais em diferentes estados brasileiros: materialização nos currículos e intervenção formativa de gestores escolares". Os docentes responsáveis pelos encontros estavam vinculados a universidades públicas e privadas de dez estados do país, durante o ano de 2023.

Com base nisso, tem-se como objetivo refletir sobre a redução do ciclo de alfabetização a partir da BNCC e seus impactos para a educação infantil em uma cidade do interior do Paraná em face das métricas utilizadas para acompanhar esse processo. Entende-se a pertinência deste capítulo, pois as atividades e as reflexões realizadas no curso contribuíram para a análise do impacto que o documento norteador da base tem provocado na realidade educacional do país, conforme relato de gestores participantes.

Aspectos teórico-metodológicos

Este é um estudo descritivo, do tipo relato de experiência, conjugado com pesquisa bibliográfica e documental, a fim de aproximar os conhecimentos científicos, filosóficos e práticos com os encontros de estudos.

O curso que direcionou e inspirou essa produção teve a duração de 50 horas, incluindo dez encontros síncronos e coletivos, por meio da plataforma Google Meet, conduzidos por diversos pesquisadores/doutores referência em suas áreas de diferentes regiões do Brasil e outros momentos assíncronos dedicados às leituras de literaturas de base.

A organização do curso de extensão ocorreu por meio de cronograma de leitura e atividades pré-estabelecidas, realizadas durante a semana, e que eram socializadas no encontro síncrono on-line, na expectativa de se estabelecer um diálogo acerca das temáticas. Salienta-se que os encontros foram gravados para disseminação do conhecimento elaborado nessa formação e que a culminância do curso se deu pela produção científica dos relatos de participantes.

Redução do ciclo de alfabetização das crianças

Com a antecipação do ciclo para a alfabetização das crianças do 3º para o 2º ano do ensino fundamental, isto é, dos oito para os sete anos de idade, o prazo máximo para que todas as crianças brasileiras estejam plenamente alfabetizadas diminuiu. Salienta-se que a Base Nacional Comum Curricular (Brasil, 2018) estabelece que a alfabetização ocorra de forma mais precoce.

O Ministério da Educação e Cultura na pessoa de Mendonça Filho, que esteve à frente da pasta durante a promulgação da versão definitiva do documento, justificou a alteração em coletiva de imprensa (MEC [...], 2017). Por ocasião, apontou a necessidade de assegurar a equidade às crianças matriculadas na escola pública e oriundas de famílias pobres, ao enfatizar que as crianças da classe média conseguem ser alfabetizadas em idade inferior.

Conforme as discussões ocorridas, no sétimo encontro do curso e, especialmente, a partir das contribuições de Gontijo, Costa e Perovano (2020), a preocupação se dá porque a nova proposta de alfabetização provoca alterações negativas na etapa anterior, ou seja, obriga a educação infantil a trabalhar ou até mesmo centralizar seu objetivo no mundo da leitura e da escrita sob uma perspectiva instrumentalizante (a chamada "pré-alfabetização"). Assim, há um apagamento da dimensão lúdica e de outros aspectos que impedem as crianças de se desenvolverem conforme o espaço/temporal de desenvolvimento.

Cabe pontuar que a BNCC para a área de linguagens na educação infantil, por exemplo, traz objetivos relativos ao letramento, às práticas de leitura e escrita de textos (Brasil, 2018), mas não traz objetivos que visem, explicitamente, ajudar as crianças a avançar na compreensão de como a escrita alfabética funciona (Gontijo; Costa; Perovano, 2020). Essa omissão revela a ausência de comprometimento por parte do Estado, no que tange às possibilidades de garantir aos filhos das camadas pobres, oportunidades para refletir curiosamente sobre palavras, de modo a compreenderem como as letras funcionam e, portanto, viverem mais chances de concluírem o ciclo de alfabetização tendo se apropriado da escrita alfabética.

Relato de experiência

Em consonância com o aporte teórico e reflexões explicitadas, anteriormente, faz-se necessário registrar o contraponto de como tem sido a atuação da autora deste capítulo, enquanto gestora de um centro de educação infantil no interior do norte do estado do Paraná, bem como os desdobramentos e consequências da redução do ciclo de alfabetização.

Após a publicação da versão definitiva do documento da BNCC, em 2018, construiu-se, lentamente, um movimento de avaliação e elaboração de métricas para aferir o desempenho das crianças no município em questão. Em virtude desse movimento, a Secretaria Municipal de Educação passou a enviar de forma mais rigorosa e estruturada para as unidades de ensino da educação infantil, trimestralmente, uma avaliação denominada Sondagem (inicialmente para as crianças de 5-6 anos – etapa do Infantil).

Salienta-se que no passado essa avaliação diagnóstica era realizada de forma mais despretensiosa com a finalidade de identificação/aquisição de conceitos como maior, menor, classificação, seriação, formas geométricas e conhecimento básico acerca do esquema corporal e da escrita de seus nomes com sobrenomes e letras do alfabeto.

Após as novas exigências acerca da alfabetização terem sido publicadas em 2018, passou-se a avaliar também, além dos exemplos mencionados anteriormente, a hipótese de escrita das crianças matriculadas no município, na última etapa da educação infantil.

Os profissionais que atuam nas turmas do Infantil 5 e os gestores das unidades passaram a receber formação da Secretaria de Educação sobre Psicogênese da Língua Escrita (Livro de Emília Ferreiro) e métodos de alfabetização, especialmente fônico, vislumbrando-se instrumentalizar os profissionais a realizarem a chamada pré-alfabetização na educação infantil com afinco, ao reforçar o trabalho com as letras e sons diariamente atrelando-os ao trabalho lúdico de estimulação.

Embora a Secretaria de Educação do município, em questão, adote a Psicologia Histórico-Cultural como base para o currículo municipal, nota-se que, em algum momento, após a Base surgiu a necessidade de incorporar o aferimento de métricas das hipóteses de escritas das crianças pequenas, além da adoção de referenciais que se distanciam do assumido.

As avaliações de sondagem de hipótese de escrita são elaboradas por servidoras da Secretaria de Educação, enviadas para os centros de educação infantil e realizadas quatro vezes por ano: a primeira no início do ano letivo de forma diagnóstica e, posteriormente, ao fim de cada trimestre para avaliar o "rendimento" e avanço das crianças.

Nesse momento é apresentado para criança uma folha impressa com quatro gravuras de itens de conhecimento das crianças, que foram mencionadas no planejamento trimestral; há uma linha a ser preenchida para cada tentativa de escrita por figura (palavras de sílabas simples e complexas) e no fim da página há duas linhas para a tentativa de escrita da frase a ser ditada pelo adulto, frase que terá uma palavra que a criança tentou escrever anteriormente. Exemplifica-se: figuras: bola, jacaré, avião e lã — frase: o jacaré tem patas.

Durante a aplicação, o profissional da sala, acompanhado de um gestor da unidade, explicará para a criança que a mesma deverá realizar a escrita daquela palavra. O profissional deverá pronunciar a palavra em voz alta, devagar, sem fazer pausa entre as sílabas. Por fim, ditará da mesma forma a frase proposta pela Secretaria. Orienta-se que não seja realizado nenhum tipo de apoio, elogio ou repreensão ao resultado que a criança apresentar.

Após, o gestor responsável por esse procedimento realizará a análise da escrita das crianças e efetuará a tabulação dos dados que serão enviados à Secretaria de Educação. Além disso, apresentará o número de alunos que se encontram em cada uma das hipóteses a seguir: icônico, silábico sem valor, silábico com valor, silábico alfabético e alfabético.

Diante dos dados analisados, a Secretaria, comumente, realiza uma reunião de devolutiva com os gestores do estabelecimento de ensino para dialogar sobre o desenvolvimento das turmas e o percentual de evolução entre os trimestres. Assim, são apresentadas dicas e o alinhamento das estratégias para aumentar o número de crianças com os conceitos avaliados adquiridos, incluindo os avanços de hipóteses de escrita. Enfatiza-se que não é obrigatório que toda a turma esteja no nível alfabético ao fim do ano letivo, embora seja desejável que todos tenham evoluído um ou mais níveis, além de não ser aceitável haver alunos no nível Icônico (salvo alunos público-alvo da educação especial).

Por fim, os gestores repassam as informações e estratégias discutidas para os profissionais das turmas, podendo ou não, a critério de cada equipe de gestores, disponibilizar para os educadores as planilhas com os dados e porcentagens analisadas. Além disso, acompanham o planejamento diário do profissional, a fim de averiguar se estão sendo contempladas as ações alinhadas em reunião, com vistas ao avanço das crianças.

O "julgamento" acerca do resultado apresentado por cada unidade de ensino é mais ou menos ferrenho, a depender do perfil profissional de cada gestor, bem como de sua interpretação e concepção de infância. Há relatos de colegas em que a gestão realiza o processo de maneira mais tranquila e com exigências mais realistas. Em contrapartida, existem relatos em que a gestão cultiva o clima de competição entre as turmas, além de fixar exigências inapropriadas para a educação infantil. Para esses últimos, no final das contas, diante do não cumprimento das metas estabelecidas, jogam a culpa nos "professores mal formados/ que não se dedicam a profissão" e nas "famílias desorganizadas", ou seja, eximem o Estado de sua responsabilidade em garantir educação pública de qualidade para todos.

Menciona-se, no caso em tela, que tamanha é a deturpação do papel e importância da etapa da educação infantil, em que os profissionais do ensino fundamental desse município almejam receber as crianças em sua etapa entre os níveis silábico com valor e alfabético. Inclusive, caso não tenham um número "satisfatório" de crianças com avançadas hipóteses de escrita, o centro de educação infantil oriundo do educando não é visto com bons olhos.

Considerações finais

Considera-se que a experiência propiciada foi de suma importância para o desenvolvimento do conhecimento científico acerca do documento da BNCC, sendo que, além de potencializar a análise dos/as participantes sobre suas vivências, ampliou a possibilidade de se apropriarem de leituras e debates críticos acerca dos temas estudados.

O Brasil é um país diverso e a oferta de educação infantil está aquém do necessário. As famílias têm desafios específicos, há uma forte diversidade regional e a política educacional precisa responder a essas especificidades. Adiantar a alfabetização para os sete anos tem gerado uma pressão desnecessária sobre educadores e crianças, sem dar a elas escolas adequadas à realização dos processos de ensino e aprendizagem.

Tem-se clareza que esse movimento de reflexão e estudo não se esgota com a finalização do curso de extensão, até mesmo porque os gestores deverão compreender que a construção do conhecimento sempre será situada histórica e socialmente. Além disso, o curso de extensão revelou a necessidade de as universidades ampliarem o diálogo com os sistemas municipais e/ou federais de educação, sobretudo se houver a possibilidade de estreitar os vínculos entre esses espaços, numa perspectiva que vise à transformação e a luta pelas pautas educacionais e sociais.

Referências

BRASIL. Ministério da Educação. *Base Nacional Comum Curricular*. Brasília, DF, 2018.

GONTIJO, Cláudia Maria Mendes; COSTA, Dania Monteiro Vieira; PEROVANO, Nayara Santos. Alfabetização na Base Nacional Comum Curricular (BNCC). *Pro-Posições*, Campinas, v. 31, p. 1-21, 2020. Disponível em: https://www.scielo.br/scielo.php?pid=S0103-73072020000100511&script=sci_arttext Acesso em: 18 fev. 2024.

MEC antecipa alfabetização para 2º ano: veja as principais mudanças. *UOL*, [*S. l.*], 2017. Disponível em: https://educacao.uol.com.br/noticias/2017/04/06/mec-anuncia-mudancas-no-conteudo-da-educacao-infantil-e-ensino-fundamental.htm?cmpid=copiaecola. Acesso em: 18 fev. 2024.

GESTÃO DEMOCRÁTICA E A BNCC: REFLEXÕES ACERCA DA PLURALIDADE EM DOURADOS, MATO GROSSO DO SUL

Nilson Francisco da Silva

Introdução

O presente artigo tem por objetivo fazer uma reflexão no que tange à gestão democrática escolar, relacionada aos impactos da materialização da Base Nacional Comum Curricular (BNCC) na Escola Municipal Sócrates Câmara, localizada no Canãa I, bairro periférico da cidade de Dourados-MS, onde o autor responde atualmente como gestor escolar desde o ano de 2012.

Buscou-se por meio da participação do curso de intervenção formativa, atualização e ampliação de conhecimentos no que diz respeito à temática da BNCC e que centra a formação dos estudantes no desenvolvimento de competências e habilidades.

À luz da Pedagogia Histórica-Crítica, conclui-se que o documento normativo, atende aos interesses do capitalismo, por meio de um projeto empresarial em detrimento da classe trabalhadora.

Portanto, o ponto central deste estudo será em fomentar algumas discussões acerca da questão: Como é possível estabelecer um currículo mínimo, e como formar indivíduos iguais em uma sociedade marcada pela luta de classes?

Por fim, almeja-se referendar a responsabilidade de cada gestor escolar, quanto ao Projeto Político-Pedagógico (PPP) da Unidade, no que diz respeito a concepção de currículo e gestão democrática.

Gestão democrática: contextualizando o tema

A Escola Municipal Sócrates Câmara foi inaugurada no ano de 1995, e está situada no município de Dourados (MS). Atualmente, conta com 660 alunos regularmente matriculados nos períodos matutino e vespertino. A mesma tem autorização de funcionamento para oferecer deste a educação infantil (pré-escolar I e II) até o ensino fundamental I (1º ao 5º ano).

Em relação à gestão escolar, o processo de acesso do atual diretor se deu por meio de indicação do conselho escolar, por motivo de vacância e, posteriormente, eleição direta de diretores escolares da Rede Municipal de Ensino (Reme), um dos mecanismos para a efetivação e manutenção da gestão democrática.

Dourado (2001, p. 79) diz que a "[...] gestão democrática é um processo de aprendizado e luta política, [...] e vislumbra a possibilidade de criação de canais de efetiva participação". De fato, não há materialização da gestão democrática, sem a participação de todos os envolvidos no processo.

Em face do exposto, questiona-se: qual é o tipo grau de participação que a comunidade é convocada a participar? É fato que a gestão democrática ocorre quando todos interagem, participam efetivamente, expressam opiniões e decidem ações a serem desenvolvidas na escola.

A concepção de gestão defendida neste estudo é a democrática e representativa. Dourado (2001, p. 312) destaca a importância da "[...] descentralização do poder, a formação de conselhos representativos, a reorganização do currículo, o acesso democrático à escola e ao conhecimento, a superação de barreiras conceituais, a implementação de novos processos de avaliação" e as ações voltadas para o diálogo.

Para Saviani (2013), a gestão democrática da educação escolar é um processo pedagógico que permite aos sujeitos a apropriação de conhecimentos crítico por intermédio da vivência democrática, a qual se configura como princípio da educação pública, garantida no artigo 206, inciso 6º, da Constituição Federal (CF/1988), e em 1996, com a publicação da Lei de Diretrizes e Bases da Educação Nacional (LDB/1996), esse princípio é reafirmado no Artigo 3º, Inciso VIII (Brasil, 1988, 1996).

Nessa direção, com a força dos movimentos progressistas a gestão democrática passou a compor os planos decenais de educação do país, elaborados a partir dos anos 2000. No Plano Nacional de Educação, Lei n.º 10.172, de 9 de janeiro de 2001 (PNE-2001), a questão apareceu de modo tímido, já no plano de seguinte, na Lei de n.º 13.005/2014, (PNE-2014/2024), o modelo de gestão democrática é contemplado na meta 19[29] (Brasil, 2001, 2014).

---

[29] Assegurar condições, no prazo de dois anos para a efetivação da gestão democrática da educação, associada aos critérios técnicos de mérito e desempenho e à consulta pública à comunidade escolar, no âmbito das escolas públicas, prevê recursos e apoio técnico da União para tanto (Brasil, 2014, p. 28).

Na análise crítica de Militão (2017, p. 64), o PNE ofereceu avanços ao definir a Meta 19 da gestão democrática, "[...] porém mantém ranços antigos, como não estender a gestão democrática para as escolas privadas e para o Ensino Superior e deixar formulações específicas sobre o tema a cargo dos sistemas de ensino". Ou seja, o plano nacional contém lacunas educacionais que não foram superadas por legislações anteriores, sobretudo quando se analisa o conceito de gestão democrática.

Gestão pedagógica e o currículo

Segundo o PPP da Escola Sócrates Câmara compreende-se o "[...] currículo como um instrumento de ação pedagógica e política, embasado nos princípios do pensamento 'Freiriano', que busca uma educação libertadora" (PPP – Escola Sócrates Câmara, 2021). Para o patrono da educação brasileira Paulo Freire:

> A questão fundamental, neste caso, está em que, faltando aos homens uma compreensão crítica da totalidade em que estão captando-a em pedaços nos quais não reconhecem a interação constituinte da mesma totalidade, não podem conhecê-la (Freire, 2001, p. 96).

Dessa forma, o currículo propõe situações que vão ao encontro com a realidade dos alunos, ao permitir que os conteúdos tenham significado e possam ser refletidos criticamente. Pois, de fato, o currículo não é apenas um conjunto de informações soltas, mas sim uma visão libertadora refletida e dialogada com os profissionais e educandos.

Dourado (2001, p. 1) corrobora que a vertente centrada no aluno entende que o currículo escolar deve ser constituído do conhecimento reconstruído pelo aluno a partir de suas próprias referências culturais e individuais.

Portanto, o currículo da unidade tem como ponto central o aluno. Logo, apresenta-se como oposto da Base Nacional Comum Curricular (BNCC).

Sobre o documento normativo, é importante salientar o seu processo de elaboração. No ano de 2017 foram realizadas audiências públicas, para a discussão sobre a base, para as etapas da educação infantil e do ensino fundamental. E em 22 de dezembro de 2017 o Conselho Nacional de Educação (CNE), aprovou a Resolução CNE/CP n.º 2, de 22 de dezembro de 2017, que "[...] institui e orienta a implantação da Base Nacional Comum Curricular" (Brasil, 2017).

É importante deixar registrado que o documento foi aprovado no governo golpista e ilegítimo de Michel Temer (Movimento Democrático Brasileiro – MDB), com sequência no desgoverno de Jair Bolsonaro (Partido Social Liberal – PSL e Partido Liberal – PL). Nesses governos a população brasileira vivenciou vários ataques aos diretos sociais dos trabalhadores deste país, a exemplo da aprovação da Emenda Constitucional 95, que congelou os investimentos públicos em áreas sociais por 20 anos; da Reforma Trabalhista; da Reforma da Previdência; da Reforma do Ensino Médio; do Projeto escola sem partido; de privatizações entre outros.

Feito o devido registro, a BNCC é apresentada como uma nova política educacional, a saber:

> [...] prevista no Plano Nacional de Educação (PNE), e uma nova política para a melhoria da Educação, pois define o conjunto de aprendizagens essenciais e indispensáveis a que todos — crianças, jovens e adultos — tem direito. Além disso, ela vincula outras políticas para assegurar esse direito, como currículo escolar, formação de professores, avaliação, material didático e projeto político-pedagógico (PPP). Por ser obrigatória, a BNCC pode induzir ações alinhadas e coerentes para estados, municípios, redes de ensino, escolas e salas de aula com a finalidade de formar cidadãos para o melhor desenvolvimento de cada pessoa e do país (Brasil, 2018, p. 3).

Ao analisar o documento supracitado, é possível perceber que ele apresenta um discurso de nova política, instituída para melhorar a qualidade da educação. Nesse sentido, é preciso ter claro qual o conceito de qualidade[30] que defendemos e lutamos enquanto educadores progressistas.

O documento normativo dispõe dos direitos de aprendizagem expressos por competências e habilidades. Ao observar a BNCC, os direitos de aprendizagem se traduzem em dez competências gerais[31]; 117 objetivos

---

[30] "Qualidade relacionada a um produto". No processo produtivo, é possível desenvolver determinado processo para produzir um produto de melhor qualidade, havendo toda a organização de um processo para produzir a melhor caneta ou a caneta com mais qualidade, por exemplo. Todo "[...] processo é organizado a partir da ideia da obtenção de um produto de qualidade" (Oliveira; Araújo, 2005, p. 7).

[31] A BNCC indica que as decisões pedagógicas devem estar orientadas para o desenvolvimento de competências. Por meio da indicação clara do que os alunos devem "saber (considerando a constituição de conhecimentos, habilidades, atitudes e valores) e, sobretudo, do que devem "saber fazer" (considerando a mobilização desses conhecimentos, habilidades, atitudes e valores para resolver demanda complexas da vida cotidiana, do pleno exercício da cidadania e do mundo do trabalho), a explicitação das competências oferece referências para o fortalecimento de ações que assegurem as aprendizagens essenciais" (Brasil, 2017, p. 4).

de aprendizagem e desenvolvimento; 35 competências específicas de áreas; 49 competências específicas de componentes curriculares 1.303 habilidades, agrupadas em 81 conjuntos (Brasil, 2017).

Ou seja, essa é uma nova política que já nasce "velha" e engessada, com o objetivo de consolidar o projeto da classe dominante rica e branca que propaga aos quatros ventos que "[...] a escola de qualidade é aquela que desenvolve as competências básicas para que o aluno seja capaz de aprender a aprender na sociedade do conhecimento" (Dourado, 2001, p. 123).

Nessa direção, a defesa da abordagem por competências sinaliza uma forte influência dos interesses do capitalismo nas políticas curriculares nacionais em detrimento dos anseios e necessidades da classe trabalhadora.

Freire (2001, p. 86) afirma que o currículo deve ser organizado a partir da situação presente, existencial e concreta, a fim de refletir o conjunto de aspirações do povo. Logo, os conteúdos em questão, precisam ser problematizados com temas e situações da realidade dos alunos, com o objetivo de ter uma análise crítica por parte deles e uma construção e reconstrução de novos conhecimentos. Saviani (2013, p. 13) corrobora, "[...] são as necessidades sociais que determinam o conteúdo, isto é, o currículo da educação escolar em todos os níveis e modalidades".

Considerações finais

A homologação da BNCC ocorreu em 20 de dezembro de 2017, no governo ilegítimo do golpista Michel Temer (MDB). À luz da Pedagogia Histórica-Crítica, é possível afirmar que o documento normativo atende aos interesses do capitalismo por meio de um projeto empresarial em detrimento a classe trabalhadora.

Em síntese, os objetivos presentes neste projeto formativo do empresariado são: "[...] a escola pública para integração, convivência, apaziguamento, adaptação e empregabilidade precária para os trabalhadores; destruição da educação pública" (Pina; Gama, 2020, p. 97).

O projeto formativo, em curso, apresentado na BNCC, é uma estratégia da classe capitalista para manter o controle sobre os trabalhadores, por meio de uma política educacional que consiste na formação para o trabalho a partir da abordagem por competências. A abordagem por competências, como configurada na BNCC, é de fato, uma contradição da realidade deste imenso país. Ou seja, como formar indivíduos de forma padronizada em uma sociedade marcada pela luta de classes? Impossível!

Diante desse cenário, é imprescindível que cada gestor escolar faça um contraponto e tenha um olhar crítico para a BNCC, a fim que todos os alunos em especial os que vivem em regiões segregadas socioespacialmente, como é o caso dos estudantes da Escola Sócrates Câmara, rodeados de problemas sociais e familiares, possam ter em seu PPP a defesa e ação a partir de um currículo com conteúdos e aprendizagem significativos e críticos, de acordo com a sua realidade.

Referências

BRASIL. Constituição (1988). *Constituição da República Federativa do Brasil.* Brasília, DF: Senado, 1988. Disponível em: http://www.planalto.gov.br/ccivil_03/constituicao/constituicao.htm. Acesso em: 1 mar. 2024.

BRASIL. Ministério da Educação. Lei n.º 9394/96, de 20 de dezembro de 1996. *Estabelece as Diretrizes e Bases da Educação Nacional.* Brasília, DF, 1996. Disponível em: http://www.planalto.gov.br/ccivil_03/leis/l9394.htm. Acesso em: 2 mar. 2024.

BRASIL. Lei n.º 10.172, de 09 de janeiro de 2001. Aprova o Plano Nacional de Educação e das outras providências. *Diário Oficial da União*, Brasília, DF, 10 jan. 2001. Disponível em: http://www.planalto.gov.br/ccivil_03/leis/leis_2001/l10172.htm. Acesso em: 2 mar. 2024.

BRASIL. *Lei 13.005, de 25 de junho de 2014.* Aprova o Plano Nacional de Educação – PNE, e dá outras providências. Brasília, DF: Câmara dos Deputados, 2014. Disponível em: http://www.observatoriodopne.org.br/uploads/reference/file/439/documentorefeencia.pdf. Acesso em: 1 mar. 2024.

BRASIL. Conselho Nacional de Educação/Conselho Pleno (CNE/CP). Resolução CNE/CP n.º 02 de 22 de dezembro de 2017. Institui e orienta a implantação da Base Nacional Comum Curricular, a ser respeitada obrigatoriamente ao longo das etapas e respectivas modalidades no âmbito da educação básica. *Diário Oficial da União*: Seção 1, Brasília, DF, p. 41-44, 22 dez. 2017.

BRASIL. Ministério da Educação. *Base Nacional Comum Curricular.* Brasília, DF, 2018. Disponível em: http://portal.mec.gov.br/index.php?option=com_docman&-

view=download&alias=79601-anexo-texto-bncc-reexportado-pdf-2&category_slug=dezembro-2017-pdf&Itemid=30192. Acesso em: 5 mar. 2024.

DOURADO, Luiz Fernandes. A escolha de dirigentes escolares: políticas e gestão da educação no Brasil. *In:* FERREIRA, Naura Syria Carapeto (org.). *Gestão democrática*: atuais tendências, novos desafios. São Paulo: Cortez, 2001, p. 95-117.

FREIRE, Paulo. *Pedagogia da autonomia*: saberes necessários à prática educativa. São Paulo: Paz e Terra, 2001.

MILITÃO, Andréia Nunes. Gestão democrática: novas determinações, velhos dilemas. *In:* MILITÃO, Andréia Nunes; PERBONI, Fabio (org.). *Plano Nacional de Educação*: diversos olhares. Curitiba/PR: Editora CRV, 2017. p. 149-166.

OLIVEIRA, Romualdo Portela de; ARAÚJO, Gilda Cardoso de. Qualidade do ensino: uma nova dimensão da luta pelo direito à educação. *Revista Brasileira de Educação,* Rio de Janeiro, n. 28, p. 5-23, 2005. Disponível em: http://www.scielo.br/pdf/rbedu/n28/a02n28.pdf. Acesso em: 6 mar. 2024.

PINA, Leonardo Docena; GAMA, Carolina Nozella. Base Nacional Comum Curricular: algumas reflexões a partir da pedagogia histórico-crítica. *Revista Trabalho Necessário*, Niterói, v. 18, n. 36, p. 343-364, maio-ago. 2020. Disponível em: https://periodicos.uff.br/trabalhonecessario/article/view/42813. Acesso em: 6 mar. 2024

SAVIANI, Dermeval. *Pedagogia histórico crítica*: primeiras aproximações. 11. ed. rev. Campinas, SP: Autores Associados, 2013.

BNCC: TRANSFORMAÇÕES PROFISSIONAIS E DESAFIOS EDUCACIONAIS

Marinete Aparecida Junqueira Guimarães Ribeiro

Introdução

Exerço a função de educadora no âmbito do ensino fundamental dos anos iniciais da educação básica por um período superior a vinte anos, na cidade de Lavras, interior de Minas Gerais, na região Sudeste do Brasil. Ao longo dessa trajetória profissional, testemunhei diversas transformações no cenário educacional, fruto da implementação de múltiplas políticas educacionais orientadas pelo Ministério da Educação e Cultura (MEC). Cada um desses programas possuía particularidades, embora compartilhassem o mesmo princípio norteador, a busca pela "educação de qualidade para todos", conforme o discurso governamental. Contudo, é imperativo reconhecer que a novidade constantemente nos coloca diante de desafios.

Minha experiência como docente foi marcada por inúmeras situações de apreensão e conflito, entretanto, cada uma delas contribuiu para enriquecer minha jornada profissional. Desenvolvi meu trabalho predominantemente em instituições de ensino localizadas em áreas residenciais, onde se presume que a interação com a comunidade escolar seja mais complexa. À luz da concepção sociocrítica, compreende-se que o ensino, assim como todos os fenômenos educativos, emerge a partir da realidade social envolvente.

Em reconhecimento ao meu trabalho, fui convidada a assumir a direção de uma escola situada em uma região periférica. Esta transição representou um desafio substancial, contudo, revelou-se altamente frutífera, proporcionando-me seis anos de uma experiência singular, fundamentada em uma gestão democrática, acolhedora e respeitosa das diversidades enfrentadas pelos profissionais docentes.

A decisão de participar de uma intervenção formativa sobre o processo de materialização da Base Nacional Comum Curricular (BNCC) na realidade brasileira é orientada por uma série de motivos fundamentais. Em primeiro lugar, a complexidade intrínseca da BNCC exige uma compreensão aprofundada e contextualizada para sua implementação no ambiente educacional. Participar de intervenções formativas possibilita uma imersão crítica e reflexiva nas diretrizes curriculares, ao promover uma visão mais integrativa e embasada para a prática pedagógica.

A busca por uma formação continuada nesse contexto se justifica pela necessidade de adaptação constante às modificações do cenário educacional brasileiro. A BNCC, enquanto documento dinâmico, demanda atualização constante, a fim de acompanhar as mudanças e evoluções no sistema de ensino. A intervenção formativa é um espaço propício para a absorção de novas interpretações, metodologias e estratégias, ao contribuir para a eficácia na implementação prática das diretrizes curriculares.

A interpretação inicial que possuo acerca da BNCC é pautada em uma visão conceitual, centrada nos objetivos gerais do documento. Contudo, ao longo da intervenção formativa, essa percepção se aprimorou. A experiência prática e as discussões proporcionadas pela formação permitiram uma compreensão mais aplicada e sensível à realidade educacional brasileira.

Ao participar da intervenção formativa dedicada à BNCC integrei em uma experiência enriquecedora e transformadora, que não apenas ampliou minha visão, mas também proporcionou uma compreensão mais crítica das implicações e desafios referentes a sua implementação.

Desafios e reflexões: implementação da BNCC

A BNCC foi aprovada em 20 de dezembro de 2017 e, inicialmente, tinha como foco a educação infantil e o ensino fundamental (Brasil, 2017). Nesse sentido, no dia 6 de março de 2018, educadores de todo o Brasil se dedicaram a estudar esse documento para compreender os seus impactos na educação básica. No entanto, foi somente em 14 de dezembro de 2018 que o Brasil iniciou o planejamento da BNCC para toda a educação básica, à medida que o ensino médio também começou a ser introduzido (Brasil, 2018). A partir daí, houve mobilização das redes educacionais de todo o país para analisar e implementar a BNCC. Dentre as diversas estratégias para esse fim, o MEC, em colaboração com as Secretarias de Educação (Estaduais e Municipais), organizou o Dia D – Dia Nacional de Discussão sobre a BNCC.

Naquela época, especialistas educacionais e administrativos realizavam pesquisas e debates sobre o texto final da BNCC com o objetivo de desenvolver programas e implementá-los em todas as escolas do país. O objetivo da construção da Base, conforme o discurso governamental, é

PERSPECTIVAS CONTRA-HEGEMÔNICAS SOBRE O PROCESSO DE
MATERIALIZAÇÃO DA BASE NACIONAL COMUM CURRICULAR (BNCC)

desenvolver uma estrutura educacional comum em todo o país, visando reduzir as desigualdades, especialmente em relação às diferentes regiões do Brasil, e melhorar as oportunidades de acesso à educação. Sua implementação ocorreu até o final de 2018, para que até 2019 todos os estados tivessem currículos alinhados e os educadores estivessem prontos para colocar a base em prática.

Especificamente, em Minas Gerais, por meio da Resolução n.º 470, de 27 de junho de 2019, do Conselho Nacional de Educação (CEE), foi aprovado o Programa de Referência Mineiro – CRMG para a educação infantil e ensino fundamental (Minas Gerais, 2018). Porém, para uma padronização mais completa sobre esse assunto, foi editada a Resolução CEE n.º 481, de 1º de julho de 2021, que define o Programa de Referência Mineiro (CRMG) para toda a educação básica, incluindo a educação infantil, o ensino fundamental, e o ensino médio (Minas Gerais, 2021).

Tais mudanças foram justificadas, por estarem em conformidade com a Constituição de 1988 e a Lei de Diretrizes e Bases da Educação Nacional (LDBEN). A Constituição Federal enfatiza que:

> Art. 210. Serão fixados conteúdos mínimos para o ensino fundamental, de maneira a assegurar formação básica comum e respeito aos valores culturais e artísticos, nacionais e regionais. § 1º O ensino religioso, de matrícula facultativa, constituirá disciplina dos horários normais das escolas públicas de ensino fundamental. § 2º O ensino fundamental regular será ministrado em língua portuguesa, assegurada às comunidades indígenas também a utilização de suas línguas maternas e processos próprios de aprendizagem (Brasil, 1988).

Resumidamente, o artigo 210 da Constituição Federal define diretrizes essenciais para o ensino fundamental no Brasil, ao enfatizar a importância de uma formação compartilhada, o respeito à diversidade cultural, a liberdade de escolha no ensino religioso, e o reconhecimento e respeito pelas línguas e culturas das comunidades indígenas.

Com base nesses princípios foi aprovada a LDBEN, Lei 9.394, de 20 de dezembro de 1996, que em seu Artigo 26, preconiza uma base nacional comum para a educação básica.

> Art. 26. Os currículos da educação infantil, do ensino fundamental e do ensino médio devem ter base nacional comum, a ser complementada, em cada sistema de ensino e em cada

estabelecimento escolar, por uma parte diversificada, exigida pelas características regionais e locais da sociedade, da cultura, da economia e dos educandos (Brasil, 1996, p. 19).

Portanto, o artigo 26 da LDB enfatiza a necessidade de uma base nacional comum nos currículos da educação básica. Defende-se que deverá haver um conjunto mínimo de conhecimentos para todos os estudantes, ao mesmo tempo que se possibilita uma parte diversificada que leve em conta as peculiaridades regionais e locais (Brasil, 1996). Dessa forma, promover-se-á uma educação mais contextualizada e adaptada às necessidades de cada comunidade escolar.

A BNCC e os impactos na atuação profissional

A BNCC tem impactado a educação brasileira, não apenas o ambiente escolar, mas também o espaço de atuação profissional de diversas áreas. Neste capítulo, discutiremos, ainda, sobre as transformações que a BNCC tem trazido e suas implicações para a educação escolar.

. Como documento norteador, a BNCC, de acordo com o discurso governamental, oferece as diretrizes sobre as competências e habilidades que os estudantes brasileiros devem adquirir em cada etapa da educação básica. Ela não apenas estabelece um arcabouço sólido para o currículo, mas também fornece um guia para a escolha de desafios educacionais que estejam alinhados com os objetivos educacionais propostos (Brasil, 2018).

No entanto, a situação tem se desenrolado de forma diferente, estamos sendo quase que compelidos a adotar uma realidade que não reflete o nosso cotidiano escolar, e muito menos a realidade dos nossos alunos. Temos que aderir a programas que vão muito além do aprendizado de nossos estudantes, para colocar em prática habilidades anunciadas pela BNCC.

Vivemos há pouco tempo um momento pandêmico da covid-19, ocasião em que os alunos do último ciclo da educação infantil, foram diretamente para o segundo ano do ensino fundamental, sem experienciar o contato presencial com seus colegas. Nesse momento, o município precisava implementar a BNCC em seu currículo, todavia era um momento que os professores não estavam preparados para esse novo desafio.

Por ocasião, a rede municipal adotou um material apostilado para oferecer suporte aos alunos, o "Acerta Brasil", da editora Ática. Justificou-se que o material contemplava as competências e habilidades requeridas pela

BNCC e pela Matriz de Referência Curricular do Sistema de Avaliação da Educação Básica (Saeb), que tem por objetivo aprimorar o desempenho dos estudantes nas avaliações externas.

Portanto, o "Acerta Brasil" apresenta uma proposta que visa favorecer a prática docente com vistas ao atendimento do que será cobrado nas avaliações externas, sendo que na apostila são trabalhados os componentes curriculares de Matemática e Língua Portuguesa.

É importante reconhecer que, apesar dos esforços em alinhar o material didático com as diretrizes da BNCC, nem sempre os estudantes conseguem extrair o conteúdo dessas apostilas. Muitas vezes, a linguagem, os exemplos e as atividades propostas estão desconexas da realidade vivenciada pelos alunos, o que dificulta seu engajamento e compreensão. E por mais que o município tenha disponibilizado aos alunos um programa de reforço escolar, o Laboratório de Aprendizagem (LA), realizado em horário alternativo, a adesão dos estudantes e o compromisso por parte das famílias em levá-los é incipiente.

É fundamental que os nossos olhares estejam atentos não apenas ao conteúdo dos materiais adotados, mas também à forma como são utilizados em sala de aula. Comumente, é preciso adaptar as atividades, contextualizá-las e torná-las mais acessíveis e significativas para os estudantes, de modo a promover um aprendizado mais efetivo. Todo esse movimento intensifica a carga horária de trabalho dos professores, para além dos muros da instituição escolar.

Em face do exposto, questiona-se, como pode um estudante melhorar seu desempenho sem conhecer os conteúdos em profundidade?

Tal questionamento decorre do fato de que, a cada bimestre tínhamos que aplicar uma avaliação diagnóstica, sendo que tínhamos vários alunos com muitas dificuldades na realização desta. A avaliação vinha pronta da editora para a ampliação e progressão da aprendizagem, com vistas à melhoria das notas da rede no Índice de Desenvolvimento da Educação Básica (Ideb). O desempenho dos alunos era lançado diretamente em uma plataforma, a qual serve para averiguação dos resultados.

Porém, em meio às demandas presentes no trabalho educativo, nos vimos imersos em uma realidade distante de um dos propósitos da educação escolar, qual seja, assegurar que os conhecimentos produzidos cientificamente, filosoficamente e artisticamente pelo gênero humano, em suas diferentes manifestações, seja apropriado pelos alunos (Saviani,

2016). Ou seja, tivemos que aderir e implementar habilidades delineadas pela BNCC, as quais, muitas vezes, estão desconectadas da vivência e necessidades de nossos estudantes.

Após essa primeira adoção de material externo, no ano de 2020, a rede municipal firmou convênio com o Sistema de Ensino Positivo. Posteriormente, nos anos de 2021 e 2022, adotaram o Sistema Objetivo Municipal de Ensino, da Editora Sol. E, nos anos de 2023 e 2024, a Coleção Caminhos e Vivências, da Editora Opet adentrou ao universo das escolas municipais. Ambas foram selecionadas, de acordo com os gestores municipais, por sua capacidade de contemplar as competências e habilidades estabelecidas pela BNCC. No entanto, como já salientado, independente da relação público-privada firmada, esses materiais estão avessos às necessidades e capacidades dos alunos, a exemplo de conteúdos e exemplos descontextualizados.

Nossas análises corroboram as contribuições de Pina e Gama (2020), pois a padronização dos objetivos pedagógicos, via materiais padronizados, leia-se apostilados, por exemplo, comumente contemplam aquilo que será cobrado nas avaliações externas, o que por si só gera o estabelecimento de um maior controle do trabalho educativo. Acrescentamos, ainda, que essa lógica tende a "[...] aumentar a pressão para que as redes públicas adotem os Sistemas Privados de Ensino, pois a BNCC [...] estimula grandes empresas de produção de material de didático padronizado a se estabelecerem no país", amparadas na concepção de que a mercadorização da educacional promove um incremento, em termos de desempenho do alunado no país (Pina; Gama, 2020, p. 359-360).

Em face do exposto, finaliza-se esta seção defendendo que esse cenário é real, o que traz à tona a importância que as escolas estejam abertas ao diálogo e à participação da comunidade escolar seja na rejeição ou na seleção e avaliação dos materiais didáticos a serem adotados. Por fim, não se pode perder de vista que tal prerrogativa atende, muito mais, aos interesses dos segmentos privados, do que as necessidades dos estudantes.

Considerações finais

Diante do cenário complexo e desafiador apresentado pela implementação da BNCC no Brasil, constatou-se um panorama de transformações profundas no âmbito educacional. Citou-se como exemplo, no espaço de atuação profissional, a adoção de sistemas apostilados, sob a justificativa de contemplarem as competências e habilidades requeridas pela BNCC, as quais são objeto de cobrança por parte de avaliações externas.

Esse processo tem apresentado muitos desafios para os professores e alunos. Os docentes encontram-se destituídos do ato de planejar intencionalmente suas aulas. Esses materiais, ao serem assumidos de forma unilateral, não refletem a realidade do município, tornando-se desconexos diante das necessidades e nível de aprendizado dos alunos.

Referências

BRASIL. Constituição da República Federativa do Brasil de 1988. *Diário Oficial da União*, Brasília, DF, 5 out. 1988. Disponível em: http://www.planalto.gov.br/ccivil_03/constituicao/constituicao.htm. Acesso em: 12 jan. 2024.

BRASIL. Lei n.º 9.394, de 20 de dezembro de 1996. Estabelece as diretrizes e bases da educação nacional. *Diário Oficial da União*, Brasília, DF, 23 dez. 1996. Disponível em: http://www.planalto.gov.br/ccivil_03/leis/L9394.htm. Acesso em: 12 jan. 2024.

BRASIL. Ministério da Educação. *Base Nacional Comum Curricular*. Brasília, DF, 2018a. Disponível em: http://basenacionalcomum.mec.gov.br/images/BNCC_EI_EF_110518_versaofinal_site.pdf Acesso em: 15 mar. 2022.

MINAS GERAIS. *Relatório Final do Currículo Referência de Minas Gerais*. Belo Horizonte: SSE/MG, 2018. Disponível em: https://curriculoreferencia.educacao.mg.gov.br/index.php/educacao-infantil-e-ensinofundamental/historico-de-elaboracao. Acesso em: 9 mar. 2024.

MINAS GERAIS. *Resolução CEE n.º 481, de 1 de julho 2021*. Institui e orienta a implementação do Currículo Referência de Minas Gerais nas escolas de educação básica do Sistema de Ensino do Estado de Minas Gerais. Belo Horizonte: SSE/MG, 2021. Disponível em: https://cee.educacao.mg.gov.br/index.php/legislacao/resolucoes/download/55-2021/13698-resolucao-cee-n-481 Acesso em: 5 mar. 2024.

PINA, Leonardo Docena; GAMA, Carolina Nozella. Base Nacional Comum Curricular: algumas reflexões a partir da pedagogia histórico-crítica. *Revista Trabalho Necessário*, Niterói, v. 18, n. 36, p. 343-364, 22 maio 2020. Disponível em: https://periodicos.uff.br/trabalhonecessario/article/view/42813. Acesso em: 13 maio. 2024.

SAVIANI, Dermeval. Educação escolar, currículo e sociedade: o problema da Base Nacional Comum Curricular. *Movimento-revista de educação*, Niterói, v. 4, p. 54-84, ago. 2016. Disponível em: https://periodicos.uff.br/revistamovimento/article/view/32575 Acesso em: 6 abr. 2024.

BASE NACIONAL COMUM CURRICULAR: EXPERIÊNCIA NO CONTEXTO DO RIO GRANDE DO SUL

Sandra Beatriz Martins da Silva

Introdução

Atuo como pedagoga na supervisão da escola municipal de ensino fundamental Barão do Rio Branco, localizada na cidade de Rosário do Sul, rua Cacequi, s/n.º, Bairro Rio Branco, na região Fronteira-Oeste do Rio Grande do Sul. A escola foi fundada em 22 de março de 1969, tem como patrono José Maria da Silva Paranhos, o Barão do Rio Branco. Pertence à rede municipal de ensino do referido município.

A escola oferece os níveis de ensino de educação infantil e ensino fundamental. Funciona em dois turnos (manhã e tarde) e possui 400 alunos. Está com 54 anos, e é composta por 18 turmas de ensino fundamental e duas de educação infantil. Compõem o quadro de recursos humanos uma diretora, duas vice-diretoras, duas supervisoras, uma orientadora educacional de 40h, 25 docentes, duas educadoras especiais, duas secretárias, duas monitoras, duas bibliotecárias, dois funcionários de higienização e dois de nutrição.

Os docentes possuem formação superior todos em suas respectivas áreas e são do quadro de carreira do município de Rosário do Sul. Os funcionários da higienização são terceirizados. Possui dez salas de aula, biblioteca, secretaria, sala de direção e vice-direção, coordenação pedagógica, cozinha e refeitório, laboratório de informática e vídeo, sala dos professores e sala de coordenação pedagógica, nove instalações hidrossanitárias, sendo uma adaptada para cadeirantes. O pátio da escola é pequeno e com pouco espaço para a prática de educação física e recreacionista junto dos alunos. A escola também conta com uma pracinha de brinquedos. A merenda oferecida possui cardápio variado, encaminhado e acompanhado pelo setor de Nutrição da Secretaria Municipal de Educação. A biblioteca é bastante frequentada. O Círculo de Pais e Mestres é atuante e participante das atividades da escola.

A partir dos dados constatados no ato da matrícula, verificamos que a escola atende a uma clientela diversificada, composta por alunos na faixa etária de 4 a 18 anos, residentes nas proximidades da escola, bairros vizinhos e zona rural, são oriundos de uma comunidade de baixa e média renda, onde os pais exercem funções variadas, com e sem renda fixa, sendo que alguns dependem de serviços temporários. Existem várias famílias em que os pais são separados e muitos alunos são criados por avós ou parentes próximos.

A escola possui alunos com dificuldades de aprendizagem, vários casos de distorção idade/ano, alunos que apresentam pouco comprometimento na realização das atividades propostas em sala de aula e casos de falta de acompanhamento da família. Os serviços de orientação escolar, supervisão pedagógica e direção, por meio do atendimento individualizado aos alunos e conversas com pais e responsáveis, buscam sanar as dificuldades encontradas e resgatar o interesse e a participação dos estudantes nas tarefas escolares.

A instituição conta com uma sala de atendimento educacional especializado (AEE) com duas educadoras especiais, uma para cada turno, as quais procuram oferecer um espaço escolar que seja acolhedor para todos, no qual, prima-se que o processo de aprendizagem seja colaborativo, contínuo e valorize as diferenças humanas, por meio do respeito às diferentes culturas, políticas, etnias, credos, necessidades especiais, com práticas escolares inclusivas a fim de combater a exclusão educacional e social a fim de responder a diversidade de estilos e ritmos de aprendizagem existentes. Tem como filosofia, proporcionar ao aluno condições e situações que possibilitem o seu desenvolvimento, interagindo na sociedade em que vive.

De acordo com dados do Projeto Político-Pedagógico, evidencia-se que a metodologia é pautada na reflexão da realidade, ao oportunizar aos alunos a sua auto-organização tendo em vista a construção de sua autonomia por meio do autoconhecimento, (re)leitura de mundo, ressignificação da vida e do meio em que vivem. Para tanto, isso só será possível por meio de aulas dialógicas, de produções e interações grupais. A escola busca pautar o trabalho pedagógico com base em uma tendência dialética e interacionista, que democratiza o conhecimento e esteja fundamentada em valores humanistas, entre os quais se destacam: a solidariedade, a justiça social, a honestidade, a responsabilidade e respeito às diferenças, como condição social do conhecimento.

Nos anos iniciais do ensino fundamental a metodologia proposta a ser trabalhada, nas diferentes áreas do conhecimento deverá ser dinâmica, diversificada, ativa e baseada em projetos interdisciplinares, para propor aos alunos a resolução de problemas, tendo em vista o desenvolvimento das competências intelectuais, éticas e estéticas necessárias à formação do ser humano, capaz de interferir na realidade social, econômica e cultural. E, embora o PPP sinalize uma postura crítica, contraditoriamente, o planejamento ocorre trimestralmente, conforme orientações da mantenedora, em consonância com a Base Nacional Comum Curricular (BNCC) e o Referencial Curricular Gaúcho (RCG) (Brasil, 2018; Rio Grande do Sul, 2018a, 2018b, 2018c, 2018d, 2018e, 2018f). Há a defesa de que as situações de aprendizagem deverão atentar-se aos compromissos científico, tecnológico e filosófico da Escola por meio dos pilares: Saber, Saber Fazer, Ser e Conviver, ao valorizar os conhecimentos prévios, a cultura da comunidade e o acesso ao saber local, regional e universal da humanidade, voltado para uma educação interdisciplinar e tendo como meta o "Aprender a Aprender", perspectiva esta que tem recebido muitas críticas, a exemplo das apontadas por Pina e Gama (2020).

Feita essa apresentação, o motivo que me conduziu a participar da intervenção formativa sobre o processo de materialização da BNCC na realidade brasileira decorre do fato de estar cursando o mestrado profissional em Educação junto à Universidade Federal do Pampa – Campus Jaguarão, espaço que tem me instigado a compreender a educação brasileira e as atuais políticas educacionais, a exemplo da BNCC. Complemento o interesse em procurar ter um olhar crítico a respeito da versão final da BNCC (Brasil, 2018), a qual culminou com o esvaziamento curricular e declínio do nível de ensino ofertado para as classes populares.

A BNCC e o espaço de atuação profissional

Segundo a BNCC, a educação básica deverá assegurar a formação e o desenvolvimento humano global em suas dimensões intelectual, física, afetiva, social, ética, moral e simbólica. Ela deve promover "[...] uma educação voltada ao acolhimento, reconhecimento e desenvolvimento pleno, nas suas singularidades e diversidades" (Brasil, 2018, p. 14).

Embora esse seja o discurso presente no documento, quando se efetua uma análise mais aprofundada, é possível compreender que a lógica de padronização presente no documento, não leva em consideração as diferenças sociais e culturais presentes na realidade brasileira. Inclusive, na escola em que atuo, localizada no município de Rosário do Sul-RS, ao observar e acompanhar o planejamento e o trabalho educativo dos colegas, é possível constatar que muitos estão perdidos, sobretudo quando se considera a ausência de flexibilidade e autonomia para elaborarem os seus planejamentos. Há, ainda, aqueles que consideram positiva a padronização de conteúdos, já que não precisarão se debruçar sobre o planejamento.

Caetano (2020) sinaliza que a proposta da BNCC tem se materializado em currículos restritivos e padronizados, os quais vão ao encontro da manutenção da sociedade capitalista. Em linhas gerais, houve um direcionamento à formação de estudantes com foco no mercado de trabalho e no consumo, perspectiva que se distancia dos ideais democráticos da educação escolar. Sobre tal processo, Pina e Gama (2020, p. 359-360) sinalizam que:

> A padronização em escala nacional dos objetivos de aprendizagem deve aumentar a pressão para que as redes públicas adotem os Sistemas Privados de Ensino, pois a BNCC, ao permitir que um mesmo sistema seja adotado em diferentes regiões do país, estimula grandes empresas de produção de material de didático padronizado a se estabelecerem no país, sustentadas na ideia de que suas mercadorias, alinhadas à BNCC, promovem aumento do desempenho dos alunos.

Somam-se a tais aspectos as análises de Caetano (2020), as quais explicitam que a versão final do documento reflete os interesses dos grupos empresariais, os quais têm se posicionado em firmar sua perspectiva mercadológica nos rumos das políticas educacionais. Cita-se como exemplo a baixa participação das entidades, professores, alunos e comunidades escolares, no processo de discussão das versões que culminaram no documento final.

Ainda sobre a dimensão da padronização curricular, embora a BNCC, por meio do discurso governamental apregoe que se estará dando as mesmas oportunidades para estudantes de regiões distintas do país, o que se está assistindo é um verdadeiro apagamentos das diferenças sociais e culturais.

Considerações finais

A partir da intervenção formativa que culminou neste capítulo, foi possível olhar a BNCC por outro ângulo. As leituras básicas, formações e reflexões trouxeram outra perspectiva, para além da difundida no interior da BNCC. Ou seja, o documento não pode ser analisado isoladamente das condições sociais e econômicas que têm culminado em grandes desigualdades educacionais nas escolas do país.

Também foi possível constatar que a BNCC visa atender aos interesses do empresariado nacional e internacional. Sem a ampla participação da sociedade civil e das entidades de classe, a exemplo da Associação Nacional de Pesquisa e Pós-Graduação em Educação (Anped), o documento foi direcionado para formar nossas crianças e adolescentes para o mundo do trabalho, perspectiva que se distancia da educação escolar humanizadora.

As discussões e constatações apresentadas não se esgotam, pois há muitas controvérsias e discussões que deverão ser analisadas e estudadas pelos professores, gestores e comunidades escolares, a fim de que todos os estudantes brasileiros tenham acesso a uma verdadeira educação de qualidade.

Referências

BRASIL. Ministério da Educação. *Base Nacional Comum Curricular*. Brasília, DF, 2018. Disponível em: http://basenacionalcomum.mec.gov.br/abase/#estrutura. Acesso em: 5 maio 2024.

CAETANO, Maria Raquel. Agora o Brasil tem uma Base! A BNCC e as influências do setor empresarial. Que Base? *Educação em Revista*, Marília, v. 21, n. 02, p. 65-82, 2020. Disponível em: https://doi.org/10.36311/2236-5192.2020.v21n02.06.p65. Acesso em: 2 maio 2023.

PINA, Leonardo Docena; GAMA, Carolina Nozella. Base Nacional Comum Curricular: algumas reflexões a partir da pedagogia histórico-crítica. *Revista Trabalho Necessário*, Niterói, v. 18, n. 36, p. 343-364, 22 maio 2020. Disponível em: https://periodicos.uff.br/trabalhonecessario/article/view/42813 Acesso em: 2 maio 2023.

RIO GRANDE DO SUL (Estado). Secretaria de Educação (Seduc). Referencial Curricular Gaúcho: educação infantil. Porto Alegre: Seduc, 2018a. Disponível em: https://portal.educacao.rs.gov.br/Portals/1/Files/1532.pdf. Acesso em: 4 jun. 2024.

RIO GRANDE DO SUL (Estado). Secretaria de Educação (Seduc). *Referencial Curricular Gaúcho*: Ciências da Natureza. Porto Alegre: Seduc, 2018b. Disponível em: https://portal.educacao.rs.gov.br/Portals/1/Files/1530.pdf. Acesso em: 4 jun. 2024.

RIO GRANDE DO SUL (Estado). Secretaria de Educação (Seduc). *Referencial Curricular Gaúcho*: Humanas. Porto Alegre: Seduc, 2018c. Disponível em: https://portal.educacao.rs.gov.br/Portals/1/Files/1529.pdf. Acesso em: 4 jun. 2024.

RIO GRANDE DO SUL (Estado). Secretaria de Educação (Seduc). *Referencial Curricular Gaúcho*: Linguagens. Porto Alegre: Seduc, 2018d. Disponível em: https://portal.educacao.rs.gov.br/Portals/1/Files/1531.pdf. Acesso em: 4 jun. 2024.

RIO GRANDE DO SUL (Estado). Secretaria de Educação (Seduc). *Referencial Curricular Gaúcho*: Matemática. Porto Alegre: Seduc, 2018e. Disponível em: https://portal.educacao.rs.gov.br/Portals/1/Files/1533.pdf. Acesso em: 4 jun. 2024.

RIO GRANDE DO SUL (Estado). Secretaria de Educação (Seduc). *Referencial Curricular Gaúcho*: Ensino Religioso. Porto Alegre: Seduc, 2018f. Disponível em: https://portal.educacao.rs.gov.br/Portals/1/Files/1528.pdf. Acesso em: 4 jun. 2024.

UM OLHAR PARA A BASE NACIONAL COMUM CURRICULAR E OS DESAFIOS VIVENCIADOS NA GESTÃO ESCOLAR

Zenaide Gomes da Silva

Introdução

A Base Nacional Comum Curricular (BNCC) por ser um documento norteador dos currículos de estados e municípios do Brasil exige dos(as) educadores(as) uma melhor compreensão. Na condição de gestora de uma unidade escolar, percebe-se a necessidade de formação sobre o tema.

A formação disponibilizada aos(às) professores(as) por meio das Atividades de Trabalho Pedagógico Coletivo (ATPC), semanalmente, é insuficiente. Nas sete horas/aulas destinadas a ATPC o(a) professor(a) realiza o alinhamento semanal das atividades propostas em calendário escolar, prepara suas aulas e participa de formação oferecida pela Secretaria da Educação de São Paulo (Seduc-SP). Para tanto, ao desenvolvermos a ação da ATPC percebemos que de um ano para o outro o documento da BNCC é apenas pincelado pelos professores, sobretudo por ser um documento extenso. O documento busca atender o mínimo em relação ao conhecimento que os estudantes têm direto, como previsto em lei. Assim, o conteúdo curricular esvaziado traz prejuízos ao trabalho pedagógico e desta forma, os professores se sentem desamparados para atuar em uma escola com complexidades diversas.

A escola em questão, está situada em um bairro de alta vulnerabilidade, onde um número considerável de pais/responsáveis pelos(as) estudantes são trabalhadores(as) rurais, empregadas domésticas que dependem das escolas e creches para deixarem seus/suas filhos(as) enquanto desempenham suas atividades laborais. Há, ainda, alguns casos de famílias desempregadas que dependem de programas e auxílios dos órgãos públicos. A complexidade existente no entorno escolar demonstra uma triste realidade, pois parte dos(as) estudantes são instados(as) ao uso/tráfico de drogas, a serem vítimas da exploração sexual e a falta de perspectiva em suas vidas.

A escola deixa de ter sentido quando não há uma perspectiva de futuro e um currículo que não atenda às necessidades de um determinado grupo/local. Somam-se os problemas socioeconômicos familiares na vida dos(as) adolescentes.

O currículo escolar, baseado na BNCC (2018), tem o intuito de padronizar a educação básica no país; porém o Brasil é enorme e composto por diversidades culturais e regionais que apontam para as necessidades individuais e coletivas dos(as) estudantes.

Diante do exposto, a participação nessa intervenção formativa sobre o processo de materialização da BNCC na realidade brasileira teve o intuito de favorecer a compreensão acerca de suas particularidades, além de colaborar com a realidade da escola em que atuo, por meio de um ensino que desenvolva no(a) estudante a percepção do processo de ensino e aprendizagem com foco na integração da teoria com a prática e desta com a realidade dos(as) estudantes.

Para tanto, na produção deste capítulo utilizou-se como fonte de coleta de dados, os diálogos formais e informais da gestão escolar com os(as) professores(as).

O controle do trabalho educativo

Existem inúmeras questões acerca do processo educacional, dentre elas, o ato de ensinar. O currículo apresentado pela Seduc-SP traz um material engessado que poda o(a) professor(a) em seu trabalho, ou seja, diante dos processos de ensino e de aprendizagem, os quais deveriam contemplar as necessidades dos diferentes indivíduos.

Esse esvaziamento curricular apresentado pela BNCC (2018), em face da sua forma engessada, tira a autonomia docente (ato de planejar). Desse modo, o(a) docente(a) que conhece a realidade dos(as) estudantes, fica impedido de realizar um trabalho educativo que contemple os pré-requisitos e necessidades.

A ausência de um currículo conectado à realidade dos(as) estudantes torna o ensino insignificante e desmotivador. Além disto, percebemos que os conteúdos estão direcionados ao mundo do trabalho, a exemplo dos itinerários formativos, e do incentivo para que os(as) professores(as) realizem parcerias com empresas que garantam o sucesso de suas aulas que já estão prontas e com os objetivos direcionados. Diante dessa ótica, complementam Pina e Gama (2020, p. 352):

> É a esse objetivo que se ligam as iniciativas de privatização, divisão técnica do trabalho e responsabilização, pois, na visão empresarial, tais fundamentos devem garantir que o professor "ensine bem" segundo o parâmetro de qualidade pré-definido: deve-se aumentar o rendimento dos alunos nos testes em larga escala por meio das pedagogias do "aprender a aprender", o que significa distanciar o trabalho educativo das máximas possibilidades de desenvolvimento dos estudantes, de modo a oferecer, aos futuros trabalhadores, uma escolarização restrita ao uso funcional dos rudimentos do saber. Eis o que denominamos de patamar minimalista de formação.

Diante do exposto pelos autores, é perceptível nas escolas a preparação para uma futura privatização do ensino, devido ao tratamento tecnicista que tira o direito dos(as) professores(as) desenvolverem junto aos estudantes o máximo de suas potencialidades. Desse modo, os(as) estudantes recebem uma formação mínima, necessária ao trabalho formal e informal (Pina; Gama, 2020).

Ao identificar que parcela expressiva dos conteúdos apresentados nos currículos escolares não condiz com a realidade dos(as) estudantes, percebemos que o ensino, na lógica do capital, se tornou um manual, uma receita pronta, a qual impede que os(as) estudantes aprendam com o intuito de mudar sua realidade.

Formação Docente

Outro aspecto a ser abordado, diante da experiência vivenciada, é que os professores(as) necessitam de atualização profissional que atenda às necessidades dos(as) estudantes para poderem desenvolver aulas intencionalmente planejadas por eles.

Como rapidamente mencionado na Introdução, a formação dos(as) professores(as), seja na escola em que atuo ou nas demais escolas do estado, ocorre durante as horas de ATPC, uma vez por semana, e tem duração de 7 horas-aula (5 horas e 15 minutos relógio).

Notamos a dificuldade da escola em utilizar esse tempo para o estudo da BNCC e outros documentos relacionados a aprendizagem e ao preparo de aulas, devido o tempo estar direcionado à formação dos(as) professores(as) pela Seduc. A formação apresentada pela Seduc, em relação à BNCC (2018), não é produtiva, sobretudo porque os professores recebem materiais com aulas preparadas. Outro questionamento está no tempo destinado aos estudos, colocamos que o entendimento de um documento requer tempo para ser entendido e processado. Ou seja, o tempo utilizado é insuficiente para a compreensão de "[...] processos que alienam a classe trabalhadora do acesso aos conhecimentos formadores do pensamento crítico sobre a realidade própria e circundante" (Oliveira; Shimazaki; Di Giorgi, 2023, p. 21). Além disso,

> [...] o Estado não criou as condições objetivas e subjetivas de formação continuada dos professores para o desenvolvimento da consciência crítica, mas para manter a dualidade histórica entre a educação para a elite e uma escola fracassada para os trabalhadores, com foco em habilidades práticas (Costa, 2022, p. 952).

Diante do exposto, o desafio enfrentado pelos(as) gestores(as), ao mediar o diálogo com os(as) professores(as), refere-se à ausência de tempo e condições efetivas para fortalecer os processos formativos sobre as políticas educacionais que perpassam o trabalho educativo.

Uma dimensão fundamental e que precisaria ser mais abordada com os(as) professores, a partir da análise da BNCC, refere-se ao esvaziamento de conteúdos e que tem levado os professores a ensinarem a partir de um patamar minimalista de formação (Pina; Gama, 2020). O fato citado é visível, quando as avaliações externas como o Enem, nos revelam que nossos(as) estudantes não conseguem concorrer de forma igualitária com aqueles(as) que se encontram matriculados(as) em escolas particulares. A partir dessa constatação, corroboramos os autores supracitados, os quais apontam que:

> [...] o trabalho educativo vem sendo orientado por concepções que visam distanciar a educação escolar das necessidades humanas reais, sugerindo que o domínio amplo do saber sistematizado seria supérfluo aos trabalhadores em função de suas necessidades imediatas de vida (Pina; Gama, 2020 p. 351).

Desse modo, há que se lutar para a implementação de um currículo robusto, que direcione os(as) estudantes para um efetivo processo de apropriação das objetivações científicas, filosóficas e artísticas, produzidas historicamente pelo gênero humano (Pina; Gama, 2020).

É fato que os(as) professores(as) e gestores(as), comumente, realizam o trabalho escolar com o objetivo de oferecer o melhor para os processos de ensino e de aprendizagem, todavia, em vários momentos estes se sentem limitados em face das atuais políticas educacionais. Os(as) estudantes, por vez, se sentem diminuídos e sem expectativas de futuro.

Cabe ao poder público mudar essa realidade, para tanto a sociedade civil tem um papel fulcral, ao ensejar

> [...] uma política educacional concreta, que se sustente em bases formativas que interessem à classe trabalhadora, não no sentido de encaminhamento imediato para o mercado de trabalho produtivo, mas que tais estudantes possam se apropriar de forma igual da produção histórica e cultural [...] (Costa, 2022, p. 962-963).

Nessa linha de raciocínio e para que tais condições sejam possíveis, os(as) gestores(as) e professores(as) precisam ser bem formados(as), de modo que possam resistir e se posicionar frente ao que vivenciam diariamente.

Considerações finais

Os questionamentos aqui colocados, neste capítulo, evidenciam reflexões geradas a partir de uma formação sobre a BNCC e aspectos relacionados ao currículo do estado de São Paulo, lócus de atuação da autora deste texto, na condição de diretora de uma unidade escolar.

O esvaziamento curricular presente na BNCC e sua materialização no currículo paulista tem corroborado a retirada de autonomia dos(as) docentes, em especial do ato de planejar, sobretudo quando se consideram as aulas prontas que são disponibilizadas e slides que deverão guiar as aulas. Tal dinâmica tem impedido os(as) professores(as) de realizar um trabalho educativo que contemple as necessidades dos(as) estudantes, em articulação com a sua inserção social e cultural.

Em face do exposto, apontamos para a importância de que mais estudos e investigações se debrucem sobre o contexto mencionado, de tal modo que haja um incremento sobre a produção do conhecimento sobre BNCC e o currículo do estado de São Paulo, bem como seus impactos na atuação de gestores(as) e professores(as).

Referências

BRASIL. Constituição (1988). *Constituição da República Federativa do Brasil.* Promulgada em 5 de outubro de 1988. Brasília, DF: Senado Federal, 1988. Disponível em: http://www.planalto.gov.br/ccivil_03/constituicao/constituicao.htm. Acesso em: 27 jan. 2024.

BRASIL. Ministério da Educação. *Base Nacional Comum Curricular*: educação é a base. Brasília, DF: MEC, 2018. Disponível em: http://basenacionalcomum.mec. gov.br/images/BNCC_EI_EF_110518_versaofinal_site.pdf. Acesso em: 29 dez. 2023.

COSTA, Dirno Vilanova da. A BNCC do ensino médio: entre os interesses neoliberais e possibilidades de formação. *Conjecturas*, [*S. l.*], v. 22, n. 5, p. 950-964, jun. 2022. Disponível em: humanahttps://conjecturas.org/index.php/edicoes/article/view/1066. Acesso em: 27 nov. 2023.

OLIVEIRA, Ethyenne Goulart; SHIMAZAKI, Elsa Midori; DI GIORGI, Cristiano Amaral Garboggini. Base Nacional Comum Curricular do ensino médio e a (re) introdução da Pedagogia das Competências: revisão sistemática. *Olhar de Professor*, Ponta Grossa, v. 26, p. 1-25, e-20529.018, 2023. Disponível em: https://doi.org/10.5212/OlharProfr.v.26.20529.018. Acesso em: 17 jan. 2024.

PINA, Leonardo Docena; Gama, Carolina Nozella. Base Nacional Comum Curricular: algumas reflexões a partir da pedagogia histórico-crítica. *Trabalho Necessário*, v. 18, p. 351, 2020. Disponível em: https://revista.fct.unesp.br/index.php/Nuances/article/view/8290/pdf. Acesso em: 10 dez. 2023.

IMPACTOS DA BNCC EM ESCOLAS INDÍGENAS NO MATO GROSSO DO SUL

Vanessa Maciel Reginaldo

Introdução

Atualmente, exerço a função de professora em uma escola indígena que atende até o 8º ano do ensino fundamental. A escola municipal indígena Tengatui Marangatu possui um público bastante diversificado, discentes e docentes de três etnias Guarani, Terena e Kaiowá, acrescido de uma parcela de mestiços. A unidade escolar encontra-se localizada na reserva indígena de Dourados, no estado de Mato Grosso do Sul. Para melhor situar o leitor, na Figura 1, apresenta-se o mapa da minha querida Aldeia, onde moro desde que nasci.

Figura 1 – Aldeias Jaguapiru e Bororo

Fonte: elaborado pela autora com base no Google Maps (2024)

Formada em 2022, pela Universidade Estadual do Mato Grosso Sul (Uems), sou professora da educação básica, na área de Língua Portuguesa. Logo após a conclusão da graduação, ingressei no Programa de

Pós-Graduação em Educação da Universidade Federal da Grande Dourados (PPGEDu/UFGD), na linha de Política e Gestão da Educação.

Com o objetivo de conhecer mais da área de gestão e políticas, uma vez que meu projeto de pesquisa está voltado para a área de gestão, especificamente a gestão das escolas indígenas de Dourados/MS, o interesse pela intervenção formativa se deu na expectativa de agregar conhecimentos sobre a gestão escolar e que poderiam ser direcionados para o contexto das escolas indígenas, em especial porque nessa realidade, todos atuam nas decisões coletivas ligadas à gestão.

Como professora iniciante na carreira docente no ano de 2022, ao atuar como professora substituta na instituição escolar indígena, pude me deparar com o referencial curricular que as escolas indígenas usavam. Por ocasião, pude constatar que eram as mesmas competências e habilidades abordadas nas escolas regulares. De certa maneira fiquei assustada, pois na legislação fala-se que a educação escolar indígena deverá ser diferenciada, a partir de um currículo e práticas didático-pedagógicas em sintonia com a nossa realidade (Brasil, 1988).

A BNCC e a sua relação na educação escolar indígena

A educação escolar indígena tem como pressuposto a perspectiva de que seja uma educação diferenciada e bilíngue, uma vez que a Constituição Federal nos proporcionou essa especificidade no ensino e reconheceu a autonomia dos povos originários. No art. 210 garante-se a discussão dos próprios currículos. Destaca-se, também, o art. 206, o qual enfatiza a gestão democrática, sendo que todas as redes de ensino públicas deveriam adotar uma gestão participativa (Brasil, 1988). As escolas indígenas, não diferente, obtiveram o reconhecimento de sua autonomia em todas as áreas, desde a pedagógica, a administrativa e a financeira, além de contar com a participação dos profissionais da educação e comunidade interna/ externa nas tomadas de decisões.

Girotto (2006, p. 80) aponta que a "[...] educação indígena tem origem em um movimento cultural interno e faz parte de um processo total em que a cultura é ensinada e aprendida segundo uma socialização integrante". A partir dessa citação, é possível verificar que a cultura de "ensino" adotada pelas comunidades indígenas é contrária à apresentada na atual Base Nacional Comum Curricular (BNCC). Em linhas gerais, o ensino dos povos indígenas deverá estar de acordo com a realidade vivenciada pelas distintas comunidades, enquanto a Base defende um ensino pré-determinado e universalizado (Brasil, 2018).

A BNCC destoa da compreensão de que os povos originários possuem saberes específicos, cultura, língua, artesanatos, músicas, dentre outros aspectos que os diferenciam do ensino ofertado nas escolas regulares. Cita-se que, o discurso de ofertar um ensino igual e de qualidade para todos não se sustenta. Vide as avaliações externas que, ao focarem nas áreas de Língua Portuguesa e Matemática excluem, sobremaneira, as crianças e jovens indígenas.

Infelizmente, a BNCC está voltada para um campo mercadológico, sendo que prevaleceram os interesses do empresariado. Ou seja, não foram consideradas as realidades dos alunos, o que provoca um grande esvaziamento dos currículos, os quais ficam sem sintonia com a realidade das comunidades locais. Pina e Gama (2020) afirmam que os empresários, defensores da BNCC, utilizam como argumentos que por meio de relações público-privadas é possível alcançar a efetividade e a eficiência que tanto buscam na educação básica.

Moreira (2018) adiciona que essa perspectiva, caso não atingida, terá como culpados os professores, uma vez que a lógica de responsabilização, sobretudo, dos desempenhos alcançados a partir das avaliações externas está direcionada ao trabalho desenvolvido por eles, sem considerar as nuances sociais e culturais.

Ao analisar o currículo de Dourados (2020), há a identificação de uma afirmação, por meio da qual fica explícita a necessidade de reformulá-lo para se enquadrar aos normativos que a BNCC estabeleceu.

> Esse Currículo visa a construção de uma proposta que atenda às suas particularidades e pluralidade da região da grande Dourados, tem como objetivo fundamental subsidiar a prática pedagógica, contribuindo assim para a melhoria da qualidade do processo de ensino e de aprendizagem, que garanta o atendimento às expectativas de aprendizagem dos estudantes na idade/ano equivalente, que orienta de maneira objetiva o atendimento aos estudantes com necessidades educacionais específicas, promovendo a implementação do Projeto Político Pedagógico das escolas (Dourados, 2020, p. 15).

Observamos que o objetivo do currículo vai ao encontro de um dos objetivos da BNCC, qual seja, universalizar o ensino em todas as escolas públicas. Tal dimensão é problemática, não somente para o município de Dourados, mas para o Brasil como um todo. Destaca-se que tal prerrogativa não levou em consideração os elevados contingentes populacionais assolados pela pobreza e pela desigualdade social, dimensão presente nos contextos indígenas. Na educação escolar indígena, em face dessa lógica de padronização, os gestores têm enfrentado dificuldades adicionais, pois nos currículos deve haver a adição das línguas maternas.

No currículo de Dourados, há um item que aborda a educação escolar indígena e as escolas localizadas nas aldeias.

> Nas Aldeias Indígenas de Dourados MS, existem sete escolas municipais: Escola Municipal Francisco Meireles é uma escola localizada fora da aldeia na Missão Evangélica Caiuá, onde 99% da clientela são indígenas das aldeias Jaguapiru e Bororó; Escola Municipal Indígena Tengatui Marangatu, Escola Municipal Indígena Ramão Martins estão localizados na Aldeia Jaguapiru a Escola Municipal Indígena Araporã, Escola Municipal Indígena Agustinho e Escola Municipal Indígena Lacuí Roque Isnard estão localizadas na Aldeia Bororó e a Escola Municipal Indígena Pai Chiquito localiza-se na Aldeia Panambizinho, Distrito de Panambi (Dourados, 2020, p. 66).

Todas as escolas estão divididas entre as aldeias Jaguapiru e Bororo, as quais contam com uma população de aproximadamente 20 mil moradores (IBGE, 2020), divididos em três etnias Guarani, Kaiowá e Terena, como salientado na Introdução. De certa maneira, essas comunidades têm lutado para assegurar uma educação de qualidade, mesmo diante de sua invisibilidade ou do atravessamento de suas especificidades, sobretudo no atual contexto em que o currículo municipal se encontra alinhado à BNCC.

Costa (2022) pondera que reformas como a BNCC são produzidas com o intento de enfraquecer o ensino destinado aos filhos da classe trabalhadora. Tal dimensão não é diferente para os povos originários, os quais sempre tiveram que aceitar demandas e regras verticalizadas.

Não se pode perder de vista que a BNCC tem como mecanismo a privatização da educação, uma vez que ela priva parcela expressiva da população de receber uma educação diferenciada e, sobretudo, ao interferir na atuação da gestão escolar. Caetano (2020, p. 68) indica que "[...] a privatização não significa a venda da escola pública (propriedade do Estado), mas uma forma de gestão e funcionamento que incorpora ferramentas do setor privado e do mercado". Assim, apaga-se a gestão democrática, que visa a mudança intelectual dos sujeitos, para uma gestão gerencial que atende as necessidades do mercado de trabalho.

Finaliza-se defendendo que essa mudança não é bem-vista pela educação escolar indígena, por não querermos uma educação mercadológica, e sim uma educação que reafirme nossas identidades, como apregoado na Lei de Diretrizes e Bases da Educação Nacional (LDB), em seu art. 78 (Brasil, 1996), o qual sinaliza que uma educação diferenciada é aquela que promove a recuperação de memórias e valorização de suas línguas (Bergamaschi; Medeiros, 2010; Brasil, 2012), ou seja, uma educação transformadora.

Considerações finais

Para finalizar, reafirmamos que a BNCC tem promovido um esvaziamento dos currículos, em nome da promoção de um ensino "de qualidade". Inclusive, essa pretensa qualidade não se faz presente nas comunidades indígenas, pois seus modos de vida são muito diferenciados do resto da população. Assim, a resistência, ainda, deverá persistir.

Um exemplo é o currículo do município de Dourados, o qual encontra-se alinhado à BNCC, tornando nossas escolas indígenas reféns dos normativos que defendem o ensino universal. Diante de tais constatações, nossas escolas indígenas lutam para reafirmar o ensino bilíngue e diferenciado, e por mais que sigamos o currículo referência do município, há muitas especificidades, acrescido da luta constante para não perdermos a autonomia de nossas comunidades.

Referências

BERGAMASCHI, Maria Aparecida; MEDEIROS, Juliana Schneider. História, memória e tradição na educação escolar indígena: o caso de uma escola Kaingang. *Revista Brasileira de História*, São Paulo, v. 30, n. 60, p. 55-75, 2010. Disponível em: https://www.scielo.br/j/rbh/a/xwLfPnXVfss8xgqJScZQyps/#. Acesso em: 18 maio 2024.

BRASIL. Constituição. *Constituição da República Federativa do Brasil*. Brasília, DF: Senado Federal, 1988.

BRASIL. *Diretrizes Curriculares Nacionais para a Educação Escolar Indígena na Educação Básica*. Resolução n.º 5, aprovada em 22 de junho de 2012. Brasil: Conselho Nacional de Educação/Câmara de Educação Básica.

BRASIL. Ministério da Educação. Lei n.º 9.394/96, de 20 de dezembro de 1996. Estabelece as diretrizes e bases da educação nacional. *Diário Oficial da União*, Brasília, DF, 23 dez. 1996.

BRASIL. Ministério da Educação. *Base Nacional Comum Curricular* – BNCC 2ª versão. Brasília, DF, 2018a. Disponível em: http://basenacionalcomum.mec.gov. br/images/BNCC_EI_EF_110518_versaofinal_site.pdf Acesso em: 15 mar. 2022.

CAETANO, Maria Raquel. Agora o Brasil tem uma Base! A BNCC e as influências do setor empresarial. Que Base? *Educação em Revista*, Marília, v. 21, n. 2, p. 65-82, 2020. Disponível em: https://doi.org/10.36311/2236-5192.2020.v21n02.06.p65. Acesso em: 2 maio 2023.

COSTA, Dirno Vilanova da. A Base Nacional Comum Curricular (BNCC) do ensino médio: entre os interesses neoliberais e possibilidades de formação humana. *Conjecturas*, [*S. l.*], v. 22, n. 5, p. 949–964, 2022. Disponível em: https://conjecturas. org/index.php/edicoes/article/view/1066. Acesso em: 13 jun. 2023.

DOURADOS (Município). *Currículo Municipal da Rede de Ensino de Dourados*. Dourados-MS: Secretaria Municipal de Educação, 2020.

GIROTTO, Renata Lourenço. Balanço da educação escolar indígena no município de Dourados. *Tellus*, Campo Grande-MS, n. 11, p. 77-103, 2014. DOI: 10.20435/tellus. v0i11.106. Disponível em: https://www.tellus.ucdb.br/tellus/article/view/106. Acesso em: 31 jan. 2024.

IBGE, Instituto Brasileiro de Geografia e Estatística. *Utilização dos resultados do senso 2020*. Disponível em: https://anda.ibge.gov.br/cidades-e-estados/ms/ dourados.html Acesso em: 29 jan. 2025.

MOREIRA, Jani Alves da Silva. Reformas educacionais e políticas curriculares para a educação básica: prenúncios e evidências para uma resistência ativa. *Germinal*: marxismo e educação em debate, Salvador, v. 10, n. 2, p. 199-213, ago. 2018. Disponível em: https://doi.org/10.9771/gmed.v10i2.27355. Acesso em: 2 maio 2023.

PINA, Leonardo Docena; GAMA, Carolina Nozella. Base Nacional Comum Curricular: algumas reflexões a partir da pedagogia histórico-crítica. *Nuances*: estudos sobre educação, Presidente Prudente, v. 31, n. esp. 1, p. 78-102, maio/ago. 2020. Disponível em: https://doi.org/10.32930/nuances.v31iesp.1.8290. Acesso em: 8 fev. 2023.

CURRÍCULO PAULISTA: IMPLICAÇÕES À ATUAÇÃO DOCENTE NA ESCOLA DO CAMPO EM MIRANTE DO PARANAPANEMA

Mariana Padovan Farah Soares

Introdução

Este capítulo discorrerá sobre as implicações à atuação docente na Escola do Campo "Pé de Galinha", localizada no assentamento Haroldina, em Mirante do Paranapanema, na região do Pontal do Paranapanema, estado de São Paulo, a partir da implementação do Currículo Paulista[32]. Dessa forma, baseia-se em análise bibliográfica e documental.

Na atual condição, como docente no município de Pirapozinho-SP e doutoranda pelo Programa de Pós-Graduação em Educação da Universidade Estadual de Maringá (UEM), elencou-se algumas reflexões diante de inquietações acerca do impacto da Base Nacional Comum Curricular (BNCC) à atuação docente, com destaque para a implementação do currículo paulista nas escolas do campo[33], as quais têm experienciado um controle dos processos de ensino e aprendizagem, tendo em vista a expressão de um projeto empresarial de formação minimalista[34].

A referida escola localizada no campo, objeto deste estudo, compõe a trajetória orgânica e social em pesquisas desenvolvidas desde o mestrado e doutorado (andamento) em Educação, desenvolvidos, respectivamente, no PPGE/Unoeste e no PPE/UEM.

A Escola Pé de Galinha atende as etapas do ensino fundamental, ensino médio e educação de jovens e adultos (EJA). Ela é resultado de lutas dos acampados, que hoje encontram-se assentados, na região do Pontal

---

[32] O Currículo Paulista compõe a realidade das escolas oficiais do estado de São Paulo, inclusive das escolas localizadas no campo, sendo que em 29 de julho de 2020 o Conselho Estadual de Educação (CEE) aprovou o documento que determina as normas do Currículo Paulista para o ensino médio (CPEM), em consonância com a Lei n.º 13.415 de 2017.

[33] Em Caldart (2009), a educação do campo refere-se à perspectiva de uma educação voltada à vida real dos sujeitos do campo que vivem do, no e para o campo.

[34] Pina e Gama (2020) evidenciam que esse patamar minimalista de formação escolar, aos quais a classe empresarial fomenta, tem implicações nos processos de apropriação do conhecimento sistematizado.

do Paranapanema. Entretanto, traz consigo as vestimentas do estado de São Paulo, ao não se basear em princípios de uma educação voltada à vida dos sujeitos que vivem do e no campo (Soares, 2018).

A região do Pontal do Paranapanema localiza-se no extremo Oeste do estado de São Paulo, e está em uma área de conflitos sociais, permeada pela concentração de terras e disputa entre o Movimento dos Trabalhadores Sem Terra (MST) e os latifundiários (MST, 2021).

Mediante o processo histórico de conquistas advindas da luta pela reforma agrária na região do Pontal do Paranapanema, desde a década de 1990, a defesa por uma educação do campo não se limita à conquista da terra, mas a garantia de direitos e melhores condições de vida para os assentados.

Nessa perspectiva, o MST (2021, 2022) tem como objetivo a luta por uma formação humana e integral dos sujeitos do campo, porém nos deparamos com as escolas públicas de ensino subordinadas ao imediatismo do mercado[35], ao renegar a autonomia institucional, a pretensão de universalidade e aos processos de ensino e aprendizagem desconexos da realidade do campo.

Defende-se a necessidade de transformação da realidade educacional do campo e do acesso e garantia de permanência dos estudantes, desde a educação infantil ao ensino superior (Taffarel; Queiroz, 2024). Acrescenta-se que, "[...] uma educação escolar comprometida com uma formação humana em todas as dimensões de desenvolvimento e vinculado ao projeto histórico que persegue a superação do modo de produção capitalista" (Taffarel; Queiroz, 2024, p. 76).

O impacto da política curricular para a educação do/no campo no contexto investigativo

A proposta curricular da escola do campo em estudo, baseia-se no Currículo Paulista e na Base Nacional Comum Curricular (BNCC)[36]. Zank e Malanchen (2020, p. 136) relatam que a BNCC, enquanto documento

---

[35] A região do Pontal do Paranapanema é constituída por 117 assentamentos rurais, os quais comportam 7 mil famílias camponesas que vivem da produção de alimentos, em uma área de 170 mil hectares de terras arrecadadas pela Reforma Agrária (MST, 2021).

[36] Ximenes e Melo (2022, p. 747) destacam que, a Resolução CNE/CP n.º 2, de 22 de dezembro de 2017, aprovou a BNCC para a educação básica. "O documento aprovado sofreu duras críticas e oposição dos educadores e das associações do setor educacional que historicamente lutam em defesa da educação pública e democrática, uma vez que não representa a concepção de Base Comum Nacional construída coletivamente pelo diálogo entre as entidades acadêmicas, científicas e sindicais da área educacional".

normativo para a educação, visa "[...] organizar os conteúdos para atender à necessidade de melhores resultados nas provas padronizadas de avaliação externa". Porém, as autoras não medem esforços para argumentar que, o trabalho com competências e habilidades não culminará em condições mínimas à apropriação dos conhecimentos científicos, filosóficos e artísticos pela classe trabalhadora.

Em decorrência das demandas postas pela reforma do ensino médio e da nova organização curricular pela BNCC, após aprovação, em 29 de julho de 2020, pelo CEE-SP, teve início o processo de implementação da versão do Currículo Paulista para o novo ensino médio (Carvalho; Cavalcanti, 2022). É importante ressaltar que,

> A Reforma do Ensino Médio se deu com a promulgação da Lei n.º 13.415/2017 e foi objeto de intensa crítica devido à dimensão das medidas propostas e da ausência de discussão, especificamente as alterações curriculares, a reorganização da carga horária e a criação dos itinerários formativos. Um dos principais argumentos a sustentar a necessidade da reforma foi o de que os resultados aferidos pelas avaliações de larga escala, como Exame Nacional do Ensino Médio (Enem) e Prova Internacional de Avaliação de Alunos (Pisa), eram insatisfatórios e abaixo das metas do Índice de Desenvolvimento da Educação Básica (Ideb). Outro fator elencado foi a dispersão do currículo em várias disciplinas não articuladas, que seria uma das razões para o desinteresse dos alunos e causa do abandono escolar. Quanto a essas questões, o forte apelo para que o Ensino Médio tivesse um caráter de terminalidade e de formação profissional formou o enredo a justificar a necessidade de mais uma Reforma no Ensino Médio (Carvalho; Cavalcanti, 2022, p. 5).

O Currículo Paulista refere-se a um documento que estabelece as diretrizes curriculares para a educação básica no estado de São Paulo, e apresenta as práticas pedagógicas para a educação infantil, o ensino fundamental e o ensino médio. Possui dois volumes, um para a educação infantil e ensino fundamental (São Paulo, 2019) e outro para o ensino médio (São Paulo, 2020).

Tem-se como justificativa governamental apresentada para a nova reorganização do ensino médio a necessidade de que as reformas seriam fundamentais para o processo de adequação da educação escolar ao mundo do Trabalho. Conforme apontam Carvalho e Cavalcanti (2022, p.

3) "[...] o Ensino Médio será profundamente impactado por duas políticas surgidas dessa nova saga reformista: a Reforma do Ensino Médio de 2017 e a definição de uma nova Base Comum Curricular (BNCC) em 2018".

Nesse sentido, "[...] a Pedagogia das Competências direcionou a formação de professores e a sua [...] atuação, ao tornar [...] os currículos, cada vez mais, alinhados às propostas de flexibilização curricular" (Moreira, 2018, p. 207).

Freitas (2018) enfatiza que o projeto neoliberal em curso busca romper com o contrato social que previa compensar pela inclusão social, as mazelas do capitalismo, todavia, tem preconizado a formação de sujeitos por meio da lógica da concorrência e meritocracia. Ou seja, assume-se uma perspectiva de educação escolar centrada em competências e habilidades, a fim de atender as demandas do mercado de trabalho.

A implementação do Currículo Paulista, ao centralizar-se em disciplinas prontas e acabadas, restringe o acesso às demais áreas de conhecimento necessárias à formação dos estudantes. O trabalho pedagógico volta-se para o domínio do básico e ratifica-se o currículo pré-estabelecido como forma de instrumentalização dos sujeitos de aprendizagem. Nesse sentido, Freitas (2018) destaca que a padronização e o estreitamento do ensino acabam por desqualificar o papel dos/as professores/as diante do seu trabalho educativo, ao reduzir sua formação à BNCC, o que corrobora a desprofissionalização, a precarização e a alienação do trabalho.

Em face disso, encontramo-nos inseridos em uma estrutura social caracterizada pelo domínio do capital, que controla os meios de produção, e, inclusive, as dinâmicas de poder nas relações de trabalho. De modo que, a sociedade concentra seus esforços na preparação da força laboral, a fim de sustentar o constante ciclo de produção, formação e acumulação de capital, bem como a busca por riquezas materiais e espirituais, por meio do trabalho assalariado e alienado (Costa, 2022).

Freitas (2018) argumenta que a criação acelerada do mercado educacional, combinada à redução do Estado, abre um espaço enorme para a privatização. Tais mudanças implementadas nas escolas públicas, por meio da padronização curricular e controle do trabalho docente, centram-se em estratégias a fim de garantir o alinhamento do sistema educativo às novas demandas que vão surgindo no mercado de trabalho.

Conforme Camini (2009), Braun (2021) e Oliveira (2022) destacam, a educação deve-se fundamentar em reais interesses, necessidades e realidade dos sujeitos do campo, a fim de possibilitar a conscientização e ampliação de conhecimentos construídos historicamente pela sociedade, na busca por uma educação humana, transformadora e emancipatória.

Aliás, como bem apresenta Durval (2020), ao tentar igualar nas mesmas condições alunos advindos de situações sociais distintas, a escola reproduz e naturaliza a lógica da desigualdade e da injustiça social, sobretudo porque o currículo implica relações de poder.

Conclusão

As reformas educacionais promovidas nas escolas oficiais e do campo, a partir de meados dos anos de 1990, alinhadas aos pressupostos neoliberais, tiveram como consequência a alteração do cotidiano das escolas da rede estadual de ensino, por meio da implementação do Currículo Paulista. Cita-se uma dimensão por nós vivenciada, ou seja, o controle do trabalho educativo, por meio de material de apoio e formações alinhadas às avaliações em larga escala.

A implementação de um currículo oficial único para as mais de 5 mil escolas públicas do estado de São Paulo tem sido realizada de forma vertical e hierárquica, ao desconsiderar as especificidades educativas e anseios da realidade local a partir de todo o processo de luta que o subjaz.

Contudo, vivenciamos movimentos de resistência e luta pelo fortalecimento da identidade e pertença dos sujeitos que compõem esta realidade escolar, ou seja, a realidade da escola do campo e suas contradições apontam para projetos de sociedades que se contrapõem.

Na perspectiva da Educação do Campo, a Constituição Federal e a LDBEN/1996, no artigo 28, inciso I, II, III apresentam que a oferta da educação básica para a educação do campo requer adaptações necessárias às especificidades da vida no campo e de cada região sobre os conteúdos curriculares, metodologia, interesses dos alunos, organização escolar e adequação a natureza do trabalho no meio em que se encontram.

Dessa forma, o ingresso na intervenção formativa representou uma oportunidade para compreender as complexidades do sistema educacional brasileiro, no bojo do processo de aprovação e implementação da BNCC.

Em acréscimo, as ações promovidas durante o curso expressam possibilidades críticas e transformadoras da realidade educacional, ao possibilitar com maior afinco, a proximidade e o aprofundamento sobre a temática para repensarmos os desafios de nossa profissão e da luta por uma educação mais humana e emancipatória.

Referências

BRAUN, Júlio César. *A proposta pedagógica contra hegemônica do MST no Paraná*: luta e resistência no período de 2013 a 2021. 2021. 154f. Dissertação (Mestrado em Educação) – Universidade Estadual do Oeste do Paraná, Cascavel, 2021.

CALDART, Roseli Salete. Educação do Campo: notas para uma análise de percurso. *Trabalho, Educação Saúde*, Rio de Janeiro, v. 7, n. 1, p. 35-64, 2009. Disponível em: https://www.scielo.br/j/tes/a/z6LjzpG6H8ghXxbGtMsYG3f/abstract/?lang=pt. Acesso em: 28 abr. 2024.

CAMINI, Isabela. *Escola Itinerante*: na fronteira de uma nova escola. São Paulo: Expressão Popular, 2009.

CARVALHO, Celso do Prado Ferraz de.; CAVALCANTI, Fabio. O novo ensino médio Paulista: velhas propostas de manutenção da dualidade estrutural e da precarização do ensino. *Educação & Formação*, Fortaleza, n. 7317, v. 7, p. 1-19, 2022. Disponível em: https://revistas.uece.br/index.php/redufor/article/view/7317. Acesso em: 18 jun. 2024.

COSTA, Dirno Vilanova da. A Base Nacional Comum Curricular (BNCC) do ensino médio: entre os interesses neoliberais e possibilidades de formação humana. *Conjecturas*, [*S. l.*], v. 22, n. 5, p. 949-964, 2022. Disponível em: https://conjecturas. org/index.php/edicoes/article/view/1066. Acesso em: 13 jun. 2024.

DURVAL, Beatriz Araújo Lopez. *Educação, currículo e MST*: o desafio de educar, conscientizar e organizar a luta. Um estudo de caso das Escolas de Assentamento Franco Montoro e Terezinha de Moura Rodrigues Gomes, Itapeva SP. 2020. 142 f. Dissertação (Mestrado em Educação: História, Política, Sociedade) – Pontifícia Universidade Católica de São Paulo, São Paulo, 2020.

FREITAS, Luiz Carlos de. *A reforma empresarial da educação*: nova direita, velhas ideias. São Paulo: Expressão Popular, 2018.

MOREIRA, Jani Alves da Silva. Reformas educacionais e políticas curriculares para a educação básica: prenúncios e evidências para uma resistência ativa. *Germinal*: marxismo e educação em debate, Salvador, v. 10, n. 2, p. 199-213, ago. 2018. Disponível em: https://doi.org/10.9771/gmed.v10i2.27355. Acesso em: 2 maio 2024.

MST. Movimento dos Trabalhadores Rurais Sem Terra. *Terra devoluta é de quem luta*. 2021. Disponível em: https://mst.org.br/2021/05/01/terra-devoluta-e-ter-ra-de-quem-luta/. Acesso em: 6 jun. 2024.

MST. Movimento dos Trabalhadores Rurais Sem Terra. *Apresenta informações sobre o MST*. 2022. Disponível em: http://www.mst.org.br/html. Acesso em: 16 ago. 2024.

OLIVEIRA, Ivanilde Apoluceno de. Educação de jovens e adultos e sua interface com a Educação do Campo: análise da produção em periódicos. *Educar em Revista*, Curitiba, v. 38, p. 1-21, 2022. Disponível em: https://revistas.ufpr.br/educar/article/view/8210. Acesso em: 24 abr. 2024.

PINA, Leonardo Docena; GAMA, Carolina Nozella. Base Nacional Comum Curricular: algumas reflexões a partir da pedagogia histórico-crítica. *Revista Trabalho Necessário*, Niterói, v. 18, n. 36, p. 343-364, 2020. Disponível em: https://periodicos.uff.br/trabalhonecessario/article/view/42813. Acesso em: 2 maio 2024.

SÃO PAULO (Estado). Secretaria da Educação. *Currículo Paulista etapa da educação infantil e ensino fundamental*. 2019. Disponível em: https://efape.educacao.sp.gov.br/curriculopaulista/. Acesso em: 30 abr. 2024.

SÃO PAULO (Estado). Secretaria da Educação. *Currículo Paulista Etapa Ensino Médio*. 2020. Disponível em: https://efape.educacao.sp.gov.br/curriculopaulista/ensino-medio/. Acesso em: 30 abr. 2024.

SOARES, Mariana Padovan Farah. *A implantação do Programa São Paulo faz Escola e as implicações na organização do trabalho escolar na educação do campo*. 2018. 171f. Dissertação (Mestrado em Educação) – Universidade do Oeste Paulista, Presidente Prudente, 2018.

TAFFAREL, Celi Nelza Zulke; QUEIROZ, Selidalva Gonçalves. Da Pedagogia do Movimento à Pedagogia Histórico-Crítica: fundamentos para a Educação Escolar. *In*: VIOTTO FILHO, Irineu Aliprando Tuim; FÁTIMA, Cintia Regina de; SALOMÃO, Fabiane Rizo; RINALDINI, Lucas; SOARES, Mariana Padovan Farah; NUNES, Rodrigo Lima (orgs). *Caderno didático de intervenção formativa*: escola e educação escolar do campo: concepções teóricas e práticas transformadoras (Módulo II). São Carlos: Pedro & João Editores, v. 2, 2024, p. 76-81.

XIMENES, Priscilla de Andrade Silva; MELO, Geovana Ferreira. BNC – Formação de Professores: da completa subordinação das políticas educacionais à BNCC ao caminho da resistência propositiva. *Revista Brasileira de Estudos Pedagógicos*, Brasília, v. 103, n. 265, p. 739-763, set./dez. 2022. Disponível em: https://doi.org/10.24109/2176-6681.rbep.103i265.5112. Acesso em: 5 mar. 2024.

ZANK, Debora Cristine Trindade; MALANCHEN, Julia. A Base Nacional Comum Curricular do ensino médio e o retorno da Pedagogia das Competências: Uma análise baseada na Pedagogia Histórico-Crítica. *In:* MALANCHEN, Júlia; MATOS, Neide da Silveira Duarte; ORSO, Paulino José (org.). *A pedagogia histórico-crítica, as políticas educacionais e a Base Nacional Comum Curricular.* Campinas: Autores Associados, 2020. p. 131-157.

A INFLUÊNCIA DA BNCC NA FORMAÇÃO DO ENSINO MÉDIO EM FACE DAS DEMANDAS DO PROGRAMA INTEGRAL: O MERCADO DE TRABALHO E A LOGÍSTICA BURGUESA

Cibele Cristina de Oliveira Jacometo

Introdução

A escola E.E. 18 de Junho, localizada no município de Presidente Epitácio, no estado de São Paulo, agrega dois segmentos em sua oferta educacional, o ensino fundamental II e o ensino médio, tendo seu funcionamento das 7h às 16h, no Programa Ensino Integral, e das 19h às 23h no Ensino Regular Noturno. A unidade possui em média 500 estudantes no integral e 200 no noturno, cerca de 80 funcionários e uma comunidade escolar com vizinhança solidária atuante. Trata-se da escola mais antiga do município que, em seu início fora intitulada "Escola Rural", sendo aporte da educação escolar para muitos até 1958, sendo que, atualmente, temos sua sede localizada na Rua Paraná 5-44, região central da cidade. A clientela dessa unidade escolar é prioritariamente oriunda da zona rural, porém, a alta procura de estudantes vem crescendo a cada ano, o que demanda investimentos e políticas públicas.

Ao considerar que a Base Nacional Comum Curricular (BNCC) prevê, entre outras diretrizes, a integralidade enquanto princípio orientador do ensino, cujo objetivo principal é o desenvolvimento holístico dos estudantes de modo complexo e não meramente linear é evidente o caráter interventivo deste documento que, por vezes, apresenta-se com o escopo de padronizar a oferta de ensino por meio do desenvolvimento de habilidades e competências, que objetivam aumentar os níveis de proficiência da educação brasileira. Contudo, essa característica conceitual parece não transcender papéis e se concretizar de fato no "chão das escolas", pois há vários fatores que foram desconsiderados nessa implantação a começar por sua concepção e materialização sem a participação efetiva dos autores educacionais e sem abordagens democráticas o suficiente para uma adesão consolidada.

Diante dessa constatação, é urgente e necessário que todo profissional da educação tenha uma formação contínua que quebre os grilhões e nos permita vislumbrar propostas adversas no intuito de uma educação transformadora. Esse foi o mote de participação na intervenção formativa sobre o processo de materialização da BNCC na realidade brasileira, além de representar profissionais que lutam contra um percurso de lógica burguesa e mercadológica em que a educação escolar vem sendo inserida.

Ao depararmos com a implantação da BNCC, tem-se vivenciado o esvaziamento curricular; os estudantes do ensino médio estão sem perspectivas, tanto no âmbito acadêmico como no mundo do trabalho; os profissionais encontram-se exaustos; as estruturas físicas são obsoletas e não garantem o mínimo, para que de fato ocorra a formação integral dos sujeitos, assim como o atendimento das competências estabelecidas como basilares para que eles se sintam capazes de participar das avaliações externas e/ou mercado de trabalho iminentes ao final da terceira série do ensino médio. É sobre essa influência da BNCC na formação dos jovens, a partir de uma visão mercadológica de educação associada ao Ensino Integral, que pretendemos nos debruçar neste capítulo.

A BNCC, os itinerários formativos do ensino médio e o mercado de trabalho

Ao analisar a proposta do Ensino Integral, defende-se a oferta de uma educação que se comprometa com a formação contextualizada, democrática, inclusiva e transformadora, a qual deverá se preocupar com a formação de sujeitos capazes de construir conhecimentos e não apenas recebê-los passivamente na escolarização.

Assim, enfatizamos a necessidade de trabalhar nessa empreitada, sobretudo porque a construção curricular pressupõe a colaboração entre os profissionais de toda a rede de ensino, ao descentralizar o trabalho das equipes técnicas das secretarias e da gestão. Nessa ótica, a implementação da BNCC deveria ter se constituído a partir de uma ótica democrática, ao articular profissionais de diferentes contextos, sobretudo no atual cenário de crise econômica, política e sanitária.

Na expectativa de se construir uma agenda coletiva para o Ensino Integral, é preciso contemplar as perspectivas de todos os sujeitos implicados, desde estudantes até gestores, educadores e profissionais da rede, sobretudo em face dos desafios impostos pelo contexto atual quanto aos

Itinerários Formativos, avaliações externas e mundo do trabalho (Gomes, 2022). A materialização da BNCC, aliada aos Itinerários Formativos, foi essencialmente prejudicial, especialmente no que diz respeito ao direito de pleno desenvolvimento da pessoa, seu preparo para o exercício da cidadania e a qualificação para e pelo trabalho, pois observamos a utilização de avaliações externas como filtro classificadores e seletores de oportunidades.

Na escuta ativa de mais de 150 estudantes do ensino médio no ano de 2023, pertencentes ao Programa Ensino Integral com duração de nove horas, todos inseridos nas terceiras séries do ensino médio, contatamos que os mesmos se sentiram vulneráveis em relação aos seus futuros profissionais. Eles se deparavam com uma série de dicotomias tais como estudar e ingressar na vida acadêmica ou trabalhar e conquistar um pouco de independência; ou ainda, estudar conforme os itinerários selecionados ou optar pelo Ensino Regular Noturno para trabalharem e ajudem no financeiro em seus lares.

O que coletávamos também nos relatos de docentes, em reuniões, ou dos próprios estudantes, por meio de suas lideranças de turma ou do Grêmio Estudantil, é que estavam aflitos por inúmeros motivos, especialmente por sentirem que na prática a materialização da BNCC criava certa "pressão" por não terem contato em sua matriz curricular com o que era cobrado no Enem, nos vestibulares e/ou concursos que pretendiam realizar. Assim, concordamos com Costa (2022, p. 2-3), para quem

> [...] a formação prevista no novo ensino médio segue a perspectiva de uma formação acrítica e histórica, portanto, uma formação instrumental, de modo que os estudantes e egressos aceitam passivamente e reproduzem as lógicas severas do capitalismo. [...] na organização curricular proposta [...] a supressão de disciplinas [...] denunciam o aspecto neoliberal da economia na educação brasileira [...] mudanças visando adaptações aos interesses empresariais, não focalizando o desenvolvimento humano dos estudantes em direção à emancipação.

Deste modo, todo esse cenário sinaliza para o apontado por Ximenes e Melo (2022, p. 742), quando analisam para o processo de materialização da BNCC, ao considerar que o documento é uma:

> [...] tentativa de padronização do currículo e do trabalho docente sob a lógica do capital, das políticas neoliberais e da ordenação do Estado mínimo, bem como o engendramento

da educação e da formação de professores a um ideário determinado pelo mercado mediante princípios administrativos e empresariais: gestão, planejamento, previsão, avaliações sistêmicas, controle, êxito.

Acrescenta-se que a BNCC ao se basear apenas em competências e habilidades, desconsidera o tempo de aprendizagem dos estudantes, suas bagagens culturais e condições de aprendizagem adequadas. Esse reflexo se dá desde a estrutura física das unidades escolares, a exemplo da parte tecnológica insuficiente; o tempo destinado para as aulas, pois com aulas de 45 minutos, é impossível garantir a organização prévia da sala, a exposição de fatos, e um plantão de dúvidas em que se desperte a curiosidade, foco na solução e/ou interesse dos estudantes. Os profissionais estão oprimidos pela massiva burocracia e há um insistente esvaziamento de criatividade, o que de fato parece mecanizar processos, enrijecer conceitos e tornar o cenário educacional ainda mais tecnicista, mercadológico, neoliberal e tecnologicamente despreparado para tal proposta, fundamentada pela BNCC.

No cotidiano escolar de uma escola de Ensino Integral, como a que é foco deste capítulo, a BNCC normalmente é pauta de reuniões de alinhamento pedagógico. Cita-se as ATPCAS de área com enfoque no processo de aprendizagem e nas disciplinas; e em ATPCGs para instrumentalizar a equipe sobre os aspectos necessários à BNCC, disciplinas diversificadas e em alguns encontros e Jornadas Pedagógicas feitas via Diretoria de Ensino por meio de Orientações Técnicas e no site AVA-EFAP, por meio cursos ofertados pela Seduc. Isso retrata ainda mais a perpetuação de um sistema que cultiva a hegemonia burguesa, pois segundo Shiroma e Evangelista (2003 *apud* Ximenes; Melo, 2022, p. 743), "[...] é uma estratégia de cooptação dos professores para a implantação das reformas educativas [...] e, de outro lado, o fortalecimento e a manutenção de concepções conservadoras-alienantes de educação".

Além disso, destaca-se o aspecto tecnocrático da formação docente expresso pelos documentos, os quais objetivam maior controle sobre o trabalho pedagógico, haja vista o defendido pelo governo quando explicitam que o material de apoio (slides) é a "espinha dorsal" da aula e os livros são um "apêndice" que os professores podem utilizar como material complementar.

Infelizmente, a BNCC e os Itinerários Formativos são massivos, porque não atendem às expectativas educacionais da atualidade, sem levar em conta a falta de estrutura das escolas, as condições de trabalho docente e a necessidades dos estudantes em seus processos de ensino e aprendizagem.

Observamos que os docentes estão cada vez menos adeptos à profissão, desencorajados por um sistema disfuncional, que assoberbado de burocracias e formações inócuas não conseguem transcender o currículo e, poucas vezes, aliam teoria e prática.

Em contrapartida, temos estudantes do ensino médio que cada vez menos almejam o ensino superior. Muitas vezes, vislumbram apenas oportunidades efêmeras que geram instabilidade na rotina das escolas de Ensino Integral e revestem-se em ideologias que visam atender aos interesses imediatos do mercado de trabalho, ao converterem-se em mão de obra desqualificada e mal remunerada. Em face do exposto, oportunas são as considerações de Ximenes e Melo (2022, p. 758), pois o

> [...] papel escola não é atender aos interesses neoliberais de produção de mão de obra, mas sim de produzir em cada indivíduo singular a humanidade coletiva, que só pelas demasiadas apropriações do conhecimento acumulado é possível. Se não for pela escola, os filhos da classe trabalhadora nunca dominarão aquilo que os burgueses já dominam e, consequentemente, nunca terão condições de confrontar a lógica da exploração do homem sobre o homem. E se não for pela sua atividade de trabalho (ensino), as professoras não poderão encontrar no objeto da ação de formação continuada os motivos para satisfação das suas necessidades formativas.

Em pesquisa realizada, em 2023, na unidade escolar em que atuo como gestora, com 31 docentes, uma questão voltada à BNCC indicou que, distantes dos propósitos educacionais com vistas à formação integral dos estudantes, identificou-se o argumento central de preparo para o mundo do trabalho, ao condicionarem os conhecimentos acumulados historicamente e que deveriam auxiliar no entendimento e explicação da realidade, além de contribuir para a formação de uma sociedade justa e democrática.

Esse apontamento nos leva a crer que de fato a desvalorização curricular frente à adesão da BNCC e os Itinerários Formativos acontece gradativamente e que como indica Costa (2022, p. 7):

> [...] produz uma falsa consciência de que a formação por meio da BNCC traz autonomia, bem como [...] mobilização de conhecimentos, conceitos, habilidades [...] sua concepção central é a formação do homem flexível e alienado da realidade opressora e desumanizadora imposta pela sociedade

burguesa, organizada pela propriedade privada e fortalecida pela divisão do trabalho e, consequentemente, divisão de classes, na qual a burguesia é a classe dominante.

Em suma, a padronização das escolas de Ensino Integral fomentou poucas oportunidades para os estudantes e para o processo de formação de professores. Conforme Costa (2022), culminou em retrocessos históricos, ao reforçar ainda mais a exploração, a precariedade do trabalho, o aumento da pobreza material, a desistência profissionalizante e a desumanização do gênero humano.

Considerações finais

Concluímos que o reflexo da implantação da BNCC na Educação foi mais negativo do que positivo, tanto que impactou de diversos modos a educação infantil e o ensino fundamental, mas especialmente o ensino médio, pois este último sofre de uma recorrente inconsistência de estudantes que não desenvolvem a sensação de pertença na unidade escolar. Estes tiveram seus processos aprendizado impactados pela criação dos Itinerários Formativos e a lacuna de disciplinas essenciais para o processo de formação humana.

Deparamo-nos com características que não consideram a humanização, o tempo de interiorização dos saberes, a aquisição de capacidades tecnológicas, porque nesse processo mensurar por habilidades não garante direitos, nem equidade, não cumpre a Constituição e nem amplia as possibilidades na formação integral do estudante, ao contrário, limita, atrofia e distancia a Educação do que é prioridade.

Há que se refletir sobre os caminhos que a educação anda percorrendo com vistas à revisão desses documentos e garantias essenciais de nossos estudantes, professores e unidades escolares, a fim de que o direito prevaleça em face da visão mercadológica e hegemônica de uma sociedade cada vez mais dependente do capital.

Referências

BRASIL. *Lei n.º 9.394, de 20 de dezembro de 1996.* Lei de Diretrizes e Bases da Educação Nacional. Estabelece as diretrizes e bases da educação nacional. Brasília, DF, 23 dez. 1996. Disponível em: https://www2.camara.leg.br/legin/fed/lei/1996/lei-9394-20-dezembro-1996-362578-publicacaooriginal-1-pl.html. Acesso em: 20 jan. 2024.

BRASIL. *Lei n.º 12.711, de 29 de agosto de 2012.* Dispõe sobre o ingresso nas universidades federais e nas instituições federais de ensino técnico de nível médio e dá outras providências. Brasília, DF, 30 ago. 2012. Disponível em: http://www.planalto.gov.br/ccivil_03/_ato2011-2014/2012/Lei/L12711.htm. Acesso em: 20 jan. 2024.

BRASIL. *Lei 13.415, de 16 de fevereiro de 2017.* Altera as Leis n º 9.394, de 20 de dezembro de 1996, que estabelece as diretrizes e bases da educação nacional, e 11.494, de 20 de junho 2007, que regulamenta o Fundo de Manutenção e Desenvolvimento da Educação Básica e de Valorização dos Profissionais da Educação, a Consolidação das Leis do Trabalho – CLT, aprovada pelo Decreto-Lei n.º 5.452, de 1º de maio de 1943, e o Decreto-Lei n.º 236, de 28 de fevereiro de 1967; revoga a Lei n.º 11.161, de 5 de agosto de 2005; e institui a Política de Fomento à Implementação de escolas de ensino médio em tempo integral. Brasília, DF, 17 fev. 2017. Disponível em: http://www.planalto.gov.br/ccivil_03/_ato2015-2018/2017/lei/l13415.htm. Acesso em: 20 jan. 2024.

COSTA, Dirno Vilanova da. A Base Nacional Comum Curricular (BNCC) do ensino médio: entre os interesses neoliberais e possibilidades de formação humana. *Conjecturas*, v. 22, n. 5, p. 949-964, 2022. Disponível em: https://doi.org/10.53660/CONJ-1066-Q04. Acesso em: 13 mar. 2024.

GOMES, Mike Ceriane de Oliveira. A função do "novo" ensino médio na lógica do capital: estratificação, perspectivas e resistências. *Práxis Educativa*, Ponta Grossa, v. 17, p. 1–16, 2022. Disponível em: https://doi.org/10.5212/PraxEduc.v.17.18510.023. Acesso em: 29 jan. 2024.

SHIROMA, Eneida Otto; EVANGELISTA, Olinda. A mística da profissionalização docente. *Revista Portuguesa de Educação*, Braga, v. 16, n. 2, p. 7-24, 2003. Disponível em: https://www.redalyc.org/pdf/374/37416202.pdf. Acesso em: 29 jan. 2025.

XIMENES, Priscilla de Andrade Silva; MELO, Geovana Ferreira. BNC – Formação de Professores: da completa subordinação das políticas educacionais à BNCC ao caminho da resistência propositiva. *Revista Brasileira de Estudos Pedagógicos,* Brasília, v. 103, n. 265, p. 739-763, 2022. Disponível em: https://doi.org/10.24109/2176-6681.rbep.103i265.5112. Acesso em: 29 jan. 2024.

BASE NACIONAL COMUM CURRICULAR: UMA ANÁLISE PROCESSUAL A PARTIR DAS EXPERIÊNCIAS EM PARAÍSO DO NORTE-PR

Tânia Regina Mariano Vessoni

Introdução

A participação nas discussões da Interventiva Formativa decorreu do interesse em aprofundar a compreensão sobre o processo de legitimidade e implantação da Base Nacional Comum Curricular (BNCC) no contexto brasileiro.

Inicio este capítulo apresentando, rapidamente, aspectos da minha inserção profissional. Sou professora da educação básica no munícipio de Paraíso do Norte, localizado no Norte do estado do Paraná. É oportuno destacar que, durante a trajetória profissional, participei de momentos de mobilização e debates em prol a implementação da BNCC. E, durante esse período pude refletir sobre a prática docente. No ano de 2018 assumi um cargo de gestão, na Secretaria de Educação do referido município, onde atuei mais próxima da gestão de pessoas e junto às políticas públicas para a educação. Os desafios encontrados corroboraram à luta por uma educação de qualidade para todos.

Atualmente, possuo experiência na área de supervisão e coordenação e atuo como assessora pedagógica da educação infantil, diretamente com os coordenadores das instituições municipais de ensino. Ser assessora favorece a articulação entre as ações que interseccionam o trabalho pedagógico, seja na gestão de pessoas, estrutura, formação continuada em serviço e valorização profissional.

A participação nas discussões da Interventiva Formativa decorreu do interesse em aprofundar a compreensão sobre o processo de legitimidade e implantação da Base Nacional Comum Curricular (BNCC) no contexto brasileiro. Além disso, a troca de experiência com participantes de dez estados do país proporcionou maiores conhecimentos sobre as diferenças presentes em um país tão desigual, em face da diversidade geográfica, linguística e socioeconômica. Destaco, ainda, que a apropriação dos temas abordados tem contribuído com o meu conhecimento, além de favorecer a formação profissional dos professores do município a que estou vinculada, o qual encontra-se subordinado à Secretaria de Educação do Estado do Paraná, que tem a BNCC como articuladora dos currículos escolares e como fundamento para questões teórico-práticas do fazer pedagógico nas redes de ensino.

A BNCC (Brasil, 2017) foi elaborada e aprovada em um contexto histórico marcado por vários conflitos, a exemplo do golpe que determinou a saída de uma presidenta eleita democraticamente, que foi apoiado pela mídia, pelos detentores das formas de produção e pela direita conservadora do Brasil.

Posto isso, destaco que a BNCC tornou-se um documento base que tem impactado na reestruturação curricular dos estados e municípios brasileiros, na reformulação dos projetos político-pedagógicos, bem como na formação continuada dos profissionais da educação.

Desafios atuais diante da BNCC

A inovação, como fenômeno que ocorre no cotidiano escolar, é decorrente de um processo de transformação entre os envolvidos na relação pedagógica, bem como dos processos de ensino e aprendizagem, a partir da interação dialógica entre professores e alunos. O cotidiano escolar, incluindo as práticas pedagógicas, requer a construção de uma realidade renovada, em se tratando da educação escolar. Nesse movimento, tem-se clareza que "[...] o ser humano precisa de sua imaginação, necessita refletir, sonhar e se expressar com naturalidade, sem pressão, com desprendimento e liberdade desmedida" (Souza; Pinho, 2016, p. 1909).

Pina e Gama (2020) apontam que, ao analisar o processo de implementação da BNCC, ficam explícitos os interesses de uma fração da classe empresarial, a "[...] direita para o social", a qual tem se posicionado a partir de uma lógica que tem rebaixado o ensino destinado às classes sociais menos favorecidas. Em síntese, "[...] busca assegurar a apropriação privada do conhecimento científico, filosófico e artístico pela redução do trabalho educativo a treinamento de competências e habilidades consideradas funcionais à preservação das relações sociais de dominação" (Pina; Gama, 2020 p. 348).

A BNCC (2017) assumiu o papel de uma proposta segmentada e que tem desconsiderado as características e particularidades sociais e culturais. Essa estrutura padronizada, presente no documento, poderá intensificar, ainda mais, as dificuldades de aprendizagem dos estudantes filhos da classe trabalhadora e que possuem um processo limitado de apropriação dos conhecimentos científicos, filosóficos e artísticos na atual sociedade de classes.

Complementa-se, ainda, que o documento a partir da lógica de competências e habilidades, em especial, as requeridas pelo mercado, tem obliterado ou abordado de forma superficial temáticas que são fundamentais, quando se considera a diversidade humana, a exemplo do combate à desigualdade social e racial, da exclusão das pessoas com deficiência, das questões de gênero e sexualidade, dentre outras.

A BNCC e o currículo

Com a implantação da BNCC, os currículos dos municípios, tal como o de Paraíso do Norte, assumiram os objetivos, competências e habilidades presentes na base, estes que estão diretamente relacionados ao mercado de trabalho. Isso tem gerado muitas dificuldades, por parte dos professores, em conduzir o trabalho educativo, seja por conta da padronização ou de propostas que estão distantes da realidade vivenciada pelos alunos e professores.

Sobre as características da BNCC em relação aos currículos estaduais e municipais, Caetano (2020) afirma que:

> A BNCC apresenta características de um currículo restritivo e padronizado, que deverá ser monitorado por indicadores de desempenho e de impacto através das avaliações para resultados. De um lado, subordinar a educação aos interesses das relações de produção capitalistas, bem como a ampliação da formação de mão de obra para o mercado de trabalho e do consumo que colocam a educação a serviço do mercado, por outro o esvaziamento da educação como processo democrático (Caetano, 2020, p. 78).

Essa é uma dimensão que tem interferido sobremaneira no espaço de atuação profissional, pois a ênfase no desempenho nas avaliações em larga escala tem gerado muitas cobranças, por parte de todos os envolvidos, no sistema municipal de educação. Cita-se, por exemplo, as cobranças em termos do Índice de Desenvolvimento da Educação Básica (Ideb).

Para tanto, é importante conhecer os fins e a estrutura da educação básica, de forma que os gestores, professores, estudantes e comunidade escolar possam analisar a atual conjuntura, em termos de políticas educacionais e curriculares, bem como as implicações pedagógicas. Para tanto, as universidades precisam auxiliar nesse processo, em ações como a desenvolvida pela Intervenção Formativa, sobretudo se houver interesse em problematizar e resistir coletivamente à reorganização curricular vivenciada, por meio da construção de um Projeto Político-Pedagógico que seja expressão do coletivo institucional.

Considerações finais

A BNCC foi construída e marcada por um período em que os conflitos de classe na sociedade brasileira ficaram ainda mais explícitos, diante da conjuntura política e econômica. A versão final é uma expressão dos interesses da hegemonia burguesa.

Lutamos por uma educação que valorize as diferenças sociais e culturais, com um trabalho educativo contextualizado e intencional. Ou seja, que permita um efetivo processo de apropriação, por parte dos alunos, dos conhecimentos científicos, filosóficos e artísticos produzidos ao longo da história pela humanidade.

Barbosa, Silveira e Soares (2019) afirmam que a aprendizagem não é um ato puramente individual e que os processos de ensino e aprendizagem e de desenvolvimento humano deverão se constituir de modo articulado com as demandas presentes na prática social e educativa.

Enfim, em oposição à BNCC, defende-se a proposição de currículos que articulem as diversas realidades culturais e que fomentem a ampliação do conhecimento de forma dinâmica, concreta e humanizadora, com a intenção de assegurar o acesso e permanência dos estudantes na educação básica.

Referências

BARBOSA, Ivone Garcia; SILVEIRA, Telma Aparecida Teles Martins; SOARES, Marcos Antônio. A BNCC da educação infantil e suas contradições: regulação versus autonomia. *Revista Retratos da Escola*, Brasília, v. 13, n. 25, p. 77-90, jan./ maio 2019. Disponível em: https://retratosdaescola.emnuvens.com.br/rde/article/ view/979/pdf Acesso em: 15 fev. 2024.

BRASIL. Ministério da Educação. *Base Nacional Comum Curricular*. Brasília, DF, 2017.

CAETANO, Maria Raquel. Agora o Brasil tem uma Base! A BNCC e as influências do setor empresarial. Que Base? *Educação em Revista*, Marília, v. 21, n. 2, p. 65-82, 2020. Disponível em: https://doi.org/10.36311/2236-5192.2020.v21n02.06.p65. Acesso em: 6 fev. 2024.

PINA, Leonado Docena; GAMA, Carolina Nozella. Base Nacional Comum Curricular: algumas reflexões a partir da pedagogia histórico-crítica. *Trabalho Necessário*, Niterói, v. 18, n. 36, p. 343-364, maio/ago., 2020. Disponível em: https://periodicos.uff.br/trabalhonecessario/article/view/42813. Acesso em: 23 jan. 2024.

SOUZA, Kênia Paulino de Queiroz. PINHO, Maria José de. Criatividade e inovação na escola do século XXI: uma mudança de paradigmas. *Revista Ibero-Americana de Estudos em Educação*, Araraquara, v. 11, n. 4, p. 1906-1923, 2016. Disponível em: https://doi.org/10.21723/riaee.v11.n4.6636. Acesso em: 18 ago. 2024.

CONTEXTO, MOTIVAÇÃO E EVOLUÇÃO NA COMPREENSÃO DA BNCC

Letícia Campos Gonçalves Baier

Introdução

Em meu percurso profissional, tenho a privilegiada oportunidade de atuar como educadora no município de Mandaguari, situado no coração do Paraná, Brasil. Essa localidade, marcada por uma rica diversidade cultural e características singulares, apresenta desafios e potencialidades únicas no contexto educacional. A comunidade, imersa em suas tradições, reflete um microcosmo social em constante transformação, ao demandar uma abordagem pedagógica que se adapte e dialogue com sua complexidade.

Ao descrever meu percurso profissional, destaco minha atuação como coordenadora municipal na área da educação infantil de Mandaguari. A decisão de participar ativamente da intervenção formativa no processo de materialização da Base Nacional Comum Curricular (BNCC) no contexto educacional foi motivada por minha convicção de que a educação desempenha um papel central na construção de uma sociedade mais justa e inclusiva. Como coordenadora, assumi a responsabilidade delegada de liderar e orientar a formação dos professores, ao reconhecer a BNCC não apenas como um documento normativo, mas como um roteiro vital para essa jornada educativa.

Minha compreensão inicial da BNCC, enquanto coordenadora da educação infantil, era voltada a uma visão macro, reconhecendo-a como um instrumento unificador que estabelece diretrizes para o currículo nacional. Entretanto, ao participar ativamente da intervenção formativa, minha perspectiva evoluiu substancialmente.

Ao longo dessa trajetória, percebi que a BNCC transcende a esfera normativa para se tornar uma filosofia educacional incorporada no cotidiano das salas de aula. Essa mudança de perspectiva foi particularmente significativa ao conduzir a formação de professores da educação infantil.

Este capítulo tem como objetivo desvendar a intrincada interação entre a BNCC e a formação de professores em Mandaguari. Ao compartilhar minha experiência como coordenadora e ao conduzir o processo formativo dos educadores, pretendo explorar como a filosofia da BNCC tem se manifestado na prática educacional local, especialmente na educação infantil.

Impacto da BNCC na educação infantil de Mandaguari: desafios e perspectivas

A BNCC surge como um marco na educação brasileira, visando unificar diretrizes pedagógicas para garantir um ensino de qualidade em todo o país, conforme o discurso governamental. Contudo, quando se trata da educação infantil, essa imposição desperta discussões acaloradas e levanta questionamentos sobre sua adequação a uma fase tão singular do desenvolvimento humano. Ainda, de acordo com a perspectiva defendida no documento, a BNCC se apresenta como um esforço de padronização, buscando estabelecer um conjunto de competências e habilidades a serem desenvolvidas nas crianças. Tal proposta, almeja garantir uma base mínima de conhecimentos, visando à equidade educacional (Brasil, 2017).

A educação infantil é uma etapa peculiar, na qual as necessidades das crianças transcendem a mera aquisição de conhecimentos. A imposição de padrões pode negligenciar a importância de abordagens sensíveis e personalizadas, fundamentais para o pleno desenvolvimento das crianças nessa fase.

No que tange à materialização da BNCC no âmbito da educação infantil, em Mandaguari, uma série de transformações e desafios se fizeram presentes, os quais merecem atenção e reflexão. Ao analisar o processo, percebo que há necessidade de se considerar as particularidades locais, algo não contemplado pela BNCC.

Embora a BNCC destaque a importância da adaptação da BNCC às peculiaridades regionais para garantir uma implementação eficaz (Brasil, 2017), em Mandaguari, esse processo demandou uma análise minuciosa das características culturais, socioeconômicas e educacionais locais. A concepção inicial da BNCC, centrada em um currículo nacional único, confrontou com as nuances específicas da educação infantil em Mandaguari. Assim, defende-se a flexibilidade curricular.

Ao dialogar com os professores durante o processo formativo, identifiquei a preocupação genuína de como integrar os valores e tradições locais ao currículo, em detrimento do proposto na BNCC.

Assim, buscou-se encontrar um equilíbrio entre a padronização nacional e a personalização do ensino, ao garantir que a BNCC não fosse imposta verticalmente.

Pina e Gama (2020) sinalizam que a BNCC negligenciou as especificidades regionais em favor de uma padronização excessiva. O processo de elaboração e implementação da BNCC não considerou suficientemente as contribuições dos educadores locais, o que pode levar a um distanciamento entre o currículo e a realidade das escolas. Além disso, existe a argumentação de que a BNCC pode refletir interesses empresariais que simplificam a complexidade do processo educativo, reduzindo-o a metas e indicadores de desempenho.

No contexto da educação infantil, as diretrizes curriculares, muitas vezes, entram em conflito com a prática pedagógica que valoriza a singularidade e a diversidade das experiências infantis.

Como coordenadora da educação infantil, devo destacar que a formação de professores, nesse processo, emergiu como um ponto crítico, no que se refere à implementação da BNCC na educação infantil. Nesse sentido, válidas são as ponderações de Kishimoto (2005), pois a capacitação dos educadores é fundamental para o sucesso da integração curricular. No entanto, percebi que a compreensão inicial da BNCC pelos professores, muitas vezes, se limitava a uma visão normativa, desvinculada das práticas pedagógicas cotidianas. Assim, trago à tona às contribuições de Mello (2014, p. 174):

> Para reverter este quadro triste da escola que ocupa o tempo das crianças sem cumprir seu papel humanizador, tenho apostado num percurso de formação docente com base no pressuposto de que falta na formação docente uma teoria que possibilite compreender o processo educativo e, a partir daí, crie condições para a intervenção intencional do docente no processo de humanização que acontece na escola, visando formar e desenvolver nas crianças as qualidades humanas em suas máximas possibilidades (Mello, 2014, p. 174).

Assim, ao trazer contribuições significativas durante a formação, destaquei a importância de uma abordagem pedagógica que considere as necessidades das crianças. No entanto, essa mudança de paradigma exigiu esforços adicionais na desconstrução de práticas tradicionais, tornando evidente que a formação docente deve ser contínua e contextualizada.

Ao enfrentar esses desafios, vislumbramos perspectivas futuras promissoras para a educação infantil em Mandaguari. A criação de espaços colaborativos para a troca de experiências e a produção de materiais didáticos contextualizados são estratégias que se mostraram eficazes, conforme apontado por Oliveira *et al.* (2018). Essas abordagens, integradas à formação docente contínua, podem superar o estabelecido na BNCC e indicar caminhos para a realidade educacional local.

Outro aspecto a destacar, refere-se ao fato de que a imposição da BNCC sem a devida consulta e contribuição dos profissionais que atuam diretamente com as crianças pode resultar em um descompasso entre o currículo proposto e a realidade pedagógica.

Ao analisar a imposição da BNCC na educação infantil, Barbosa, Silveira e Soares (2020) alertam para os possíveis impactos na prática pedagógica. A rigidez normativa pode limitar a criatividade e a flexibilidade necessárias para atender às demandas específicas dessa fase do desenvolvimento infantil. A imposição de uma estrutura única pode resultar em uma abordagem engessada, pouco adaptada às particularidades da educação infantil.

Em síntese, a análise do impacto da BNCC na educação infantil de Mandaguari revela desafios e oportunidades intrínsecos à sua implementação. A reflexão sobre essas problemáticas contribui não apenas para a compreensão da dinâmica educacional em Mandaguari, mas também para o enriquecimento do diálogo nacional sobre a implementação da BNCC.

Considerações finais

Ao analisar a implementação da BNCC na educação infantil, alguns desafios demandam reflexão e ações estratégicas. A participação ativa dos professores na construção curricular emerge como uma peça fundamental. No que diz respeito à compreensão da BNCC, defende-se que a formação deve ir além do cumprimento de requisitos normativos, ou seja, deve promover uma compreensão profunda e contextualizada das necessidades da educação infantil.

Em última análise, este estudo não apenas aponta para os desafios, mas também convoca a uma ação responsável e contextualizada. É tempo de repensar não apenas as políticas educacionais, mas também como elas são compreendidas. A educação infantil, como alicerce do desenvolvimento humano, merece uma abordagem que respeite sua complexidade e promova um ambiente de aprendizado verdadeiramente enriquecedor, algo que, infelizmente, não está assegurado na BNCC.

Referências

BRASIL. Ministério da Educação. *Base Nacional Comum Curricular*. Brasília, DF: MEC, 2017. Disponível em: http://basenacionalcomum.mec.gov.br/. Acesso em: 15 janeiro. 2024.

BARBOSA, Ivone Garcia; SILVEIRA, Telma Aparecida Teles Martins; SOARES, Marcos Antônio. A BNCC da educação infantil e suas contradições: regulação versus autonomia. *Retratos da Escola*, Brasília, v. 13, n. 25, p. 77-90, 2019. Disponível em: https://retratosdaescola.emnuvens.com.br/rde/article/view/979. Acesso em: 16 jul. 2024.

KISHIMOTO, Tizuco Morchida. O sentido da profissionalidade para o educador da infância. *In:* BARBOSA, Raquel Lazzari Leite (org.). *Trajetórias e perspectivas da formação de professores*. São Paulo: Editora Unesp, 2005. p. 329-345.

MELLO, Suely Amaral. Teoria histórico-cultural e trabalho docente: apropriação teórica e novas relações na escola. *In:* MILLER, Stela; BARBOSA, Maria Valéria; MENDONÇA, Sueli Guadalupe de Lima (org.). *Educação e humanização*: as perspectivas da teoria histórico-cultural. Jundiaí: Paco, 2014. p. 173-181.

OLIVEIRA, Marta Regina Furlan; MORENO, Gilmara Lupion; BATISTA, Cleide Vitor Mussini; PASCHOAL, Jaqueline Delgado. *Formação continuada de professores da educação infantil*: relatos de pesquisa do Curso de Especialização Trabalho Pedagógico na educação infantil da Universidade Estadual de Londrina. Londrina: UEL, 2018.

PINA, Leonardo Docena; GAMA, Carolina Nozella. Base Nacional Comum Curricular: algumas reflexões a partir da pedagogia histórico-crítica. *Trabalho Necessário*, Niterói, v. 18, n. 36, 2020. Disponível em: https://periodicos.uff.br/trabalhonecessario/article/view/42813. Acesso em: 3 mar. 2024.

A BASE NACIONAL COMUM CURRICULAR E O ENSINO DE HISTÓRIA NO ENSINO MÉDIO: REFLEXÕES E DESAFIOS

Juliana Nunes da Silva

Introdução

A implementação da Base Nacional Comum Curricular (BNCC) no ensino médio, especificamente no ensino de História, suscita debates intensos e necessários no cenário educacional brasileiro (Brasil, 2018, 2021). Este capítulo se propõe a uma análise crítica dessa implementação, ao enfocar as lacunas e desafios que emergem no contexto pós-pandêmico e em face das demandas contemporâneas da educação. A BNCC, enquanto um marco regulatório, tem sido alvo de críticas por sua rigidez e falta de flexibilidade, especialmente no que tange ao ensino de História.

A inflexibilidade da BNCC, conforme apontado por Almeida (2020), manifesta-se na forma como ela delimita os conteúdos e metodologias, sem considerar as especificidades locais e as necessidades individuais dos estudantes. Esse aspecto reduz a capacidade dos educadores de adaptar o currículo a contextos variados, limitando a riqueza e a diversidade do ensino de História.

Além disso, a BNCC foi criticada por não ser suficientemente repensada no contexto pós-pandêmico, um período que exigiu e continua exigindo adaptações significativas na educação.

Os itinerários formativos, propostos como uma inovação da BNCC, para o ensino médio (Brasil, 2021) também são alvo de críticas. Conforme observado por Ribeiro e Francisco (2020), esses itinerários não conseguem aprofundar o conhecimento nas áreas escolhidas, levando a uma superficialidade no aprendizado que contradiz o objetivo de uma educação integral.

Um ponto particularmente preocupante é a exclusão de conteúdos essenciais de História para a inserção de matérias consideradas menos relevantes para o desenvolvimento crítico e intelectual dos alunos. Moreira (2018) argumenta que essa substituição de disciplinas é um retrocesso na formação histórica e crítica dos estudantes.

Ademais, a BNCC enfrenta críticas quanto à sua eficácia em preparar estudantes para exames nacionais como o Enem. Anjos (2020) ressalta que a remoção de conteúdos importantes do currículo de História, que são frequentemente abordados em exames vestibulares, deixa os alunos em desvantagem, ao questionar a relevância e a aplicabilidade prática da BNCC no cenário educacional atual.

A necessidade de avaliar criticamente a implementação da Base Nacional Comum Curricular (BNCC) no ensino de História no ensino médio é imperativa no contexto educacional brasileiro atual. Esta justificativa se ancora na observação de que a BNCC, apesar de suas intenções inovadoras, apresenta limitações significativas que impactam diretamente a qualidade do ensino e a formação crítica dos estudantes.

Como salientado, a rigidez curricular, a falta de adaptação ao contexto pós-pandêmico, a superficialidade dos itinerários formativos, e a exclusão de conteúdos cruciais de História são aspectos que comprometem a eficácia do ensino e a preparação dos alunos para exames nacionais, como o Enem. Esses desafios apontam para a urgência de repensar a BNCC, visando a uma educação mais inclusiva, flexível e alinhada às necessidades contemporâneas dos estudantes.

A justificativa deste estudo, portanto, reside na necessidade de uma reflexão sobre as implicações da BNCC no ensino de História, ao enfatizar a importância de uma formação que seja verdadeiramente integral, diversificada e adaptada às realidades educacionais do país.

O objetivo deste capítulo é realizar uma análise crítica da implementação da Base Nacional Comum Curricular (BNCC) no ensino de História no ensino médio brasileiro, identificando e discutindo suas principais limitações e desafios. Pretende-se examinar a eficácia da BNCC em proporcionar um ensino de História que seja ao mesmo tempo abrangente e relevante. Além disso, o artigo visa explorar as consequências da rigidez curricular, da falta de adequação às realidades pós-pandêmicas e da redução de conteúdos essenciais de História, avaliando como esses fatores afetam a preparação dos alunos para o Enem e outros exames nacionais. Em última análise, busca-se contribuir para o debate sobre a educação em História no Brasil, ao propor reflexões e possíveis caminhos para a melhoria e adaptação da BNCC às necessidades atuais e futuras dos estudantes.

Desafios e limitações da BNCC no ensino de História

A BNCC para o ensino médio foi instituída com a intenção de estabelecer um padrão nacional para a educação brasileira. A estrutura da BNCC para o ensino médio é organizada em áreas de conhecimento, que incluem Linguagens, Matemática, Ciências da Natureza e Ciências Humanas, com a última abrangendo a disciplina de História. Conforme delineado no documento do Ministério da Educação de 2018, a BNCC busca promover competências e habilidades gerais, mas a forma como isso é feito no contexto do ensino de História tem gerado debates. A BNCC propõe uma abordagem interdisciplinar e integrada, mas a sua aplicação prática no ensino de História tem sido questionada quanto à profundidade e ao alcance efetivo na formação crítica dos alunos. Martins (2023) ressalta a sua preocupação com a (des)articulação da BNCC com as redes municipais de educação, indica uma possível desconexão entre a teoria proposta pela BNCC e a prática educacional nos diferentes contextos municipais.

Os conteúdos da BNCC para o ensino médio, no que diz respeito à História, foca em uma abordagem temática, procura abarcar aspectos globais e nacionais da história humana. No entanto, a crítica mais evidente reside na seleção e na exclusão de determinados temas e períodos históricos. Essa seleção, por vezes, parece não levar em consideração a relevância cultural e histórica de certos conteúdos para a compreensão da história nacional e mundial.

As mudanças curriculares da BNCC no ensino de História foram fundamentadas na ideia de modernizar e tornar o ensino mais relevante e interdisciplinar. A ênfase em competências e habilidades gerais, embora louvável, parece ter sido realizada às custas de um aprofundamento em conteúdos históricos específicos. Anjos (2020), em sua análise baseada na pedagogia histórico-crítica, aponta que a abordagem adotada pela BNCC pode enfraquecer o entendimento dos estudantes sobre processos históricos complexos, uma vez que a profundidade e a contextualização necessárias em História são muitas vezes sacrificadas em favor de uma abordagem mais genérica.

Além disso, as mudanças curriculares na BNCC têm levado a uma redução no tempo e na ênfase dada aos períodos históricos. Isso tem gerado preocupações sobre a capacidade dos estudantes de desenvolver uma compreensão crítica e abrangente da História. A BNCC, ao limitar o engajamento histórico, pode restringir a habilidade dos alunos de relacionar o passado com o presente, um aspecto essencial no estudo da História.

Essa reconfiguração curricular, portanto, levanta questões sobre o equilíbrio entre a introdução de novas abordagens pedagógicas e a manutenção da integridade e profundidade do conteúdo histórico. Enquanto a BNCC busca inovar o ensino de História, é imprescindível que essa inovação não ocorra às custas de uma compreensão crítica e detalhada dos eventos históricos, que é fundamental para a formação de cidadãos conscientes e críticos. A análise dessas mudanças curriculares revela, assim, uma necessidade de revisão para que o ensino de História no Brasil possa efetivamente cumprir seu papel educacional e social.

Uma das principais críticas à implementação da BNCC é a sua abordagem *top-down*, que parece ter negligenciado a participação ativa e o *feedback* de professores e profissionais da educação que estão diretamente envolvidos com o ensino de História. Moreira (2018) argumenta que as reformas educacionais, como a implementação da BNCC, muitas vezes, carecem de um diálogo efetivo com aqueles que estão na linha de frente da educação. Essa falta de senso de pertencimento pode levar a uma desconexão entre o currículo proposto e as realidades, resultando em dificuldades de aceitação por parte dos educadores.

Outra questão importante é a forma como a BNCC foi implementada em um cenário pós-pandêmico, sem considerar adequadamente as mudanças significativas no ambiente educacional. A pandemia de covid-19 exigiu uma reavaliação de muitas práticas educacionais, mas a BNCC não parece ter sido suficientemente adaptada para refletir esses novos desafios e realidades. Nesse sentido, Oliveira, Di Giorgi, e Shimazaki (2023) destacam a necessidade de uma revisão da BNCC.

Além disso, as críticas também se voltam para a inflexibilidade da BNCC em termos de conteúdo e abordagem pedagógica. A rigidez do currículo proposto pela BNCC limita a autonomia dos professores em adaptar o ensino às necessidades e interesses específicos de seus alunos, especialmente no ensino de História. Ribeiro e Francisco (2020) enfatizam a importância da flexibilidade curricular para o desenvolvimento de uma linguagem artística e histórica rica e diversificada, por exemplo, um aspecto que a BNCC não considera.

BNCC e o contexto pós-pandêmico: desafios e omissões

Um dos principais desafios enfrentados pela BNCC no contexto pós-pandêmico é a sua rigidez em relação às novas modalidades de ensino, como o ensino híbrido e a educação a distância, que ganharam proeminência durante a pandemia. A BNCC foi elaborada antes da pandemia e, portanto, não incorpora de maneira efetiva as lições aprendidas durante este período.

A pandemia exacerbou desigualdades educacionais preexistentes, que a BNCC não aborda. A falta de recursos tecnológicos e de acesso à internet em muitas comunidades impacta diretamente a eficácia do ensino de História, uma vez que a BNCC pressupõe um cenário ideal de recursos e infraestrutura. Moreira (2018) argumenta que as reformas educacionais devem levar em consideração essas disparidades e trabalhar para mitigá-las.

A BNCC, ao estabelecer um currículo comum para todo o país, busca uniformizar a qualidade da educação. No entanto, essa uniformização vem com o custo de uma rigidez que pode ser limitante para o ensino de História. A inflexibilidade da BNCC no que tange à seleção de conteúdos, metodologias de ensino e avaliação, restringe a capacidade dos professores em direcionar o currículo às necessidades de seus alunos e às particularidades locais e regionais.

Defende-se, ainda, que a transição para o ensino híbrido e digital expôs desigualdades significativas no acesso a recursos tecnológicos e conectividade, afetando estudantes de regiões menos favorecidas.

Considerações finais

Ao final deste trabalho, fica evidente a necessidade de uma reflexão profunda e crítica sobre a BNCC no ensino de História no ensino médio. A análise realizada aponta para várias limitações e desafios associados à implementação e estrutura atual da BNCC, especialmente no contexto pós-pandêmico e diante das exigências de um ensino mais inclusivo.

A rigidez curricular da BNCC, sua inadequação frente às realidades educacionais emergentes e a falta de flexibilidade para atender às diversas necessidades e contextos dos estudantes destacam a urgência de uma reformulação. É essencial que o currículo de História seja revisado para se tornar mais integrado com as tecnologias educacionais contemporâneas, mais sensível às desigualdades socioeconômicas e culturais, e mais atento ao bem-estar psicológico dos estudantes.

Além disso, este trabalho ressalta a importância de uma abordagem educacional que valorize a diversidade de perspectivas históricas e que promova um entendimento crítico do passado. O ensino de História deve engajar os alunos, incentivá-los a compreender como os eventos históricos moldam o presente e o futuro.

Referências

ALMEIDA, Miriam Furtado de. Ensino de História no ensino médio: reflexões sobre práticas no contexto da BNCC. *História em Reflexão*, [*S. l.*], v. 14, n. 29, p. 1-15, 2020.

ANJOS, Ricardo Eleutério dos. Base Nacional Comum Curricular e educação escolar de adolescentes: uma análise baseada na pedagogia histórico-crítica e na psicologia histórico-cultural. In: MALANCHEN, Julia; MATOS, Neide da Silveira Duarte dos; ORSO, Paulino José (org.). A pedagogia histórico-crítica, as políticas educacionais e a Base Nacional Comum Curricular. Campinas, SP: Autores Associados, 2020. p. 179-206.

BRASIL. Ministério da Educação. Portaria n.º 521, de 13 de julho de 2021. Institui o cronograma nacional de implementação do novo ensino médio. *Diário Oficial da União*, seção 1, Brasília, DF, ed. 131, p. 47, 14 jul. 2021.

BRASIL. Ministério da Educação. *Base Nacional Comum Curricular*. Brasília, DF, 2018.

MARTINS, Etienne Henrique Brasão. *Base Nacional Comum Curricular e (des)articulações com a rede municipal de educação de Maringá-PR*: pedagogias subjacentes e a relação com o planejamento docente. 2023. 128f. Dissertação (Mestrado em Educação) – Universidade Estadual de Maringá, Maringá, 2023.

MOREIRA, Jani Alves da Silva. Reformas educacionais e políticas curriculares para a educação básica: prenúncios e evidências para uma resistência ativa. *Germinal*: marxismo e educação em debate, Salvador, v. 10, n. 2, p. 199-213, ago. 2018. Disponível em: https://periodicos.ufba.br/index.php/revistagerminal/article/view/27355/16674. Acesso em: 2 maio 2023.

OLIVEIRA, Ethyenne Goulart; DI GIORGI, Cristiano Amaral Garboggini; SHIMAZAKI, Elsa Midori. Base Nacional Comum Curricular do ensino médio e a (re)introdução da pedagogia das competências: revisão sistemática. *Olhar de Professor*, Ponta Grossa, v. 26, p. 1-25, 2023. Disponível em: https://revistas.uepg.br/index.php/olhardeprofessor/article/view/20529. Acesso em: 19 jun. 2023.

RIBEIRO, Poliana Hreczynski; FRANCISCO, Marcos Vinicius. Base Nacional Comum Curricular e o desenvolvimento da linguagem artística na educação infantil. *In:* ENCONTRO NACIONAL DE ENSINO, PESQUISA E EXTENSÃO – ENEPE, 2020, Presidente Prudente. *Anais* [...]. Presidente Prudente: Unoeste, 2020. p. 3482-3482.

A BASE NACIONAL COMUM CURRICULAR COMO MECANISMO DE MATERIALIZAÇÃO DAS DESIGUALDADES EDUCACIONAIS

Matheus Henrique da Silva
Gabriela da Silva Viana
Ana Paula Herrera de Souza

Introdução

É notório que o desenvolvimento social e econômico das classes sociais do Brasil ocorreu de maneira desigual. Marcado pela exploração do imperialismo, pela escravização da população negra e pelo capitalismo tardio, esses processos geraram dissonâncias no que diz respeito à distribuição e acesso da população aos direitos sociais como a saúde, a educação, a segurança e o trabalho. Na tentativa de reduzir essas discrepâncias são elaboradas pelo Estado políticas sociais cujo objetivo é garantir o acesso e a qualidade destes direitos a população que não teria pleno acesso a elas.

Nessa conjuntura, por vezes, é atribuída à educação a responsabilidade de sanar as carências estruturais produzidas pelo modo de produção capitalista, protagonista no desenvolvimento das desigualdades e da exclusão social. Assim, podemos observar intensos debates em torno das políticas educacionais, tendo em vista seu suposto papel para a melhoria da qualidade da educação e das igualdades de oportunidades. Entretanto, a educação como artefato de produção e reprodução da estrutura social (Cury, 1986) se torna um campo de disputa político-ideológico que se utiliza de tais justificativas e reformas para a manutenção da condição social.

Um ponto de disputa da política educacional é o currículo. Com base nele podemos sistematizar o que, quem, quando e como se aprende, servindo como um artefato de controle das atividades de ensino e de aprendizagem, orientado à leitura de mundo dos sujeitos que são produzidos pela sistematização dos conteúdos abarcados (ou excluídos) do currículo (Cury, 1986).

No Brasil, o discurso de qualidade da educação e redução das desigualdades educacionais pautou a elaboração de um currículo comum que serviria como norteador dos objetivos de aprendizagem da educação básica em todo o território nacional. Nesse cenário, desde a Constituição de 1988 é invocada a defesa por uma base comum, a qual é incorporada em importantes documentos da política educacional brasileira, como a Lei de Diretrizes e Bases da Educação Nacional (LDBEN) e o Plano Nacional de Educação (PNE).

Nesse contexto, a partir do ano seguinte, em 2015, foram publicadas as três versões da Base Nacional Comum Curricular (BNCC), consistida em uma política curricular nacional que, a partir de então, orientaria o currículo da educação básica, permeada sua elaboração por um contexto político brasileiro baseado em disputas de poder entre as classes. Mediante processos e retrocessos, a terceira e última versão da BNCC foi homologada em dezembro de 2017 em meio à consecução de políticas neoliberais durante o governo de Michel Temer (Movimento Democrático Brasileiro – MDB), 2016-2018. Ao analisar o processo de elaboração da BNCC, Caetano (2020) aponta que o currículo normativo foi construído diante os interesses do mercado empresarial e sob princípios antidemocráticos para a educação.

A própria BNCC reconhece a existência da exclusão social que acomete grupos específicos da sociedade e que, em decorrência disso, são atingidos pela desigualdade educacional. Desse modo, a BNCC reitera a importância do Estado como produtor de medidas que reduzam essas desigualdades, seja na oferta de um currículo que garanta a formação geral básica a todos, independentemente de sua condição econômica, localização no território nacional e sistema de ensino público ou privado (Brasil, 2018).

Entretanto, com base nas pesquisas de mestrado que vem sendo desenvolvidas pelos autores, inseridos no Programa de Pós-Graduação em Educação da Universidade Estadual de Maringá (PPE-UEM) e por outros pesquisadores vinculados ao Grupo de Pesquisas Estado, Políticas Educacionais e Formação de Professores/as (Epefop/UEM/CNPq), são observados movimentos contrários aos que são difundidos pelo discurso da BNCC. Desse modo, o objetivo deste estudo é traçar relações entre a BNCC e seus impasses para um processo de formação democrática. Para tanto, partimos da análise de nossos temas de pesquisas, os quais possuem como fonte norteadora as influências da BNCC sobre os diferentes contextos educacionais e temas que incidem sobre os processos educativos, sendo a educação de jovens, adultos e idosos (EJA), as relações étnico-raciais e a Educação Física Escolar.

Por meio deste estudo, são problematizados os seguintes questionamentos: como a BNCC reafirma as desigualdades no âmbito educacional? Sob quais formas são legitimadas as desigualdades educacionais no interior de cada tema supracitado?

A BNCC como reprodutora das desigualdades educacionais

De modo geral, as políticas educacionais sob a ótica do neoliberalismo, tal como a BNCC, negligenciam o conteúdo socioespacial ao qual a educação, a escola e os sujeitos estão inseridos. Descolados de determinantes históricos e sociais, as desigualdades educacionais acabam sendo naturalizadas, uma vez que a BNCC não discute as condições materiais envolvidas nos processos educativos que influem sobre a formação dos sujeitos, conforme Girotto (2019).

Dessa forma, o silenciamento na BNCC acerca da discussão sobre os elementos histórico-sociais envolvidos nos processos educativos, como a desigualdade entre a infraestrutura do sistema educativo brasileiro, as condições de trabalho dos profissionais da educação, a precarização da formação docente, a disparidade entre as redes públicas e privadas de ensino, o perfil socioeconômico das famílias dos estudantes, as diferenças no suporte familiar, dentre outros, revelam como a política curricular da BNCC, de acordo com Girotto (2019), vêm se concretizando como mantenedora das desigualdades historicamente acumuladas na educação brasileira.

Gonçalves, Machado e Correia (2020) abordam o desalinhamento entre o propósito da BNCC e a redução das desigualdades sociais que persistem na realidade brasileira. Para os autores a BNCC está enquadrada dentro de um planejamento para o desalinhamento com as desigualdades sociais, para isso é necessário um movimento para entender o contexto das políticas neoliberais que está ligado a lógica do capital:

> A política neoliberal toma as reformas educacionais necessárias e as tornam seus mecanismos de perpetuação do poder. As transformações no contexto escolar são demandadas pela sociedade à medida que fazem parte da dinâmica da própria sociedade, mas devemos compreender que este não é um processo totalmente natural ou neutro, mas forjado por sujeitos que possuem interesses diversos e muitas vezes desalinhados com os interesses da coletividade, onde a

> educação deixa de ser uma conquista e um dever do Estado e passa a ser uma mercadoria (Gonçalves; Machado; Correia, 2020, p. 344).

Quando entendemos a lógica que permeia a política neoliberal, compreendemos que existe uma relação entre um oprimido e outro que está no papel do opressor. Ao analisar esse processo com base nos documentos curriculares que norteiam a educação, a BNCC se estabelece como a materialização do que conceituamos como currículo a ser seguido e incorporado à educação básica, ao retirar a autonomia das escolas e instituições de ensino.

É importante ressaltar a necessidade de se pensar um currículo contínuo que seja sempre renovado, afinal, além dos saberes referenciais que permeiam a educação, temos os saberes cotidianos que se desenvolvem em tempo presente.

Em relação ao desenvolvimento das aprendizagens essenciais determinadas no currículo comum, o foco da BNCC, conforme o discurso governamental, é desenvolver um conjunto comum de competências e habilidades a serem desenvolvidas por todos os estudantes brasileiros, independentemente de sua origem socioeconômica, localização geográfica entre outras demarcações. No entanto, reforçamos que a implementação da BNCC pode não levar em consideração as desigualdades estruturais que permeiam o sistema educacional, como já mencionado.

Além disso, a rigidez do documento curricular pode limitar a autonomia e a flexibilidade dos educadores para adaptar os currículos às necessidades específicas de seus alunos e da regionalidade o qual está inserido. Isso pode resultar em uma abordagem única e padronizada que não considera as diferentes realidades sociais, culturais e econômicas dos estudantes. Dessa forma, em vez de enfrentar as desigualdades sociais, a BNCC pode, inadvertidamente, agravar essas disparidades, ao não fornecer as ferramentas necessárias para atender às necessidades individuais dos/as alunos/as e ao reforçar um modelo educacional centrado em avaliações padronizadas e resultados quantitativos.

Concomitantemente aos aspectos supramencionados, de acordo com Girotto (2019), não há como pensarmos na redução das desigualdades e consequentemente o aumento da equidade educacional sem questionarmos os fundamentos da política macroeconômica do país, assentados na busca incessante pelo ajuste fiscal, à custa de inúmeros direitos, a exemplo da criação da Emenda Constitucional n.º 95/2016 (Brasil, 2016), que limita por 20 anos os gastos públicos, inclusive com a educação. Dessa forma, não só o currículo, mas o aparato legal também evidencia empecilhos ao cumprimento do direito à educação sob os princípios da democracia e da igualdade, sobretudo no que diz respeito à classe trabalhadora.

A desigualdade educacional evidenciada em diferentes contextos

No que diz respeito aos temas que perpassam a materialização das desigualdades no âmbito educacional, evidenciada pela BNCC, salientamos, primeiramente, as particularidades acerca das Relações étnico-raciais.

Quando estudamos a Educação para Relações étnico-raciais em paralelo com a BNCC, por exemplo, podemos compreender paradigmas e ao mesmo tempo muitos silenciamentos. Entendemos que, quando realizamos esse estudo, temos que levar em consideração a implementação da BNCC e também a legislação que surge para nortear toda discussão em torno das relações étnico-raciais, a partir da Lei n.º 10.639/2003 (Brasil, 2003), que visa o enfrentamento ao racismo e a promoção da igualdade racial, do Parecer CNE/CP n.º 003/2004 e da Resolução CNE/CP n.º 001/2004, que tratam das Diretrizes Curriculares Nacionais para a Educação das Relações Étnico-Raciais e para o Ensino de História e Cultura Afro-Brasileira e Africana.

Salientamos que quando se efetuou uma simples busca no documento da BNCC, disponível na página virtual do Ministério da Educação, pela palavra "racismo", encontramos o termo seis vezes, sendo quatro que se referiam às habilidades e competências do componente de História; uma entre as habilidades de Ciências Humanas e Sociais Aplicadas ao ensino médio; e a última no texto introdutório que compõe a competência específica três, de Ciências da Natureza e suas Tecnologias no ensino médio, o que nos alerta a uma superficialidade no tema, ao fazer com que a temática seja diluída em outros temas contemporâneos.

Entendemos que a Lei n.º 10.639/2003 (Brasil, 2003) e a temática racial como um todo, tal como está inserida na BNCC, não pode ser tratada ou praticada apenas como tema transversal no âmbito escolar. De forma inversa, defendemos que a temática deve estar inserida dentro dos processos de ensino e aprendizagem de maneira permanente, sendo uma parte do todo dos componentes curriculares.

Citamos o que Almeida e Sanchez (2017, p. 57) salientaram, ao realizar uma análise sobre a Lei n.º 10.639/2003: "Tem o potencial de permitir aos alunos negros o reconhecimento e a valorização, subjetivos e simbólicos, e sua identidade e de sua importância na formação da sociedade brasileira. A legislação apresenta um avanço na democratização do currículo" (Almeida; Sanchez, 2017, p. 57).

A lei é o resultado do movimento negro em busca de reconhecimento, reparação e valorização de uma história passada, que se reflete em dias atuais e que terá impacto significativo na nossa sociedade futuramente.

Quando analisamos todo o processo por meio das políticas públicas, entendemos que essas mesmas políticas estão submetidas a sujeitos e fatores externos e internos que podem ou não estabelecer a implementação do devido objetivo. Apple (2000) nos lembra que o Estado pode ser programado para produzir o seu próprio fracasso e então confirmamos que o racismo estrutural que acontece, sobretudo, com a população negra, é um dos maiores malefícios para que a implementação de algumas políticas seja efetiva. As relações de poder que estão implícitas no contexto histórico, fazem com que as políticas públicas estejam condicionadas a serem aplicadas na base da intencionalidade social e que muitas vezes estará invisibilizada.

Outro contexto que nos dedicamos a destacar é a ausência de referências e orientações da BNCC para modalidades de ensino que não as da chamada de "ensino regular". Pensemos brevemente sobre a modalidade da educação de jovens, adultos e idosos (EJA). Em seu texto, a BNCC faz uma breve menção a ela e a outras modalidades como a Educação Indígena e Educação Quilombola. Entretanto, ao se apresentar como norteadora dos conteúdos a serem ensinados em toda a educação básica, o que visualizamos é a total invisibilidade de algumas realidades educacionais que fazem parte desse ciclo de formação.

A política curricular direcionada à EJA sempre trouxe em seu bojo desde a elaboração das suas Diretrizes Curriculares a preocupação com a singularidade dos sujeitos e trajetórias que os compõe (Domingues, 2019). Entretanto, ao analisarmos o conteúdo da BNCC, o público que compõe a EJA é referenciado apenas no que diz respeito aos conteúdos do ensino fundamental ao orientar suas ações para a leitura de referências capazes de propiciar a interpretação do mundo dos estudantes, ao destacar as crianças, os jovens e os adultos. No mais, ao definir a finalidade do ensino médio, o documento compreende que este deve atender as necessidades voltadas à formação da juventude para o exercício da cidadania e da inserção no trabalho.

> [...] atender às necessidades de formação geral, indispensáveis ao exercício da cidadania e à inserção no mundo do trabalho, e responder à diversidade de expectativas dos jovens quanto à sua formação, a escola que acolhe as juventudes tem de estar comprometida com a educação integral dos estudantes e com a construção de seu projeto de vida (Brasil, 2018, p. 464).

Nesse contexto, trazemos à tona a precariedade com o processo de formação daqueles que estão se reinserindo na escola em outras fases da vida. Como resultado, a EJA se torna um lugar de reprodução das práticas educativas do "ensino regular". Esse movimento colabora para a precarização da formação dos sujeitos que a compõe ao não estarem abarcados em um currículo que considera suas condições socio-histórico-culturais, limitando as possibilidades de interpretação do mundo social e das produções históricas que os rodeiam.

Por fim, no que diz respeito à forma de organização das disciplinas curriculares da educação básica implementada pela BNCC, tal como a Educação Física, também são perpassados pela desigualdade educacional.

Na BNCC, os conhecimentos relacionados à Educação Física, frutos da produção histórica e social do homem no decorrer da trajetória da humanidade e que deveriam ser o foco do ensino no currículo, são substituídos por uma série de habilidades e competências universais a serem desenvolvidas pelos estudantes com vistas ao mundo do trabalho, o que indica a secundarização do ensino dos conhecimentos no interior do espaço escolar.

No ensino médio o cenário se agrava, pois a disciplina adquire o caráter optativo, ou seja, o direito estudantil do acesso aos conhecimentos da Educação Física é excluído caso não seja optado. Por outro lado, as disciplinas compostas por aprendizagens essenciais para a vida laboral, como a leitura, a escrita e os cálculos, são privilegiados pela BNCC. Todos esses processos evidenciam a desigualdade educacional entre as disciplinas que compõem o currículo escolar.

De acordo com Beltrão, Teixeira e Taffarel (2020), determinados pelo modo de produção capitalista, as aprendizagens na perspectiva da BNCC são relacionadas a uma atividade produtiva e, portanto, os conhecimentos ligados à Educação Física tendem a ser secundarizados ou até mesmo eliminados, pois são considerados inúteis à reprodução da lógica do capital.

Além disso, as desigualdades educacionais que envolvem as condições objetivas para o desenvolvimento da Educação Física não são consideradas pela BNCC, visto que seu foco está, sobremaneira, no desenvolvimento de competências e habilidades, sem considerar por exemplo que muitas escolas não possuem infraestrutura suficiente, como espaços e materiais adequados, para o desenvolvimento das formas de conteúdo que a BNCC propõe.

Concordamos com Girotto (2019, p. 15-16), sobre como o discurso das políticas educacionais, tal como a BNCC, é distorcido em nosso país, pois "Ao oferecermos às crianças e aos jovens deste país condições tão díspares, contribuímos para reproduzir privilégios e reforçar desigualdades e, assim, ampliamos o descrédito de parcela da população em relação aos gestores e às políticas públicas", além de contribuírem com a manutenção da desigualdade social.

Conclusão

Neste estudo apresentamos um breve panorama de como as disposições — ou a ausência delas — da BNCC tendem a intensificar e servir como mecanismos de manutenção e reprodução das desigualdades educacionais. A partir dos contextos diversos em que nos debruçamos, compreendemos como esse movimento se evidencia em diferentes nuances e os equívocos a serem discutidos e aprimorados na política curricular que a BNCC propõe para a educação escolar.

Ao reconhecer que o trajeto histórico produziu discrepâncias no acesso aos direitos sociais de grupos específicos da sociedade, o primeiro equívoco da BNCC está em reduzir esse amplo processo de formação das estruturas sociais que sustentam desigualdades sociais a um problema meramente curricular. Ao realizar esse movimento, paira a invisibilidade das condições objetivas da realidade em que esse currículo se insere e, sobretudo, a responsabilização dos indivíduos por resultados decorrentes dessas desigualdades estruturais, afinal, compreende-se que todos tiverem acesso ao mesmo currículo, logo, terão acesso às mesmas oportunidades.

Nos contextos analisados, fica evidente como a BNCC atua como mecanismos de concretização de um projeto educacional que exclui conhecimentos a parcela da sociedade, ademais em espaços que não existem condições espaciais e materiais para seu desenvolvimento, a exemplo da disciplina de Educação Física. Esse movimento materializa a intensificação, o apagamento e o silenciamento de sujeitos, conhecimentos, realidades sociais e contextos educacionais.

A BNCC carece de uma abordagem adequada para incorporar a educação para as relações étnico-raciais de forma abrangente e eficaz, por exemplo. A ênfase em competências e habilidades específicas não estão alinhadas com a necessidade de uma educação antirracista e inclusiva e a falta de flexibilidade e autonomia para os educadores adaptarem os conteúdos e métodos de ensino às realidades étnico-raciais de seus alunos, o que limita o impacto da BNCC na promoção do respeito à diversidade e na desconstrução de estereótipos e preconceitos que deveriam estar sendo combatidos em todos os âmbitos institucionais, sobretudo quando se trata da educação.

Destacamos também a invisibilidade que outras modalidades de ensino da educação básica, como a EJA vivenciam com a institucionalização da BNCC. Não podemos aceitar que esses espaços de formação de indivíduos que histórica e socialmente foram excluídos do sistema de ensino sejam educados sobre os mesmos ideais da estrutura social e da escola que os excluiu. Defendemos, assim, a elaboração de documentos curriculares que orientados pela BNCC possam abarcar essa população e garantir seus direitos de aprendizagem com base em suas especificidades.

Vislumbra-se a necessidade de que sejam revistas as suas proposições e suas intersecções com parcelas da sociedade afetadas pelas idiossincrasias da estrutura socioeconômica, que historicamente privilegia a decadência da formação sobre e para grupos subalternos da nossa sociedade.

Referências

ALMEIDA, Marco Antônio Bettine de; SANCHEZ, Livia Pizauro. Implementação da Lei 10.639/2003-competências, habilidades e pesquisas para a transformação social. *Pro-Posições*, Campinas, v. 28, p. 55-80, 2017. Disponível em: https://doi.org/10.1590/1980-6248-2015-0141. Acesso em: 10 fev. 2024.

APPLE, Michael W. *Política cultural e educação*. São Paulo: Cortez, 2000.

BELTRÃO, José Arlen; TEIXEIRA, David Romão; TAFFAREL, Celi Nelza Zulke. A Educação Física no novo ensino médio: implicações e tendências promovidas pela reforma e pela BNCC. *Práxis Educacional*, Vitória da Conquista, v. 16, n. 43, p. 656-680, 2020. Disponível em: https://doi.org/10.22481/rpe.v16i43.7024. Acesso em: 14 ago. 2023.

BRASIL. *Lei Federal n. 10.639, de 9 de janeiro de 2003*. Altera a Lei no 9.394, de 20 de dezembro de 1996, que estabelece as diretrizes e bases da educação nacional, para incluir no currículo oficial da Rede de Ensino a obrigatoriedade da temática "História e Cultura Afro-Brasileira", e dá outras providências. Disponível em: http://www.planalto.gov.br/ccivil_03/Leis/2003/L10.639.htm. Acesso em: 20 jan. 2024.

BRASIL. Presidência da República. Emenda Constitucional n. 95, de 15 de dezembro de 2016. Altera o Ato das Disposições Constitucionais Transitórias, para instituir o Novo Regime Fiscal, e dá outras providências. *Diário Oficial [da] União*, Brasília, DF, 15 dez. 2016. Disponível em https://www.planalto.gov.br/ccivil_03/constituicao/emendas/emc/emc95.htm. Acesso em: 10 fev. 2024.

BRASIL. *Resolução n. 4, de 17 de dezembro de 2018*. Institui a Base Nacional Comum Curricular na Etapa do ensino médio (BNCC-EM), como etapa final da educação básica, nos termos do artigo 35 da LDB, completando o conjunto constituído pela BNCC da educação infantil e do ensino fundamental, com base na Resolução CNE/CP n.º 2/2017, fundamentada no Parecer CNE/CP n.º 15/2017. 2018. Disponível em https://normativasconselhos.mec.gov.br/normativa/view/CNE_RES_CNE-CPN42018.pdf. Acesso em: 24 jan. 2024.

CAETANO, Maria Raquel. Agora o Brasil tem uma Base! A BNCC e as influências do setor empresarial. Que Base? *Educação em Revista*, v. 21, n. 2, p. 65-82, 2020. Disponível em: https://doi.org/10.36311/2236-5192.2020.v21n02.06.p65. Acesso em: 10 fev. 2024.

CURY, Carlos Roberto Jamil. *Educação e contradição*. 2. ed. São Paulo: Autores Associados, 1986.

DOMINGUES, Diego. Qual o lugar da educação de jovens e adultos na Base Nacional Comum Curricular? *In:* AMORIM, Marcel Alvaro; GERHARDT, Ana Flavia (org.). *A BNCC e o ensino de línguas e literaturas*. Campinas: Pontes, 2019. p. 239-260.

GIROTTO, Eduardo Donizete. Pode a política pública mentir? A Base Nacional Comum Curricular e a disputa da qualidade educacional. *Educação & Sociedade*,

Campinas, v. 40, p. 1-21, 2019. Disponível em: https://www.scielo.br/j/es/a/c3PrMtP6V5XVgnWv79btvjs/?format=pdf&lang=pt. Acesso em: 10 fev. de 2024.

GONÇALVES, Rafael Marques; MACHADO, Tânia Mara Rezende; CORREIA, Maria José Nascimento. A BNCC na contramão das demandas sociais: planejamento com e planejamento para. *Práxis Educacional*, v. 16, n. 38, p. 338-351, 2020. Disponível em: https://doi.org/10.22481/praxisedu.v16i38.6012. Acesso em: 10 fev. 2024.

A BNCC NO CONTEXTO DO ESTADO DO PARANÁ: EM FOCO OS PROCESSOS DE CONTROLE E DE RESPONSABILIZAÇÃO

Everton Koloche Mendes Barbosa
Sandra Gunkel Scheeren

Introdução

O presente capítulo é fruto da experiência de um pesquisador e de uma pesquisadora decorrente de sua participação na Intervenção Formativa de Gestores Escolares, realizada durante o ano de 2023, e que faz parte de um projeto guarda-chuva que aborda a Base Nacional Comum Curricular (BNCC) e as políticas educacionais em diferentes estados brasileiros. Mestrandos junto ao Programa de Pós-Graduação em Educação (PPE), turma de 2022, da Universidade Estadual de Maringá (UEM), o autor e autora articulam, ao longo deste texto, suas experiências diante da intervenção formativa com suas respectivas trajetórias no âmbito profissional e no campo da pesquisa em Educação.

A seguir, o relato de experiência encontra-se organizado em duas seções. Na primeira seção, o autor discute sobre algumas articulações da BNCC no contexto da política curricular paranaense. Já na segunda seção, a autora aborda o controle e a responsabilização de professores/as em Escolas do Campo no Paraná, diante de sua atuação como professora e gestora escolar. As reflexões tecidas ao longo do texto tratam, enquanto questão central, da intensificação dos mecanismos de controle e de responsabilização da escola pública e do trabalho docente a partir da materialização da BNCC no contexto do estado do Paraná.

Articulações da BNCC no contexto da política curricular do estado do Paraná

A partir das discussões realizadas na Intervenção Formativa e das análises realizadas em minha pesquisa de Mestrado (PPE-UEM), compreendo que a BNCC (Brasil, 2018) e as políticas educacionais por ela orientadas se alinham com a abordagem de gestão escolar gerencialista (Silva, G.; Silva, A.; Santos, 2016). Os processos da contrarreforma escamoteiam qualquer elaboração de experiências que levem em conta a configuração social, econômica, política e cultural do local em que a escola está inserida. Além disso, desconsideram a participação dos sujeitos da escola pública e de suas entidades representativas, e estão voltadas para uma educação baseada na obtenção de resultados mensuráveis por métricas educacionais.

A política nacional de reformulação curricular (Brasil, 2018) abriu uma brecha para a intensificação de mecanismos que orientam para uma educação baseada em resultados, como as propostas de controle e responsabilização de professores/as e de escolas. Conforme Zanotto e Sandri (2018), a BNCC tende a aprofundar o gerencialismo na educação, a fim de ajustar os processos formativos ao rol das competências e habilidades. Nesse quadro, as autoras asseveram que a BNCC é uma estratégia de controle da gestão escolar, do trabalho docente e do processo da formação discente.

Essas articulações da BNCC expressam a dinâmica mais ampla em que tal política se movimenta, a dizer: bases curriculares/avaliação/responsabilização. Essa relação, por sua vez, desempenha um papel essencial no âmbito da agenda da reforma empresarial educação escolar pública, que ocorre em escala mundial (Freitas, 2018). As bases curriculares padronizam o que deve ser ensinado e como deve ser ensinado. Os testes padronizados, por seu turno, são responsáveis por mensurar o desempenho dos/as estudantes quanto ao que é especificado pela base. Os resultados dos testes, bem como a sua divulgação, fornecem os elementos para apontar as escolas que "fracassaram" ou que tiveram "sucesso". A pressão verticalizada para atingir as metas coloca essas escolas em um sistema de *accountability*, ao garantir que os "objetivos de aprendizagem" sejam atendidos nas avaliações (Freitas, 2018).

A *accountability*, no campo educacional, é sequente às avaliações em larga escala e sua configuração gira em torno de três eixos: avaliação, prestação de contas e responsabilização. No que corresponde a esta última, ela traz consigo formas de constrangimento e estratégias de promoção ou punição em função dos resultados, ao desconsiderar a complexidade dos processos e dos sujeitos da escola pública (Afonso, 2012; Freitas, 2018).

Os mecanismos de controle, por sua vez, referem-se às medidas de ajuste da ação didático-pedagógica, com vistas à obtenção de resultados nos índices educacionais. Quanto a esse aspecto, o trabalho criativo e a autonomia pedagógica dos/as professores/as são cerceados mediante o

PERSPECTIVAS CONTRA-HEGEMÔNICAS SOBRE O PROCESSO DE
MATERIALIZAÇÃO DA BASE NACIONAL COMUM CURRICULAR (BNCC)

estabelecimento de metas, por intermédio da imposição do uso de plataformas educacionais on-line e por meio da introdução de assessorias e monitoramentos no cotidiano escolar, entre outras medidas (Afonso, 2012; Freitas, 2018).

Ao analisar as implicações da política de avaliação Prova Paraná para trabalho docente, no contexto da Gestão 2019-2022 de Carlos Roberto Massa Júnior (Partido Social Democrático – PSD), Silva Junior (2022) identificou o agravamento de mecanismos de controle sobre os processos pedagógicos e a autonomia docente.

Na esteira desses mecanismos, vale mencionar as seguintes propostas, as quais facilitam, nas redes de ensino do estado do Paraná, a regulação dos processos formativos em atenção às métricas educacionais: a Prova Paraná, que ocorre desde 2019; o Programa de Tutoria Pedagógica, voltada para a equipe diretiva e pedagógica da escola, tendo como foco a redução do abandono escolar e a reprovação; e o Programa Presente na Escola, que monitora a presença dos/as estudantes e realiza busca ativa de estudantes faltantes (Silva Junior, 2022).

Outro aspecto que deve ser considerado é a plataformização digital dos processos pedagógicos, que, conforme avalia Silva Junior (2022), tem favorecido a padronização dos conteúdos e das metodologias de ensino. A pressão para que os/as professores/as façam uso das plataformas tecnológicas em sala de aula, no sentido de aumentar a "eficiência", caracteriza-se como um meio mais incisivo de padronização e constrangimento do trabalho docente. Entre a variedade de plataformas educacionais disponibilizadas pela Secretaria Estadual de Educação do Estado do Paraná (SEED-PR), pode-se mencionar o Registro de Classe Online (RCO), utilizado para minutar as frequências, as avaliações e os conteúdos, e que tem causado desgaste entre os/as professores/as e gestores/as (Baalbaki, 2022).

As considerações trazidas anteriormente situam a política curricular BNCC, bem como as políticas educacionais dela decorrentes, na dimensão da gestão escolar em seus múltiplos processos, que dão movimento à dinâmica que ocorre no interior da escola. Nesse sentido, a Intervenção Formativa de Gestores Escolares contribuiu para uma compreensão ampla e crítica acerca da materialização da BNCC dentro da escola, ao abordar os pressupostos e as intencionalidades subjacentes à política em tela e as possibilidades de resistência no âmbito do trabalho educativo.

Quanto ao contexto da materialização da BNCC no estado do Paraná, constata-se o aprofundamento, mediante propostas e orientações com referência no gerencialismo, de mecanismos de controle e responsabilização de professores/as e de escolas. Desse modo, cada vez mais são sufocadas a autonomia político-pedagógica e a gestão democrática.

Os sistemas de ensino e as escolas se apropriam de modo particular de determinada política curricular, ao gerar movimentos de escolha, manifestações de aceitação e/ou resistência e deslocamentos de significados (Silva, 2014). Por esse lado, destaca-se que a acentuação dos processos regulatórios da educação escolar não esgota as possibilidades de resistência no interior da escola, tampouco fora dela, uma vez que as contradições também se aprofundam.

Controle e responsabilização em escolas do campo no Paraná

Junto à participação no processo de Intervenção Formativa de Gestores Escolares, situa-se a pesquisa/dissertação de mestrado[37], por meio da qual apresentarei alguns aspectos a seguir, bem como, percepções e reflexões desde a práxis na gestão de duas Escolas Itinerantes e, atualmente, na docência na educação infantil e anos iniciais em uma escola do campo.

Entre os procedimentos metodológicos adotados na pesquisa supracitada, situam-se as entrevistas semiestruturadas realizadas com um dos responsáveis pela coordenação do Coletivo Estadual de Educação do MST/PR e um membro por coletivo pedagógico das escolas que ofertam a etapa educacional do ensino médio e organizam sua proposta educacional desde os Ciclos de Formação Humana com Complexos de Estudo, totalizando oito participantes. Dentre os diversos elementos contidos nas falas, destaca-se aqui, aspectos em torno do controle e responsabilização de professoras/es e gestoras/es, atrelados a implementação da Base Nacional Comum Curricular (BNCC).

Com relação à BNCC, Freitas (2018) observa o desenvolvimento de políticas curriculares e de avaliação com objetivo de controle e responsabilização advindos do *accountability* e justificados pela ideia de melhoria da qualidade da educação. Shiroma e Evangelista (2011, p. 130) atribuem as reformas na educação "[...] a exigências do mundo moderno, às demandas de novas habilidades e competências demandadas pelo mercado de

---

[37] Pesquisa da autora deste texto.

trabalho". De acordo com as autoras, as reformas e seus reformadores, alimentam em última instância, "[...] o coro dos que creditavam aos educadores a responsabilidade pelos problemas da educação" (Shiroma; Evangelista, 2011, p. 130).

Nessa perspectiva, observa-se a fala da/o Entrevistada/o 1 (E1), com relação ao monitoramento do professor, e o papel que a Secretaria Estadual de Educação do Paraná (SEED) atribui as/os gestoras/es dos colégios, no sentido de garantir a implementação do novo ensino médio (NEM), o qual tem como um dos pilares a BNCC:

> *Esse processo de você vigiar o professor, eles não podem falar vigiar, você vai assistir a aula do professor, conversar com ele e propor metodologias novas, acontece que não é assim que funciona, de fato não tem trazido nenhum resultado, pelo contrário tem trazido fiscalização para o professor, tem tirado inclusive o direito de cátedra dele, interfere na aula, a gente não, porque eu não fiz tá, mas a tutora queria que fizesse [...] de fato a gente tem a tutoria fiscalizando, toda semana tem meet com tutoria, prestação de contas com tutorias, se fez visitação em sala de aulas [...] nos afogam em tanta buro-cracia [...] a gente está trabalhando ainda com a burocracia do estado, que de fato não interfere em nada na sala de aula sabe, não propõe nada pro aluno, não age significativamente no seu saber* (E1, 2023).

A/O entrevistada/o E1 comenta que tal proposta curricular não interfere de fato na formação das/os educandos, no "saber", o qual inter-pretamos como aquisição do conhecimento historicamente acumulado, bem como no desenvolvimento das várias dimensões do ser humano. O controle sobre o processo pedagógico desenvolvido pela/o professora/or em sala de aula é uma das dimensões atribuídas ao trabalho da gestão escolar na atualidade, a qual precisa garantir que a/o professora/o efetive todas as dimensões do NEM:

> *A troca de direção das escolas foi outro momento oportuno para o Estado, é onde ele acabou amarrando os profissionais que assu-miram a tarefa de direção das escolas estaduais [...] observação em sala de aula, hoje está nas atribuições do diretor, ver o que o professor está fazendo, e sugerir novas metodologias, isso seria interessante, assim, pensando no meu papel de professor, mas se de fato tivéssemos profissionais capacitados, tempo hábil para de fato poder dizer olha o professor, no planejamento coletivo*

> *você fez isso, e aí o que que está faltando, falta parte da direção, parte da coordenação, falta material, que que a gente tem que fazer para que de fato ocorra, assumir a nossa tarefa dentro do planejamento, mas não é isso, não é esse o intuito, o intuito realmente é fiscalizar o professor se está trabalhando o CREP (Currículo da Rede Estadual Paranaense), se ele está trabalhando a aula Paraná* (E1, 2023).

Ao descolar a educação da pluralidade de concepções pedagógicas, do trabalho e do debate de temas e contextos necessários à compreensão das questões da atualidade, cerceou-se, inclusive, a liberdade de pensamento e opinião de propostas dos/as educadores/as, bem como a precarização do trabalho docente (Francisco; Gonçalves; Paias, 2022).

Com relação ao relato "nos afogam em tanta burocracia" (E1), Clarke e Newman (1997, p. 148 *apud* Shiroma; Evangelista, 2011, p. 130) fazem referência ao novo gerencialismo, o qual tem como discurso: "Refere-se à ação mais que à reflexão. [...] Oferece um discurso tecnicista que priva o debate sobre suas bases políticas, de modo que o debate sobre os meios suplanta o debate sobre fins". A/o entrevistada/o E5 corrobora com a reflexão dos autores supracitados: "Muitas plataformas, muita coisa que tem que fazer, não é só do NEM, [...] só para gerar dados, então que acaba não sendo educativo (E5, 2023).

Ao verificar o trabalho pedagógico nas escolas supracitadas, verifica-se desde a fala das/os profissionais entrevistadas/os, além das avaliações e plataformas impostas às escolas, a imposição do Programa Agrinho. O Programa é vinculado ao Serviço Nacional de Aprendizagem Rural (Senar), sendo este pioneiro na construção e implementação de metodologias de trabalho alinhada aos interesses das entidades patronais rurais e a indústria de agrotóxicos, o qual representa interesses antagônicos aos da Escola do Campo. De acordo com Leite (2023), o Programa está presente desde a Rede Estadual de Ensino do Paraná, em todos os 399 municípios do estado do Paraná.

> *Então desde o Agrinho por exemplo, que está lá na redação Paraná, nós temos que trabalhar né, se não, eu enquanto diretor da escola sou punida, mas o que a gente orientou [...], nós vamos trabalhar, mas você vai fazer a contraposição, então não vamos falar bem do Agrinho, vamos falar dos problemas Agrinho [...] é um dos exemplos que daquilo que a gente faz enquanto resistência no cotidiano na escola* (E4, 2023).

Leite (2023, p. 273) afirma que "No Paraná o Programa Agrinho é a maior expressão das ações educacionais do agronegócio". Em contraposição, a Educação do Campo busca orientar a prática escolar a partir de princípios formativos que a aproximem da vida em comunidade, na perspectiva da formação integral dos sujeitos (Molina, 2012). Nos parece que ao impor o Programa às Escolas do Campo, a SEED desconsidera a especificidade da comunidade qual a escola está inserida, centrada na agricultura camponesa, na agroecologia, bem como, a Proposta Política e Pedagógica de tal escola, validada pela própria Secretaria.

Diante do relato de "punição", a/o entrevistada/o (E4) apresenta como alternativa de resistência à imposição do Programa, na plataforma Redação Paraná, a produção textual questionando o Agrinho, tratando dos seus problemas, ao contrapor a formação de consensos em torno de temas necessários a manutenção do capital, nesse caso, o treinamento das crianças e jovens para aceitarem os agrotóxicos, e assim, o agronegócio.

Um dos fundamentos pedagógicos estabelecidos pela BNCC é o foco no desenvolvimento de competências, Nesse caso, o Programa Agrinho corrobora no sentido de desenvolver nas crianças e jovens habilidades e competências para manejar agrotóxicos, a fim de construir o ideário de que o problema não sejam os agrotóxicos, mas a falta de habilidades e competências para o seu manejo, ao subordinar a educação aos interesses do capital, o qual tem no agronegócio um dos seus alicerces.

Conclusão

Em face das considerações anteriores, destacamos a urgência da revogação da BNCC e da Contrarreforma do ensino médio (Lei n.º 13.415/2017), bem como das políticas educacionais delas decorrentes. Além do mais, é necessária a retomada imediata do diálogo consistente com as comunidades escolares e suas entidades representativas, com os/as professores/as e com os movimentos sociais, para a construção de políticas fundadas no debate sobre as finalidades educativas na perspectiva das/os trabalhadoras/es.

Referências

AFONSO, Almerindo Janela. Para uma conceptualização alternativa de accountability em educação. *Educação & Sociedade*, Campinas, v. 33, n. 119, p. 471-484,

2012. Disponível em: https://www.scielo.br/j/es/a/VPqPJDyyZ5qBRKWVfZfD-Q3m/?lang=pt&format=html. Acesso em: 13 dez. 2023.

BAALBAKI, Angela Aiche Kittlaus. *Burocracia e controle das escolas estaduais no Paraná*: o Registro de Classes On-line. 2022. 116 f. Dissertação (Mestrado em Sociedade, Cultura e Fronteiras) – Universidade Estadual do Oeste do Paraná, Foz do Iguaçu, 2022.

BRASIL. Ministério da Educação. *Base Nacional Comum Curricular*. Brasília, DF: MEC, 2018. Disponível em: http://basenacionalcomum.mec.gov.br/abase/. Acesso em: 10 dez. 2021.

CLARKE, John; NEWMAN, Janet. *The Managerial State*. London: Sage, 1997.

FRANCISCO, Marcos Vinicius; GONÇALVES, Leonardo Dorneles; PAIAS, Kátia Rodrigues Montalvão. Da BNCC à BNC-Formação: ponderações a partir do método do materialismo histórico-dialético *In*: MOREIRA, Jani Alves da Silva (org.). *Políticas educacionais, gestão e financiamento da educação*: trajetórias, pesquisas e estudos. 1. ed. Curitiba: Editora CRV, 2023. p. 129-145.

FREITAS, Luiz Carlos. *A reforma empresarial da educação*: nova direita, velhas ideias. São Paulo: Expressão Popular, 2018.

LEITE, Valter de Jesus. *A ofensiva do Programa Político e Educacional do Agronegócio na Educação Pública*. 2023. 294f. Tese (Doutorado em Educação) – Universidade Estadual de Maringá (UEM), Maringá, 2023.

SILVA, Givanildo da; SILVA, Alex Vieira da; SANTOS, Inalda Maria dos. Concepções de gestão escolar pós–LDB: O gerencialismo e a gestão democrática. *Retratos da Escola*, Brasília, v. 10, n. 19, p. 533-549, 2016. Disponível em: https://retratos-daescola.emnuvens.com.br/rde/article/vies/673/701. Acesso em: 17 set. 2023.

SILVA JUNIOR, Sílvio Borges da. Prova Paraná: controle, meritocracia e responsabilização. *In*: HORN, G. B. *et al.* (org.). *Mercantilização da educação pública no Paraná*: autoritarismo e plataformização do ensino. Curitiba: Platô Editorial, 2022. p. 76-93.

SILVA, Mônica Ribeiro da. Perspectiva analítica para o estudo das políticas curriculares: processos de recontextualização. *In*: JORNADAS LATINOAMERICANAS DE ESTÚDIOS EPISTEMOLÓGICOS EN POLÍTICA EDUCATIVA, 2., 2014, Curitiba. *Anais* [...]. Curitiba, 2021. Disponível em: http://www.jornadasrelepe.com.br/index.php?id=280. Acesso em: 8 nov. 2023.

SHIROMA, Eneida Oto. EVANGELISTA, Olinda. Avaliação e responsabilização pelos resultados: atualizações nas formas de gestão de professores. *Perspectiva*, Florianópolis, v. 29, n. 1, 127-160, jan./jun. 2011. Disponível em https://doi.org/10.5007/2175-795X.2011v29n1p127. Acesso em: 23 jan. 2023.

ZANOTTO, Marijane; SANDRI, Simone. Avaliação em larga escala e BNCC: estratégias para o gerencialismo na educação. *Temas & Matizes*, Cascavel, v. 12, n. 23, p. 127-143, 2018. Disponível em: https://e-revista.unioeste.br/index.php/temasematizes/article/view/21409. Acesso em: 13 dez. 2023.

A BASE NACIONAL COMUM CURRICULAR E O LIVRO REGISTRO DE CLASSE ON-LINE: INTERPRETAÇÕES CRÍTICAS SOBRE A ATUAÇÃO DOCENTE

Poliana Hreczynski Ribeiro
Luana Graziela da Cunha Campos
Etienne Henrique Brasão Martins

Introdução

No ano de 2017 foi promulgada a Base Nacional Comum Curricular (BNCC) das etapas educação infantil e ensino fundamental e em 2018 do ensino médio. A elaboração da BNCC foi marcada pela atuação de grupos empresariais, a exemplo "Todos pela Educação" e "Movimento pela Base", e de um discurso de padronização do currículo nacional como um benefício para os/as estudantes. No entanto, de acordo com Caetano (2020), o documento desconsidera as especificidades, a realidade das instituições de educação escolar e dos próprios alunos/as. Além disso, estruturou-se um projeto formativo a serviço do capital, o qual tende a fortalecer as relações público-privadas.

De acordo com o documento da BNCC, ela não é um currículo, mas um documento norteador para tal, portanto, exige-se dos estados e municípios a elaboração de seus currículos (Brasil, 2018). No estado do Paraná esse processo principiou-se com o Referencial Curricular do Paraná: princípios, direitos e orientações (2018). Neste estabeleceram-se os direitos de aprendizagens dos/as alunos/as do estado no discurso de garantir os elementos necessários para a sua aprendizagem (Paraná, 2018).

Dentre os aspectos relativos às mudanças pós-BNCC e referencial, destaca-se o registro de frequência. Historicamente, a frequência escolar dos/as alunos/as é dever da família e do Estado previsto desde a LDB, a qual afirma: "III - zelar, junto aos pais ou responsáveis, pela freqüência [sic] à escola" (Brasil, 1996, p. 5). Para atender à lei, as secretarias estaduais e municipais de educação elaboraram um livro registro de frequência escolar. Nele, além da frequência, registra-se os conteúdos, as atividades desenvolvidas em cada aula, as avaliações e as notas dos/as alunos/as (Sabadine; Mendes; Brito, 2022).

Conforme Baalbaki (2022), a partir de 2012, o estado do Paraná iniciou o processo gradativo de mudança na forma dos registros de frequência. Nesse percurso, foi homologada a Resolução GS/SEED n.º 3.550, de 23 de junho de 2022 e criou-se o "Livro Registro de Classe On-line" (doravante, LRCO). Porém, ele sofreu algumas modificações a partir da Lei Estadual n.º 21.352, de 1.º de janeiro de 2023. O LRCO consiste em uma plataforma on-line na qual os professores por turma e por componente curricular devem realizar o registro da frequência do/a aluno/a com o reconhecimento facial biométrico durante o horário de aula, bem como o conteúdo aplicado, alinhado ao planejamento institucional, ao sistema de avaliação e aos componentes curriculares (Paraná, 2023). O detalhamento dos componentes curriculares está descrito na BNCC e no Referencial Curricular, desse modo, no LRCO exige-se dos/as docentes que os conteúdos estejam em conformidade com tais documentos.

A participação na intervenção formativa para gestores possibilitou intensificar o olhar para vários limites e influências da BNCC no contexto escolar e suas implicações para o processo de aprendizagem e para atuação docente, dentre esses destaca-se a exigência que os/as professores/as preencham o LRCO com os conteúdos da BNCC e do Referencial. Diante disso, este texto tem o objetivo de discutir sobre os impactos do LRCO como instrumento de articulação curricular no trabalho docente.

Dessa forma, metodologicamente, apresenta-se um relato de experiência. De acordo com Daltro e Faria (2019), um relato de experiência possibilita a exposição de uma vivência do(s) relator(es) atrelado a análise sobre determinado objeto. Não é um apenas descrever, mas é produzir sentidos, questionamentos e reflexões. Para tanto, o texto assenta-se no método no materialismo histórico-dialético e apresenta como fundamentos a pedagogia histórico-crítica e a psicologia histórico-cultural (Pasqualini; Martins, 2015). O presente texto inicia com elementos sobre o LRCO, após o relato de experiência e finaliza-se com as considerações sobre os impactos dessa plataforma na atuação docente.

Livro de Registro de Classe On-line (LRCO): encaminhamentos ou coerção

No estado do Paraná, antes de 2020, era utilizado o livro físico de chamada, o qual, comumente, era um livro em que cada professor/a tinha o registro das presenças e faltas, bem como as notas para posterior indicação no boletim de cada aluno/a. Contudo, isso se modificou com a Resolução GS/SEED n.º 3.550, de 23 de junho de 2022, que realiza a transição do Livro Físico para o Livro Registro de Classe On-line (LRCO). Houve uma expressiva mudança na gestão educacional, ao incorporar a tecnologia para otimizar processos e promover maior eficiência.

Esse avanço foi gradativo, sendo que o *software* foi desenvolvido a partir de 2012. De acordo com o site Dia a Dia Educação[38], é uma das ações previstas no Programa Sala de Aula Conectada da Secretaria de Estado da Educação do Paraná (SEED) e Tecnologia da Informação e Comunicação do Paraná (Celepar), em parceria com a Companhia de Energia Elétrica do Paraná (Copel) e o Fundo Nacional de Desenvolvimento da Educação (FNDE) do Ministério da Educação (MEC), cujo objetivo é a instalação de redes Wi-Fi, *kits* com *tablets* educacionais e computadores interativos com lousas digitais em todas as escolas estaduais.

Entretanto, o Técnico da Coordenação Regional de Tecnologia na Educação (CRTE) do NRE/FOZ aponta que essa é uma realidade distante, pois as escolas que dispõem desses equipamentos em funcionamento realizaram a manutenção e instalação com recursos próprios provenientes da Associação de Pais, Amigos e Funcionário da Escola (APMF) (Baalbaki, 2022).

O programa foi executado no ano de 2013, por meio de um projeto-piloto com a adesão de 16 escolas participantes, pertencentes aos Núcleos Regionais de Educação (NRE) de Campo Mourão, Cianorte, Cornélio Procópio, Curitiba, Francisco Beltrão, Goioerê, Ibaiti, Maringá, Pato Branco e Umuarama. Nesse viés, as escolas foram selecionadas a partir dos critérios de aderência ao aparato tecnológico. Ao final desse ano letivo, realizou-se uma avalição do sistema, sendo constatada a pertinência do sistema, a fim de atender às necessidades das instituições de ensino (Baalbaki, 2022).

Diante disso, de acordo com Scherer, Silva e André (2017), em 2016 ocorreu a ampliação no NRE de Foz do Iguaçu. A implantação gradativa nesse município teve início com a adesão de sete escolas-piloto e, em 2017,

---

[38] Disponível em: http://www.diaadia.pr.gov.br/. Acesso em: 16 jul. 2024.

estendeu-se para 25 escolas. Com a formação de diretores/as, secretários/as e pedagogos/as para orientações de utilização do sistema e apresentação dos tutoriais disponíveis no site Dia a Dia Educação, os representantes de Foz do Iguaçu decidiram que seria melhor se o sistema fosse implantado em apenas uma escola naquele ano.

O colégio escolhido para realização desta pesquisa atendeu aos quesitos para a implantação do *software* em 2016, devido ser participante do Projeto Conectados e, conforme informou a direção, dispunha de um bom aparato tecnológico (Scherer, Silva; André, 2017). Contudo, a diretora do colégio afirmou que a implantação "Foi uma mudança bem aceita pelos profissionais, pois é uma forma mais transparente e organizada de apresentar o desempenho escolar". Nesse sentido, com a Resolução de 2020, o LRCO se estendeu a todas as escolas estaduais no estado do Paraná, que "[...] é um sistema informatizado que permite aos professores realizarem os registros de frequência, conteúdos e avaliações de forma on-line, substituindo o tradicional Livro de Registro de Classe impresso" (Scherer; Silva; André, 2017, p. 106).

Esse avanço não apenas simplifica a burocracia escolar, conforme Sabadine, Mendes e Brito (2022), houve também certos benefícios para professores/as, alunos/as, gestores/as educacionais, a comunicação entre escola e responsáveis. O acesso facilitado ao LRCO possibilita que os responsáveis acompanhem remotamente a presença de seus filhos/as, ao promover uma parceria mais efetiva entre a instituição de ensino e as famílias.

Todavia, essa transformação do livro de chamada físico para o Livro Registro de Classe On-line (LRCO) no estado do Paraná suscita preocupações críticas que não podem ser ignoradas. Embora a digitalização prometa eficiência, a implementação apressada pode resultar em desafios significativos. A dependência de tecnologia pode excluir aqueles que não têm acesso fácil à *internet* e exacerba as desigualdades educacionais. Além disso, a transição para o LRCO levanta questões sérias sobre privacidade e segurança de dados, para tanto, exige-se garantias robustas para proteger informações sensíveis dos alunos.

A falta de preparo e capacitação adequada para educadores/as pode resultar em dificuldades operacionais, ao comprometer a eficácia do sistema. Além, disso a coerção de seguir o que está imposto pelo LRCO e o RCO+Aulas, conforme a Lei Estadual n.º 21.352, de 1.º de janeiro de 2023, no Art, 2º, do parágrafo:

> § 4.º O docente tem acesso a 1 (um) Livro Registro de Classe Online por turma/componente curricular, com listagem de estudantes matriculados no Sistema Estadual de Registro Escolar – SERE, no qual deve *registrar a frequência mediante reconhecimento facial biométrico* no horário da aula, assim como *o conteúdo por aula e por componente curricular, de acordo com o planejamento inserido pela mantenedora*, além de *notas ou pareceres descritivos*, em *conformidade com o sistema de avaliação da instituição de ensino* (Paraná, 2023, grifo nosso).

Nessa perspectiva, percebe-se uma coerção do trabalho educativo do professor/a e a falta de privacidade dos/as alunos/as, a exemplo da obrigatoriedade do reconhecimento facial biométrico para registro de frequência, dimensão que parece desconsiderar as implicações éticas e o respeito à individualidade dos/as professores/as. Assevera-se que é uma lógica nefasta da educação, na qual os processos formativos são pensados e elaborados por "experts" para atender as demandas do capital humano.

Esses aspectos apresentam preocupações em relação à privacidade e autonomia dos/as professores/as e alunos/as, na medida em que, embora sejam apresentadas como algo moderno, também carregam o risco da vigilância excessiva, ao comprometer a relação de confiança entre os envolvidos/as nos processos de ensino e aprendizagem.

Além disso, a rigidez em ter que seguir o conteúdo com aulas prontas, o registro do conteúdo e das notas, conforme o planejamento da mantenedora, estão em conformidade com o Referencial Curricular do Estado do Paraná, alicerçado na Base Nacional Comum Curricular (BNCC). Ou seja, restringe-se a autonomia pedagógica dos/as docentes e limita-se a diversidade de abordagens e metodologias. Pondera-se que esse panorama favorece a intensificação da defesa do projeto social educacional centrado no "[...] controle do trabalho docente, controle do currículo, controle da gestão, controle dos resultados e controle dos/as sujeitos/as incluídos seus corpos e suas mentes — desde a Educação Infantil até o Ensino Superior" (Peroni; Lima, 2020, p. 7).

É essencial considerar os impactos negativos potenciais dessas imposições sobre a dinâmica educacional, para assegurar que as inovações não comprometam os princípios éticos e pedagógicos fundamentais, preconizados na Lei de Diretrizes e Bases da Educação (LDB), n.º 9394/96.

Breve relato

Uma das diversas facetas que envolvem o trabalho com o LRCO se deu com a experiência de atuação na coordenação de curso técnico da rede estadual paranaense no ano de 2022. Tal período foi marcado pela utilização do instrumento de forma acentuada e indesvinculável da prática pedagógica.

Como expresso pela Orientação n.º 004/2022 – Deduc/SEED (Paraná, 2022), esta que expõe os requisitos para assumir o cargo de coordenação de curso técnico e suas atribuições. Na alínea w, compete ao coordenador/a: "Acompanhar e registrar no LRCO o conteúdo, a frequência e as notas dos estudantes dos cursos técnicos das aulas presenciais mediadas por tecnologias e atividades não presenciais realizadas pela parceira" (Paraná, 2022); como premissa do trabalho as ações relacionadas ao LRCO.

Diante de tal fato, durante o período de acompanhamento das turmas, centrava-se na observação e verificação da efetivação da proposta curricular da rede estadual, pois o curso vinculado à coordenação não possuía docentes presenciais contratados pela SEED para os componentes curriculares técnicos.

Os docentes responsáveis pelos componentes curriculares eram de uma instituição de ensino superior (IES) privada conveniada ao estado do Paraná, a qual era responsável por disponibilizar as aulas de maneira remota. Complementarmente, o governo expandiu os aparelhos tecnológicos, ocasião em que inseriu o Educatron nas escolas, uma união de uma SmartTV com uma CPU acoplada. Assim, as aulas aconteciam com salas virtuais a partir da plataforma Google Meet por meio do Educatron, uma vez que reunia todas as turmas de um componente curricular que ocorriam no mesmo horário.

Tendo em vista que os/as docentes responsáveis pelos componentes curriculares não eram da SEED/PR, também não possuíam acesso ao sistema do LRCO, por ser destinado exclusivamente para docentes da rede. Diante de tal fato, um questionamento pode ser gerado: se os docentes lecionavam de forma virtual e não tinham acesso ao LRCO, como era possível implementar os dados relacionados aos conteúdos e avaliações? É nesse ponto que se recupera a alínea w da Orientação n.º 004/2022 (Paraná, 2022), a qual menciona que fica a cargo da coordenação de curso implementar no LRCO todos os dados referentes à presença, conteúdos e avaliação dos/as estudantes.

Para tal ação, há diferentes acessos dentro do sistema do LRCO (Baalbaki, 2022), sendo que a mantenedora disponibilizou uma chave de acesso específica de coordenação de curso técnico para alimentar o livro on-line, o qual contava com a lista dos conteúdos a serem lecionados em cada trimestre. Para alimentar o sistema era necessário observar as aulas dos/as docentes da IES privada, avaliar a didática e interpretar se o conteúdo proposto era condizente com o planejamento da SEED/PR, algo gerador de diversos problemas.

Infelizmente, tal situação era prevista na Orientação n.º 004/2022 (Paraná, 2022), conforme o trecho a seguir:

> Realizar o acompanhamento das respostas do formulário "Me conta aí", verificando os índices de participação dos estudantes, as porcentagens de satisfação e compreensão das aulas ofertadas em cada modelo disponibilizado (presenciais mediadas por tecnologia e/ou não presenciais).

O formulário explicitado, na citação anterior, era composto por duas partes, uma para coordenadores/as e outro para discentes, o qual era responsável por agregar as avaliações sobre todos os/as docentes da IES privada, direcionadas à SEED/PR, a fim de efetuar a análise e julgamento das estratégias a serem tomadas.

Mediante a necessidade de cumprir essas ações, uma sensação de desamparo ético pairava sobre as atividades, pois avaliar a didática de um/a docente demanda um tratamento cuidadoso e respeitoso, o que frequentemente não ocorria. Cada reclamação resultava em consequências drásticas, como a substituição de um professor efetivo com licença ou atestado por um professor temporário que passava a integrar o quadro de docentes, acessando assim o LRCO. Em igual proporção, houve intensas cobranças por parte da SEED/PR para a alimentar o sistema e, caso não ocorressem de maneira coerente com o que propunham, nas reuniões com o departamento responsável pela Educação Profissional eram realizadas pressões para "alinhar" as práticas com as exigências do cargo e a necessidade de expor como positivo o formato de ensino.

Posteriormente, com o decorrer do ano letivo, as cobranças se atualizavam para as notas dos/as alunos/as e presença, pois, com as aulas on-line, a aprendizagem não acompanhava as expectativas deles/as, de forma a ocasionar uma alta evasão. Assim, intensificaram-se ainda mais as cobranças, já que, além de avaliar a didática de um docente desconhecido, em um formato de ensino visivelmente não adequado à maioria da população adolescente, necessitava-se da permanência dos/as discente em um curso indesejado. Tal processo repercutiu nos demais componentes curriculares ao originar diversos conflitos, dada a característica destrutiva da Formação Geral Básica proposta pela BNCC, sobretudo por não condizer com uma formação crítica e emancipatória, mas de subserviência e de adestramento dos corpos ao sistema capitalista

Sendo assim, o trabalho junto da equipe pedagógica era composto por muita tensão, vide as pressões recebidas da SEED/PR e a realidade vivenciada na instituição. Por diversas vezes, para fluidez das atividades pedagógicas, era necessário partilhar as responsabilidades com a pedagoga para dialogar com os/as docentes da turma, identificar as dificuldades e propor soluções para amenizar os impactos da BNCC na formação dos/as alunos/as.

Conclusão

Considera-se que impor aos docentes o preenchimento do LRCO em conformidade com o previsto na BNCC e no Referencial Curricular é uma forma de controle do trabalho docente, por meio do qual destitui-se o/a professor/a da propriedade de intelectual, como aquele que estuda, planeja e conduz a aula. Distante desse processo, o professor se torna um técnico, um executor de aulas, assevera-se assim a dicotomia entre quem planeja, quem executa e quem fiscaliza.

A plataformização desse processo possibilita acesso a diversos dados dos/as estudantes e dos/as docentes, ao colocá-los/as em uma situação de vulnerabilidade quanto a sua proteção. O relato apresenta um fragmento do trabalho educativo impactado pelo LRCO, o qual perpassa diferentes facetas da realidade educacional, em que as dimensões afetadas pelo sistema aprofundam um processo de gestão gerencial. Além disso, foi exposto um exemplo de controle, sendo que a própria Secretaria de Educação o exerce sobre os coordenadores de cursos, por meio da fiscalização e controle da atuação docente, da aula e dos conteúdos.

Referências

BAALBAKI, Angela Aiche Kittlaus. *Burocracia e controle das escolas estaduais no Paraná*: o Registro de Classes On-line. 2022. 117f. Dissertação (Mestrado em

Sociedade, Cultura e Fronteiras) – Universidade Estadual do Oeste do Paraná (Unioeste), Foz do Iguaçu, 2022.

BRASIL. *Base Nacional Comum Curricular*: Educação é a base. Ministério da Educação. Secretaria de Educação Básica. Brasília, DF: MEC, 2018.

BRASIL. *Lei n.º 9394, de 20 de dezembro de 1996*. Estabelece as Diretrizes e Bases da Educação Nacional. Brasília, DF, 1996.

CAETANO, Maria Raquel. Agora o Brasil tem uma Base! A BNCC e as influências do setor empresarial. Que Base? *Educação em Revista*, Marília, v. 21, n. 2, p. 65-82, 2020. Disponível em: https://doi.org/10.36311/2236-5192.2020.v21n02.06.p65. Acesso em: 2 maio 2023.

DALTRO, Mônica Ramos; FARIA, Anna Amélia de. Relato de experiência: Uma narrativa científica na pós-modernidade. *Estudos e Pesquisa em Psicologia*, Rio de Janeiro, v. 19, n. 1, p. 223-237, 2019. Disponível em: http://pepsic.bvsalud.org/scielo.php?script=sci_arttext&pid=S1808-42812019000100013. Acesso em: 15 dez. 2023.

PARANÁ (Estado). Assembleia Legislativa. Lei Estadual n.º 21.352, de 1.º de janeiro de 2023. Dispõe sobre a realização do registro de frequência dos estudantes da rede estadual de ensino mediante reconhecimento facial biométrico. *Diário Oficial do Estado de Paraná*, Paraná, 2023.

PARANÁ (Estado). Secretaria da Educação. Resolução GS/SEED n.º 3.550, de 23 de junho de 2022. Estabelece as normas e prazos de preenchimento para as instituições de ensino que utilizam o Livro Registro de Classe On-line – LRCO e o Livro Registro de Classe – LRC. *Diário Oficial do Estado do Paraná*, Paraná, 2022.

PARANÁ (Estado). Secretaria de Estado da Educação. *Referencial Curricular do Paraná*: princípios, direitos e orientações. Curitiba: SEED-PR, 2018.

PARANÁ (Estado). Secretaria de Estado da Educação e do Desporto. *Orientação n.º 004/2022 – Deduc/SEED*. Curitiba: SEED – PR. 2022.

PASQUALINI, Juliana Campregher. MARTINS, Lígia Márcia. Dialética singular--particular-universal: implicações do método materialista dialético para a psicologia. *Psicologia & Sociedade*, Porto Alegre, v. 27, n. 2, p. 362-371, 2015. Disponível em: https://doi.org/10.1590/1807-03102015v27n2p362. Acesso em: 3 mar. 2023.

PERONI, Vera Maria Vidal; LIMA, Paula de. Políticas conservadoras e gerencialismo. *Práxis Educativa*, Ponta Grossa, v. 15, p. 1-20, 2020. Disponível em: https://doi.org/10.5212/PraxEduc.v.15.15344.070. Acesso em: 28 jan. 2023.

SABADINE, Ketlyn Marciele Ferreira; MENDES, Ademir Aparecido Pinhelli; BRITO, Paulo Sergio dos Santos. Tecnologia e subjetividade: a interação dos professores com o diário de classe digital. *Olhar de professor*, Ponta Grossa, v. 25, p. 1-23, 2022. Disponível em: https://doi.org/10.5212/OlharProfr.v.25.18222.030. Acesso em: 10 dez. 2023.

SCHERER, Danielle Severo; SILVA, Luciane Cristina; ANDRÉ, Tamara Cardoso. A implantação do Registro de Classe On-line (RCO) em um colégio estadual no município de Foz do Iguaçu: limites e possibilidades. *In:* CONGRESSO INTERNACIONAL HUMANIDADES NAS FRONTEIRAS: IMAGINÁRIOS E CULTURAS LATINO-AMERICANAS, 1., 2017, Foz do Iguaçu (PR). *Anais* [...]. Foz do Iguaçu (PR): UNILA/UNIOESTE, 2017. p. 101-115.

SOBRE OS AUTORES

Ana Paula Herrera de Souza

Mestranda em Educação na Universidade Estadual de Maringá (UEM).

E-mail: herrera12souza@gmail.com

Orcid: 0009-0009-4815-6403

Andréa Karla Ferreira Nunes

Doutora em Educação pela Universidade Federal de Sergipe (UFS). Atualmente é docente em cursos de Graduação e do Programa de Pós-Graduação em Educação da Universidade Tiradentes (Unit). Também atua como técnica na Coordenadoria de Estudos e Avaliação Educacional (Ceave/Seduc).

E-mail: andreaknunes@gmail.com

Orcid: 0000-0002-5833-2441

Carmen Lúcia Dias

Doutora em Educação, docente do Programa de Pós-Graduação em Educação da Universidade do Oeste Paulista, Presidente Prudente-SP.

E-mail: carmenlucia@unoeste.br

Orcid: 0000-0002-6521-8209

Caroline Barroncas de Oliveira

Doutora em Educação em Ciências e Matemática. Universidade do Estado do Amazonas (UEA), Manaus/AM.

E-mail: cboliveira@uea.edu.br

Orcid: 0000-0001-8430-2855

Cibele Cristina de Oliveira Jacometo

Pós-graduada em Alfabetização da Educação Especial pela UFSCar, em Transtorno Global do Desenvolvimento pela Unesp-Redefor e em Comunicação, Linguagens e Produção Textual pela Uniasselvi. Atualmente é gestora da E.E. 18 de Junho, em Presidente Epitácio-SP.

E-mail: cibele.jacometo@educacao.sp.gov.br

Orcid: 0009-0003-1104-9475

Cristiano Amaral Garboggini Di Giorgi

Doutor em Educação pela Universidade de São Paulo (USP) e titular pela Universidade Estadual Paulista Júlio de Mesquita Filho (Unesp). Atualmente é docente do Programa de Pós-Graduação em Educação da Unoeste.

E-mail: utopico92@gmail.com

Orcid: 0000-0002-3977-3217

Dennys Gomes Ferreira

Mestre em Educação Escolar pelo Programa de Pós-Graduação em Educação Escolar, da Universidade Federal de Rondônia – PPGEE/UNIR. Gestor escolar da Secretaria Municipal de Educação (Semed/Manaus).

E-mail: dennys.ferreira@semed.manaus.am.gov.br

Orcid: 0000-0003-1287-0401

Elsa Midori Shimazaki

Doutora em Educação pela USP. Atualmente é docente do Programa de Pós-Graduação em Educação da Universidade Estadual de Maringá (UEM) e do Programa de Pós-Graduação em Educação da Unoeste.

E-mail: elsa@unoeste.br.

Orcid: 0000-0002-2225-5667

Ester Aparecida Pereira Fuzari

Graduada em Pedagogia pela Unicesumar. Atua na área de educação infantil na rede pública de um município no norte do Paraná.

E-mail: esterfuzari91@gmail.com

Orcid: 0009-0000-5863-4282

Ethyenne Goulart Oliveira

Graduada em Psicologia e mestra em Educação pela Universidade do Oeste Paulista (Unoeste).

E-mail: ethyenne.go@outlook.com.

Orcid: 0000-0001-5225-4617

Etienne Henrique Brasão Martins

Doutorando pelo Programa de Pós-graduação em Educação da Universidade Estadual de Maringá. Professor da Secretaria Estadual de Educação do Paraná. Colégio Paiçandu, Paiçandu, PR.

E-mail: ettibrasao@gmail.com

Orcid: 0000-0001-9233-2966

Everton Koloche Mendes Barbosa

Doutorando em Educação pelo Programa de Pós-Graduação em Educação (PPE), da Universidade Estadual de Maringá (UEM) e professor de Química da Secretaria Estadual de Educação do estado do Paraná (SEED/PR).

E-mail: evertonkmb@gmail.com

Orcid: 0000-0001-6371-3436

Fábio Perboni

Doutor em Educação pela Universidade Estadual Paulista Júlio de Mesquita Filho (Unesp), campus de Presidente Prudente-SP. Atualmente é docente da Faculdade de Educação da Universidade Federal da Grande Dourados (FAED/UFGD) e do Programa de Pós-Graduação em Educação da referida instituição.

E-mail: fabioperboni@ufgd.edu.br

Orcid: 0000-0002-1345-877X

Francisco Miguel da Silva de Oliveira

Mestre e doutorando em Educação pela Universidade do Oeste Paulista (Unoeste). Atuou como Secretário Municipal de Educação em São Sebastião da Boa Vista, Marajó-PA. Atualmente trabalha no Sistema de Organização Modular de Ensino (Some) como professor de Filosofia e Sociologia nos municípios de Muaná e São Sebastião da Boa Vista-PA.

E-mail: fmiguelssbv@yahoo.com.br

Orcid: 0000-0001-8315-220X

Gabriela da Silva Viana

Mestranda em Educação na Universidade Estadual de Maringá (UEM). Professora de Educação Física da rede municipal de Maringá-PR.

E-mail: gabiviana1704@gmail.com

Orcid: 0000-0001-5901-021X

Guadalupe Poujol Galván

Doctora en Educación por la Universidad Autónoma de Morelos, México. Coordinadora del Doctorado en Investigación e Intervención Educativa de la Universidad Pedagógica Nacional, Cuernavaca, Morelos, México.

Correo electrónico: gpoujol@yahoo.com.mx

Orcid: 0000-0002-1316-1220

Jani Alves da Silva Moreira

Doutora em Educação pela Universidade Estadual de Maringá. Professora do Departamento de Teoria e Prática da Educação e do Programa de Pós-Graduação em Educação da Universidade Estadual de Maringá (UEM); Maringá-PR.

E-mail: jasmoreira@uem.br

Orcid: 0000-0002-3008-0887

João Paulo Pereira Coelho

Doutor em Educação pela Universidade Estadual de Maringá (UEM). Atualmente, é professor adjunto da Universidade Estadual do Mato Grosso do Sul (Uems), campus de Cassilândia-MS.

E-mail: joao.coelho@uems.br

Orcid: 0000-0003-2289-6701

Joelma do Socorro de Oliveira Souza

Mestra pelo Programa de Pós-Graduação Criatividade e Inovação em Metodologias de Ensino Superior (PPGCIMES/UFPA). Gestora Escolar na E.M.E.F. Presidente Castelo Branco e integrante da rede municipal de ensino de Paragominas-PA.

E-mail: joelmado14@gmail.com

Orcid: 0000-0001-6881-8480

Josete Guariento Carvelli

Mestra e doutoranda em Educação pelo Programa de Pós-Graduação em Educação da Universidade do Oeste Paulista (Unoeste). Supervisora de Ensino na Secretaria de Estado da Educação de São Paulo; Diretoria de Ensino de Santo Anastácio-SP.

E-mail: jocarvelli@yahoo.com.br

Orcid: 0000-0002-5451-5750

Juliana Nunes da Silva

Professora especialista na Escola Estadual Dr. Rubens de Castro Pinto, Caracol-MS.

E-mail:julianaweimar@gmail.com

Orcid: 0009-0006-0590-094X

Letícia Campos Gonçalves Baier

Professora lotada no CMEI Dr.ª Renata Yara Tacolla Hernadez, na rede municipal de Educação de Mandaguari-PR.

E-mail: leticiabayer1@hotmail.com

Orcid: 0009-0001-5027-5390

Luana Graziela da Cunha Campos

Doutoranda pelo Programa de Pós-Graduação em Educação da Universidade Estadual de Maringá (bolsista Capes). Professora da Secretaria Municipal de Educação de Cianorte-PR.

E-mail: luanagraziela97@outlook.com

Orcid: 0000-0001-5128-7855

Marcos Vinicius Francisco

Doutor em Educação pela Universidade Estadual Paulista Júlio de Mesquita Filho (Unesp), campus de Presidente Prudente-SP. Atua como Pró-Reitor de Ensino e Docente Permanente do Programa de Pós-Graduação em Educação da Universidade Estadual de Maringá (UEM).

E-mail: mvfrancisco@uem.br

Orcid: 0000-0002-5410-2374

Maria Aparecida dos Reis

Servidora aposentada da Secretaria de Estado de Educação de Mato Grosso (Seduc). Doutoranda em Educação. Programa de Pós-Graduação em Educação, Universidade do Oeste Paulista (Unoeste), Presidente Prudente-SP.

E-mail: mariareismt@hotmail.com

Orcid: 0000-0002-9532-0706

Maria Eunice França Volsi

Doutora em Educação pela Universidade Estadual de Maringá. Professora do Departamento de Teoria e Prática da Educação e do Programa de Pós-Graduação em Educação da Universidade Estadual de Maringá (UEM).

E-mail: mefvolsi@uem.br

Orcid: 0000-0002-9758-2689

Mariana de Cássia Assumpção

Doutora pelo Programa de Pós-Graduação em Educação Escolar da Universidade Estadual Paulista Júlio de Mesquita Filho (Unesp), campus de Araraquara. Atua no Centro de Ensino e Pesquisa Aplicada à Educação (Cepae), junto à Universidade Federal de Goiás (UFG), Goiânia.

E-mail: assumpcao@ufg.br

Orcid: 0000-0002-3557-8852

Mariana Padovan Farah Soares

Mestra pelo Programa de Pós-Graduação em Educação pela Universidade do Oeste Paulista (PPGE/Unoeste). Atualmente, é doutoranda pelo Programa de Pós-Graduação em Educação da Universidade Estadual de Maringá (PPE/UEM), com fomento da Coordenação de Aperfeiçoamento de Pessoal de Nível Superior (Capes), além de atuar na educação básica no município de Pirapozinho-SP.

E-mail: marianapfsoares@hotmail.com

Orcid: 0000-0002-4385-1580

Marinete Aparecida Junqueira Guimarães Ribeiro

Graduada em Pedagogia e Pós-Graduada em Gestão Educacional, Supervisão e Orientação. Professora inicial no Complexo Educacional Guilherme Henrique de Carvalho, rede municipal de ensino de Lavras-MG.

E-mail: marineteap03@yahoo.com.br

Orcid: 0009-0004-3887-6160

Matheus Henrique da Silva

Mestrando em Educação na Universidade Estadual de Maringá (UEM).

E-mail: matheushs.soc@gmail.com

Orcid: 0000-0002-7922-1353

Mônica de Oliveira Costa

Doutora em Educação em Ciências e Matemática. Universidade do Estado do Amazonas (UEA), Manaus-AM.

E-mail: mdcosta@uea.edu.br

Orcid: 0000-0003-3771-3955

Monica Fürkotter

Doutora em Ciências (Matemática) e docente do Programa de Pós--Graduação em Educação da Universidade do Oeste Paulista, Presidente Prudente-SP.

E-mail: monicaf@unoeste.br

Orcid: 0000-0003-3479-5289

Nilson Francisco da Silva

Mestre em Educação pela Universidade Federal da Grande Dourados (UFGD). Professor da rede municipal de ensino de Dourados-MS e, desde 2012, atua como diretor da Escola Municipal Sócrates Câmara, em Dourados-MS.

E-mail:nil0911@yahoo.com.br

Orcid: 0000-0003-1143-8035

Poliana Hreczynski Ribeiro

Doutoranda pelo Programa de Pós-Graduação em Educação da Universidade Estadual de Maringá (PPE/UEM). Professora temporária do Departamento de Teoria e Prática da Educação (DTP/UEM) e docente da Secretaria Municipal de Educação de Maringá-PR.

E-mail: pg55245@uem.br

Orcid: 0000-0002-9389-7931

Regilson Maciel Borges

Doutor em Educação pela Universidade Federal de São Carlos (UFSCar). Atualmente é Professor adjunto do Departamento de Gestão Educacional, Teorias e Práticas do Ensino (DPE) pertencente à Faculdade de Filosofia, Ciências Humanas, Educação e Letras (Faelch) da Universidade Federal de Lavras (Ufla) e do Programa de Pós-Graduação em Educação (Mestrado Profissional) da referida instituição. É membro da Rede Universitas/BR, vinculada ao GT 11 da Anped e membro titular da Fundación Red para la Educación en Iberoamerica (Frei).

E-mail: regilson.borges@ufla.br

Orcid: 0000-0001-6115-364X

Ricardo Eleutério dos Anjos

Doutor em Educação Escolar, docente do Programa de Pós-Graduação em Educação e da Faculdade de Educação da Universidade Federal de Catalão, Catalão-GO.

E-mail: ricardo.eleuterio@ufcat.edu.br

Orcid: 0000-0001-7432-556X

Sandra Beatriz Martins da Silva

Mestranda em Educação Profissional pela Unipampa, campus Jaguarão-RS. Atua como pedagoga na escola municipal de ensino fundamental Barão do Rio Branco, em Rosário do Sul-RS.

E-mail: sandrasilva.aluno@unipampa.edu.br.

Orcid: 0009-0009-8018-3647

Sandra Gunkel Scheeren

Mestra em Educação pelo PPE/UEM. Atua na Escola Municipal do Campo Trabalho e Saber, Assentamento Eli Vive, Distrito de Lerroville, Londrina-PR.

E-mail: sandrascheerenn@yahoo.com.br

Orcid: 0009-0008-2079-5783

Tânia Regina Mariano Vessoni

Mestranda em Educação pela Universidade do Oeste Paulista (Unoeste). Atua no Departamento Municipal de Educação, Paraíso do Norte-PR.

E-mail: taniarmvessoni@gmail.com

Orcid: 0000-0002-5230-5389

Valéria Aparecida Bressianini

Mestra em Educação pelo Programa de Pós-Graduação em Educação da Universidade Estadual de Maringá (PPE/UEM). Gestora escolar no Centro Municipal de Educação Infantil Carolina Fernandes Dias, município de Ivatuba-PR.

E-mail: vabressianini@gmail.com.

Orcid: 0009-0006-8972-7661

Vanessa Ferreira Bueno

Especialista em Gestão Escolar e em Atendimento Educacional Especializado pela Faculdade Batista de Minas Gerais. Psicopedagoga baseada na Análise do Comportamento pelo CBI of Miami. Pedagoga pela Universidade Estadual de Maringá (UEM). É docente da Rede Municipal de Educação de Maringá, onde atua como Orientadora Educacional.

E-mail: buenovanessaferreira@outlook.com

Orcid: 0000-0001-8545-7023

Vanessa Maciel Reginaldo

Mestranda pelo Programa de Pós-Graduação em Educação da Universidade Federal da Grande Dourados (PPGEDu/UFGD), na linha de Política e Gestão da Educação. Formada em Letras – Espanhol. Atua como professora da rede municipal de educação de Dourados (Dourados/MS) e pesquisadora da gestão das escolas indígenas.

E-mail: clcvanesa.5@gmail.com

Orcid: 0009-0007-8753-6260

Viviane Gislaine Caetano

Doutora pelo Programa de Pós-Graduação em Educação da Universidade Estadual de Maringá (PPE/UEM). Atualmente, é docente na Universidade Federal do Pará (UFPA), Belém-PA.

E-mail: vcaetano@ufpa.br

Orcid: 0000-0003-0363-3885

Zenaide Gomes da Silva

Mestra em Educação pela Universidade do Oeste Paulista (Unoeste). Secretaria Estadual de Educação de São Paulo; atua como diretora da EE Paulo Coelho da Silva, em Euclides da Cunha Paulista-SP.

E-mail: zenaidegomes@hotmail.com

Orcid: 0009-0006-2183-0347